KB205891

구약에서 듣는 하나님의 말씀 2

출애굽기·레위기

박창환

2008

비블리카 아카데미아

머리말

우리 개신교도들은 구약성경과 신약성경을 정경(正經)으로 가지고 있으며, 그것들을 유일한 권위로 삼고 신앙생활을 한다. 우리가 성경을 하나님의 말씀으로 알고 귀하게 여기면서도, 많은 경우 그 성경을 개인이나 가정이 한 개 이상 가지고 있을 뿐, 거기서 들려오는 하나님의 음성을 듣지 못하고 있다. 그 이유는 여러 가지일 것이다. 우선은 성경이 오랜 옛날에, 그리고 문화가 전혀 다른 곳에서 기록된 것이기 때문에 이해하기 어려운 점이 많다. 어떤 경우에는 우리가 읽는 성경 번역이 어려운 문구나 지난 시대의 언어로 되어 있기 때문에 이해하기 어렵다. 또는 우리가 성경을 열심을 가지고 공부하지 않기 때문에 이해되지 않는 경우도 있을 것이다. 그리고 성경을 알고 싶어도 참고서나 길잡이가 없어서, 마음은 있어도, 그리고 열심히 공부를 해도 이해하기 어려운 경우가 있을 것이다.

하나님은 인간에게 꼭 필요한 말씀을 하셨고, 그것을 성경에 수록하셨는데, 우리가 성경을 가지고만 있던가, 읽어도 이해할 수 없다면 매우 슬픈 일이 아닐 수 없다. 1980년대 초에 대한예수교장로회 총회교육부가 그때까지 적당한 성경교재를 가지고 있지 않았기 때문에, 그것을 만들기로 작정하고 필자에게 그 작업을 위촉한 일이 있다. 여러 가지 사유로 그 일이 지연되어 오다가 1990년에 "신약성경해설"이라는 이름으로 신약성경 교재가 먼저 출판되었다. 그러나 그 후에 계속 바쁜 스케줄 때문에 구약성경 교재 만들기를 연기해 오다가, 이제야 비로소 그 작업에 착수한 것이다.

이 교재를 펴내면서 몇 가지 독자들에게 일러둘 것이 있다. 우리는 사물을 판단하고 이해할 때, 직관을 가지고 또는 표면만을 보고 판단하기 쉽다. 그러나 사실을 검토하고 살펴보면 매우 깊고 복잡하고 신비스러운 것이 숨어 있는 것을 알게 된다. 우리가 성경을 이해하는 데 있어서도, 직관적으로 그리고 표면만 보고 판단하는 경우가 많다. 과거에 어떤 사람들이 직관적으로 성경에 대해서 말한 것이 하나의 전통이 되어 대대로 내려오면서, 그것이 절대적 진리인 양 취급되었다. 이러한 전통적 견해를 절대화하고, 그것과 다른 말을 하는 사람들을 단죄하는 예들이 비일비재했다. 다시 말해서 성경에 대한 학문적인 연구를 무시 내지는 적대시해 온 경향이 있다. 소위 고등비평이라는 역사적 연구를 배척하고, 과거의 전통적 견해를 고집하면서, 성경의 겉만을 핥고 있었다는 말이다. 그래서 필자는 성경학자들의 말을 전통적 견해보다 앞에 두려는 방침을 가지고 이 교재를 썼다. 다시 말해서 역사비평적인 연구의 결과를 토대로 하였으며, 그것을 바탕으로 하고, 겸손히 하나님의 음성을 듣는, 그러한 방법을 택했다.

그리고 이것은 필자가 앞에서 말한 역사비평의 결과를 전제로 하고, 기도하면서 주관적으로 듣는 하나님의 말씀을 정리한 것뿐이고, 많은 사람들이 듣고 적은 글과 나란히 또 하나의 책에 지나지 않는다는 것을 밝힌다. 그러므로 독자들은 이 책을 또 하나의 참고 자료로 삼고, 각각 자기 나름으로 하나님의 음성을 듣는 노력을 해야 할 것이다.

2008년 1월
지은이 박창환

선생님의 구약해설서를 펴내면서

이 책은 한평생 성서번역자로, 또 신약학교수로 성경을 읽으신 박창환 선생님이 구약성경을 공부하고 싶어 하는 사람들을 위해 팔순의 연세도 아랑곳하지 않고 집필하고 계시는 구약성경해설의 둘째 권입니다. 첫째 권인『구약에서 듣는 하나님의 말씀 I - 창세기』는 지난 5월말에 나왔습니다.

2007년 5월에『신약성경』(서울: 도서출판 코리아엠마오) 사역을 내신 선생님은 그전부터 계획하신 대로 히브리어 성경의 순서를 따라 창세기에서 시작하여 지금 이사야에 이르기까지 구약해설서를 집필하고 계십니다. 이 소식을 지난 해 12월초에 잠시 집안 일로 국내에 다니러 오신 선생님으로부터 듣고, 우선 써 놓으신 원고부터 출판하면 좋겠다는 생각이 들었습니다. 그리하여 창세기에 이어 둘째 권으로 출애굽기 해설과 레위기 해설을 한 권으로 묶기로 했습니다.

반세기가 넘는 오랜 동안 선생님께 헬라어와 신약학을 배운 숱한 사람들 가운데 지극히 작은 자인 저로서는 무엇보다도 신약학자이신 선생님이 구약성경을 어떻게 읽고 이해하시는지 궁금했습니다. 선생님은 1950년대에 미국에서 공부하실 때부터 신약학자로서는 보기 드물게 구약성경에 깊은 관심을 두시고 신약학과 아울러 기회 있는 대로 구약학도 공부하며 가르쳐 오신 것으로 알고 있습니다.

이리하여 선생님의 구약해설서는 우리 한국교회의 성서해석사의 한 부분을 차지합니다. 이 해설서를 통해서 후학들은 지난 120년 동안 한국교회에서 구약성경을 어떻게 읽고 이해하며 가르쳐 왔는지를 돌이켜볼 뿐만 아니라 앞으로는 구약성경을 어떤 식으로 읽어나가야 할지 그 길을 함께 찾는 데 도움 받을 수 있으리라 생각합니다.

이 책은 무엇보다도 선생님의 초고를 최대로 존중하여 만든 책입니다. 그리하여 초고는 한글 맞춤법의 문제가 있는 경우를 비롯하여 다음 경우에만 다듬었습니다.

1. 선생님은 성경 본문을 히브리어 성경을 사역하여 인용하십니다. 선생님의 사역이 우리나라의 일반 그리스도인들에게 익숙한 개역성경과 많이 다를 경우에는, 읽는 이들을 위해서 엮은이가 각주에서 이 부분이 개역성경의 어느 부분에 상응한다는 점을 밝혀 놓았습니다. 그런 각주에 나오는 '개역성경'은 개역한글판과 개역개정판을 한데 묶어 부르는 이름입니다.

2. 또 선생님은 히브리어 성경의 고유명사 표기도 될 수 있으면 원음에 가깝게 하려고 애쓰셨습니다. 따라서 선생님의 고유명사 표기가 개역성경과 다를 경우에는 그 고유명사 뒤에 *를 붙이고, 그에 상응하는 개역성경의 표기는 목차 뒤의 '고유명사 표기 대조표'에서 찾아보게 했습니다.

3. 히브리어나 헬라어나 다른 외국어의 한글 음역은 〈 〉 안에 적어 넣었습니다. 선생님이 손수 적어두신 음역은 될 수 있는 대로 그대로 두었습니다. 그렇지만 선생님이 히브리어만 적어두신 경우에는 이 책을 읽으시는 분들의 편의를 생각하여 졸고, "개역한글판의 히브리어 고유명사 한글 음역 방식과 히브리어 한글 음역 시안," 「성경원문연구」 8 (2001.2) 106-157쪽에서 제안한 방식을 따라 음역했습니다.

하나 더 말해둘 것은, 각 단락을 두 부분으로 나누어 그 앞부분과 뒷부분에 각각 '해설'과 '교훈'이라는 소제목을 붙여놓았다는 점입니다.

이는 선생님이 구약해설서 첫째 권 창세기 서론의 마지막 부분(31-32쪽)에서 밝혀놓으셨고 지금은 이 책 8쪽에도 옮겨 적어둔 '일러두는 말'의 (2)와 (3)을 따른 것입니다.

선생님의 구약해설서 첫 권인 창세기가 나온 뒤에 선생님이 제게 거듭 강조하여 부탁하신 일이 하나 있습니다. 다름 아니라 이 해설서가 교역자들을 위한 책이라기보다는 평신도 성경공부에서 쓸 교재라는 점을 널리 알려 달라는 것입니다. 그런 만큼 이 해설서를 읽으시는 분들도 이 점을 늘 염두에 두시면 좋겠습니다.

마지막으로 여러모로 어려운 가운데서도 이 책의 출판을 기꺼이 맡아주신 「비블리카 아카데미아」 원장 이영근 목사님과 초고를 읽고 한글 맞춤법을 다듬어주신 오주영 전도사님에게 깊이 감사드립니다. 이 구약해설서를 통해서 우리나라의 그리스도인들이 구약성경을 통해 말씀하시는 하나님의 목소리를 이전보다 더 잘 들을 수 있기를 간절히 바랍니다.

2008년 8월
장로회신학대학교 구약학교수
박동현 삼가 아룀

일러두는 말

필자는 이 교재를 사용하시는 분들에게 사용법을 일러두려고 한다. 소그룹이 모여서 성경공부를 하는 것을 전제로 한다.

매 책을 문단으로 나누어서 공부하려는 것이기 때문에,

(1) 개인이든지 그룹이든지 우선은 해당 성경 단원을 먼저 한 두 번 읽어야 한다.

(2) 다음은 필자가 매 단원에 대하여 붙인 해설을 같이 읽기 바란다.

(3) 그리고 다음으로 필자가 그 단원에서 얻은 교훈, 혹은 거기서 들려오는 말씀을 몇 가지 정리해 놓았기 때문에, 그것을 음미하며 토론하기를 바란다.

(4) 끝으로 필자가 밝히지 않은 혹은 못한 교훈을 회원들이 각각 찾아보고 보충하기 바란다.

-『구약에서 듣는 하나님의 말씀 첫째 권 창세기』, 31-32쪽에서 -

목 차

고유명사 표기 대조표

박창환	개역	히브리어
게르숀	게르손	גֵּרְשׁוֹן
니싼	니산	נִיסָן
라메세스	라암셋	רַעְמְסֵס
바알제폰	바알스본	בַּעַל צְפוֹן
브잘렐	브살렐	בְּצַלְאֵל
셜로미트	슬로밋	שְׁלֹמִית
암람	아므람	עַמְרָם
엘아잘	엘르아살	אֶלְעָזָר
엘리셰바	엘리세바	אֱלִישֶׁבַע
엘자판	엘사반	אֶלְצָפָן
웃지엘	웃시엘	עֻזִּיאֵל
칩포라	십보라	צִפֹּרָה
피하히롯	비하히롯	פִּי הַחִירוֹת

출애굽기(出埃及記)

출애굽기라는 이름은, 중국 사람들이 Exodus를 풀이하여 만든 것으로서, 이스라엘 백성이 애굽에서 나온 역사라는 것을 짐작하게 하는 훌륭한 표현이다. 그러나 그 책의 히브리어 원명(原名)은 〈웨엘레 쉐모트〉(וְאֵלֶּה שְׁמוֹת)이고, 그것을 70인역(Septuagint=LXX)에서는 그리스어로 〈엑소도스〉("Εξοδος)라는 이름을 붙였고, 라틴어역에서는 이 그리스어 이름을 다시 Exodus로 음역(音譯)하였으며, 영어성경 등에서도 그 이름을 그대로 받아들인 것이다.

출애굽기는 그 전반부(1:1-15:21)에 이스라엘 백성의 애굽 탈출 역사를 다루고 있는데, 칠십인역 역자들이 그 내용을 감안하여 만든 명칭이다. 그러나 오경 저자 혹은 편집자들은 창세기로부터 신명기까지를 한 책으로 생각하며, 그것을 다섯 부분으로 나누면서, 각 부분의 첫 단어나 구(句)를 그 부분의 이름으로 삼은 것이다. 창세기는 〈브레쉬트〉(בְּרֵאשִׁית, '태초에')라는 단어로 시작하기 때문에 그 이름을 〈브레쉬트〉라고 했다. 출애굽기는 〈웨엘레 쉐모트〉(וְאֵלֶּה שְׁמוֹת, "그리고 이것들이 . . .의 이름들이다.")로 시작하는 책이기 때문에, 그것을 그 책의 이름으로 삼았다는 말이다.

출애굽기는 창세기의 역사를 계승하는 책으로서, 창세기 12장 1-4절과 13장 14-17절 등에서 하나님이 약속하신 두 가지, 곧 아브라함의 자손이 많아지고, 가나안 땅을 차지하게 하겠다고 하신 약속을 전제로 하고 있다. 그 약속이 창세기에서는 이루어지지 않았다. 하나님은 그 약속들을 충실히 이루시기 위해서 활동하셨다. 그것은 긴 역사를 통해서 나타났다. 우선 출애굽기에서는, 특히 그 전반부에서 하나님의 약속의 전반(前半)이 이루어진다. 즉 이스라엘 백성의 수가 부쩍 늘어나게 하신 것이다. 그리고 둘째 약속을 이루시기 위해서 애굽에서 구출하여 시내 광야로 인도하시고, 가나안으로 들어가는 준비를 하게 하셨다.

출애굽기를 두 토막으로 나누어 보아야 한다. 전반부(1:1-15:21)에서는 하나님의 놀라운 능력에 의하여 이스라엘 백성이 애굽의 긴 종살이에서 해방되어 그 곳을 빠져 나온 역사를 다룬다. 후반부(15:22-40:38)는 하나님께서 이스라엘과 함께 계시면서, 그들과 언약을 맺으시고, 그들을 가르치시고, 삶의 법도를 주시고, 성막의 도본을 말씀해 주시고, 그것을 짓게 하신다. 그리하여 하나님께서 이스라엘과 함께 계시는 것을 보여주시며, 그를 가까이 모시고 살아야 할 것을 지시하셨다. 그 부분에서도 야훼 하나님의 능력 발휘는 계속되었다.

이스라엘 민족에게 있어서 출애굽의 역사는 결코 잊을 수 없는 가장 중요한 것이어서, 그 이야기가 대대로 구전으로 후손들에게 전하여졌을 것이다. 그리고 그 전승은 꼭 하나만이 아니었을 것이다. 구약학자들의 말에 의하면 출애굽기에도 적어도 세 가지의 전승(J, E, P)이 혼합되었다고 한다. 하여간 오경 특히 출애굽기 저자 또는 편집자들은 바벨론 포로 생활 중에, 이스라엘 민족의 과거의 죄를 뉘우치며, 또는 해방될 미래의 이스라엘을 구상하면서, 과거의 역사 전승들을 편수(編修) 정리하였을 것으로 보인다. 비록 지금은 포로생활을 하고 있지만, 과거에 하나님이 어떻게 이스라엘을 사랑하셔서, 그들을 애굽의 질곡에서 구출하셨는가를 보여줌으로써, 지금의 포로 생활에서 구출될 희망을 주려는 것이었을 것이다. 그리고 출애굽 이후, 시내산에서 주셨던 언약과 법들을 이스라엘이 지키지 않았기 때문에 이미 받았던 구원을 놓치고, 오늘의 환난이 있었다는 것을 상기시켜, 회개를 촉구하는 동시에, 지금과 장래에 하나님의 언약과 법을 잘 지킴으로써, 구원을 계속 향유하게 하려는 뜻으로 저술했을 것이다. 바벨론이 페르시아*에게 망하고(539 B.C.), 바벨론 포로에서 돌아온 이스라엘 백성이 에스라의 영도 하에 율법책을 확정하는 가운데, 오늘 우리가 가지고 있는 율법서가 낙착되었다고 보는데, 비록 바벨론 포로 생활을 벗어났지만, 페르시아* 대국의 속국으로 계속 남아 있는 상태였기 때문에, 출애굽의 은총이 계속 필요한 형편이었다. 그러한 상태에 있는 이스라엘에게 출애굽기는 매우 큰 격려와 희망이 되는 동시에, 없어서는 안 될 생활 지침서였을 것이다.

출애굽기를 대강 아래와 같이 구분하여 볼 수 있을 것이다.

> I. 애굽에서 능력을 나타내신 야훼 하나님(1:1-15:21)
>   1. 애굽 사람들의 압박(1:1-2:25)
>   2. 이스라엘을 구출하기 위하여 모세를 임명하심(3:1-7:7)
>   3. 야훼 하나님과 바로의 각축(角逐)(7:8-15:21)
> II. 광야에서 이스라엘 백성과 같이 계신 야훼 하나님
>
> (15:22-40:38)
>   1. 이스라엘 백성이 광야 길을 가다(15:22-18:27)
>   2. 시내산에서 율법을 계시하심(19:1-24:8)
>   3. 야훼 하나님의 성소(24:9-40:38)

우리는 우선 출애굽기 전체를 조감(鳥瞰)하는 가운데 굵직한 진리를 몇 가지 발견하게 된다.

1. 하나님은 창세기에서 이스라엘 족장들에게 약속을 주셨는데, 그 약속들을 이루시기 위한 작업을 출애굽기 역사 속에서 계속 보여주시고 계신다. 즉 하나님은 성실하신 분이라는 것을 볼 수 있다.

2. 하나님은 그의 놀라운 능력을 통해서 이스라엘 민족을 400여 년의 긴 노예 생활에서 해방시켜 구출해 내시는 은총을 베푸셨다. 이스라엘이 다른 민족보다 잘나서가 아니었고, 또는 그들이 하나님의 총애를 받을 만한 공로를 쌓은 것도 없는 처지이고, 그냥 내버려두면 완전히 유야무야한 존재로 역사의 뒷전으로 사라져버릴 수밖에 없는 처지였는데, 완전히 하나님의 사랑과 은총으로 그들을 구원하셨다. 그러고 나서, 즉 구원을 이미 받은 백성과 언약을 맺으시고(20-24장), 계명을 주시며(20:1-17), 구원받은 사람답게 살 길을 제시하셨다. 다시 말해서 율법을 먼저 주셔서, 그것을 행하면 구원을 주시겠다는 것이 아니라는 말이다. 은총의 구원이 먼저 있고, 그 구원을 유지하고 누리기 위해서 필요한 법도를 제시하셨다는 말이다. 하나님은 당신의 백성이 행복하게 살 수 있도록 법을 주시고, 그 길을 보여주시는 아량과 섬세함과 용의주도함을 나타내셨다.

3. 하나님은 당신의 백성과 같이 계시기를 원하신 분이라는 것을 알 수 있다. 구원받은 인간의 응분의 태도는 하나님을 모시고, 그를 섬기면서 살아야 한다는 것을 보여준다. 그래서 하나님은 성막을 짓게 하시고, 이스라엘 백성 한가운데 와 계시기는 것이 그의 뜻임을 보여주셨다(25-31장; 35-40장).

4. 이스라엘 백성은 하나님과의 언약을 파기하고 우상을 섬겼지만(32-34장), 하나님 편에서는 다시 그들과 언약을 맺으시고, 다시 계명을 주셨다. 이스라엘로 하여금 꾸준히 그의 법도를 행하여, 이미 받은 구원을 놓치지 않기를 원하시는 아버지 하나님이심을 보여준다.

5. 하나님은 무조건, 시공을 초월하여, 율법을 주시는 것이 아니라, 특정 역사 속에서 인간의 안녕과 행복을 위하여, 적절한 법을 주신다는 것을 알 수 있다. 즉 모든 법은 역사적 배경을 가지고 있으며, 역사와 관련되어 있다는 것을 알 수 있다.

야곱 후손의 번성(출 1:1-7)

해설

창세기와 출애굽기는 서로 별개의 책으로 이름을 달리하고 있지만, 출애굽기는 창세기에 나오는 역사를 이어나간다. 창세기 마지막에 야곱의 열두 아들과 그들의 식구 70명이 애굽으로 이주한 이야기가 있었고, 여기 출애굽기에서 다시 그 사실을 소개하며 그것을 징검다리로 해서 이야기를 이어나간다(1:1-5).

1장 6절에서부터 새로운 사실을 말하기 시작한다. 즉 요셉과 그의 형제들과 그들의 세대가 다 죽었다는 것이다. 그러나 하나님께서 약속하신 대로 이스라엘에게 생육하고 번성하는 축복을 주셔서, 애굽 땅에 차고 넘칠 정도로 그 수효가 늘어났다는 것이다. 창세기 1장 28절을 연상케 하는 장면이다.

교훈

1. 인간의 무상(無常)함을 볼 수 있다. 한때 애굽을 주름잡고 극상의 권세를 누리던 요셉, 그리고 그 혜택을 같이 누리던 야곱의 세대와 그의 아들들의 세대가 다 죽어 사라지고 말았다. 세상 영화는 일장춘몽(一場春夢)에 불과하다는 것을 새삼 느끼게 된다. 그러나 그 세대를 통하여 야곱의 식구들은 아사(餓死)를 면하고 생존할 수 있었고, 애굽이라는 새 땅에서 번성하고, 마침내 긴 고통의 기간을 지낸 후, 하나님의 은총으로 구출되는 놀라운 역사가 나타나게 된다. 역사의 배후에서 활약하시는 하나님의 솜씨를 볼 수 있다.

2. 사람의 생각에는 시간이 지루하고 더디어 보이지만, 역사의 주인이신 하나님은 당신의 목적을 달성하시기 위해서, 적절하게 역사를 운영하시며, 약속을 이루어나가신다. 야곱의 자손은 400년이라는 긴 세월 애굽이라는 이방 땅에서 노예 생활을 하는 중에도, 멸망하거나 감소되지 않고, 도리어 애굽 사람들이 무서워할 정도로 무척 많은 수효로, 그리고 강력한 민족으로 자랐다.

여기서 하나님이 목적을 가지시고 택하신 백성을 결코 방치하시지 않는다는 것을 알 수 있다. 이것은 인간의 상상을 초월하는 사건이 아닐 수 없다.

이스라엘 백성이 압박을 당하다(출 1:8-22)

해설

하나님의 가호와 축복 속에서 사는 야곱의 자손들은 비록 애굽이라는 이방 땅에서의 여의치 않은 생활이었지만 건강하게 그리고 부유하게 살았고, 따라서 애굽 본토인들과는 완연히 다르게 수적으로도 증가하고 경제적으로나 사회적으로 당당한 위치를 차지하였을 것이다.

처음에는 잘 몰랐겠지만 해가 가면 갈수록 그 괴리는 커졌을 것이고 애굽인들의 눈에 완연히 드러났을 것이다. 400년이라는 긴 세월이 지난 후의 현상은 똑똑한 정신을 가진 애굽이라면 염려하지 않을 수 없는 심각한 것이었을 것이다.

드디어 뒤늦게나마 현명한 왕이 애굽에 나타났다. 400년이 지난 후이고 보니, 그 왕이 그 옛날의 요셉이라는 히브리인 총리의 역사와 그의 공로를 알지 못하였고, 아니 안다고 해도 무시했을 것이다. 애굽인들은 자기들이 양반이고 주인인데 바깥에서 들어와 자기 나라에 사는 이스라엘 백성의 수가 더 많아지고 더 잘 살고 여러 면에서 사회적으로 우위에 있다는 것을 더 이상 묵과할 수는 없었던 것이다. 여기서 임금은 백성의 영도자로서 스스로 각성을 하는 동시에 백성에게 민족의식을 불어넣기 시작했다. 즉 이스라엘 백성의 수와 세력을 억제하여 필시 다가올 화를 미연에 방지하자는 것이었다.

그렇게 하는 방법으로 채택한 것이 바로 이스라엘 백성을 노예로 삼아 그들에게 중노동을 부과하자는 것이었다. 말할 수 없이 고되고 처참한 중노동을 하는 히브리인은 점점 그 세력이 쇠잔해지리라고 생각했던 것이다. 애굽의 제19대 왕조에 세티 제1세(Seti I, 주전 1308-1290년)와 라메세스* 제2세(Rameses II, 주전 1290-1224년) 시대에 나일 강 삼각지대에 있는 비돔과 라암셋에 도성을 건설하는 작업을 대대적으로 벌였고 그 작업에 이스라엘 백성의 노동력을 쏟아 부은 것이다. 이스라엘 백성은 벽돌을 굽고 왕궁과 성곽과 기타 시설을 건조하느라고 무진 고통을 당한 것이었다. 그렇게 호된 중노동을 부과했지만 이스라엘 백성은 애굽 지도자들의 기대와는 판이하게 점점 더 번성해 갔다. 인간의 계산과 하나님의 계산이 그만큼 달랐던 것이다.

이렇게 바로와 그 정부의 제1차적인 계획이 빗나가자, 그들은 둘째 계략을 동원했다. 즉 산파들을 시켜서 이스라엘 산모들이 낳는 아들은 죽이고 딸은 살려두도록 한 것이다. 그러나 정부가 지정한 히브리인 산파 십브라와 부아는 바로의 명령보다는 하나님을 더 두려워하였다. 그들은 조산원으로 일을 하면서 하나님을 더 두려워하였기 때문에 바로의 명령대로 하지 않고 히브리인의 신생 남아들을 살려두었다.

그 소문이 왕에게 들어가자, 왕이 산파들을 불러서 따졌다. 그러나 그녀들은 거짓말로 둘러대었다. 즉 히브리 여인들은 힘이 강하여, 산파들이 산모에게 가기도 전에 해산을 한다고 말했다. 이렇게 하나님은 산파들의 마음을 움직여 바로보다는 하나님의 명령을 따르게 했고 결국 이스라엘 백성이 계속 늘어가게 만드신 것이다. 하나님은 바로의 명령을 어김으로써 당하게 될 위험을 무릅쓰고 하나님의 뜻에 복종한 산파들에게 복을 내리셨다. 본문에 의하면 그들에게 '가정'(〈밧팀〉, בְּתִּים)을 주셨다고 했다. 히브리인들이 모두 강제로 징용되어 중노동을 하면서 식구들이 여기 저기 분산되어 있었기 때문에 가정생활을 할 수 없었을 것이다. 그런데 이 산파들은 하나님께 받은 복으로 그 어려운 상황에서도 가정생활을 할 수 있는 축복을 누렸다는 말인 것 같다.

애굽 정부는 이제 제3의 방책을 동원했다. 즉 히브리 여인이 해산하는 모든 남아는 다 나일 강에 던져 죽이고, 여아들만 살려두라는 것이었다. 천인공노의 대학살 사건이 시작된 것이다. 얼마나 많은 히브리인 남아들이 나일 강 물에 익사했겠는가 말이다.

교훈

1. 요셉은 애굽 나라의 은인이다. 그가 아니었더라면 애굽 백성이 몰살당했을 것이고, 따라서 애굽이라는 나라가 역사에서 사라졌을지도 모른다. 그런 큰 국가적 은인이었지만, 400년 후의 애굽 백성과 통치자는 그 공로를 잊었고 몰라주었다. 이렇게 인간은 은공을 잊기 쉽고, 공로자에 대한 마땅한 대우를 한다는 것이 쉽지 않은 것이다.

2. 반면에 하나님은 한 번 택하신 백성을 언제나 기억하시고, 인간의 상상을 초월하는 방법으로 그 백성을 돌보신다. 애굽의 조야(朝野)는 히브리인의 인구를 억제하기 위하여 나름대로 가장 현명하다고 생각되는 정책을 채택했지만 하나님의 능력을 막아낼 재간은 없었다. 사람의 지혜가 어찌 하나님의 지혜를 능가할 수 있겠는가 말이다. 애굽인들에게는 불가사의한 사건이 아닐 수 없다. 그러나 결코 히브리 사람들

자신의 지혜나 능력으로 된 일도 아니다. 초월자이신 하나님의 능력으로 말미암아 히브리인들은 계속 불어나고, 애굽인들은 계속 불안에 싸여 있어야 했다.

3. 히브리인 산파들이 국왕의 명령을 거역하면서까지 히브리인 남아들을 살려둔 것은 애굽의 왕보다도 하나님을 더 두려워했기 때문이다. 그것은 그 산파들의 강한 신앙의 발로이다. 자기들의 목숨을 걸고 하나님을 택한 것이다. 그러한 갸륵한 신앙을 하나님은 방관하시지 않았고, 보응을 하셨다는 것이다.

4. 사람이 사람을 학대하고 괴롭히는 것도 큰 죄이지만, 인간의 목숨을 죽인다는 것은 극상의 죄가 아닐 수 없다. 인권과 인간 생명의 가치를 무시하고 마구 죽인 애굽인들은 결국 천륜을 어긴 것이다. 그들이 채택한 방도가 자기들의 뜻을 이룰 수 있을 것이라고 믿었지만 하나님의 고등 수단을 능가할 수는 없었다. 결국에는 애굽인들의 장자들과 맏배 짐승들이 다 죽어야 하는 벌을 받고야 말았으니 말이다. 되로 주고 말로 받은 셈이다.

5. 히브리 남아들은 죽이고 여아들은 살려두려는 애굽인들의 계략은 역시 천륜과 창조의 질서를 어기고 거역하는 행동이었다. 여자의 인권을 무시하고 그들을 남자의 노리개로 삼으려는 야만적인 발상에서 온 처사였다. 하나님은 남자와 여자를 다 사람(〈아담〉, אָדָם)으로 창조하셨고 꼭 같은 자치의 존재로 창조하셨는데, 동서고금의 많은 인간들이 그 질서를 어기고 여성을 천대하고 있다.

모세의 출생과 그의 청년 시절(출 2:1-10)

해설

히브리인 인구 증가를 억제하기 위해서 취한 최후 방안으로 인하여 많은 히브리 신생 남아들이 나일 강에 빠져 죽어야 하는 비극이 벌어지고 있었고 그들의 부모 형제 친척들의 슬픔과 분노가 하늘에 사무치고 있을 때, 레위 족속의 한 집안에 아들이 태어났다.

어느 어미가 자기가 낳은 자식을 사랑스럽게 여기지 않겠는가? 모세의 어머니도 그의 아들이 잘 생기고 귀여워서, 선뜻 강물에 던질 수가 없었다. 석 달 동안이나 젖먹이 모세를 집안에 숨겨두고 지냈지만 도저히 더는 그를 집에 둘 수가 없어서 차선책으로 파피루스로 상자를 만들고 역청을 발라서 물이 스며들지 않게 하고 거기에 아기를 담아 가지고 나일 강의 무성한 갈대 숲 속에 띄어 놓았다. 그리고는 모세의 누이 미리암으로 하여금 숨어서 그 아기의 귀추를 지켜보게 하였다.

사람이 할 수 있는 일은 다 한 셈이다. 때마침 바로의 공주가 시녀들을 데리고 나일 강에 목욕을 하려고 나왔다가 갈대 숲 속에서 들려오는 아기의 울음소리를 들었고 아기가 들어 있는 상자를 발견했다. 그래서 시녀를 시켜서 그 상자를 꺼내오게 했다. 그 속에서 울고 있는 어린 아기를 본 공주는 필시 히브리인의 아기라고 생각하면서 측은한 마음이 들었다.

모세의 누나가 잽싸게 가까이 가서 그 아기를 기를 유모를 데려오겠다고 제안했다. 그리 하라는 공주의 허락을 받고 그 소녀는 그 아기의 어머니를 모셔왔다. 공주가 그 아기 어머니에게 지시했다. 자기가 삯을 줄 터이니 그 아기를 데려다가 대신 기르라는 것이었다.

그래서 어머니는 모세를 데리고 가서 길렀고 그가 철이 들자 공주에게 데려다 주었다. 공주는 모세를 자기의 아들로 삼고 모세(מֹשֶׁה,

〈모세〉)라는 이름을 붙여주었다. 그것은 그녀가 그 아기를 물에서 건져냈기 때문이라고 하며 그 이름의 유래를 설명했다.

교훈

1. 하나님은 인간 역사 속에서 당신의 뜻을 이루실 때 주로 사람을 통해서 하신다. 모든 인간에게 복을 주시기 위해서 먼저 아브라함과 그의 자손을 택하셨다. 애굽에서 신음하는 이스라엘을 구원하시기 위해서 모세라는 사람을 택하셨다.

애굽 왕의 칙령에 의하여 히브리 신생 남아들이 다 죽어 가는 그 판국에 80년 후에 이스라엘 백성을 영도하여 애굽을 탈출하게 할 인물을 준비한다는 것은 바랄 수 없고 상상할 수 없는 일이었다. 그러나 하나님이 애굽 왕의 공주의 마음을 열어 지엄한 국법을 어기면서까지 히브리인 모세를 물에서 구출하여 기르게 하신 것은 하나님의 신기한 작업이 아닐 수 없다.

2. 다른 모든 히브리 사람들이 애굽 왕의 칙령을 어기면 살아남을 수 없다는 생각을 하면서 자기들의 신생 남아들을 무참히 나일 강에 던져버렸다. 그런데 모세의 부모와 식구들은 그 생명을 보존하기 위해서 믿음을 가지고 인간이 할 수 있는 최선을 다했다. 사람이 할 일을 다 하고 난 다음에 하나님의 처사를 기다린 셈이다. 만일 모세의 부모가 다른 사람들처럼 체념하고 모세가 출생하자마자 강물에 던지고 말았다면, 출애굽의 역사는 나타나지 않았을 것이다.

3. 모세가 남이 아닌 자기의 친모의 젖을 먹고 자랄 수 있었고 히브리 신앙의 가정에서 경건한 교육을 받았고 다음에는 공주의 아들로서

어느 누구도 받을 수 없는 당대 최상의 섭생과 교육과 훈련을 받을 수 있게 된 것은 모두가 하나님의 숨은 간섭과 인도의 소치가 아닐 수 없다.

모세가 미디안으로 피신하다 (출 2:11-25)

해설

모세는 애굽 왕궁에서 잘 먹고 잘 배우고 훈련을 받으면서 육체적으로 아주 건강하게 정신적으로는 많은 지식과 식견을 가진 인물이 되었다. 나이가 들면서 자기의 정체성을 생각하기 시작했다. 동족인 히브리 민족이 극심한 중노동에 시달리며 인간 이하의 대우를 받고 있는 것을 보면서 격분하고 고민하기 시작했다.

하루는 동족 히브리인 하나가 애굽 사람에게 억울하게 매를 맞는 것을 목격하고는 의분을 참지 못하여 사방을 둘러 본 다음 보는 사람이 없는 틈을 타서 그 애굽인을 때려죽이고 말았다.

다음날 다시 부역(賦役) 현장에 나갔는데, 이번에는 히브리인 두 사람이 서로 싸우고 있는 것이었다. 그 싸움을 지켜보니 확실히 한쪽 사람이 옳지 않은 것을 알 수 있었다. 그래서 모세는 싸움을 말리며 그 옳지 않은 사람을 붙들고 어째서 동족을 때리느냐고 책망을 했다. 그러자 그 사람은 오히려 모세에게 대들면서 "누가 당신을 우리의 통치자와 재판관을 삼았소? 당신이 어제는 애굽 사람을 죽이더니, 오늘은 그렇게 나를 죽일 셈이요?" 하는 것이었다. 거기서 모세는 자기가 어제 한 일이 탄로된 것을 알았다. 바로의 귀에도 그 사건이 보고되었고, 바로는 모세를 죽이려고 수배하였다. 모세는 어쩔 수 없이 망명의 길을 떠났다.

모세는 허겁지겁 애굽 나라를 등지고 동쪽으로 동쪽으로 달아나 시내반도를 지나서 아라비아 서쪽 미디안에 이르러 거기에서 지내기로 마음을 먹었다. 하루는 어떤 우물가에 앉아 있었다. 고대 사회에서 우물이라는 것은 사람들이 만나는 곳이고 정보를 교환하는 장소이기도 했다. 모세는 우물에서 물도 마실 겸 자기의 앞날의 삶을 위하여 정보를 얻으려는 생각도 하였을 것이다.

그런데 그 근처에 제사장 르우엘(רְאוּאֵל)이 살았고(3:1; 4:18; 18:1; 민 10:29에는 그를 이드로[יִתְרוֹ]라 했고 민 10:29; 삿 4:11에는 호밥[חֹבָב]이라고 불렀다.) 그에게 딸이 일곱이나 있었다.

모세가 우물가에 앉아 있을 때, 르우엘의 딸들이 아버지의 양들을 몰고 와서 그것들에게 물을 먹이기 위해서 구유에다 물을 길어 넣기 시작했다. 그런데 어떤 짓궂은 목동들이 나타나서 그녀들을 쫓아내는 것이었다. 모세는 의분을 느끼며 그 못된 목동들을 물리치고 그녀들을 위하여 물을 길어 양들에게 물을 마시게 했다. 그만큼 모세는 의리의 사람이요 체력적으로도 우람하고 건강한 사람이었을 것으로 짐작된다. 모세가 거들어준 덕택에 그 처녀들이 종전보다 이른 시각에 집으로 돌아갈 수 있었다.

아버지가 그 사유를 묻자, 어떤 애굽 사람이 자기들을 애먹이는 목동들을 물리치고 자기들을 위해서 물을 길어 자기들의 양에게 물을 먹였기 때문이라고 대답했다. 아버지는 그 사람이 어디 있느냐, 왜 그를 데리고 오지 않았느냐 하면서 어서 그 사람을 데려오라고 명령했다. 모세는 사고무친한 낯선 곳에서 의지할 곳이 생겼다.

르우엘은 자기 딸 칩포라*(צִפֹּרָה)를 모세에게 주어 그를 사위로 삼았다. 칩포라*가 아들을 낳았다. 모세는 그가 외국 땅에 살면서 나그네(〈게르〉, גֵּר)로 지냈다는 뜻으로 그의 이름을 게르숌*(גֵּרְשֹׁם)이라고 불렀다.

오랜 뒤에 모세를 죽이려던 애굽 왕이 죽었다. 그러나 이스라엘 백성은 여전히 노예생활을 하며 신음하였고 살려 달라는 그들의 아우성이 하나님께 도달했다. 하나님은 그들의 신음 소리를 듣고 아브라함과 이삭과 야곱과 맺으신 계약을 기억하셨다. 그리고 이스라엘 백성의 상황을 똑똑히 보고 그들의 형편을 잘 아셨다.

교훈

1. 애굽 왕궁에서 40년을 살면서 그 나라 왕족 사회의 풍요를 누려온 모세가 그 이방 세계의 사치와 권력과 안일에 **빠지지** 않고 자기의 정체성을 되찾아 동족을 생각하며 민족정신을 가지고 동포를 위하여 의로운 행동을 한 것은 그를 낳으신 부모 특히 어머니의 가정교육의 영향을 받았기 때문이었을 것이다. 어린 모세를 품에 안고 젖을 먹이며 기도하면서 가르친 것이 민족의식이었을 것이다.

그러나 모세가 감수성이 강한 소년과 청년 시절을 왕궁에서 지내면서, 그리고 공주의 사랑을 듬뿍 받으면서 그 생활에 젖어들지 않고 민족의식을 발휘한 것은 역시 하나님의 영이 그를 인도하고, 선민을 위한 영도자로 그의 마음을 지키고 그렇게 다듬으셨기 때문일 것이다. 일개 인간에 불과한 모세가 그 모든 유혹 뿌리치고 이스라엘의 영도자로서의 자질과 자격을 가지게 된 것은 하나님의 섭리가 아닐 수 없다.

2. 모세가 의리의 사람으로 동족을 두둔하다가 망명자의 신세가 되어 40년이라는 긴 세월을 객지에서 고생을 했지만, 그 40년은 무의미한 시기가 아니었다. 하나님의 선민 이스라엘의 영도자가 되기 위해서는 특수한 훈련과 경험과 연단이 필요했던 것이다.

말이나 잘하고 싸움이나 잘하는 세상의 영웅과는 달리 신령한 백성, 하나님의 백성의 영도자가 되어야 하는 것이기에 애굽에서 배운 최고의 지식과 세상적인 훈련만으로는 어림도 없는 일이었다. 인내심을 가져야 하고 넓은 마음을 가져야 하고 지혜와 지도력을 길러야 했다. 그리고 무엇보다도 하나님을 바로 알고 고차원 세계의 지식과 경험을 지녀야 했다. 그러기에 그의 미디안 망명 생활은 매우 필요하고 유익했으며, 하나님께서 주신 귀한 기회였다고 보아야 할 것이다.

3. 하나님은 모세를 인도하셔서 미디안 제사장 르우엘의 사위가 되고 거기서 가정을 이루고 객지 생활 중에서도 위안을 받으며 행복한 가정생활 속에서 원만한 인격을 조성하게 하셨다.

모세는 체념을 하거나 현실에 만족하는 사람이 아니었다. 즉 자기 동포를 잊어버리고 개인의 안일에 만족하고 있는 사람이 아니었다는 말이다. 그는 아들의 이름을 게르솜*이라고 지음으로써 미디안에서의 삶은 나그네의 삶에 지나지 않는다는 의식을 가졌던 것이다. 언젠가는 돌아가서 자기 동포와 동고동락하리라는 신념을 가지고 있었던 것이다. 아들 게르솜*을 볼 때마다, 그의 이름을 부를 때마다 애굽에서 신음하는 불쌍한 동포를 기억했을 것이다.

4. 모세를 쫓던 바로는 죽었다. 그러나 영원하신 하나님은 그대로 살아 계셔서, 이스라엘의 조상들과 맺으셨던 언약들을 잊지 않고 계셨다. 그리고 울부짖는 이스라엘 백성의 호소를 들으셨다. 그리고 그들을 굽어 살피셨다. 그들의 형편과 상황을 잘 알고 계셨다. 이스라엘의 하나님은 이미 선민 구원 작업을 시작하셨다. 모세를 택하신 것이 바로 그 한 가지 실례이다. 하나님이 알아주는 개인과 민족은 행복하다.

불붙는 떨기나무에서 모세에게 나타나신 하나님 (출 3:1-12)

해설

모세는 미디안 40년의 망명생활을 비교적 평화롭게 지냈을 것이다. 그러나 애굽에서 들려오는 동족의 신음 소리를 들으면서, 마음은 언제나 평안하지 않았을 것이다. 그러나 속수무책으로 자기로서는 할 수 있는 것이 전혀 없었다. 미디안 제사장 집안의 사위로서 하나님을 믿는 분위기 속에 살면서 명상과 기도의 생활을 하는 가운데 하나님의 구원을 대망하며 기도하고 있었을 것이다. 아직 하나님을 실감한 경험은 없지만 말이다.

하나님이 계획하신 때가 도달했다. 모세가 장인 이드로의 양떼를 거느리고 멀리 멀리 영산(靈山)이라고 이름난 곳, 곧 '하나님의 산'(〈하르 하엘로힘〉, הַר הָאֱלֹהִים)인 호렙(חֹרֵב)까지 이르렀다. 필시 하나님께서 모세에게 사명을 주시기 위해서 그를 그 산으로 끌어당겼을 것이다. 결코 우연은 아니었을 터이니까. 하나님은 거기서 모세에게 나타나셨다. 떨기나무가 불이 붙고 있는데 타버리지는 않는 광경으로 하나님이 나타나신 것이다. 그것이 하나님의 실체는 아니기에 하나님의 천사라는 말로 표현했다. 그러나 그 광경은 하나님의 임재를 나타내는 것이었다.

모세는 인간의 상식을 초월하는 그 기현상을 보는 순간 놀라는 동시에 호기심이 생겨서 가까이 다가가 그 정체를 알아보려고 하였다. 호기심을 가지고 정체를 알아보려는 것은 좋지만, 하나님은 당신의 거룩하심과 지엄하심에 죄 있는 인간이 접근함을 허용하시지 않는다. 거룩하심은 구별되심을 의미하므로, 하나님을 인간이 처한 낮은 차원의 존재로 격하시키거나 혼동할 수는 없다. 그래서 하나님은 우선 당신의 임재를 알리는 동시에 그의 거룩한 정체성을 밝히셨다. 모세야 모세야 하고 부르시며 말씀하시는 음성 속에서 하나님의 존재를 알린 것이다. 그러나 그 이상 더 가까이 오지는 말라고 경고하며 모세가 서 있는 땅은 거룩하니 신을 벗으라고 명령하심으로써 하나님은 지엄하시며 존재론적으로 구별된 존재 곧 거룩한 분이심을 알려주셨다. 이어서 하나님은 모세의 조상 아브라함과 이삭과 야곱의 하나님이라는 사실을 밝히셨다. 하나님을 이토록 정면으로 만나는 경험을 하면서 모세는 우선 두려움에 사로잡혔다. 그리고 감히 그를 마주 볼 수가 없어서 자기의 얼굴을 가렸다. 엄위하신 하나님을 만난 자의 마땅한 태도이다.

하나님의 정체(正體) 앞에 압도된 모세에게 하나님은 자신의 계획을 알려 주셨다. 애굽에 있는 히브리인들을 자기의 백성이라고 하시면서 당신이 그들의 비참함을 관찰하고 그들의 울부짖음을 듣고 있으며 그들의 고통을 알고 계신다고 하셨다. 그리고 그들을 구출하여 젖과 꿀이 흐르는 가나안 땅, 지금은 가나안 7족 민이 살고 있는 그 땅으로 인도하시겠다고 하셨다. 그런데 그 임무를 모세에게 맡기시겠다고 하셨다. 하나님은 그 일을 위하여 오랫동안 그를 준비시킨 것이고 때가 되자 그를 호렙산으로 불러서 그 사명을 주셨다.

그러나 모세는 "내가 누구이기에 바로에게 간다는 것입니까? 그리고 내가 누구기에 이스라엘 백성을 애굽에서 구출한단 말입니까?" 하고 자기의 무력과 무자격을 고백했다. 당연한 일이다. 사람이 할 수 있는 일이 아니니까 말이다. 그래서 하나님은 "내가 너와 같이 있겠다."고 약속해 주셨다. 전능자 하나님 곧 바짝 마른 떨기나무에 불을 붙였지만 타지 않게 하실 수 있는 그 거룩하신 분이 같이 계시겠다고 약속하셨다. 모세를 보낸 자가 바로 하나님이라는 표징이 있을 것이라고 약속하셨다. 많은 어려움과 실패도 있겠지만 결국 이스라엘 백성이 애굽에서 나와서 이 호렙산에서 하나님을 예배하기에 이르겠다는 것이다. 그 일을 가능케 하실 분은 하나님뿐이기 때문이다.

교훈

1. 하나님은 정하신 때에 필요한 장소로 일꾼을 불러내신다. 미디안에서 양치기 생활을 40년이나 하고 있던 모세가 그만하면 정신적으로나 육체적으로 쓸 만한 그릇이 되었을 때, 하나님은 그를 호렙으로 부르셨다. 미디안에서 호렙산까지는 굉장히 먼 거리인데 어떻게 모세가 거기까지 양을 몰고 갔을까 의심스럽다. 모세는 호렙산이 영산이고 하나님의 산이라는 말을 들었고 또 알고 있었을 것이다. 망명 생활 중에 점점 그의 영성이 계발되었을 것이고, 하나님을 사모하는 마음, 하나님을 만나고 싶은 마음, 하나님의 능력을 받아야 하겠다는 마음이 무르익고 있었을 것이다. 그때 하나님은 은연중에 모세의 마음을 호렙산으로 끌어당겼을 것이다.

2. 하나님의 일꾼으로서 큰일을 해야 할 사람 모세에게 하나님은 자신을 계시하셔서서 모세로 하여금 하나님의 존재와 능력에 대한 확신을 가지게 하셨다. 불이 붙고 있지만 타지 않은 떨기나무의 신기한 형상으로 나타나신 하나님, 그리고 "모세야, 모세야!" 하며 직접 불러주시는 그의 음성, 그리고 자신이 거룩하다고 하시면서 가까이 오지 말라는 명령, 하나님 앞에 서기 위해서는 더러움이 없어야 한다는 (신을 벗어야 한다) 말씀, 그리고 대대로 모세의 조상들의 하나님이셨다는 하나님의 말씀을 통해서, 모세는 하나님의 실체를 느끼고 어느 정도 확신을 가지기에 이르렀다. 그 확신이 없이는,즉 인간 모세 자신의 재간이나 힘이나 경험을 가지고는 출애굽의 큰 사업을 해낼 수 없는 것이기에, 하나님은 이 경험을 주신 것이다.

3. 하나님은 참된 인격의 소지자로서 당신이 택하신 백성의 영욕(榮辱)에 100% 관심을 기울이셨다. 애굽에서 종살이하는 이스라엘의

사정을 도외시하거나 무관심하거나 방관하시는 것이 아니라 세밀하게 관찰하고 알고 대책을 세우고 그들을 구출할 계획을 구체적으로 마련하여 실천에 옮기기 위해서 모세를 부르신 것이다. 이스라엘을 구출하시는 일은 하나님이 계획하신 일이며 그의 지휘 아래서 그의 부하들을 통해서 이루어질 사건이다. 여기서 하나님의 그 큰 사건을 이루시기 위해서 제1대행자로 또는 총사령관으로 부르신 것이 바로 모세였다. 인간의 눈에는 모세만 보이겠지만 실세(實勢)는 하나님이시라는 사실을 알아야 한다.

4. 하나님이 모세를 그 거룩한 산에 불러서 그 큰 사업을 위촉했을 때, 인간 모세는 자기로서는 불가능한 일이라는 것을 느낄 수밖에 없었다. 법적으로는 모세가 애굽 사람이지만 국법을 어기고 40년이나 망명생활을 한 사람으로서 어떻게 어마어마한 권력자인 바로 앞에 나타나서 이스라엘을 빼낼 수 있겠는가 말이다. 그리고 동족에게도 그는 무명인사여서, 그들이 자기의 말을 따를 리가 만무했던 것이다. 모세가 하나님 앞에서 불가능하다고 말한 것은 당연한 것이었다. 사람의 힘으로 이스라엘을 애굽에서 구출한다는 것은 확실히 불가능한 일이었다. 그러나 하나님께는 불가능이 없다. 그래서 하나님께서 모세더러 자기가 같이 해주시겠다고 약속한 것이다. 그래도 모세는 하나님이 자기와 같이 계시겠다는 말씀의 내용을 실감하거나 이해하기가 어려웠을 것이다. 그래서 하나님은 더 큰 확신을 가지게 하려고 13절 이하에서 여러 가지 능력을 보여주셨다.

5. 이스라엘 백성들은 하나님이 모세를 지도자로 택하여 보내셨다는 사실을 어느 정도 믿고 그를 따르겠지만 실제로는 많은 경우에 그를 의심하고 반역하고 애를 먹일 것이다. 그러나 뚜렷한 증거는 이스라엘

백성이 마침내 애굽에서 구출되어 나오게 된다는 사실 곧 불가능한 일이 모세의 인도를 통해서 이루어진 사실과 하나님이 약속하신 대로 그들이 호렙산에서 하나님을 예배하게 된다는 사실이다. 애굽에서 가나안으로 가는 길은 여러 개가 있다. 그러나 하나님은 호렙산에서 이스라엘에게 예배를 받도록 계획하셨고, 그렇게 되고야 만다는 것이다. 따라서 그들이 그 산에서 예배하게 될 때 하나님이 모세를 보내셨다는 사실을 알 수 있다는 것이다.

하나님께서 자신의 이름을 계시하심(출 3:13-22)

해설

애굽으로 가서 동포를 구출하라는 명령을 받은 모세, 하나님이 같이 계시겠다는 약속을 받은 모세에게 어느 정도 자신감이 생겼을 것이다. 그래서 이제 모세는 자기가 막상 애굽으로 간다고 가정하고 실제로 일어날 일을 예상해 볼 수밖에 없었다.

모세가 애굽에 있는 동족에게 불쑥 나타나서 "나를 따르시오. 같이 힘을 모아 애굽을 탈출합시다!"고 말한다고 해서, 그들이 말을 들을 것인가. 그때 모세는 "우리의 힘으로는 불가능합니다. 그러나 우리 조상들의 하나님이 나를 여러분에게 보냈습니다." 라고 말을 할 것이다. 즉 "사람의 힘으로는 불가능하지만, 하나님이 같이 하시겠다고 약속하셨으니, 승산이 있습니다."라고 말할 수 있을 것이다. 그러나 애굽에서 400년이나 종살이를 해온 이스라엘 백성에게는 하나님에 대한 개념이 명확하지 않거나 통일이 되어 있지 않았을 것이다. 애굽 사람들이 믿는 신들이 많이 있었고, 송아지와 활콘이라는 새를 비롯하여 많은 우상을 섬기는 사회에서 살았기 때문에, 그들에게는 참 하나님이 누구냐 하는 것이 문제였을 것이다. 그들이 희미하게 이스라엘의 하나님, 조상들이 섬기던 하나님을 알고 있었겠지만, 그 하나님이 정말 살아 계신다면 어째서 자기들을 버려두시는 것일까 하는 회의도 있었을 것이다. 정말 자기들을 구출할 능력자, 믿을 만한 하나님이 어디 계시는가 하는 생각을 하고 있었을 것이다. 그러니 그들에게 뭐라고 대답해야 하겠는가 하는 것이 모세의 의문이었다.

그때 하나님께서 당신의 이름을 모세에게 말씀해 주셨다. 이름은 곧 그것을 가진 자의 속성과 자격을 말해주는 것이니, 이름을 아는 것이 중요하다. 그래서 하나님은 우선 모세에게 자신의 이름을 말씀하셨다. 〈에흐예 아셰르 에흐예〉(אֶהְיֶה אֲשֶׁר אֶהְיֶה) 곧 "나는 존재하는 존재다(I am what I am, 혹은 I shall be what I shall be)."라고 말씀하셨다. 애굽에서 일반적으로 생각하는 신은 눈에 보이고 손으로 만질 수 있는 우상들이었다. 그리고 그것들은 있다가 사라지는 물건에 지나지 않는다. 그러나 참 하나님은 사람이 볼 수 있는 유형적인 존재가 아니고 그러면서도 영원히 살아 계시는 존재이시다. 이렇게 자신의 정체를 모세에게 말씀하신 후에, 이제는 생략해서 자신을 〈에흐예〉(אֶהְיֶה)라 부르시면서, "〈에흐예〉가 나를 당신들에게 보내셨다."라 말하라고 지시했다. "나 모세를 당신들에게 보내신 분은 애굽 사람들이 섬기는 그런 우상, 곧 있다가 없어지는 그런 신이 아니며, 있는지 없는지 알 수 없는 희미한 신이 아니라, 오늘도 살아 계시며, 그러나 사람의 눈으로 볼 수 있거나 손으로 만질 수 있는 유한한 존재가 아닌 존재 곧 〈에흐예〉가 나를 보내셨습니다."고 말하라는 것이었다.

그러나 그 말을 듣는 사람들이 반문할 것이다. "그런 하나님이 도대체 어떤 힘이 있기에 당신과 우리를 도와서 구출한다는 말이냐?"라고 할 것을 예상하고, 하나님은 셋째 이름을 말씀하셨다. 곧 to be 동사(〈하야〉, הָיָה)의 미완료형 יְהֹוָה를 그의 이름으로 제시하셨다. 아직 아무도 그 이름을 어떻게 발음할 것인가를 확실히 말하지 못하고 있다. 그것을 단순한 미완료 동사로 볼 것인가, 아니면 사역(使役)동사 (causative)로 볼 것인가 하는 문제이다. 전자로 본다면 1인칭 미완료 동사 〈에흐예〉(אֶהְיֶה)가 3인칭 동사 〈이흐예〉(יִהְיֶה)로 변한 것에 불과하고, 후자 곧 사역동사로 본다면 야훼(יַהְוֶה)라고 발음할 수 있 으며 존재케 한다는 말이 된다. 결국 하나님은 그냥 존재하시는 분일 뿐 아니라 만물을 존재케 하시는 분이라는 뜻으로 해석할 수 있다. 곧 창조자이시며 과거에 이스라엘의 조상들과 같이 하시며 그들을 인도 하신 그 하나님일 뿐 아니라, 앞으로도 창조적인 능력으로 해방을 주시 고 복을 주실 수 있는 분이라는 말이다. 출애굽기에 나타난 사건들을 통해서 볼 때, 그 하나님은 구원자, 치유자, 계시하시는 분, 언약을 맺 으시는 분 등으로 나타난다. 야훼는 그런 역할을 하시는 분이라고도 볼 수 있다.

　바로 그런 분이 모세를 애굽의 히브리인들에게 보내신 것이라고 대 답하라고 지시하셨다. 야훼라는 이름이 영원한 하나님의 이름이고 모 든 세대에게 주시는 하나님의 칭호라고 못을 박으셨다(3:15b). "나는 이런 하나님이니까, 믿고 가거라!"고 명령하신 것이다. 그리고는 구체 적으로 모세가 해야 할 일을 지시하셨다. 이스라엘의 장로들을 불러놓 고, 그들의 조상 아브라함과 이삭과 야곱의 하나님, 곧 야훼가 자기에 게 나타나셨다는 것과, 그가 그들 자신과 애굽에서 당하는 그들의 모든 형편을 예의 주시하고 있다는 것과, 야훼가 그들을 애굽의 비참한 삶에 서 건져내어 젖과 꿀이 흐르는 가나안 땅으로 데려내 가리라는 것을 말 하라 하셨다. 그러면 그들이 모세의 말을 수긍할 것이라고 하셨다. 그 때에는 장로들을 데리고 애굽 왕에게 가서 전하라고 하시며, 그 내용을 일러주셨다. "히브인들의 하나님 야훼가 우리에게 나타나 우리를 만나 셨다. 우리가 우리의 하나님 야훼에게 제사를 드리겠으니, 사흘 길을

걸어 광야로 나가게 하시오!"라고 말하라는 것이었다. 그러나 애굽 왕
은 어떤 강력한 힘에 의하여 강요를 당하지 않는 한, 히브리인들을 놓
아주지 않을 것을 하나님은 알고 계신다고 하시며, 하나님이 친히 손을
쓸 것이며 기적을 행하여 애굽인들을 칠 것이고 그때에야 히브리인들
을 놓아줄 것이라고 예언하셨다. 게다가 애굽 백성의 마음을 감동하여
히브리인들을 좋게 보도록 할 것이며, 따라서 그들이 떠날 때에 빈손으
로 보내지 않게 하시겠다는 것이다. 애굽인 이웃에게 무엇이든지 달라
고만 하면 금 은 보석 할 것 없이 다 털어줄 것이므로, 이스라엘 백성이
그 모든 것을 싹 쓸어 가지고 나오게 될 것이라고 예고하셨다. 애굽 사
람의 노예로서 거지 생활을 하던 히브리인들이 하나님의 기적적인 역
사를 통하여 큰 부자가 되어 탈출하게 된다는 것이다. 부피가 커서 짐
이 되는 물건들이 아니라 금 은 보석 같은 귀중품만 몽땅 털어 가지고
나오게 된다는 것이다.

교훈

1. 히브리인들이 자기들의 힘과 지혜와 계략을 가지고는 애굽에서
해방될 희망이 조금도 없는 처지였다. 그런데 역사의 주인이신 하나님
이 모세를 택하시고, 그에게 해방 계획을 말씀하시며, 그를 통하여 이
스라엘을 구출하시겠다고 하실 때, 그 얼마나 감격스러운 일이었겠는
가! 희망이 보였기 때문이다. 그러나 히브리인들이 하나님의 뜻에 호
응해야만 성사될 일이기에, 모세와 이스라엘 백성이 하나님의 정체를
바로 알고 얼마나 믿을 만한 분이고 얼마나 힘이 있는 분인가를 확실히
아는 것이 급선무였다. 하나님을 바로 아는 것이 중요하다. 하나님은
아브라함을 불러내신 분이시고 이삭과 야곱의 하나님으로 지금까지
축복하시고 인도하신 분이시며 야훼 곧 세상의 어떤 신과도 비교할 수

없는 절대적 존재라는 사실을 알아야 한다. 지도자도 그 신념을 가져야
하고, 백성 전체가 그 신념에 투철해야만 승리할 수 있다.

   2. 하나님은 오리무중 갈팡질팡하는 인간을 방치하시지 않고, 필요
한 만큼 자신을 계시하고 가르치고 계획을 말하고 어린 아기를 이끌 듯
이 섬세하게 지도하시는 사랑의 아버지시다. 아무리 믿기 어려운 일이
지만 하나님께서 친히 하실 터이니 믿고 따르라는 것이다. 앞으로 될
일을 눈에 보이듯이 사전에 그 줄거리를 알려주면서 확신을 넣어주신
다. 애굽 왕이 그렇게 쉽게 놓아주지 않을 것과 그때 하나님이 그에게
어떻게 하실 것까지 말하면서 자신감을 넣어주셨다.
   애굽에서 해방되어 바라던 가나안을 향하여 간다고 하여도 거지 신
세로, 빈손으로 떠난다 하면, 결국 그들의 앞날은 더 비참할 것이라는
염려를 할 수 있다. 그래서 하나님은 거기까지 배려하여 계획을 알려주
셨다. 하나님의 신기한 능력으로 애굽인들의 마음에 관대함과 동정심
을 심어주어 떠나가는 히브리인들에게 많은 재물을 들려서 보내게 하
시겠다는 것이다. 특히 애굽 여성들이 떠나는 히브리 여성들에게 금 은
보석 의복들을 잔뜩 주어 부자가 되어 떠나게 하시겠다는 것이었다. 여
기서 우리는 너무도 섬세하시고 다정하시고 배려가 깊으신 하나님을
볼 수 있다.

   3. 모세가 아무리 의리가 있고 애족심이 강하고 청운의 꿈을 지닌
사람이었을지라도 80세의 노령에 민족 해방을 위한 거사의 총책임자
가 되어 적진으로 뛰어든다는 것은 결코 쉬운 일이 아니었을 것이다.
그렇게 되기에 이른 것은 그가 하나님께 사로잡힌 바 되었기 때문이었
다. 그리고 하나님을 만나고 그가 보여주고 설명하시는 세밀한 계획과
약속을 믿을 수 있었기 때문이었다. 하나님은 무모한 분이 아니시다.

믿을 만한 계획과 약속과 증거를 보여 주시면서 일을 시키시는 분이시다. 즉 모세의 마음에 확신을 심어주셨기 때문에, 그가 움직일 수 있었던 것이다.

4. 하나님의 고유명사 יהוה를 아직 정확하게 읽을 수 없는 것이 답답하지만, 이스라엘 백성은 그 이름을 아예 발음하려고 하지 않고 그 이름이 나올 때마다 〈아도나이〉(אֲדֹנָי)라고 읽고 있다. 곧 "주님"이라고 불러버린다. 그것을 따라서 영어 번역에서도 LORD라는 말로 나타내고 있다.

마소라 학자들이 모음기호를 만들어 가지고 본래 자음으로만 되어 있던 본문에 모음과 구두점을 붙이는 과정에서 마소라 원문에 יהוה라는 이름이 나올 때마다 그것을 〈아도나이〉라고 읽으라는 뜻으로 יהוה에다가 〈아도나이〉의 세 개의 모음(〈쉐와〉, 〈홀렘〉, 〈카메츠〉)을 붙여놓았다. 그러나 그 마소라 전통을 이해하지 못하는 사람들이 마소라 본문에 표기된 것을 그냥 읽음으로써 그것이 〈여호와〉라고 발음되었다. 하나님의 이름은 결코 여호와가 아니다. 마소라 본문에 대한 지식이 없는 사람들이 그것을 잘못 읽음으로써 생긴 것에 불과하다. 우리는 하나님의 이름을 그렇게 잘못 읽어드려서는 안 될 것이다. 그것은 하나님께 대한 불경이라고 생각해야 할 것이다.

모세가 보일 기적적인 능력(출 4:1-17)

해설

모세는 야훼 하나님을 만나 그의 이름을 알게 되고 그의 약속을 들음으로써 하나님께 대한 확신을 가지게 됐다. 그러나 그런 경험이 없는 애굽의 히브리인들이 과연 자기의 말을 믿고 따르겠는가가 의심스러 웠다. 정말 모세가 말한 대로 야훼라는 분이 모세에게 나타났는가를 그 들이 의심한다면 어떻게 하겠는가 하는 것이었다.

그래서 야훼는 거기에 대한 해결책을 주셨다. 모세가 하나님을 만났 었다는 증거를 백성에게 보여주라는 하신 것이었다. 모세가 가진 지팡 이를 땅에 던지라는 하셨다. 그것이 산 뱀이 되었다. 모세는 그 뱀을 보 고 놀라서 뒷걸음을 쳤다. 그러자 하나님은 모세더러 그 뱀의 꼬리를 잡으라고 명령하셨다. 그가 그 꼬리를 잡았더니, 다시 종전의 지팡이가 되었다. 이런 기적을 백성 앞에서 행하면 그들이 야훼 하나님이 모세에 게 나타났었다는 것을 믿게 될 것이라고 말씀하셨다.

재판에 있어서도 두세 증인을 필요로 하듯이 하나님께서도 모세에 게 한 가지 증거만 보이는 것으로는 부족하다고 생각하신 모양이다. "네 손을 겉옷 속에 넣었다 꺼내어라!"고 말씀하셨다. 그리 했더니 그 손이 문둥병에 걸려 눈 같이 희어졌다. "손을 겉옷 속에 다시 넣어라!" 고 명령하시므로, 그리했더니 종전과 같은 손으로 회복되었다. 거기까 지는 모세가 실제로 실습하며 체험한 증거들이다.

백성이 그 두 가지 증거를 보고도 믿지 않을 경우를 대비하여 한 가 지를 더 가리켜주셨다. 나일 강 물을 퍼다가 마른땅에 쏟으라는 것이었 다. 그리하면 물이 피가 될 것이라고 말씀하셨다.

그만하면 백성을 설득하기에 충분한 증거를 얻었다고 생각했지만, 모세는 다시 신중히 생각해보았다. 세밀하게 모든 상황을 점검해 보았 다. 남은 한 가지 문제를 자신에게서 발견했다. 곧 자기는 말을 잘 하지 못하는 사람이라는 사실이었다.

모세가 본래부터 말재간이 없었던 것도 사실이겠지만 40년이라는 긴 세월 미디안이라는 외지에서 사는 동안 애굽말을 사용하지 않고 미 디안 말만 사용하면서 지냈으니 애굽말이 서툴어졌을 것이 분명하다.

지도자가 사람들에게 자기 의사를 정확하고 쉽게 바로 전달하는 것이 무엇보다도 중요한데 모세는 자기에게 그런 능력이 없다는 것을 자각하였기에 마지막으로 하나님께 그 문제를 들고 나온 것이다.

하나님은 그것도 문제가 되지 않는다고 하시면서 해결책을 주셨다. 인간에게 언어를 주신 것도 하나님이시고 말을 잘하게 하고 못하게 하는 일, 사물을 보게 하고 못 보게 하는 일도 다 하나님이 하시는 일인데, 야훼인 나 하나님이 그런 문제를 해결할 수 없겠느냐 내가 네 입과 같이 하고 네가 말할 것을 가르쳐 주겠다고까지 말씀하셨다.

그런데도 모세는 자신이 없어서 "제발 다른 사람을 보내십시오!" 하고 사양했다. 그래서 하나님은 모세에게 화를 내셨다는 것이다. 아무리 생각해 보아도 인간 모세는 그 큰일을 해낼 자신이 없었다. 모세는 도피하려고 했다.

그러나 하나님은 강권적으로 모세를 붙들어 일꾼으로 사용하시기로 작정하신 것이다. 대안을 보여주시면서 모세를 격려하셨다. 모세의 형 아론은 말을 잘하는 사람이었다. 모세도 그것을 잘 알고 있었던 모양이다. 동시다발적으로 일하시는 하나님은 그 순간에 아론에게도 나타나셔서 그의 마음을 움직여 모세와 협력할 마음을 주셨다는 것이다. 아론이 모세를 환영할 것이고, 그가 모세의 대변인 노릇을 할 터이니 염려하지 말라는 것이었다. 아론은 모세의 입이 되고, 모세는 아론에게 하나님 역할을 하게 될 것이라고 하셨다. 그러니까 염려하지 말고, 그 지팡이를 들고 가라는 것이었다. 하나님께서 그 지팡이로 기적을 나타내게 하고, 야훼 하나님이 모세와 또 아론과 같이 하신다는 증거를 보여주시겠다는 것이었다.

교훈

1. 하나님은 모세에게 큰 임무를 맡기시면서 권능의 지팡이를 들려서 보내셨다. 사람의 힘으로써는 불가능한 일을 시키시는 것이기에 하나님의 힘을 상징하는 지팡이를 들려서 보내신 것이다. 곧 하나님이 같이 하시겠다는 약속을 이루시기 위해서 가시적으로 지팡이를 들고 가게 하셨다.

그 지팡이는 모세가 목동으로서 늘 들고 다니던 것에 불과하다. 그러나 이제는 그것이 하나님의 권능을 나타낼 지팡이가 된 것이다. 애굽왕이 들고 있는 지팡이는 그의 왕권을 상징한다. 그리고 뱀은 바로의 보호신이었다. 하나님은 그 권능과 보호의 능력을 모세의 손에 들려주신 것이다. 모세가 그 지팡이를 휘두를 때, 바로는 굴복하고, 이스라엘 백성은 보호를 받게 될 것이다. 하나님은 우리에게도 임무를 맡기실 때 권능의 막대기를 주신다. 결코 하나님은 무책임하시거나 무대책의 하나님이 아니시다.

2. 하나님은 멀쩡한 손을 문둥병에 걸리게 하실 수 있다. 옛날에는 문둥병은 죽음을 상징하는 병이었다. 야훼 하나님은 얼마든지 사람을 죽게도 하시고 살리기도 하시는 능력과 권세를 가지고 계신다는 말이다.

그리고 강물을 당장에 피가 되게도 하실 수 있는 하나님이시다. 무소불능의 하나님이심을 확실히 보여주신 것이다. 강물이 다 피가 되는 경우 사람이 무엇을 마시고 살까? 그렇게 되면 모든 인간이 죽을 수밖에 없겠구나 하는 생각을 하면서 그런 능력의 소지자에 대한 두려움이 생길 것이고 그런 분이 보내신 모세를 두려워하고 믿고 따를 수밖에 없을 것이다.

3. 하나님은 다른 피조물들에게는 없는 언어 구사의 능력을 사람들에게 주셨다. 동시에 필요한 경우에는 특별한 은총으로 어눌한 사람에게 웅변의 능력도 주고 할 말을 입에 넣어주시기도 하신다. 그렇지 않은 경우에는 대변자를 세워서 부족이 없게 해 주시기도 하신다.

이렇게 하나님은 만반의 준비를 갖추어 이스라엘 해방 작전을 개시하신 것이다. 그러므로 하나님이 택하여 보내실 때, 사양하지 말아야 한다. 하나님이 노하실 수 있기 때문이다.

애굽으로 돌아온 모세(출 4:18-31)

해설

야훼 하나님을 만나고 그에게서 사명을 받은 모세는 지체하지 않고 집으로 돌아가서 가장(家長)인 장인 이드로에게 자기가 애굽에 있는 친족에게 돌아가겠으니 허락해 달라고 했다.

이드로는 잘 가라고 하며 쾌히 승낙했다. 야훼 하나님은 또 다시 모세에게 나타나셔서 권장하셨다. "너를 죽이려던 사람들이 다 죽었으니, 어서 애굽으로 돌아가거라!" 하고 말이다. 그래서 모세는 아내와 자식들을 나귀에 태워 가지고 애굽을 향하여 길을 떠났다. 하나님이 권능을 실어준 그 지팡이를 들고서 말이다.

장거리 여행이었다. 호렙산이 그 도중에 있기에 그곳을 거쳐서 애굽으로 가야 하는 것이다. 가는 도중에 모세는 계속 야훼와 대화를 하면서 갔을 것이다. 하나님은 그에게 말씀해주셨다. 애굽에 가거든 바로 앞에서 자기가 준 그 능력으로 모든 기적을 행하라는 것이었다. 그러나 하나님이 바로의 마음을 강퍅케 할 것이며, 따라서 그가 이스라엘을 순순히 놓아주지는 않을 것이라고 예고하셨다. 그때 모세가 바로에게 할 말은 "야훼가 말씀하신다. 이스라엘은 내 첫아들이다. 그러니 내 아들을 놓아주어 나를 예배하도록 하라고 했다. 그런데 네가 그것을 거절하였기 때문에, 내가 네 맏아들을 죽이겠다."라는 것이다. 이렇게 앞으로 될 일을 소상히 꿰뚫어 알고 미리 말씀해 주신 것이다. 즉 바로와 싸워서 그 결말이 어떻게 날 것까지 구체적으로 미리 알려줌으로써 모세의 마음에 동요가 없도록 하신 것이다.

도중에 어떤 곳에서 밤을 지내고 있을 때, 야훼가 모세에게 나타나셔서 그를 죽이려고 들었다. 그때 슬기로운 모세의 아내 칩포라*로 말미암아 그 위기를 모면할 수 있었다.

칩포라*는 아마도 영통한 여자였던 모양이다. 야훼가 어째서 모세를 죽이려고 하는지를 알아차렸다는 말이다. 아니면 야훼가 칩포라*에게 그 이유를 알려주셨을지도 모른다. 하나님과의 계약을 어기는 자는 죽어야 하는 것이다. 하나님과 아브라함이 맺은 계약 곧 아브라함의 자손은 다 할례를 받아야 한다는 계약은 반드시 지켜져야 한다. 백성의 지도자로서 나타날 모세가 하나님의 계약을 어긴다면 어떻게 백성 앞에서 큰소리를 할 수 있겠는가 말이다. 크던 작던 하나님을 거역하는 죄의 값은 죽음이라는 사실을 모세와 그 가정에게 확실히 가르치시려는 것이었다.

이것은 철기 시대 이전의 사건이기 때문에 쇠로 만든 칼이 없었고 대신 부싯돌을 칼로 사용했다. 그래서 칩포라*는 예리하게 날이 선 부싯돌을 가지고 자기 아들 게르솜*에게 할례를 행했다. 그 아들도 나이가 거의 40세가 되었을 때였을 터이니, 그 포경수술은 매우 아프기도 했을 것이고 피도 많이 흘리는 수술이었을 것이다. 동시에 모세 역시 그때 비로소 자기 아내에 의하여 할례를 받았다.

이스라엘 백성이 애굽에서 400년을 지내는 동안 그 민족 고유의 할례 전통도 유야무야 되었을 것이고, 특히 남자 아이들을 다 나일 강에 던져 죽여야 하는 극한 상황에서 난 지 8일 만에 모세에게 할례를 행한다는 것은 불가능했었을 것이다. 그럭저럭 모세도 무할례자로 지내고 아들 게르솜* 역시 할례를 받지 않은 상태에 있었기 때문에 이스라엘 백성의 고유의 징표를 갖추기 위해서 하나님은 죽일 듯이 화를 내시면서 칩포라*를 통해서 그 예식을 행하게 하신 것이다. 하나님께서 모세를 죽일 듯이 협박하시지 않았더라면, 모세가 그 늙은 나이에 그 끔찍한 수술을 받았겠는가 말이다.

칩포라*는 할례 풍속이 없었던 민족의 여성으로서 자기의 성장한 아들과 늙은 남편에게 할례를 베풀면서 끔찍한 피를 흘리게 했다. 하나님의 명령이기에 어쩔 수 없이 복종했는데, 자기 남편 모세는 피를 흘린 신랑 곧 할례를 받으며 피를 흘린 신랑이라는 인상이 그녀의 뇌리에 새롭게 박혔을 것이었다.

동시에 야훼께서 애굽에 있는 아론에게 나타나셨다. 그리고 그더러 동생 모세를 맞으러 광야로 가라고 명령을 내리셨다. 그는 하나님의 명령에 복종하고 떠나 호렙산에서 모세를 반가이 만났다. 40년 만에 만난 형제가 그 동안에 지난 이야기를 주고받는 중 모세는 야훼를 만난 이야기와 그가 자기를 보내시며 하신 말씀과 당부하신 기적에 관해서 형에게 낱낱이 보고했다.

그리고는 그들이 나란히 애굽으로 들어가서 이스라엘의 장로들을 소집했다. 그리고는 아론이 유창한 말솜씨로 야훼가 모세에게 하신 말씀을 그들에게 들려주었다. 그리고는 백성들 앞에서 하나님이 하라고 하신 기적들을 행해 보였다. 그러자 백성은 모세와 아론의 말을 믿었다. 그리고 야훼 하나님이 이스라엘 백성을 주목하고 계신다는 것과 자기들의 비참한 상황을 그가 간과하지 않고 직시하셨다는 말을 듣고는 감격해 하며 엎드려 경배했다.

교훈

1. 모세는 하나님의 명령을 따르기로 결단하고 행동을 개시했다. 일에는 순서가 있다. 모세는 먼저 자기 가정이 있는 미디안으로 돌아가서 그 집안의 가장인 장인 이드로에게 자기 뜻을 알리고, 가족을 데리고 애굽으로 갈 터이니 허락해 달라고 청원했다.

모세가 이드로의 사위였지만 옛날 야곱이 라반의 사위이면서도 그의 머슴에 지나지 않았던 것처럼 모세도 법적으로는 이드로의 집의 고용인에 불과했을 것이다. 그러므로 이드로의 허락이 필요했을 것이다.

모세가 오래 집을 떠났다가 미디안으로 돌아왔을 때, 온 가족이 그를 반겼을 것이다. 그러나 가족에게 애굽으로 가자고 제안했을 때, 그들은 아마도 그를 만류했을 것이다. 모세의 가족들은 제3자였기 때문에, 애굽에 있는 동족에 대한 절박감과 의무감이 모세만큼은 없었을 것이다. 그리고 이제는 자기 혼자가 아니라 가족까지 데리고 가야 하는 처지였기 때문에 그들의 안전을 염려하지 않을 수 없었을 것이다. 그때 모세는 약간 마음이 흔들렸을 것이다. 그러나 다시 야훼가 모세를 다그치며 모세의 목숨을 노리던 자들이 다 죽었으니 염려할 것 없다고 하며 어서 애굽으로 가라고 명령을 내리셨다. 어쨌든 모세는 모든 순서를 밟으며 행동했다.

2. 모세의 힘은 그가 들고 가는 하나님의 지팡이었다. 모세는 자기의 지식이나 힘이나 재간이나 경험을 믿고 가는 것이 아니라 순전히 그 지팡이로 상징되는 야훼 하나님을 의지하고 가는 것이었다. 항상 하나님의 지팡이를 놓지 않아야 한다. 우리는 많은 경우 우리 자신의 그 무엇을 의지하기 쉽다. 모세가 승리한 원인은 하나님의 지팡이를 늘 들고 있었고, 하나님의 명령에 따라 그것을 사용하였기 때문이다.

3. 이스라엘은 하나님이 택하신 맏아들이다. 그 맏아들을 해코지하는 자는 그 누구든지 하나님이 그냥 두시지 않으신다. 이스라엘을 해코지한 바로에게 그의 맏아들을 죽이는 벌을 내리실 정도로 보복을 하신다. 우리는 그리스도를 통하여 하나님의 아들과 딸이 되었다. 우리를 해코지하는 사람은 바로 하나님을 진노케 하는 자가 된다.

4. 하나님이 선민 이스라엘에게 요구하시는 것은 그들이 해방된 백성이 되어 하나님을 예배하는 삶을 살라는 것이다. 인간의 본연의 태도는 하나님을 예배하는 삶을 사는 것이다. 예배를 바르고 자유롭게 드리는 삶을 살게 하시려고 인간을 구원하시는 것이다.

5. 하나님은 이스라엘 백성에게 할례를 요구하셨다. 할례는 아브라함이 하나님을 믿고 의롭다함을 받은 후에 그 표로서 주신 상징이다. 할례는 하나님과의 정상적 관계 곧 무죄하고 깨끗한 관계를 상징하는 것이다.

외형적인 할례보다는 마음의 할례가 필요하다. 하나님 앞에 허물과 죄가 없는 사람이 될 때, 하나님은 만족해하실 것이며 그에게 복을 내리고 힘을 주고 큰 역사를 이루실 것이다.

6. 모세와 아론의 협동작업(teamwork)이 부럽다. 형제가 다정하게 하나님의 일꾼들이 되어 협력함으로써 하나님의 큰 뜻을 이룰 수 있었다. 세상의 많은 형제들이 가인과 아벨의 경우처럼 서로 질시하고 화합하지 못하고 때로는 원수가 되어 아무것도 이루지 못하는 경우들이 있는데, 모세와 아론이 한 뜻과 목적을 가지고 협력한 것은 참으로 본받을 만한 것이다.

7. 우리에게 있어서 가장 감격스럽고 고마워해야 할 일은 하나님께서 우리에게 관심을 기울이고 우리의 비참함을 알고 적시에 구원의 손길을 펴신다는 사실이다. 이스라엘은 그런 사실을 알자 감격스러워서 하나님 앞에 엎드려 경배했다.

하나님께서 독생자를 우리에게 주기까지 사랑하고 십자가에서 대속의 죽음을 죽게 하신 그 큰 사랑과 관심은 우리의 영원한 감사와 찬양 곧 예배의 이유가 된다.

히브리인의 고역(苦役)은 더 심해지고(출 5:1-23)

해설

애굽 왕 앞에 나설 준비를 마친 모세와 아론은 왕을 알현하러 갔다. 보통 시민이 일국의 임금 앞에 나선다는 것은 결코 쉬운 일이 아니었을 것이다. 더구나 바로와 애굽 지도자들이 미워하고 싫어하는 히브리인들이 아니 노예나 다름없는 사람들이 감히 왕 앞에 나선다는 것이 어찌 쉬웠겠는가 말이다. 거기에도 하나님의 보이지 않는 간섭과 공작이 작용했을 것이 틀림없다.

모세와 아론은 하나님의 영의 감동을 받은 예언자의 자격으로 왕 앞에 선 것이다. 야훼 하나님을 배경으로 하고 있는 그들이었기에 무서울 것이 없었다. 그들은 자기 말을 하려는 것이 아니고, 야훼의 대변자로서 하나님의 말씀을 전하고 선포하는 것이기에 당당했다. "이스라엘의 하나님 야훼가 말씀하신다."고 하면서, 후대의 예언자들이 사용하게 될 어투를 가지고 말을 시작했다. "이것은 우리의 말이 아니라 야훼 하나님의 명령이니 너는 들어야 한다."는 식으로 말하는 것이었다.

히브리인은 하나님의 백성이라고 전제하면서, 그들을 풀어주어 광

야에서 하나님을 위한 축제(〈학〉, ﬡﬦ)를 벌이게 하라는 것이었다. 그
러나 바로에게는 그들의 말이 허튼소리로 들렸다. 바로는 "도대체 야
훼가 누구이기에 내가 그의 말을 들어야 하며 이스라엘을 풀어주어야
한단 말이냐? 나는 야훼를 알지 못한다. 이스라엘을 풀어주지 않을 것
이다."라고 단호히 거절하였다.

　모세와 아론은 보충 설명을 했다. "야훼는 우리 히브리인이 믿는 하
나님이신데, 그가 우리에게 자신을 계시하셨습니다. 그러니까 사흘 길
을 걸어 광야로 나가 우리의 하나님 야훼께 제사를 드리도록 해 주십시
오. 그렇지 않으면 그 하나님이 역병(疫病)이나 칼로 우리를 치실 것
입니다."

　바로는 하나님도 몰라보고 더더욱 모세와 아론을 무시하고 히브리
인들이 꾀병을 앓고 있다는 식으로 생각하였다. 바로는 모세와 아론이
자기 백성에게 휴식을 주려고 꾀를 쓰고 있다고 판단하여 "어서 가서
일이나 하라!"고 내뱉었다. 그러면서 덧붙였다. "히브리인들의 수효가
애굽 사람의 수를 능가하는 이 마당에 그들로 하여금 일도 안하고 놀고
먹게 하자는 것이냐?"

　이런 담판이 있은 그날로 바로는 애굽인 감독들과 이스라엘 십장
(什長)들을 불러다가 지시했다. "지금까지는 벽돌을 구워 만들기 위해
서 노동자들에게 재료를 공급했는데 이제부터는 재료 공급을 중단한
다. 그러니까 일꾼들이 재료까지 구해다가 벽돌을 만들도록 하여라. 그
리고 생산량을 줄이는 것이 아니다. 종전과 같은 양의 벽돌을 만들어
내야 한다. 그들이 게으름을 피우고 있는 것이다. 그렇지 않고야 어찌
'우리가 가서 우리 하나님께 제사를 드리겠으니, 놓아주시오'하고 말할
수 있겠느냐? 그러니까 그들에게 더 많은 일감을 주도록 하여라. 그러
면 그들이 일에 골몰하느라고 모세와 아론의 속임수에 정신을 팔지 않
을 것이다."

이 지시를 받은 애굽인 감독들과 히브리인 십장들이 물러가서 히브
리인들에게 그 명령을 전달했다. 그래서 그들은 사방으로 흩어져서 재
료를 모아 와야 하는 것이었다. 애굽은 대개가 사막이고, 나일 강 유역
에만 풀이 자란다. 나일 강 하구 지역은 비옥하여 목초가 많다고 하지
만 큰 공사를 하는 그 시대이기에 그 풀은 쉽게 바닥이 나는 것이었다.
그 많은 벽돌을 구워내기 위해서는 많은 재료가 필요하였다. 전에는 국
가가 책임을 지고 그것을 공급했는데 이제는 노동자들이 스스로 그 연
료까지 모아 와야 하니, 그 고역은 몇 배로 증가한 셈이다.

애굽인 감독들의 성화같은 독려는 노동자들을 점점 더 괴롭혔다. 히
브리인 십장들은 애굽인 감독들에게 매를 맞으며 추궁을 당했다. 불가
능한 일을 시켜놓고는 책임량을 생산하지 못한다고 다그쳤다. 그러자
히브리인 십장들이 바로에게 나아가 항의하였다. "우리 히브리인들은
폐하의 종들입니다. 그런데 폐하께서 어째서 그들을 이렇게 대우하십
니까? 그들에게 재료도 주지 않고서 벽돌을 구워 내라고 하시니 말입
니다. 못 할 것이기에 못 하는데, 못 한다고 매를 맞아야 합니까? 히브
리인도 폐하의 백성인데, 그들에게 그렇게 하는 것은 못마땅합니다."
바로는 그들의 항의를 "너희가 '우리를 보내어 야훼께 제사를 드리게
해 주십시오!' 하니 너희는 게으르고 또 게으른 놈들이다."라고 내뱉었
다. 그리고는 "당장에 가서 어서 일해라! 재료를 주지 않을 것이다. 그
래도 종전만큼 벽돌을 구워 내어야 한다." 라고 다시 명령을 내렸다.

이렇게 매일의 벽돌 생산량을 줄여서는 안 된다는 바로의 결론을 들
은 이스라엘 십장들은, 큰일 났구나." 하는 생각을 했다. 그들이 바로를
찾아간 것은 노무자들의 간청을 듣고 그 생산량을 줄여 받으려는 것이
었는데 그것이 실패로 돌아갔으므로, 백성 앞에 나타날 면목을 없었기
때문이었을 것이다. 십장들은 바로에게서 물러나와 그들을 기다리고
있는 모세와 아론에게로 갔다. 그리고 모세와 아론에게 가시 돋은 말로

꼬집었다. "야훼께서 어르신들을 잘도 돌보시는군요! 잘도 판단하시는 군요! 어르신들은 바로와 그의 신하들에게 우리를 타기(唾棄)할 존재로 만드셨습니다. 그들의 손에 검을 들려주었으니 우리가 죽게 되었습니다."

이런 말을 들은 모세는 어쩔 수 없이 야훼께 돌아서서 불평을 늘어 놓았다. "오, 야훼여, 어째서 이스라엘 백성을 홀대하셨습니까? 도대체 왜 저를 보내셨습니까? 제가 처음으로 바로에게 와서 당신의 이름으로 그에게 말을 한 이래 나아진 것은 하나도 없고, 바로는 이스라엘 백성을 학대하였습니다. 그런데도 당신은 당신의 백성을 구출하시려고 하신 일이 아무것도 없습니다." 하나님은 모세의 항의와 불평을 듣고 넘긴 것이 아니라 즉각 응답하셨다.

교훈

1. 하나님이 당신의 백성에게 바라시는 것은 어느 누구에게도 구속을 당하지 않고 자유를 누리는 일이다. 그리고 그 상태에서 하나님과 함께 축제를 가지는 일이다. 즉 하나님을 모시고 그를 섬기고 예배하면서 즐거운 생활 곧 행복한 생활을 하는 것이다. 그것을 목적으로 하여 하나님은 역사를 운영하시고 계신다. 그래서 하나님은 애굽에서 고통 당하는 이스라엘 백성을 구출하시려고 모세를 보내신 것이다.

2. 사람들은 하나님의 뜻을 깨닫지 못하고 바로와 같은 자들이 되어 하나님을 모르는 사람으로 남아서 하나님의 계획을 망가뜨리기가 일쑤다. 특히 지도자가 되고 한 나라의 임금쯤 되면 안하무인으로 자기가 하나님의 자리를 차지하고 횡포를 부리며 많은 사람에게 아픔과 손해를 준다. 이는 인류 역사에 언제 어디서나 나타나는 사실들이다.

3. 히브리인들이 애굽에서 번성하여 애굽인들의 수를 능가하는 정도가 되었을 때 애굽의 통치자들이 국가의 장래를 염려한 것은 인지상정이라고 할 수 있다. 그러나 히브리인들을 미워하고 극도로 괴롭힘으로써 그 인구 증가를 막으려고 했는데, 나라 사랑이 앞서야 하는가, 아니면 인간 사랑이 앞서야 하는 것일까? 사람들이 무엇을 최선으로 보는가 하는 것이 문제인 것 같다. 차선(次善)을 최선으로 알고 악을 저지르는 일이 허다하다. 바로와 그의 부하들이 자기들 나름으로는 최선을 행한다고 생각했겠지만, 그것은 차선이 아니었는가 말이다. 어디까지나 하나님의 의를 구해야 할 것이다. 사람들이 옳다고 정한 것을 무조건 최선으로 생각한다면, 하나님의 뜻을 어기기 쉬울 것이다.

4. 모세와 아론처럼 하나님의 명령을 받들어 일하는 사람들도 역경을 당하고 일이 잘 풀리지 않을 때 상심하고 좌절하고 반항하기도 한다. "어째서 나를 보내셨습니까?" 하며 항의하며 짧은 소견으로 판단하고 하나님을 원망하기도 한다. 그러나 야훼 하나님이 전능하심과 오래 참으심과 그의 자비의 성격을 알고 믿는다면, 어떤 상황에서도 낙심할 필요가 없을 것이다. 야훼 하나님은 살아 계시고 적시에 응답하실 터이니까.

이스라엘의 구출을 확약하심 (출 6:1-13)

해설

첫 시도에서 실패한 모세는 자기를 보내신 야훼 하나님께로 돌아가서 불평할 수밖에 없었다. 하나님은 결코 패배하시는 분이 아니시기에 다시 모세를 격려하시며 희망을 불어넣어 주셨다. 야훼이신 하나님이

친히 바로에게 손을 쓸 터이니 보라는 것이다. 하나님께서 강한 손 곧
큰 능력을 가지고 바로를 움직여서 이스라엘을 해방하도록 할 것이며,
하나님의 그 큰 능력으로 말미암아 바로는 이스라엘 백성을 애굽 땅에
서 밀어내고야 말 것(〈가라쉬〉, גֵּרֵשׁ)[1]이라고 말씀하셨다(6:1). 다시
말해서, 결국에 가서는 애굽인들과 바로가 이스라엘 백성을 밀어내다
시피 애굽에서 내보낼 것이라고 약속하셨다.

　하나님은 시내산 떨기나무 사건에서 자신의 이름을 모세에게 계시
하신 바가 있는데(3:13-22), 여기서 다시 그 이름을 일러주신다. 첫 번
시도에 실패했지만 낙심하지 말고 심기일전(心機一轉) 새로운 각오를
가지고 재출발하라고 하는 뜻일 것이다. "나는 야훼(יְהוָה)다. 과거에
아브라함과 이삭과 야곱에게는 '전능자 하나님'(〈엘 샤따이〉, אֵל
שַׁדַּי)으로 나 자신을 나타내었고 야훼라는 이름으로는 나타내지 않았
다." 즉 하나님은 '전능하신 자'(〈엘 샤따이〉)일 뿐 아니라 영원하신 존
재, 만물을 존재케 하는 창조자로서 이스라엘의 행복한 미래를 만들어
낼 수 있는 존재라는 뜻일 것이다.

　야훼 하나님은 이어서 모세에게 과거사를 상기시켰다. 가나안 땅을
주시기로 조상들과 언약을 맺으셨다는 것, 애굽에서 종의 신세로 신음
하는 이스라엘의 아우성을 들으셨다는 것, 그 옛 언약을 기억하고 계시
다는 것을 말씀하셨다. 그렇게 지도자 모세를 격려하신 다음에 이스라
엘 백성에게 할 말을 지시해주셨다. 그들의 하나님은 다름 아닌 야훼라
는 것, 애굽에서 그들이 당하는 고역을 면하게 해 주시고 노예 생활을
벗어나게 하겠다는 것, 손수 능력 있는 심판을 통하여 이스라엘을 구속
(救贖)하겠다는 것(〈워가알티〉, וְגָאַלְתִּי)(6:6), 이스라엘을 하나님의
백성으로 삼겠다는 것, 하나님이 그들의 하나님이 되고 그가 야훼 하나
님이심을 그들이 알게 될 것이라는 것, 그리고 마침내 조상들에게 약속

---

1) 개역성경에서는 〈가라쉬〉를 '쫓아내다'로 옮겼다.

한 땅으로 그들을 그가 데리고 들어가 그 땅을 그들의 소유로 주시겠다는 것을 말하게 하셨다. "나는 야훼다."(〈아니 야훼〉, אֲנִי יְהוָה)라는 말이 연거푸 나온다(6:2, 6, 7, 8). 하나님의 정체성을 바로 아는 것이 급선무라는 사실을 말해준다.

모세가 이런 내용을 이스라엘 백성에게 전달했다. 그러나 그들은 너무도 마음이 상하고 고역이 너무도 심해서 모세의 말을 들으려고 하지 않았다. 그런 처지에 더 할 일이 무엇이겠는가? 그들을 실제로 구출해주는 일밖에 없다. 그래서 야훼는 모세더러 바로에게 가서 이스라엘을 내보내라는 말을 전하라고 다시 명령하셨다. 그러나 모세는 선뜻 발이 떨어지지를 않았다. 그래서 야훼께 그의 의구심을 털어놓았다. "나의 백성 이스라엘도 내 말을 듣지 않는데, 하물며 바로가 내 말을 듣겠습니까? 게다가 나는 말을 잘 못하는 사람입니다." 그러나 야훼는 단념하시지 않았다. 모세와 아론에게 다시 명령을 내리셨다. 이스라엘을 애굽 땅에서 내보내기 위해서 이스라엘 백성과 바로에게 할 일을 여러 가지로 지시해 주셨다.

교훈

1. 바로와 애굽인들이 매우 유용하게 부리고 있는 히브리인들을 해방시킬 리가 전혀 없다. 무슨 수를 써서라도 그들을 붙들어 매어놓고 부려먹으려고 할 것이다. 그러나 하나님은 능력으로 애굽인들과 바로 하여금 이스라엘 백성을 쫓아내다시피 내보내게 하신다. 인간으로서는 상상도 할 수 없는 놀랍고 기묘한 방법으로 애굽인들과 바로의 마음을 움직여서 이스라엘을 내보내게 하신다. 우리는 하나님의 강한 손의 역사를 믿어야 한다. 아무리 우리의 환경이 어려워도 하나님의 그 강력한 손이 그의 택한 백성을 구출하고야 말 것이다.

2. 우리에게 하나님을 믿는 신앙을 하나님이 주셔서 우리가 신앙생활을 하지만 우리는 역경을 당하거나 유혹에 빠져서 때때로 그 신앙을 잃게 된다. 그러나 야훼께서 낙심한 모세를 찾아와 다시 자기를 계시하고 격려하신 것처럼 하나님은 택하신 백성을 찾아와 여러 모로 격려해 주시는 사랑의 아버지시다. 어쨌든 우리는 하나님이 전능자이신 동시에 야훼시라는 것, 즉 만물을 존재케 하시는 영원자요 언약을 지키시는 신실하신 분이라는 사실을 늘 기억하고 있어야 한다.

3. 하나님은 모세에게 과거사를 상기시키셨다. 우리는 역사를 더듬어 과거에 하나님이 주신 약속들과 그가 이루신 일들을 상기해야 한다. 우리가 역사를 공부하는 이유가 있다. 하나님이 우리의 믿음의 조상들에게 어떤 약속을 하고 어떻게 그 약속을 이루셨는가를 상기하여야 한다. 하나님은 살아 계시고 영원한 전능자이시기에 곧 미완료형 존재 동사 I am 또는 I shall be(〈에흐예〉, אֶהְיֶה)요 또는 존재케 하시는(〈야흐웨〉, יְהוָה, he causes something to be) 분이기 때문에 오늘도 내일도 그가 능히 그의 약속을 이루실 것을 확신해야 한다.

4. 우리의 처지가 너무도 어렵고 고통스러울 때 정신을 잃고 바른 판단을 하지 못하게 될 수 있다. 이스라엘 백성이 너무도 고통스러운 나머지 만사가 귀찮고 무슨 말도 귀에 들어오지 않을 정도였다. 우리도 그런 상황에 빠질 수 있다. 하나님은 그런데도 이스라엘을 버리지 않고 계속 그들을 구속하시는 작업을 멈추지 않았다. 우리는 이스라엘의 전철을 밟지 않아야 할 것이다. 아무리 어려워도 하나님을 원망하거나 낙심하거나 좌절하지 않아야 할 것이다. 우리는 하나님께서 하신 일을 성경을 통하여, 그리고 일반 역사와 교회사를 통하여 그들보다 훨씬 더 많이 알고 있기 때문이다.

모세와 아론의 족보(출 6:14-27)

해설

지금까지 모세와 아론이 거론되어 왔지만 아직 그들이 어떤 집안에 속한 사람들인지를 밝히지 않았다. 이스라엘 백성 구출 운동의 선봉이 된 그들의 정체를 바로 알아야 하고 그들이 떳떳한 가문의 사람이라는 것이 밝혀져야만 그들을 올바로 대우할 수 있을 것이다. 그들이 족보도 없는 사람들이거나 타민족 출신이라면 되겠는가? 그들이 확실히 하나님의 선민으로서 영광스러운 이스라엘의 정통 가문에 속한 사람일 때, 그 백성이 마땅한 대우를 하게 될 것이다.

그들의 족보를 소개하면서 우선 야곱의 첫째 아들 르우벤과 둘째 아들 시므온을 간단히 언급한 다음에 셋째 아들인 레위 곧 모세와 아론의 직계 조상의 족보를 상세하게 소개한다. 그러니까 이 부분의 주요 목적은 모세와 아론의 직계 족보를 소개하는 데 있다. 레위는 137세를 살았고, 게르손*과 고핫과 므라리라는 세 아들을 두었다는 것이다. 레위의 둘째 아들 고핫은 아들 넷을 낳았는데, 그 첫째가 암람*이었다. 그는 자기 고모인 요게벳과 결혼하여 아론과 모세를 낳았다. 아론은 엘리셰바*와 결혼하여 나답과 아비후와 엘아잘*과 이다말을 낳았다. 아론의 셋째 아들 엘아잘*이 비느하스를 낳았다. 이 족보의 특색은 레위 집안, 그 가운데서도 아론에게 중점을 두었다는 사실이다. 26절에는 모세보다도 아론이 먼저 거명된 것을 볼 수 있다. 아마도 오경(五經) 형성 과정에 있어서 레위의 후손이며 아론의 계통인 제사장들의 역할이 매우 컸었기 때문에 나타난 현상으로 보인다.

여기서(6:26-27) 저자(편집자)들은 다시 종합적으로 아론과 모세에게 초점을 맞추어 그들이야말로 이스라엘을 애굽에서 데리고 나오라는 명령을 야훼께로부터 받은 장본인임을 밝힌다. 그리고 바로 그 두 사람이 애굽 왕 바로와 담판을 하여 이스라엘을 데려 내온 사람들이라는 설명을 덧붙였다.

교훈

1. 사람에게는 누구나 조상이 있다. 어느 누구도 하늘에서 떨어진 것이 아니라 조상의 후손으로 태어난다. 하나님은 우리 하나하나를 어떤 가문에서 태어나게 했고 모두가 절대적으로 귀한 존재로 태어나게 하셨다. 그러기에 우리가 자기의 조상들을 제대로 알고 귀하게 여기며 자존심을 가지고 살아야 할 것이다. 구약시대의 제사장 집안이 자기들의 족보를 귀하게 여기고 자랑스럽게 생각한 것은 당연하고 잘한 일이다. 하나님은 우리들 모두를 귀하게 세상에 태어나게 했고 그 가문과 개인이 세상에서 행할 특이한 사명들을 주신다. 그러기 때문에 우리는 자기 가문의 전통을 자랑하고 귀하게 여기면서 하나님이 주신 사명에 충성해야 할 것이다.

2. 우리는 자기가 존귀한 존재인 만큼 남도 존귀하다는 것을 생각해야 한다. 하나님이 어떤 사람을 농사꾼으로, 어떤 사람은 상인으로, 어떤 사람은 장인(匠人)으로, 또는 학자로, 사제(司祭)로 일하면서 살아갈 사명을 주셨다. 그렇다면, 각각 다 하나님의 소명을 받은 것이기에 저마다 긍지를 가져야 하고 남을 나만큼 존중해야 할 것이다. 그중에서도 아론이나 모세처럼 야훼께로부터 이스라엘의 영도자라는 특별한 사명을 받은 사람들은 그에 걸맞게 대우하고 존경하고 그들에게 복종해야 한다. 하나님이 중차대한 사명을 그들에게 주셨기 때문에 그들에게 반역하거나 불복하는 것은 결국 하나님을 배반하고 거역하는 일이라고 보아야 할 것이다. 모세와 아론이 막중한 책임을 맡은 하나님의

사자들이기에 백성들은 그들에게 복종할 뿐 아니라 존경하고 협력하며 격려해야 했다. 조직 사회에 있어서 지도자가 있고 피지도자가 있기 마련이다. 더더욱 야훼 하나님께서 모세와 아론을 택하여 이스라엘의 지도자로 세우셨기 때문에 그 백성이 그들을 영도자로 모시고 순종하는 것이 도리다. 그와 같이 우리도 우리 사회의 상사와 지도자를 존경하고 복종하는 것이 순리요 하나님의 뜻이다.

모세와 아론이 하나님의 명령을 순종함(출 6:28-7:7)

해설

하나님은 모세와 아론을 통하여 이스라엘을 애굽에서 구출하기로 작정하고 이제는 그 일을 단행하실 단계에 이르렀다. 그 일이 일어나기 전에 다시 한 번 거기까지 이른 경위를 간단히 요약한다. 시내산 밑에서 나타나셨던 그 야훼 하나님이 애굽에서 다시 모세에게 나타나 그에게 말씀하셨다. 곧 당신은 다름 아닌 야훼시라는 것과 당신이 말씀하시는 것을 애굽 왕에게 말하라 하셨다. 그러나 모세는 그 임무의 중대성과 위험성을 직시하면서도 자신의 어눌(語訥)함을 알기에 그 약점을 야훼 앞에 솔직히 털어놓았다. 바로가 자기 말을 어찌 들어주겠는가 한 것이다.

그 선한 일을 시작하신 이가 야훼이신데 그가 그 일을 중단하실 리가 없다. 야훼는 모세에게 활기를 넣어주셨다. "나는 너를 바로에게 신(神)과 같은 존재로 삼았다. 그리고 아론은 네 대변인이 될 것이다. 그러니까 너는 내가 네게 말하는 것을 모두 말해야 하고, 네 형 아론은 바로에게 이스라엘을 애굽에서 내보내라고 말해야 한다. 그러나 바로가 네 말을 쉽게 들어주지는 않을 것이다. 바로가 마음을 걸어 잠그고 버틸 것이다. 그때 나는 애굽에서 많은 기적을 나타낼 것이다. 바로가 네 말을 듣지 않을 때, 내가 내 손을 뻗어 심판을 내려서 이스라엘을 애굽에서 구출할 것이다. 그때에 비로소 애굽 사람들이 내가 야훼라는 것을 알게 될 것이다." 이러한 하나님의 말씀을 듣고 믿은 모세와 아론은 그의 명령대로 실행했다. 그 일을 시작할 때 모세는 80세였고, 아론은 83세였다.

교훈

1. 출애굽이라는 큰 사건의 주동자는 야훼 하나님이시다. 하나님은 일꾼을 뽑아 그들을 통해서 일을 하신다. 하나님의 사자는 그 명령자의 정체를 언제나 그리고 바르게 알아야 한다. 무력한 신이나 우상이 그 명령자가 아니고, 야훼가 바로 그분이라는 사실을 직시해야 한다. 사람이 바로 왕에게 말해서 이스라엘을 해방시킨다는 것은 계란으로 바위를 치는 격이어서 거의 불가능한 일이었다. 그러나 전능자의 명령이기에 의심하지 말고 하라는 대로 해야 한다. 인간이 자기 힘이나 지혜를 믿고 까불어서는 안 된다. 하나님의 일을 맡은 자가 자신의 연약함과 무능함을 깨닫는 것이 중요하다. 반면에 하나님의 전능성과 그의 도우심의 약속을 확신하고 용기를 얻어야 한다.

2. 하나님의 사자는 바로 하나님의 대사(大使)이기 때문에 하나님의 권위를 대행하는 자이다. 그러니까 하나님의 일꾼은 당당해야 하고 권위를 가져야 한다. 그러면서도 인간이기에 인간으로서의 제한성을 가지게 마련이다. 거기에 대해서 하나님은 약점을 보완해 주신다. 아론이 모세의 약점을 보완한 것처럼 말이다. 하나님이 가라면 가고, 멈추라면 멈추고, 말하라면 말하고 복종해야 한다.

3. 바로가 모세와 아론의 말을 듣고 쉽게 이스라엘을 해방시킨다면, 사람들은 모세와 아론이 잘해서 그랬다든가 또는 바로가 착해서라든가 그 공로를 그들에게 돌릴 것이다. 별로 어렵지 않은 일을 했다고 생각하여 사람들이 놀라거나 이상히 여기지 않을 것이다.

그러나 한 나라와 그 통치자가 그 나라 노동의 주요 자원인 노무자들을 그냥 놓아 보낸다는 것은 상상할 수 없는 일이다. 바로와 애굽인들이 히브리인들을 그냥 놓아 보낸다는 것은 결코 있을 수 없는 일이다. 하나님이 직접 손을 써 심판하시지 않고는 결코 되지 않을 일이었다. 무에서 유를 창조하시는 전능자 야훼 하나님만이 하실 수 있는 일이었고, 따라서 출애굽 사건은 야훼 하나님의 존재와 그 능력을 입증하는 사건이다. 모든 인간이 하나님의 존재와 그의 능력을 바로 알고 그를 바로 예배하고 섬기는 상태에 이르기를 하나님은 원하신다.

아론의 기적의 지팡이(출 7:8-13)

해설

야훼와 바로의 각축을 소개하는 7장 8절-15장 21절은 세 부분으로 나눌 수 있다. 첫째는 야훼가 열 가지 재앙으로 바로를 공격하는 이야기(7:8-10:20), 다음은 바로가 패배하는 이야기(10:21-14:29), 끝으로 야훼가 바로를 이기신 것을 찬미하는 대목이다(15:1-21).

모세와 아론의 배후에서 야훼 하나님이 세밀하게 진두지휘를 하셨다. 하나님은 모세와 아론이 바로 앞에 나설 때, 바로가 무엇을 요구할는지를 알고 계셨다. 아론더러, 바로가 이적(〈모펫〉, מוֹפֵת)을 요구하거든 그의 지팡이를 땅에 던지라 하셨다. 그리하면 그 지팡이가 뱀으로 변할 것이라는 것이다.

　　모세와 아론은 예언자들로서 하나님과 영적으로 교통하는 사람들이었기 때문에 하나님의 음성을 직접 들었을 것이다. 그들은 야훼의 지시대로 바로를 찾아가서 이스라엘 백성을 풀어주어 삼일 길을 걸어가 광야에서 야훼 하나님께 제사를 드리게 하라는 야훼 하나님의 말씀을 전했을 것이다.

　　그 말에 대한 바로의 반응은 "도대체 야훼가 누구기에 나더러 이래라저래라 하느냐? 어디 그 야훼라는 분이 얼마나 힘이 있는지 한 번 그 표를 보여라!"고 했을 것이다. 그래서 모세와 아론은 야훼의 지시대로 했고, 아론의 지팡이가 뱀으로 변했다. 놀라운 일이 아닐 수 없었다.

　　그러나 바로는 애굽의 마술사들을 불러다가 같은 이적을 행하게 했다. 그들의 지팡이들도 뱀으로 변했다. 사람의 속임수로 지팡이가 뱀으로 보이도록 할 수 있었던 것이다. 마술사들의 나무 지팡이가 정말로 뱀이 된 것이 아니라 마술을 가지고 바로의 눈을 속였을 것이다.

　　그때 뱀으로 변한 아론의 지팡이가 마술사들의 가짜 뱀들을 삼켜버렸다. 모세와 아론이 보여준 그 이적은 어느 정도 바로와 그의 신하들을 놀라게는 했지만, 바로의 굳은 마음을 녹이지는 못했다. 그것은 야훼 하나님이 예언하신 대로였다. 진짜 실력자는 야훼 하나님이라는 것을 애굽인들이 알게 될 때까지 바로의 마음을 강퍅하게 하실 것이고, 동시에 하나님의 능력은 점점 더 크게 나타나게 될 것이다.

교훈

　　1. 바로가 모세와 아론더러 "이적을 행하라!"고 요구했다. 이적이란 보통 자연 세계에서는 볼 수 없는 사건을 말한다. 이적을 통해서 다른 차원의 세계의 존재를 가늠할 수 있기에 야훼가 정말 존재하는지, 그가 초능력자인지를 알기 위해서 이적을 요구한 것이다. 모세와 아론은

지팡이가 뱀으로 변하는 이적을 행하여 야훼의 실력을 나타내보였다. 거기서 바로가 야훼의 존재와 능력을 시인하고 그의 말을 들었더라면 좋았을 것이다. 그러나 하나님이 보이신 이적을 보고도 바로는 마음을 닫고 순종하지 않았다. 결국 멸망을 자초하게 된다.

이적은 많은 사람으로 하여금 하나님을 믿게 하는 좋은 도구가 된다. 그러나 하나님의 능력의 표인 이적을 목격하고도 믿지 않는 사람에게는 화가 돌아온다.

2. 세상의 마술사들은 교묘한 수단으로 하나님의 이적을 닮은 신기한 일을 함으로써 사람을 현혹한다. 그러나 마술사들은 정말로 이적을 나타낼 힘은 없으며, 따라서 인간의 신앙의 대상이 될 수는 없다. 그들은 사람의 눈을 속임으로써 사람을 오도하고 혼란을 가져다주는 데 그친다. 바로는 참 하나님이신 야훼의 이적을 보고 야훼께 승복하기 보다는 마술사들의 속임수에 넘어갔으니 가엾은 존재이다.

3. 마술사들의 마술은 사람의 눈을 일시적으로 속일 수 있지만 결국 들통이 나고야 만다. 하나님이 행하신 이적은 사람들의 능력을 초월한 것이어서 어디까지나 이적이며 하나님의 능력을 입증하는 것이며 마침내 사람들의 마술들을 능가하여 그것만이 진실로 남을 것이다.

첫째 재앙: 물이 피로 변함(출 7:14-25)

해설

지팡이가 뱀으로 변하는 사건을 보고도 마음이 변하지 않는 바로의 태도를 본 모세와 아론은 예상했던 대로라고 생각하며 물러간다. 그리고 야훼께 그 사실을 아뢰고, 다시 하나님의 지시를 기다렸을 것이다.

하나님께서 우선 모세에게 말씀하셨다. 바로가 아침에 나일 강가에 나갈 것이니 그 이적의 지팡이를 가지고 그에게 다가가서 말하라는 것이었다. "히브리인의 하나님 야훼가 나를 폐하께 보내시어, 그의 백성을 광야로 내보내어 거기서 그를 예배하도록 하라고 말씀하셨는데, 전하께서 아직까지 그 말씀을 듣지 않았습니다. 그래서 야훼는 '내가 야훼라는 것을 네가 이것으로써 알게 될 것이다.'라고 하셨습니다. 보십시오. 내가 들고 있는 이 지팡이를 가지고 나일 강 물을 칠 것입니다. 그러면 그것이 피로 변할 것입니다. 그러면 물고기가 죽고 냄새가 나서 백성들이 그 물을 마시지 못하게 될 것입니다."

이렇게 모세가 바로에게 경고를 한 뒤에 야훼는 모세에게 일러 아론에게 지시를 내리게 하셨다. 즉 아론더러 지팡이를 들어 애굽에 있는 모든 물을 향하여 손을 뻗으라고 말하라 하셨다. 그리하면 모든 물이 피가 될 것이라고 말씀하셨다.

모세와 아론은 야훼가 명한 그대로 실시했다. 즉 바로와 그의 신하들이 보는 앞에서 아론이 그의 지팡이를 들어 나일 강 물을 쳤더니, 강물이 피로 변했다. 물고기가 죽고 강물이 썩어 냄새가 나고 백성이 그물을 마실 수가 없었다. 애굽 전역에 있는 물이 피로 변한 것이었다.

그런데 이번에도 애굽의 마술사들이 그들의 기술을 가지고 물이 피가 되게 하는 재간을 부렸다. 그 당시 애굽의 화학 지식이 상당히 발달되어 있었던 모양이다.

그러나 하나님은 인간의 생명을 사랑하셨기에 지하수만은 파서 마실 수 있게 하셨던 것이다. 바로는 여전히 마음을 닫고 야훼의 명령에 귀를 기울이지 않았다.

교훈

1. 하나님의 능력은 애굽의 모든 물이 피가 되게 하였다. 애굽의 마술사들도 물이 피가 되게 하는 재간을 부렸다. 그러나 그들이 피로 변한 애굽 나라 전역의 물을 마실 수 있는 정상적 물로 변화시킬 수는 없었다. 사람의 힘으로 하나님이 내리시는 심판과 재앙을 막을 도리는 없는 법이다.

2. 열대 지방인 애굽에서 모든 물이 피로 변하여 식수난을 겪는 애굽인들의 고통이 이만저만이 아니었을 것이다. 그런데도 바로는 오히려 마음을 더 굳게 잠그고 야훼께 굴복하지 않는 죄를 범하였다. 그리하여 하나님의 진노를 점점 더 쌓는 우를 범하였다. 그것은 결국 하나님의 예언이 이루어지는 계기가 되었고 바로 자신과 많은 애굽인들에게는 큰 재난을 겪고 멸망당할 근거가 되었다.

둘째 재앙: 개구리 재앙(출 8:1-15)

해설

애굽 땅의 물이 온통 피가 되는 재앙을 내렸고, 그 상태가 일주일이 계속되었지만, 바로는 마음을 열지 않았다. 인간을 사랑하시는 하나님께서 애굽 사람들이 목이 타서 다 멸망하는 꼴을 보려고 하지는 않으셨다. 다만 하나님의 능력을 보이시고, 야훼가 어떤 하나님이신가를 알게 하시려는 것이었다.

야훼께서는 다시 다른 재앙을 가지고 바로에게 당신의 위력을 보이시려고 계획하셨다. 그래서 모세더러 바로에게 가서 종전과 같이 요구하게 하였고, 그가 말을 듣지 않으면 애굽 온 땅에, 아니 사람들의 생활 전역에 개구리가 득실거리는 재앙을 내리겠다는 것을 전하게 하셨다. 그리고 야훼는 모세더러 아론에게 말을 하라고 하셨다. 곧 아론에게 일러, 그의 손에 든 지팡이를 강들과 운하들과 못들을 향하여 뻗게 하고, 애굽 온 지면에 개구리를 불러 올라오게 하라고 명을 내리게 하셨다.

모세의 명령을 받은 아론은 그대로 하여 개구리들이 애굽 온 땅을 덮게 하였다. 그래서 바로는 애굽의 마술사들을 불러다가 개구리를 땅으로 불러 오르게 하였다. 아마도 소수의 개구리를 물에서 뛰어올라, 육지로 올라오게 하는 마술을 행했을 것이다. 그러나 이미 모세와 아론을 통하여 온 땅을 덮게 한 그 많은 개구리들을 몰아내거나 강이나 못으로 쫓아 보낼 수는 없었다.

너무도 끔찍한 사태를 본 바로는 모세와 아론을 불러들였다. 그리고 어서 야훼께 기도하여 개구리들을 물리쳐 달라고 애걸했다. 그렇게만 하면 이스라엘을 풀어주어 야훼께 제사를 드리러 가도록 하겠다고 약속을 했다. 그러나 모세가 바로에게 물었다. 즉 개구리들이 물로 돌아가도록 기도를 하겠는데 언제 그렇게 하기를 바라는지 물었다. 바로는 내일 그렇게 해 달라고 청했다. 모세는 그리 하겠다고 바로에게 약속을 하며, 그 기도가 이루어져서 결국 야훼 하나님과 같은 분이 안 계신다는 것을 알게 될 것이라고 예고했다.

모세와 아론은 기도 약속을 하고서 바로에게서 물러나왔다. 그리고 야훼께 청원을 드렸다. 야훼는 모세의 기도를 들어주셨다. 많은 개구리들이 강으로 못으로 돌아가기도 했겠지만, 그러지 못하고 애굽인의 집에서 죽었고, 죽은 개구리들을 모으니 산더미가 되었다. 그리고 개구리들이 죽고 썩어서 냄새가 진동하였다. 그러나 바로는 아직도 여유가 있었다. 도리어 마음을 굳게 닫고 이스라엘의 요구를 들어주려고 하지 않았다. 그것은 야훼께서 이미 예견하고 예고한 대로였다.

교훈

1. 하나님은 주로 물에서 살게 되어 있는 개구리들의 습성을 변화시켜서 모두 땅으로 뛰어오르게 하였고 애굽 사람들의 생활 전역에 침범하여 도저히 정상적 생활을 할 수 없는 지경에 이르게 하셨다.

개구리 한 마리가 미쳐서 발작을 하여 이상한 행동을 할 수 있을 것이다. 그러나 애굽에서 나타난 현상은 그런 것이 아니라 양서(兩棲)동물인 개구리가 애굽에서 전부 그들의 본성을 개변하여 뭍으로 올라온 사건이다. 생각하면 할수록 신기한 일이다. 창조주 하나님이 아니면 하실 수 없는 사건이었다. 즉 야훼 하나님만이 하실 수 있는 일이었다.

2. 바로는 변덕이 많은 사람이었던 것으로 보인다. 다급할 때에 가졌던 결심과 결정을 다음 순간에 깨고 또는 파기하였다. 그것이 인간의 공통적인 본성이기도 하다. 자기에게 유리한 쪽으로 언제나 생각과 행동을 바꾸어가는 변덕을 누구에게서나 발견한다.

3. 그러나 좀 더 신령한 차원에서 본다면, 바로의 마음이 완악해져서 이스라엘을 쉽게 풀어주지 않은 것은 결국 야훼 하나님의 조작과 조정의 능력이 작용했던 것으로 보아야 한다.

많은 사람으로 하여금 야훼가 유일하신 참 하나님이심을 알도록 하기 위해서는 바로의 완고함과 반역적인 행동을 도구로 사용하셔야 했다. 즉 유월절 사건이 생기는 데까지 이르기 위해서는, 바로의 변덕과 완고한 행동의 누적이 필요한 것이었다.

셋째 재앙: 각다귀 재앙(출 **8:16-19**)

해설

야훼 하나님은 셋째 재앙을 애굽인들에게 내리시려고 계획하셨다. 흔히 이 재앙이라고 하지만, 각다귀2)(〈켄〉, כֵּן, gnat) 재앙이라고 해야 더 옳을 것이다. 하나님은 아론이 할 일을 모세를 통하여 분부하셨다. 아론더러 지팡이를 내밀어 땅의 먼지를 치라는 것이었다. 그리하여 애굽 온 땅의 먼지가 각다귀로 변하게 하라는 것이었다.

모세와 아론은 야훼의 말씀을 순종하였다. 아론이 그의 손에 든 지팡이를 내밀어 땅의 먼지를 쳤더니 먼지가 온통 각다귀로 변했고 그것들이 애굽 땅에 사는 모든 사람과 짐승에게 올라와 살을 쏘고 피를 빠는 것이었다. 바로도 예외가 아니었을 것이다. 모두가 각다귀에 물려 가려워하고 아파하는 것이었다.

바로는 마술사들을 불러들여 어떻게 좀 해보라고 했을 것이다. 그러나 그들도 속수무책이었다. 마술사들도 "이것은 하나님이 하시는 일입니다."고 하면서 하나님의 간섭을 인정하였다. 바로는 그들의 말을 듣고도 여전히 오기를 부리는 것이었다. 이스라엘을 풀어줄 생각을 하지 않았다. 바로는 여전히 하나님이 작정하신 섭리 속에서 꼭두각시 노릇을 하는 셈이었다.

---

2) 각다귓과에 딸린 모기. 모기보다 약간 크며, 나무 그늘이나 숲속에 살면서 낮에도 쉬지 않고 활동한다. 한글학회 엮음, 『우리말큰사전』(서울: 어문각, 1992), 55쪽.

교훈

1. 물이 피가 되는 재앙과 개구리가 득실거리는 재앙은 사람의 신체 밖에서 일어난 사건이지만 각다귀 재앙은 사람과 짐승의 몸에 붙어서 피를 빨고 쏘는 재앙이어서 직접적으로 사람의 피부를 공격하는 것이기 때문에 그 괴로움을 좀 더 실감할 수 있는 것이었다. 그렇게 하나님은 재앙의 도수를 높여가셨던 것이다.

물이 피로 변하는 화학적인 기적도 신기하고 물에서 주로 사는 개구리가 뭍으로 다 올라와서 우글거리게 하는 일도 하나님만이 하실 수 있었다. 그런데 이번에는 땅의 먼지를 각다귀라는 곤충 곧 생명체로 변하게 하셨으니, 그 사건은 더욱 하나님의 놀라운 창조적 능력을 말해주는 것이다. 무생물인 흙먼지 곧 광물에 속하는 물건 하나하나가 생명체로 변하여 기어 다니는 동물들이 되다니 하나님의 능력이 얼마나 위대하시냐 말이다! 하나님의 손가락이 하시는 일이 얼마나 놀랍고 신기한가 말이다.

2. 바로가 하나님의 그 놀라운 창조적 능력을 보고도, 실제로 각다귀들이 바로 자신의 몸에 수없이 기어올라 괴롭게 하고 있는데도 하나님께 투항하지 않고 고집을 부리며 이스라엘을 석방하지 않은 것은 바로의 마음이 얼마나 굳고 차가운지를 말해준다. 보통 사람들은 그런 기적을 보게 되면 승복하고 그 마음이 무너지게 마련인데 바로가 그렇게까지 마음을 닫고 열지 않은 것은 역시 하나님의 기적적인 간섭에 그 원인이 있다고 보아야 한다. 즉 하나님은 당신의 뜻을 이루시기 위해서 인간이 상상할 수 없는 일을 하신다는 사실을 기억해야 할 것이다.

넷째 재앙: 파리 재앙(출 8:20-32)

해설

셋째 재앙으로도 바로가 마음을 열지 않았을 때, 야훼는 또 다른 재앙을 마련하셨다. 이번에는 모세에게만 이르셨다. 즉 종전처럼 아론의 지팡이를 사용하지는 않으셨다. 아침 일찍 바로가 나일 강으로 나갈 때 모세가 바로에게로 가서 야훼가 이르시는 말씀을 그대로 전하라는 것이었다. 하나님의 백성인 이스라엘을 내보내어 그를 예배하도록 하라는 내용이다. 그렇지 않을 경우 애굽 땅에 파리 떼를 보내겠다는 것이다. 그러나 이스라엘 백성이 살고 있는 고센 땅에는 파리가 나타나지 않게 하겠다는 것이었다. 그렇게 함으로써 과연 야훼가 이 땅에 존재하신다는 사실을 알게 될 것이라고 말하게 하셨다. 이 기적이 내일 일어날 것을 약속하셨다.

야훼는 약속하신 대로 다음날 아침에 바로의 왕궁을 비롯하여 온 땅에 파리 떼가 가득하도록 만드셨다. 그러나 이스라엘 사람들이 살고 있는 고센에는 전혀 그 재앙이 미치지 않았다. 파리 때문에 애굽 땅이 엉망이 됐다는 것이다. 파리가 너무 많으니 앞이 보이지 않아 아무 일도 하지 못하고 파리만 쫓고 있었을 것이다. 전국이 파리 때문에 수라장이 되고 사람들은 모두 아우성을 지르고 있었을 것이다.

어쩔 수 없이 애굽왕은 모세와 아론을 불러다가 그들의 요청대로 가서 하나님께 예배를 드리라고 허락을 했다. 그러나 조건부였다. 애굽 땅을 벗어나지 않고 국경 안에서 예배하라는 것이었다. 그러나 모세는 하나님의 명령대로 사흘 길을 나가 광야에서 예배를 드려야 한다고 고집했다. 그래야 할 핑계를 내세웠다. 즉 애굽인들은 유대인이 드리는 제사에 대하여 거부감을 가지고 있어서 돌을 던질지도 모른다는 것이었다.

바로는 모세의 말을 인정하고 허락을 하면서도 제발 멀리는 가지 말아 달라고 요청을 했다. 그러면서 모세더러 하나님께 기도를 해서 빨리 파리를 제거해 달라고 애원했다. 모세는 약속했다. 바로 앞을 물러나가서 곧 기도를 드리겠다는 것이었다. 그러면 내일이면 파리들이 물러갈 것이라고 예고를 하였고, 바로더러 약속을 지키고 일구이언하지 말라고 당부하였다.

그리고는 모세가 물러나와 야훼 하나님께 기도를 드렸다. 하나님은 그의 기도를 듣고 애굽 땅에서 파리를 말끔히 없애주셨다. 그러나 바로는 다시 마음을 닫고 약속을 이행하지 않았다.

교훈

1. 하나님은 당신의 백성이 자유를 얻고 그들이 드리는 예배를 받기 원하신다. 하나님과 정상적인 인간 사이의 관계는 예배가 정상적으로 이루어지는 관계다. 즉 하나님은 예배를 받으시고 인간은 하나님을 예배하는 것이 그 양자 간의 정상 관계다. 그래서 하나님은 당신의 백성 이스라엘을 자유민으로 만들어 참된 예배를 드리는 자들이 되게 하고 자신은 그 예배를 받으려고 노력하신 것이다.

2. 그 정상 관계를 방해하는 세력을 하나님은 백방으로 설득하여 당신의 목적을 이루려고 노력하신다. 그 방해 세력도 역시 하나님이 내신 인간들이기에 하나님은 그들을 회유하고 가르치고 설득하는 방법을 쓰신다. 바로가 번번이 말을 듣지 않아도 오래 참고 그를 설득하려고 노력하시는 하나님을 볼 수 있다.

3. 셋째 재앙은 먼지가 각다귀로 변하는 이적이었지만, 이번에는 한

차원 높여서 날아다니는 곤충인 파리를 무수히 만들어 입체적으로 혼란을 주는 재앙을 내리셨다.

각다귀는 평면을 기어 다니는 동물이지만 파리는 공간을 날기 때문에 그 운동 범위가 훨씬 넓다. 따라서 인간에게 미치는 해독은 엄청난 것이다. 파리가 떼를 지어 날아다닐 때 사람의 앞을 가리게 되며 음식에 파리 떼가 앉으면 음식이 더러워지고 먹을 수가 없다. 이 사건은 파리가 알을 까서 자연적으로 증식하여 많아진 현상이 아니라 하나님의 창조적 능력을 통해서 단번에 무수한 파리를 만들어 내신 기적적인 사건이다. 그리고 점진적으로 재앙의 도수를 높여서 바로를 압박하시는 전술이라고 생각된다.

4. 하나님은 여기서도 이스라엘과 애굽인을 구별하셨다. 그 재앙이 이스라엘 백성에게는 미치지 않도록 하셨으니 말이다. 하나님의 절묘한 솜씨를 거기서 볼 수 있다. 같은 공간인데 이스라엘 사람들이 사는 공간에만 파리가 날아들지 않게 하셨으니 결국 파리 한 마리 한 마리를 하나님께서 다 지휘하셨고 파리들이 하나님의 명령에 복종한 사건이 아닌가 말이다.

5. 여기서부터 바로는 조금씩 하나님의 위력에 압도를 당하기 시작한다. 파리 재앙이 주효한 셈이다. 바로의 권한을 가지고 할 수 있는 일을 다 해보았지만 막다른 골목에 이르자 마지못해 승복하기로 한 것이다. 그러나 내키지 않은 일을 마지못해 허락했다. 모세는 약속한 대로 파리를 없애 달라고 기도했고, 하나님은 그 기도를 들어주셨다.

여기서 모세와 하나님의 신실성과 자비를 볼 수 있다. 그러나 반면에 바로는 파리가 사라지자 다시 변절하는 불성실성을 나타냈다. 인간의 연약함과 사악함을 잘 보여준다.

다섯째 재앙: 가축을 죽이는 재앙(출 9:1-7)

해설

굳게 닫은 바로의 마음을 열게 하려고 야훼 하나님은 재앙의 도수를 한층 더 높이셨다. 이번에도 야훼는 모세를 직접 바로에게 보내어 당신의 말씀을 전하게 하셨다. 이스라엘을 놓아서 하나님께 예배하도록 하라는 것이었다. 그렇지 않을 경우에는 애굽 사람들의 모든 가축을 병들게 하여 모두 다 죽게 하겠다는 것이었다. 말과 나귀와 낙타와 소와 양들을 다 죽여 버리면 교통과 운송이 마비될 것이고 식용 육류가 다 없어질 터이니 생활의 큰 타격이 올 것이 분명하다.

야훼께서 내일 그런 일을 단행하겠다고 시간을 정해 주었다. 그리고 정한 대로 다음 날 애굽의 모든 가축들이 다 죽어버렸다. 그런데 이스라엘 사람들의 가축만은 건재했다. 바로는 다음날 가축들이 다 죽었다는 보고를 듣고는 놀랐을 것이다. 그리고는 이스라엘 사람들의 가축은 어떻게 됐는지를 알아보게 했다. 야훼가 약속하신 대로 이스라엘 사람들의 가축은 하나도 상하지 않았다는 보고를 받았다. 거기서 마땅히 바로가 야훼께 굴복했어야 했는데 오히려 마음이 더 강퍅해졌다. 야훼의 명령을 거절하고 이스라엘을 풀어줄 생각을 하지 않았다.

교훈

1. 바로의 완고한 마음을 열게 하기 위해서 하나님은 또 다른 방안을 동원하셨다.

사람은 원근 각처를 다니며 물건을 실어 날라야 하고, 그러자면 말이나 나귀나 낙타 등의 신세를 지게 되어 있다. 특히 전쟁이 난다든가 위기 상황이 되면 더더욱 그런 짐승들이 절대적으로 필요하다. 그런데 그들이 전멸된다면, 국가적으로나 개인적으로 큰 위기가 아닐 수 없다. 그리고 사람은 육식을 하면서 살게 되어 있는데 가축들이 다 죽어버리면 큰 곤경에 빠질 것이 분명하다. 가축 한두 마리가 죽는다면 문제가 아니지만 애굽의 가축이 단번에 다 죽는다면 국가적인 대환난이 아닐 수 없다.

그 큰 환난이 말로 끝난 것이 아니라 야훼가 약속하신 그대로 다음 날 실제로 나타났을 때, 애굽 전역은 수라장이 되었을 것이다. 가축의 힘을 빌어서 살고 있던 사람이 하루아침에 그것을 잃었을 때 자식 잃은 심정으로 슬퍼했을 것이다. 이런 국가적 환난을 만났는데도 바로의 마음은 오히려 더 강퍅해졌으니, 어찌된 셈일까? 짐작컨대 바로는 건재(健在)하는 이스라엘 사람들의 가축을 염두에 두었을 것이다. 이스라엘 사람들의 가축을 탈취하면 된다는 생각을 했을 것이라는 말이다.

2. 많은 애굽의 가축이 단번에 죽은 것은 역시 자연 현상일 수는 없다. 가축 전염병이 전국에 확산되어 가축들이 몰살하려면 많은 시간이 필요할 것이다. 그런데 이 경우에는 한 시각에 애굽의 가축들이 단번에 쓰러져 죽었으니 하나님의 놀라운 능력이 작용한 것을 알 수 있다. 하나님께서 하시려고 마음만 먹으면 불가능한 일이 없다.

3. 바로가 그 완고한 마음을 여는 것은 바로 자신이 아니라 하나님의 조정에 의해서 되는 일이라는 것을 알 수 있다. 야훼가 참 하나님이심을 나타내려는 그 목적을 달성하시기 위해서 하나님은 바로의 마음을 조종하고 계신다고 보아야 할 것이다. 즉 하나님의 능력이 열 가지 재앙을 나타내시는 과정에서 충분히 드러날 것이며 그런 다음에 바로는 마침내 마음을 열고 이스라엘을 풀어 주게 될 것이다.

여섯째 재앙: 부스럼 재앙(출 9:8-12)

해설

야훼께서 여섯 번째로 모세와 아론에게 이르셨다. 이번에는 모세더러 가마솥에 붙은 검댕을 한 줌 쥐어서 바로가 보는 앞에서 공중으로 뿌리라는 것이었다. 그리하면 그것이 고운 가루가 되어 애굽 온 땅으로 번져서 사람과 동물에게 부스럼을 일으키게 될 것이라고 하셨다.

그래서 모세와 아론은 가마솥에서 검댕을 긁어모았고, 모세가 그것을 공중으로 뿌렸다. 그랬더니 모든 사람과 짐승에게 부스럼을 일으켰다. 그래서 사람마다 동물마다 몸이 가렵고 아프고 해서 어쩔 줄을 모를 지경에 이르렀다. 모름지기 의원을 부르고 마술사를 부르고 온갖 방도로 그 병을 고쳐보려고 했을 것이다. 의원이나 마술사들마저 부스럼을 앓고 있었으니 그 흉측한 모습을 가지고 임금 앞에 나설 수는 없었을 것이다. 이제는 자기 자신이 피부병에 걸려 고통을 당하는 지경에 이르렀으니, 그 고통은 한층 더 심각한 것이 되었다. 그런데도 바로는 마음을 열지 않았고 이스라엘을 놓아줄 생각을 하지 않았다. 결국 하나님께서 모세에게 예언한 대로였다.

교훈

1. 각다귀나 파리 재앙 같은 것은 밖으로부터 사람의 몸을 공격하는 재앙으로서 그것들 역시 어렵기는 하지만 손으로 그 벌레들을 떨치고 없애면 그 아픔을 피할 길도 있을 것이다. 그러나 몸에 부스럼이 난다는 것은 피부 자체에 생긴 병으로서 그 고통과 성가심을 제거한다는 것은 결코 쉬운 일이 아니다. 하나님은 이렇게 점진적으로 도수를 더해가

면서 바로와 그 국민을 죄어 가신 것이다. 하나님은 당신의 위엄과 능력을 인간들에게 나타내시기 위해서 여러 가지 방법을 동원하셨다.

2. 그런 재앙을 당하면서도 바로는 여전히 마음은 굳게 닫았다. 그러나 그것은 바로의 완고함에서 온 것이기보다는 야훼 하나님이 바로의 마음을 강퍅하게 하셨다는 것이 성경 기자(들)의 판단이다. 바로는 자기 의사를 자기 마음대로 좌우한다고 생각하고 있었겠지만 근본적으로 사람의 마음을 지배하시는 분은 하나님이시라는 것을 여기서 알 수 있다. 어떤 사람은 복음을 믿는데 어떤 사람은 믿지 못하는 것도 역시 그 배후에 있는 큰 손의 조작이라고 볼 수 있지 않을까?

일곱째 재앙: 천둥과 우박(출 9:13-35)

해설

부스럼 재앙으로도 바로의 마음이 열리지 않자, 야훼 하나님은 다시 모세에게 이르셨다. 이른 아침에 바로에게 가서 히브리인의 하나님 야훼의 말씀을 그에게 전하라는 것이었다. 이스라엘 백성은 야훼의 백성이니 그들을 석방하여 그를 예배하도록 하라는 내용이었다. 그의 말씀을 듣지 않을 경우에 온갖 재앙을 내릴 것이고 온 땅에 야훼와 같은 하나님은 안 계신다는 사실을 알게 하겠노라고 하셨다.

사실은 하나님께서 당장에 온갖 재앙을 내려서 바로와 그의 백성을 몰살(沒殺)할 수도 있었지만 그러지 않고 지금까지 그들을 남겨둔 것은 "내 권능을 너에게 보이고, 내 이름을 온 땅에 널리 알리기 위함이라."(9:16)고 하셨다. 아직도 바로와 애굽인들이 자만하여 우월감을 가지고 이스라엘 백성을 내보내지 않으니 지금까지 겪어보지 못했던 큰 우박 재앙을 내리겠다고 약속하셨다. 그러니 야훼의 말씀을 믿고 들에 있는 종이나 가축들을 안전한 곳으로 피신하게 하라고 경고하셨다. 그렇지 않고 들에다 그대로 두면, 그것들이 다 우박에 맞아서 죽을 것이라고 예고하셨다.

모세는 그런 경고의 말씀을 바로에게 전했고, 그 말씀을 듣고 믿은 사람들은 황급히 종들과 가축을 안전한 곳에 도피시켰다. 그러나 야훼의 말씀을 믿지 않은 사람들은 종들과 가축을 그냥 들판에 내버려두었다. 이렇게 해서 애굽 백성이 야훼의 말씀을 믿는 사람과 믿지 않는 사람으로 갈라지기에 이르렀다. 지금까지 내린 기적적인 재앙들 때문에 상당수의 애굽인들이 야훼의 존재와 그의 위력을 믿게 된 셈이다.

이제는 야훼께서 그의 예고를 실시할 단계가 됐다. 모세더러 하늘을 향하여 팔을 뻗으라고 이르셨다. 그러면 애굽 온 땅의 사람과 짐승과 식물(植物)에 우박이 내릴 것이라고 하셨다. 그래서 모세가 그의 지팡이를 하늘을 향하여 뻗었더니, 우박이 비처럼 쏟아져 내렸다.

야훼께서 천둥과 우박과 불을 땅으로 쏟아 부으셨다. 큰 우박과 불이 범벅이 되어 하늘로부터 내려오는 것이었다. 애굽 역사상 그런 큰 우박이 내린 적이 없었던 것이다. 그런 우박이 떨어지면서 사람과 짐승을 치고, 모든 식물(植物)을 부수었다. 그런데 이상하게도 이스라엘 사람들이 사는 고센 땅에는 우박이 떨어지지 않았다.

그런 광경을 목격하고 또 보고를 받은 바로는 모세와 아론을 불러들였다. 지금까지 경험한 재앙과는 또 차원이 다른 재앙이어서 그야말로 경천동지(驚天動地)의 사건으로 바로의 마음을 움직이기에 충분하였다. 바로가 비로소 자백을 하였다. 자기가 야훼께 죄를 지었다는 것이다. 야훼가 옳고 자기와 자기 백성에게 잘못이 있다고 한 것이다. 그러면서 야훼께 기도하여 천둥과 우박을 멈추어 달라고 애원하였다. 그리고 이스라엘을 풀어줄 터이니 어서 떠나라고 하였다.

바로의 말을 들은 모세는 바로에게 약속을 했다. 자기가 그 도성을 물러나가자마자 야훼께 기도를 하겠다는 것이었다. 그러면 천둥이 멎고 우박이 더 이상 내리지 않을 터이니 이 땅이 야훼의 것이라는 것을 알게 될 것이라고 했다. 그러면서 모세가 첨가하기를 바로와 그의 신하들이 아직 야훼를 두려워하지 않고 있다고 일침을 가했다.

모세는 약속대로 도성을 나오자마자 야훼께 그의 양손을 내밀고 기도했다. 하나님은 모세의 기도를 들어주셨고, 천둥이 그치고 우박과 비가 멈추었다. 그러나 바로와 그의 신하들은 그 엄청난 재앙이 멎자마자 다시 마음이 변하여 약속 이행을 보류하였다.

교훈

1. 일곱째 재앙은 지금까지의 재앙들보다 그 규모가 엄청나게 더 큰 우주적(cosmic)인 것이었다. 천둥이 치고 주먹만한 우박과 불이 하늘에서 쏟아져서 거기에 맞기만 하면 사람도 짐승도 단번에 죽어 쓰러지게 되는 무서운 것이었다. 천둥소리가 한번만 나도 간담이 서늘해지며 소스라치게 놀라는데 계속 천둥소리가 나고 하늘에서 우박과 불이 섞인 비가 쏟아지니 꼼짝도 못하고 굴속이나 견고한 음폐(陰蔽)물 아래 남아 있어야 하는 형편이었다. 하나님의 점증(漸增)하는 위력을 여기서 볼 수 있다. 하나님께서 계획적으로 바로와 그의 백성을 점진적으로 압박해 나가신 것을 볼 수 있다.

2. 하나님께서 원하시는 것은 온 땅에 하나님 같은 분이 안 계신다는 사실을 알게 하시는 일이었다. 하나님의 유일무이(唯一無二)성을 인간이 알아야 한다. 바로와 같은 죄인들을 단번에 제거할 길이 얼마든지 있지만 하나님은 사람 죽이는 것을 능사(能事)로 삼으시지 않는다.

그들을 살려서 그들에게 하나님의 능력을 보여주시고, 온 땅의 백성에게 하나님의 이름을 알리기를 원하신다.

하나님은 바로의 본색을 알고 계신다. 그와 그의 백성이 거만하여 우월감을 가지고 히브리 백성을 깔보고 부려먹으면서 풀어주지를 않으리라는 것을 알고 계신다. 그러면서도 하나님은 계속 당신의 이름을 나타내시려고 꾸준히 노력하셨다. 그 결과 애굽 사람들 중에 더러는 야훼가 내리시겠다는 우박 재앙의 소식을 듣자 자기들의 종과 가축들을 안전한 곳으로 도피시켰던 것이다. 우리는 결코 낙심하지 않아야 한다. 하나님의 이름을 알리는 일에 있어서 인내를 가져야 한다.

3. 그 엄청난 재앙을 선별적으로 애굽인들의 땅에만 내리시고 이스라엘 사람들이 사는 고센에는 내리지 않으셨으니, 하나님의 차별적 은총을 여기서 알 수 있다. 당연한 일이다. 하나님이 택하시고 구원하신 사람들도 죄인들인 것이 분명하지만 하나님은 그들을 축복하시고 재앙을 피할 수 있는 은총을 주셨다.

4. 그 엄청난 재앙을 당하는 바로는 드디어 하나님께 굴복하기 시작했다. 하나님의 위력을 여기서 볼 수 있다. 바로는 자신의 죄를 고백하며 자기와 백성이 옳지 못했다는 것을 자인하기에 이르렀다. 누구 앞에서도 머리를 숙이지 않던 바로가 마침내 하나님께 굴복하기 시작했다. 그러나 그것은 임시적인 것이고 본심에서 우러나온 것이 아닐 수도 있다. 그래서 모세는 그것을 간파했는지도 모른다. 그래서 바로와 그의 신하들이 하나님을 두려워하지 않는다는 사실을 안다고 꼬집었다 (9:30). 우박과 불로 인해서 현재 자라던 곡식은 다 망가졌지만 다음에 이어서 나는 곡식을 먹고 살 수 있겠다고 생각하면서 내심 그것에 기대는 모습을 모세가 간파한 것 같다. 아니나 다를까 재앙이 지나가자

바로의 마음은 돌변하고 또 다시 그의 약속을 헌신짝처럼 버리고 말았
다. 그것이 약삭빠른 죄인들의 모습이다.

여덟째 재앙: 메뚜기 재앙(출 10:1-20)

해설

바로와 그의 신하들이 이스라엘을 내보내겠다고 한 약속을 다시 어
긴 것은 하나님께서 의도적으로 일으키신 사건이었다. 하나님이 바로
와 그의 신하들의 마음 문을 걸어 잠그게 하신 것이다. 그 목적은 (1) 종
국에는 하나님이 그들의 마음을 열게 하려고 그들에게 기적을 보이시
기 위한 것이고, (2) 장차 이스라엘 백성들에게 하나님이 애굽인들을
농락하신 일과 어떤 기적들을 일으키셨는가 하는 이야기감을 남겨두
시려는 것이며, (3) 그 하나님이 바로 야훼심을 알게 하려는 것이었다.

하나님은 다시 모세와 아론을 바로에게 보내어 당신의 말씀을 전하
게 하셨다. 하나님의 백성 히브리인들을 석방하기를 거절한다면 그 다
음날 메뚜기 재앙을 내리겠다는 말을 전하라는 것이었다. 일곱째 재앙
곧 우박 재앙으로 말미암아 모든 식물이 상하고 망가졌는데 이제 메뚜
기들이 나타나서 온 땅을 덮을 것이며 남은 식물(植物)마저 말끔히 먹
어치울 것이라고 경고했다. 이 말을 전하고 모세와 아론은 바로 앞에서
물러나왔다.

중동 지방에서 종종 나타나는 메뚜기의 습격은 인간에게 정말로 치
명적인 손해를 주는 것이어서 바로의 신하들은 모세와 아론의 말을 듣
자마자 당장에 공포에 사로잡혔다. 그래서 그들은 당장에 바로에게 진
언을 했다. 모세가 가까이 있다가는 어떤 일이 더 벌어질지 모르니 빨
리 히브리인들을 내보내어 그들이 원하는 대로 그들의 하나님 야훼께

예배하러 가는 것을 허락하자는 것이었다. 바로도 메뚜기 재앙의 해독이 얼마나 크다는 것을 잘 알기에, 당장에 모세와 아론을 불러들였다. 그리고 그들더러 "어서 가서 야훼, 당신들의 하나님을, 예배하시오!" 하고 허락을 내렸다.

그러나 바로는 거기에 주를 달았다. 남자 장정들만 가고 늙은이와 어린이들과 여자들은 두고 가라는 것이었다. 모세는 다 같이 가야 한다고 했다.

바로는 모세의 청원에는 흉계가 들어 있다고 생각했다. 즉 하나님께 예배하러 간다고 하고는 완전히 달아나려는 심산이라고 하면서 다 같이 나가는 것은 안 된다고 거절했다. 그리고는 모세와 아론을 왕궁에서 몰아내고 말았다.

그러자 하나님께서 모세에게 이르셨다. 애굽 땅을 향하여 모세의 손에 든 지팡이를 뻗으라는 것이었다. 그러면 메뚜기가 애굽 온 땅에 날아와서 우박이 때리고 남은 모든 식물을 먹어치울 것이라고 하셨다.

모세가 하나님의 지시대로 했더니, 야훼께서 24시간 동안 동풍을 불게 하셨다. 그 동풍이 동쪽에서 메뚜기들을 몰고 와서 애굽 온 땅을 덮게 하였다. 그리고 메뚜기가 닥치는 대로 모든 식물을 먹어버렸다.

그 소식을 듣고 또 그 현상을 목격한 바로는 모세를 불러들였다. 그리고는 자기가 야훼와 모세에게 죄를 지었노라고 자백하면서 한번만 자기 죄를 용서해 달라고 애걸하는 것이었다. 그리고 하나님께 기도하여 최소한 자기에게서만이라도 메뚜기를 몰아내 달라고 애원했다.

모세는 바로 앞을 물러나와 야훼께 기도를 드렸다. 야훼는 모세의 기도를 들어주셨다. 그리고 그 동풍이 서풍으로 변하여 메뚜기들을 몽땅 불어서 홍해에 매장하고 말았다. 메뚜기가 한 마리도 남지 않고 애굽 땅에서 몽땅 사라졌다는 것이다. 그 얼마나 신기한 일인가.

그러나 바로는 여전히 마음을 닫고 열지를 않았다. 야훼가 바로의 마음을 강퍅하게 만드셨기 때문이었다. 결국 바로는 그 여덟째 재앙을 겪고도 이스라엘을 해방시키지 않았다.

교훈

1. 사람은 자유의지를 가지고 자기 마음대로 생각하고 행동한다. 그러나 초월적 능력을 가지신 하나님은 인간의 사고 방법과 영역과 범위의 차원을 초월하여 인간 사고와 행동을 조종하고 계신다. 바로는 자기의 생각으로 판단하여 이스라엘을 내보내지 않기로 작정하였지만 사실은 그 배후에 하나님이 그의 마음과 생각을 조절하고 계셨다는 말이다.

인간이 제아무리 꾀를 부리고 가장 잘한다고 하지만 "뛰는 놈 위에 나는 놈이 있다."는 식으로 하나님은 인간의 사고와 행동을 고차원에서 지배하고 계신다.

2. 바로가 하나님의 사자인 모세와 아론의 말을 무시하고 그들을 통한 하나님의 전갈을 아랑곳하지 않은 것은 아직 그가 하나님을 바로 알지 못하기 때문이었다. 자기가 하나님보다 더 높고 더 지혜롭고 더 권세가 있다고 착각하였기 때문이다.

인간은 하나님 앞에서 겸손해야 한다. 무조건 하나님께 복종하고 그 앞에 굴복하는 마음을 가져야 한다. 하나님의 말씀을 거역하고 복종하지 않는 것은 죄이며 큰 징벌을 받게 되는 직접적인 원인이 된다.

3. 사람은 다 어리석어서 매를 맞고서야 정신을 차린다. 바로와 그의 신하들이 그 사례이다. 메뚜기 재앙이라는 극히 혹독한 재난을 당하고 나서야 정신을 차리고 이스라엘을 내보낼 생각을 하기 시작했으나

재난이 나와 내 주변에서 사라지자 하나님과 그의 능력을 다시 잊어버리고 옛날의 완고함으로 되돌아갔다. 그것이 우리의 현주소가 아닐까.

4. 바로는 일국의 왕으로서 자기가 다스리는 백성의 안녕을 먼저 생각해야 할 터인데 도리어 자기의 안녕을 더 생각하고 자기에게서 재난이 사라지기를 바라는 마음이 앞섰다(10:17). 결국 바로는 자기 안일과 평안을 위주(爲主)하는 폭군이요 악한 왕이었다. 자기가 망하더라도 백성이 잘 살기를 바라는 마음이 있어야 할 것이 아닌가? 선량한 왕이 있어야 백성이 평안한 생활을 할 수 있는데!

아홉째 재앙: 암흑의 재앙(출 10:21-29)

해설

하나님은 재앙의 도수를 한층 더 높이셨다. 이번에는 모세를 통하여 삼 일 동안 완전히 세상이 어두워지는 재앙을 내리셨다. 완전히 캄캄해서 애굽인들이 사흘 동안 아무것도 할 수 없었다. 그런데 이상하게도 히브리인들이 사는 공간에는 광명이 그냥 있어서 자유롭게 행동할 수 있었다.

사흘 동안의 그 무서운 재난을 경험한 바로와 애굽인들은 그 재난이 히브리인들에게는 나타나지 않았다는 사실을 들었을 것이고 결국 그것이 야훼 하나님께로부터 왔다는 것을 확실히 깨달았을 것이다. 그래서 모세를 불러오라고 한 후에 "어서 가서 야훼께 제사를 드려라!"고 허락을 내렸다. 그러나 역시 조건부였다. 사람들은 다 나가되 우양들은 못 나간다는 것이었다. 그러나 모세는 바로의 명령에 불복하고 우양도 데리고 나가야 하나님께 제사를 드릴 수 있다고 당당하게 완전 석방을 요청했다. 그러나 바로는 암흑이 사라진 마당인지라 다시 마음을 돌이켜 이스라엘 해방 허용을 취소하고 말았다. 그것은 역시 하나님이 바로의 마음을 고차원적으로 간섭한 결과였다. 바로의 마음은 이제 더 표독해져서 모세를 쫓아내고 다시는 자기 앞에 나타나지 말라고 명령했다. 다시 나타나는 날에는 죽여 버리겠다고 엄포를 놓았다.

교훈

1. 빛의 원천인 태양과 달과 별을 완전히 가려서 애굽인들에게 전혀 빛이 없는 세상을 만드신 것은 창조주만이 하실 수 있는 일이다. 그리고 이스라엘 사람들에게는 광명이 그대로 있게 하신 차별 대우는 더더욱 신기한 일이다. 이런 사건을 보고도 감동이 없다면 사람일 수 없을 것이다. 애굽인들이 그 재앙을 경험한 후에 마음이 동하여 히브리인들을 해방하기로 마음을 먹은 것은 당연한 일이다. 그들이 어느 정도 희망이 있는 인간들이었다는 것을 보여 준다.

2. 그러나 사흘 간의 암흑을 경험한 직후의 생각과 암흑이 사라진 뒤의 생각은 달랐다. 사람의 마음은 얄팍하여 너무도 변덕을 부린다. 하나님께나 사람에게 대해서 약속을 지키는 성실성이 우리 인간에게 별로 없는 것이 아쉽다.

3. 바로는 하나님의 말씀을 완전히 복종하려고 하지 않고 흥정을 하거나 에누리를 한다. 그러나 모세는 시종일관 하나님의 말씀을 100% 이행하려고 노력했다.
우리는 하나님의 명령을 에누리하지 않고 완전히 받아들이고 그것들을 완전히 수행하려고 노력해야 할 것이다. 눈에 보이는 세상 권력이 하나님의 뜻을 에누리하였을 때, 많은 경우에 그것에 승복하기 쉽다. 그러나 우리는 하나님의 말씀에 충실하려고 노력해야 한다.

마지막 재앙을 예고함(출 11:1-10)

해설

야훼는 마지막 재앙에 대한 계획을 모세에게 알려주셨다. 마지막으로 재앙을 한 가지 더 바로와 애굽인들에게 내리고 그 후에는 틀림없이 바로가 히브리인들을 쫓아내듯이 내보내리라는 사실을 알려주셨다.

하나님은 이스라엘 백성이 빈손으로 애굽에서 나오지 않고 부자가 되어서 나오게 될 것과 그렇게 될 방도를 말씀해 주셨다. 하나님께서 신기한 방법으로 애굽인들을 움직여 무엇이든지 히브리인들이 요구하는 것을 애굽인들이 선뜻 내주게 하시려는 것이었다. 어디서나 가치가 인정되는 금붙이와 은붙이를 애굽인들에게 요구하게 하셨다. 히브리인들이 애굽인의 눈에 어여삐 보이도록 애굽인들의 마음을 감동시킬 것이다. 그동안의 사건들을 통해서 모세라는 인물의 위대성을 애굽 온 땅이 인식하고도 남았다. 하나님은 모세에게 그 마지막 재앙을 설명해 주셨다.

그래서 모세는 애굽인들에게(아마도 바로 앞에서) 야훼의 계획을 전달했다. 한밤중에 하나님께서 애굽 온 땅을 두루 다니실 것이며, 바로를 비롯한 모든 사람의 맏아들과 가축의 맏배 짐승이 다 죽을 것이다. 따라서 전대미문의 통곡이 들릴 것이다. 그러나 히브리인들의 집에는 개 한 마리도 짖지 않을 정도로 아무런 이상이 없을 것이다. 그런 사건으로 인해서 야훼가 히브리인과 애굽인을 차별하신다는 것을 애굽인들이 알게 될 것이며, 만조백관이 모세에게 와서 절하며 "어서 모두

다 우리를 떠나십시오!"라 말하며 애걸하게 될 것이고, 그 후에 모세와 이스라엘 백성이 애굽을 떠날 것이라고 예고했다.

이 마지막 경고의 말씀을 전하는 모세는 매우 흥분해 있었다. 지금까지 아홉 번이나 요구를 했는데도 번번이 거절을 당한 모세는 격분을 느끼지 않을 수 없었을 것이다. 이런 최후통첩을 한 모세는 우선 바로 앞을 떠나 나왔다.

교훈

1. 하나님의 계획과 그 실천은 치밀하고 빈틈이 없다. 모세가 확신을 가지고 행동할 수 있도록 사전에 세밀하게 계획을 알려주신 것이다.

2. 애굽 사람들이 히브리인을 좋게 보도록 그들의 마음을 움직이는 것은 역시 야훼 하나님의 몫이다. 애굽인들은 그동안 여러 가지 재앙을 겪으면서, 히브리인에 대한 감정이 극도로 악화되었을 터인데, 히브리인들이 "금귀고리를 주시오!", "은 팔찌를 주시오!" 한다고 그들 말대로 그 귀중품을 선선히 내줄 수 있겠는가 말이다. 하나님께서 기적적으로 애굽인들의 마음을 움직여 히브리인들의 요구를 들어주게 하셔야만 가능한 일이었다. 하나님은 이렇게 사람의 마음을 좌우하시는 능력도 가지고 계시는 분이다.

3. 하나님은 여러 가지 재앙을 애굽인들에게 내리시는 사건을 통하여 하나님 자신의 능력과 위엄을 나타내시고 애굽인들이 믿는 우상과는 판이한 존재라는 것을 깨닫게 하시는 동시에 하나님의 사자 모세의 명성도 높여주셨다. 하나님을 믿고 섬기는 자들이 가지는 혜택 중의 하나가 바로 세상에서도 높은 명성을 얻을 수 있다는 것이다.

4. 하나님의 계획은 이루어지고야 만다. 하나님의 위력 앞에 어느 누가 굴하지 않겠는가? 애굽인들이 결국은 모세 앞에 와서 무릎을 꿇게 될 것이고, 제발 애굽을 떠나 달라고 애원할 날이 온다는 것이다.

첫 번 유월절 절차를 지시하심 (출 12:1-28)

해설

야훼는 모세와 아론에게 히브리인들이 해방을 앞두고 해야 할 일을 지시하셨다. 그것이 후에 유월절이라는 제도가 되어 오늘까지도 유대인의 제일 큰 명절이 되어 있다.

유월절이 있는 달을 히브리인 달력의 첫째 달로 하라는 지시로써 시작한다. 태양력이 아니라 월력(月曆=陰曆)을 사용하던 때이므로 달을 표준으로 해서 계산을 했다.

신월(新月, new moon)에서 시작하여 10일이 되는 날에 히브리인 매 가족은 어린 숫양이나 숫염소 한 마리를 준비해야 한다. 가족의 수가 적어서 어린양 한 마리를 단번에 다 먹을 수 없는 경우에는 가장 가까운 이웃과 합해서 한 마리를 마련한다. 식구에 비례해서 고기를 분배해야 한다. 그 양이나 염소는 흠이 없어야 하고 한 살짜리 수컷이어야 한다.

준비한 어린양을 14일까지 보관했다가 땅거미가 질 무렵에 가족이 다 모인 가운데 그 짐승을 죽인다. 그리고 그 피의 한 부분을 그들이 사는 집 대문 양쪽 문설주와 문지방에 바른다. 그리고 그 날 밤으로 양고기를 구워서 누룩이 들지 않은 빵과 쓴 나물과 함께 먹는다. 고기를 생으로나 물에 삶아서 먹으면 안 된다. 양의 머리와 다리와 내장들까지 다 구워 먹어야 한다. 먹다가 남은 것은 불살라버리고 다음날 아침까지 남겨두면 안 된다. 유월절 음식을 먹을 때 허리를 동이고 신을 신고 손에는 지팡이를 들고 빨리 먹어야 한다.

그것이 바로 야훼께서 히브리인의 집은 건너고 지나가시기 위한 것 (〈페사흐〉, פֶּסַח, 〈파스카〉, πάσχα, passover)이다. 야훼께서 그날 밤에 애굽 온 땅에서 히브리인의 집은 빼놓고 모든 애굽인의 집에서 첫배 자식과 모든 가축의 첫배 새끼들을 몽땅 죽이실 것이다.

애굽인들은 그들의 신들을 의지하고 있지만 그들이 믿는 신들이 속수무책일 것이고 결국 하나님의 심판을 받는 밤이 될 것이다. 즉 그 신들의 무력이 판가름날 것이다. 곧 야훼의 존재와 그 위력이 확실히 드러날 것이다. 하나님은 그 양의 피가 발려 있는 집 곧 히브리인의 집을 지나가고 그들에게는 맏자식이 죽은 참사가 일어나지 않을 것이다.

이것은 한 번 일어날 사건이지만 히브리인들이 계속 기념해야 할 날이다. 자손 대대로 이 명절을 지키며 야훼를 기리는 축제로 삼아야 한다. 하루만으로는 부족하며 7일 간 누룩 없는 빵을 먹으며 경축해야 한다. 그 첫날에 집 안에서 누룩을 말끔히 제거하고 첫날과 마지막 날 엄숙한 모임을 가져야 한다. 그 7일 간은 음식을 마련하는 일 외에는 아무 일도 해서는 안 된다.

이런 지시를 받은 모세는 이스라엘 장로들을 불러놓고 일렀다. 야훼께서 지시하신 대로 유월절 양을 잡아서 그 피를 대야에 담아 히솝 (〈에좁〉, אֵזוֹב, hyssop)3) 뭉치에 그 피를 적셔서 대문 문지방과 양문설주에 발라야 한다(12:22). 그리고 식구들이 아침까지 집 안에 있고 밖으로 나오지 않아야 한다. 야훼께서 파멸자를 온 애굽 땅에 보내어 맏배 자식들을 죽일 때 양의 피가 발린 집을 건너고 지나갈 터이라는 것이다.

---

3) 개역성경에서는 '우슬초'라고 번역했다.

이 명절은 약속의 땅에 들어가서도 대대로 지켜야 한다. 자손들이 이 명절의 의미를 물으면 "야훼께서 애굽 땅에서 애굽인들을 치실 때 이스라엘 사람들의 집은 지나가고 아껴주셨기 때문에 그렇게 하신 것을 기념하여 야훼께 바치는 희생제사다."라고 말해야 한다.

이런 지시를 들은 장로들은 각각 돌아가서 자기들 구역의 히브리인들을 모아놓고 전달했다. 백성들은 감격한 나머지 야훼 하나님께 엎드려 경배를 드렸다. 그들은 돌아가서 야훼가 모세와 아론을 통하여 명령하신 그대로 했다.

교훈

1. 유대인의 가장 큰 명절은 유월절이다. 400년 동안 애굽에서 종살이하던 이스라엘 백성은 이제 희망이 끊어진 백성이었다. 모든 면에서 애굽화하고 자기들의 정체를 잃어버릴 지경에 있었다. 하나님께서 그들을 붙드시지 않았다면, 하나님의 능력으로 그들에게 자각을 주시고 상상을 초월하는 놀라운 기적들을 통해서 바로와 애굽 백성의 마음을 움직이시지 않았다면, 해방은 절대로 불가능한 일이었다.

그런데 아홉 가지의 신기한 재앙으로 애굽인들의 마음을 조금씩 열게 하더니 이제 열 번째의 결정타(決定打) 재앙을 통해서 애굽인들을 완전히 굴복시켜 그들이 이스라엘을 몰아내듯이 내보내게 하신 사실은 이스라엘인들에게 있어서 영원히 잊을 수 없는 일이었다. 죽은 사람을 살리는 것 이상 큰일이 어디 있겠는가? 어쨌든 그 사건은 하나님만이 하실 수 있는 일이기에 유월절은 결국 자기들의 해방의 사건 속에서 자신의 해방을 회상하면서 기뻐할 뿐 아니라 그 사건의 절대적 원동력이 되어주신 야훼 하나님을 기억해야 하는 명절이다.

2. 유월절에서 둘째로 기억해야 할 것은 하나님의 파멸의 사자들로 하여금 이스라엘인의 집을 건너고 지나가게 하는 표가 된 어린양의 피다. 수많은 어린양이나 염소들이 죽어서 피를 흘렸기 때문에, 이스라엘 사람들이 살육을 면하고 해방의 기쁨을 누릴 수 있었다.

생명은 하나님만이 내실 수 있는 것인데 무고한 짐승들의 귀하고 희생적인 피 흘림을 통해서 이스라엘의 구원이 이루어졌으니, 여기서 대속적인 희생의 원리를 보게 된다. 하나님은 택하신 자들을 구원하시기 위해서 대속적인 희생의 제물을 바치도록 계획하셨다.

우리는 요한복음 저자가 의식한 유월절 양으로 죽으신 예수의 사건을 상기해야 한다. 공관복음에서는 예수와 그의 제자들이 유월절 식사를 같이 한 것으로 되어 있다. 거기서도 역시 예수 사건을 유월절 사건의 성취로 보아야 한다는 점에서 대동소이하다.

3. 유월절은 유대인들이 길이길이 기념하는 명절이다. 역사에 나타나는 중요한 사건들을 기념하며 항상 회상하는 것은 매우 귀하고 필요하다. 그래서 우리 주변에 기념비를 세우고, 동상을 세우고, 기념일을 만들어 주기적으로 행사를 가지는 것은 의미가 있고 가치 있는 일이다. 우리가 예수의 부활을 기념하면서 일요일을 주일로 지키는 일이라든가, 가급적 자주 성찬식을 가지는 것은, 우리의 신앙을 항상 새롭게 하고 활력을 주는 일이다.

4. 첫 유월절은 매우 급박하고 긴장되고 두려움을 동반한 사건이었다. 어린양을 죽여서 피를 흘리게 하는 일로 시작하여 허리를 동이고, 신발을 신고 지팡이를 들고 도망할 준비를 갖추고 밖에 나가지도 못하고 숨을 죽이고 방안에만 남아 있는 등 매우 초초한 순간들을 보내야 했다. 이는 이스라엘 사람들이 처음 당하는 사건이고 무시무시한 사건

이었는데, 그들은 모세와 아론을 통하여 주신 야훼 하나님의 말씀을 복종하고 지시를 따랐다. 여기서 우리는 이스라엘 백성의 믿음을 발견하게 된다. 그들이 야훼의 말씀을 믿고 따르지 않았던들 그 해방의 기쁨을 얻지 못했을 것이다.

열째 재앙: 맏아들의 죽음(출 12:29-32)

해설

야훼 하나님은 모세에게 예고하신 대로 죽음의 사자를 애굽 온 땅의 애굽인의 집으로 보내어 그들의 맏아들을 죽이셨다. 바로의 왕위를 계승할 황태자를 비롯하여 심지어 옥에 갇혀 있는 죄수의 맏아들까지 빠짐없이 죽었다. 그리고 모든 가축의 맏배 새끼들도 죽었다.

한밤중에 이런 일이 벌어지자 왕궁을 비롯하여 애굽 천지가 일제히 울음과 통곡의 바다로 변했다. 한 집도 빠지 않고 다 죽음으로 인하여 통곡하는 울음천지가 된 것이다.

왕만 아니라 만조백관 아니 백성들이 다 같은 처지에 있다는 것을 보고받은 바로는 별 수 없이 모세와 아론을 불러들여 "어서 제발 몽땅 데리고 나가 야훼를 예배하라!"고 밀어내는 것이었다. 그러면서 자기에게 축복이 있게 해 달라는 요청을 덧붙였다.

교훈

1. 생명을 주시는 이도 하나님이고 생명을 거두어 가시는 이도 하나님이시다. 하나님께서 한 순간에 애굽 온 땅에 있는 맏자식들의 숨을 거두어 가시는 일은 가능한 일이었다. 어떤 방법으로 하셨는지는 알 수 없지만 그 수단을 하나님의 사자라고 칭할 수 있을 것이다.

여기서 우리는 생사화복의 주관자가 하나님이라는 것을 분명히 알 수 있다. 그런데 이스라엘 사람들의 집에는 그런 비극이 생기지 않았으니, 거기서 우리는 하나님의 선택과 은총의 원리를 깨닫게 된다.

2. 바로를 대표로 하는 우리들 인간의 어리석음을 깨달을 수 있다. 바로는 하나님이 보이신 기적적인 재앙들을 실제로 경험하면서도 오래 참으면서 거듭 베푸신 하나님의 권고를 뿌리치고 순종하지 않음으로써 마침내 맏아들을 죽이는 끔찍한 재난을 초래했으니 얼마나 어리석은 인간인가 말이다.

여기서 우리는 하나님의 오래 참으심과 기다리시는 은총을 볼 수 있다. 그런데도 바로와 우리 인간은 어리석게도 재난을 당한 후에야 곧 매를 맞고 나서야 마음을 돌이켰으니 얼마나 어리석은가 말이다.

3. 히브리인을 풀어주면서 바로가 마지막으로 한 말, 곧 자기에게도 축복이 있게 해 달라는 말은 복의 근원이 하나님께 있다는 것을 어렴풋이나마 깨달았기 때문에 나온 말이었다고 본다.

바로는 오랫동안 모세와 승강이를 하면서 야훼의 존재와 그의 권세를 깨달은 것 같다. 그 하나님의 복이 모세와 이스라엘에게 임하고 있는 것을 본 바로는 자기에게도 그런 복이 있기를 내심 바라고 있었다고 본다.

이스라엘 백성이 애굽을 떠나다: 라메세스*에서 숙곳으로
(출 12:33-42)

해설

밤중에 홀연히 통곡의 바다로 변해버린 애굽의 조야(朝野)는 넋을 잃을 지경이었지만 그런 중에서도 앞의 일을 생각했다. 점점 심해간 야훼의 재앙이 애굽인들의 맏자식을 죽이는 데까지 이르렀으니 그보다 더 심한 재앙이 닥치지 않으리라는 보장이 없지 않은가? 즉 자기들 자신의 죽음을 예상할 수밖에 없었다. 그래서 바로와 그의 신하들은 인제 더 이상 버틸 수가 없다고 판단하여 히브리인들이 원하는 것을 다 들어주기로 결단했다. 어서 떠나가라는 것이었다.

그래서 이스라엘 백성은 그들의 반죽 그릇에 생 반죽을 그대로 싸가지고 어깨에 메고 부랴부랴 출발했다. 이미 모세가 일러준 대로 채비를 하고 있었던 것이다. 그들은 모세가 일러준 대로 애굽인들에게 금붙이 은붙이 그리고 값진 옷들을 달라고 요청했다. 어찌된 영문인지 애굽인들이 순순히 그들의 요구에 응하였다. 야훼께서 애굽인들의 마음을 움직여 무엇이든지 히브리인들이 달라는 것은 다 내주도록 하셨던 것이다. 아마도 바로의 학정 때문에 애굽인들도 애굽 정부에 등을 돌리고 반감을 가지고 있었을 수도 있다. 동시에 열 가지 재앙을 통하여 이스라엘의 하나님 야훼의 위력을 검증하였기 때문에 이스라엘 사람들을 무시하지 않을 뿐 아니라 오히려 그들을 부러워했을 수도 있다. 그리고 히브리인들이 요구하는 것을 거절하는 경우 자기들에게 어떤 재난이 닥칠지 모른다는 공포감도 가졌을 것이다. 이렇게 해서 애굽을 떠나는 히브리 백성이 애굽인들의 금은보화를 다 거두어가지고 떠난 셈이다. 결국 이스라엘 사람들이 애굽인들의 좋은 것들을 싹쓸이해 가지고 나온 것이다.

이스라엘 사람들은 꿈인가 생시인가 어리둥절한 가운데, 그들이 중노동을 하면서 살던 라메세스*(רַעְמְסֵס)를 출발하여 숙곳(סֻכּוֹת)을 향하여 길을 떠났다. 장정만 해도 60만 명이나 되는 큰 무리가 이동을 하는 것이었다. 그밖에 이스라엘인이 아닌 사람들도 따랐고 많은 우양을 몰고서 떠나왔다. 정식으로 빵을 구워가지고 나온 것이 없기 때문에 누룩 없는 빵을 구워서 먹으면서 길을 갔다. 다른 음식을 마련해 가지고 떠날 겨를이 없었기 때문이었다.

히브리인이 애굽에서 산 기간은 430년이었다. 그러다가 마침내 해방된 것이다. 이스라엘 사람들이 애굽을 출발한 그 밤은 야훼께서 그들을 구원하시려고 밤을 새신 밤이었다. 이스라엘 사람들은 대대로 유월절 첫날밤을 새면서 야훼가 그 밤을 새시면서 이루신 일을 기념한다.

교훈

1. 사람이란 매우 어리석은 존재이다. 자기 자신의 죽음이 눈앞에 다가오니까 비로소 마음을 바꾼 애굽인들의 태도가 바로 우리들의 태도가 아니겠는가. 남의 죽음이 나의 고뿔만도 못하다는 말처럼 지금까지 바로나 권력자들이 백성의 괴로움이나 죽음을 대수롭게 여기지 않고 있었고 자기들의 자식을 죽게 하는 재앙도 자초하기에 이르렀다. 그러나 다음 차례가 자기들의 파멸이라는 사실을 깨달으면서 비로소 정신을 차린 것이다. 자기가 죽지 않기 위해서 히브리인들의 해방을 허용한 것이다. 지금까지 받은 손해가 얼마나 많았는가 말이다. 진작 하나님의 명령에 복종했더라면, 그 많은 고통과 손해를 받지 않았을 것 아닌가 말이다.

2. 430년이라는 긴 세월 애굽에서 종의 신세로 가난하게 살던 히브리인들이 한순간에 오히려 금은보화를 잔뜩 가진 부자가 되었다. 하나님의 방법이 얼마나 신기한가! 하고자만 하시면 하나님은 한 순간에 부자가 되게 하고 반면에 부자를 단번에 거지가 되게 하실 수도 있다. 하나님은 당신의 백성을 부자가 되게 하셨다. 주객이 전도되는 현상이 생긴 셈이다. 이제는 히브리인이 상전처럼 부자가 된 것이다.

3. 출애굽한 히브리인이 장정만도 60만 명이었다면 그밖에 노약자와 아녀자와 히브리인이 아닌 다른 사람들도 있었다고 하니, 그 수는 100만 명이 훨씬 넘었을 것이다. 사람만이 아니라 각 가족에게 속한 우양과 가축을 다 몰고 나왔다고 하니, 장관 중에도 장관이었을 것이다.

학자들의 연구에 의하면 그것은 실수(實數)가 아닐 것이라고 한다. 그 많은 사람과 우양이 함께 움직인다는 것은 불가능하다는 것이다. 그러나 전능자 하나님께서 못 하실 일이 어디 있겠는가? 애굽 전역에 그 무시무시한 재앙을 열 번이나 내리신 하나님의 능력이 이번에는 오합지졸인 히브리인들을 대거 이동하게 하는 기적을 일으킨 것으로 보아야 할 것이다. 사람으로서는 할 수 없고 있을 수 없는 일이 벌어진 것이다. 그것은 어디까지나 야훼 하나님의 보호와 인도 아래 된 일이라고 보아야 할 것이다.

4. 출애굽은 42절이 말하는 대로 야훼께서 밤을 새면서 행하신 작전이었다. 급한 일이 있을 때 철야 작업을 한다. 철야 농성, 철야기도, 철야 시험공부 등 우리들이 다급할 때 밤잠을 자지 않고 노력한다. 하나님께서 그의 선민 이스라엘을 구출하는 작업은 결코 평범한 일이 아니었다. 하나님께서 철야작업을 통해서 이루어내신 사건이다. 그만큼 절실하고 필요하고, 애타게 바라시는 일이었음을 말해준다. 우리는 여기서 택하신 자들에 대한 하나님의 사랑과 관심과 수고를 볼 수 있다.

5. 히브리인들만이 애굽을 빠져나온 것이 아니라 그밖에도 여러 종류의 사람들이 히브리인들과 섞여서 탈출했다. 히브리인들이 아무 사람이나 마구 데리고 나오지는 않았을 것이다. 짐작컨대 히브리인들의 생활에 감화를 받았거나 하나님의 능력에 감동받아 야훼 하나님은 믿고 자기들의 운명을 히브리인들과 같이 하기로 결단한 사람들이었을 것이다. 그들을 히브리인들은 동지로 여겼을 것이고 해방의 동반자로 삼았을 것이다. 즉 하나님은 히브리인만을 구원하시려는 것이 아니고 누구든지 그를 믿는 사람을 구원하시는 것이다. 동시에 야훼를 신봉하는 사람들이 그들의 이웃이 감동을 받을 만한 생활을 했기에 가능한 일이었다고 본다. 하나님의 백성의 거룩한 삶은 곧 하나님의 선교의 도구가 된다.

유월절과 할례(출 12:43-13:2)

해설

야훼 하나님은 이미 유월절에 대한 규례를 상세하게 주신 바 있지만, 여기서 다시 보충적으로 그리고, 특별히 유의할 점을 제시하셨다. 히브리인이 아닌 외국인은 유월절 음식을 먹으면 안 된다는 것이다. 그러나 히브리인들이 값을 주고 산 노예들 곧 완전히 히브리인의 종으로 사는 남자들은 할례를 받은 후에 그 음식을 먹을 수 있다는 것이다. 임시로 고용한 종들은 그럴 수 없다는 말이다. 다음은 유월절 음식을 반드시 집 안에서 함께 모여서 먹고 양이나 염소의 고기를 집 밖으로 가지고 나와서는 안 된다. 그리고 뼈를 꺾지 말아야 한다. 유월절은 이스라엘 사람들의 일부만 지킬 것이 아니라 범민족적인 행사가 되어야 한다. 히브리인들과 같이 사는 외국인으로서 유월절 축제에 참가하려면,

할례를 받아야 한다. 그러니까 유월절 식사에 동참할 수 있는 것은, 민족을 초월하여 할례를 받은 남자에 한한다는 말이다. 이것이 모세와 아론에게 첨부하여 주신 야훼의 말씀이었다.

히브리인들과 함께 한 동네에서 사는 외국인들이 있었고 히브리인들이 값을 치르고 산 종들이 있었기 때문에, 그들에 대한 부칙(附則)이 필요했을 것이다. 히브리인들은 이런 여러 가지 규례를 따라 유월절 식사를 하고서 대오를 정렬하여 애굽을 질서 있게 빠져나왔다. 그것은 야훼 하나님께서 친히 진두지휘를 하셔서 이루어진 일이었다. 조직과 훈련이 전혀 없는 100만 이상의 군중이 사고 없이 애굽을 탈출한다는 것은 인력(人力)으로는 불가능한 일이었다. 거기에 야훼의 신기한 통솔이 작용한 것이 틀림없다.

여기서 야훼는 모세에게 중요한 사실을 알려주셨다. 이스라엘 사람의 맏아들과 그들의 가축의 맏배 짐승은 하나님의 것이라는 사실과 그러므로 그들을 하나님께 봉헌해야 한다는 사실이다. 애굽인들의 맏아들과 그들의 가축의 맏배 짐승은 하나님께서 다 죽였지만 이스라엘 사람의 맏아들과 그들의 짐승들의 맏배는 살려두셨으니, 당연한 말씀이 아니겠는가?

교훈

1. 유월절 잔치에 참여한다는 것은 내가 하나님의 구원 작업의 대상이 되고 거기에 포함된다는 것을 의미한다. 지극히 고맙고 감격스러운 일이다. 거기서 인간 편에서 가져야 할 의무와 태도를 할례라는 말로 표현했다. 할례는 성별(聖別)을 의미하는 표이다. 하나님이 택하신 자로서 몸과 마음을 거룩하게 하고서 유월절 식사에 임하자는 것이다. 이스라엘을 구원하고자 하는 것은 하나님 편에서 솔선하여 계획하고 작정하신 일이다. 거기에 대한 반응으로 이스라엘 사람 편에서는 자신을

성별해야 한다. 할례로써 상징되는 심신의 재계(齋戒)가 인간 편에서는 있어야 마땅하다.

2. 구원은 우선 이스라엘을 염두에 두시고 하시는 일이지만, 절대적으로 이스라엘에게 국한된 것은 아니다. 구원은 하나님을 믿고 그에게 귀의하는 사람이라면 누구에게나 개방된 것이다. 그리고 이방인들도 이스라엘 사람과 마찬가지로 자신을 성별하는 것이 필요하다.

3. 유월절을 한 가정이 같이 모여서 지켜야 하는 것처럼, 구원받은 사람들이 공동체 의식을 가지고 더불어 기뻐하고 하나님 안에서 행복을 같이 가지려고 노력해야 한다. 나만 구원받으면 된다는 개인주의적 사고는 금물이라는 말이다.

4. 유월절 축제가 흥행적인 것이 되어서는 안 된다. 유월절 양의 다리를 하나 들고 길바닥에 나와서 뜯어먹는 식으로 너절한 행사가 되어서는 안 된다는 말이다. 집 안에서 엄숙하게 그 의미를 음미하면서 지켜야 하는 명절이다.

5. 유월절 식사는 양을 잡아서 구워가지고 무교병과 쓴나물과 함께 먹는 식사이지만 양의 다리를 꺾는 것은 금했다. 그것은 자기들을 위하여 희생한 양을 생각해야 한다는 말일 것이다. 다리를 꺾는 무자비한 행동을 금하는 것은 외형적인 형식 속에서도 내재적인 의미를 음미해야 한다는 것을 암시한다. 나 때문에 이 양이 죽었구나 하는 생각을 하라는 말이다. 요한복음 저자는 19장 36절에서 이 구절(출 12:46)을 인용하면서 예수의 거룩한 죽음 곧 유월절 양으로서 죽으신 사실을 상기시켰다.

6. 인간은 대개 맏자식에 대하여 특별한 애착과 가치를 두고 있다. 유월절은 애굽인들의 맏자식과 그들의 맏배 짐승을 다 죽이는 사건과 반면에 이스라엘인의 맏자식과 그들의 맏배 짐승은 살려두신 사건이 배경이 되어 있다. 애굽인과 이스라엘인은 다같이 하나님 앞에서는 죄인이지만 애굽인은 죽이고 이스라엘인은 살리셨으니, 이스라엘인은 하나님의 은총을 입은 것이다. 따라서 이스라엘인은 그 사실을 깨닫고 하나님 덕택에 자기들이 살아 있다는 사실을 기억하며 하나님께 봉헌하는 삶을 살아야 할 것이다. 결국 은혜로 받은 생명이기에 오직 하나님을 위해서 사는 것이 마땅하다는 말이다.

누룩 없는 빵을 먹는 축제(출 13:3-10)

해설

이번에는 모세가 백성에게 말한다. 야훼 하나님께서 그의 능력의 손으로 이스라엘을 애굽 땅의 종살이에서 구출하셨으므로 이스라엘 백성은 그 해방의 날을 기억해야 한다는 것이다. 여기서는 누룩 없는 빵 먹는 것을 핵심으로 한다. 아빕(אָבִיב) 월 곧 니싼* 월에 이 사건이 있었으니 야훼가 이스라엘의 조상들에게 약속하신 대로 가나안 7족 민의 땅 곧 젖과 꿀이 흐르는 땅으로 들어가면 그 달에 이 명절을 지키라는 것이다.

우선 이레 동안 누룩 없는 빵을 먹고 일곱째 날은 야훼를 위한 축제로 지켜야 한다. 그 이레 동안은 반드시 누룩 없는 빵을 먹어야 하고, 가까이에 누룩을 두어서는 안 된다. 자녀들이 어째서 누룩 없는 빵을 먹어야 하느냐고 물으면 "애굽에서 나올 때 야훼께서 하라고 하셨기 때문이다."라고 대답해야 한다. 야훼께서 그의 강한 팔로 이스라엘을 애굽에서 구출하셨으니 대대로 이 명절을 기억하고 지켜야 한다는 것이다. 팔과 이마에 그 말씀을 달고 늘 암송하라고 한다. 하나님의 은혜와 사랑을 바로 깨달아야만 하나님의 말씀을 소중히 여기고 지킬 수 있기 때문이다. 누룩 없는 빵을 먹는 명절을 해마다 각근히 지키라는 것이다.

교훈

1. 양이나 염소 고기는 이스라엘 사람들이 언제나 즐겨 먹는 것이기 때문에 유월절 식사 때 그 고기를 먹으면서 별다른 느낌을 가지지 못할 것이다. 그러나 무미하고 딱딱한 무교병을 먹으면서는 짜증이 날 것이다. 어째서 그런 맛없는 빵을 먹어야 할까 하는 의문이 자연히 생길 것이다. 그래서 무교병을 먹으면 타성에 밀려서 생각 없이 살던 사람들에게 반성을 하고 회고할 수 있는 좋은 계기를 만들어 준다. 그 옛날 조상들이 애굽에서 종살이를 하다가 야훼 하나님의 은혜로 애굽에서 구출되던 다급한 찰나에 어쩔 수 없이 무교병을 먹으면서 떠나던 사실을 기억하라는 것이다. 무교병이나 쓴나물을 먹지 않고는 정신을 차리지 못하는 인간들이다. 그러기에 적어도 이레라는 긴 시간에 억지로라도 그런 음식을 먹으면서 과거를 회상하고 하나님의 은혜를 깨닫는 노력을 해야 한다. 공연하고 무의미한 연례행사가 되지 않기 위해서 과거를 조금이라도 체험할 수 있는 조치로서 무교병을 먹게 한 것이다. 매우 적절한 조치이다.

2. 그런데 그 명절을 지키는 목적은 조상들이 극적으로 애굽을 탈출한 사실을 기념하자는 데 있는 것이 아니라 야훼가 어떻게 하셨는가를 기억하는 데 있다. 그의 은혜와 능력과 사랑을 기억하기 위한 것이다.

야훼가 아니었다면 결코 해방의 기쁨을 누리지 못했을 것이기 때문에 어디까지나 그 하나님을 기억하기 위한 것이다. 야훼가 이스라엘을 구원하셨다는 사실을 기록하여 손에 달고 이마에 붙이고 언제나 기억하고 언제나 말하면서 살라는 것이다.

3. 하나님의 능력과 사랑과 은혜를 늘 기억하는 것이 하나님의 가르침을 존중하고 복종할 수 있는 길이 된다. 하나님의 가르침을 언제나 기억하고 실천하면 거기에 행복이 있다. 인간의 행복을 위해서 하나님이 율법을 주시고 가르침을 주셨다. 그러나 하나님을 존경하고 그의 권위에 복종할 마음이 없으면 그의 가르침을 따르지 않을 것이 아닌가? 그러므로 야훼를 경외하는 것이 지혜의 근본이고, 그의 권위를 인정할 때 그의 말씀에 복종하게 될 것이고, 그 말씀을 복종하고 실천할 때 행복이 올 것이다. 그러므로 무교병을 씹으면서 하나님을 기억하고 그의 권위에 복종하고 그의 말씀을 소중히 여기며 실천하려고 노력해야 한다. 거기에 행복이 있을 것이다.

맏자식을 성별(聖別)하라(출 13:11-16)

해설

13장 1-2절에 이미 맏자식을 성별하라는 지시가 있었다. 여기서 다시 구체적으로 그 문제를 다루고 있다. 광야 생활 40년 동안은 정신을 차릴 수 없는 정황이었지만 약속의 땅에 도달하고 정착한 다음에는 이 지시를 지켜야 한다는 것이다. 부모에게 있어서 자식들이 다 귀한 것이 사실이지만 이스라엘 사람들은 맏자식을 볼 때마다 구별된 존재로 여기라는 것이다. 왜냐하면 그 맏자식을 볼 때마다, 옛날 야훼 하나님이 애굽인의 맏자식은 죽이면서 이스라엘인의 맏자식을 살리셨고 그 사건이 애굽에서 해방되는 계기가 되었음을 기억하기 때문이다. 그러니까 이스라엘의 맏자식은 역사적으로, 종교적으로 특별한 의미를 가진 존재라는 말이다. 맏자식을 성별한다는 것을 마음으로 할 수도 있지만 가시적이고 물질적인 표시를 함으로써 그 의미를 밝힐 수 있다. 이스라엘인의 맏자식은 하나님께서 살려주신 것이기에 하나님의 것이다. 그래서 맏자식을 하나님께 바치라는 것이다.

그러나 아브라함더러 이삭을 제물로 바치라고 하셨지만, 그 대신 양을 제물로 받으신 것처럼, 맏자식 대신 동물을 잡아서 바치는 예식 곧 속상(贖償, 〈파다〉, פָּדָה, ransom)[4)]제사를 드리라는 것이다(13:13). 가축의 맏배는 하나님께 제물로 다 바치되 나귀는 이스라엘인 생활에 있어서 매우 유용한 동물이기 때문에 그 맏배를 죽이는 대신에 양 한 마리를 대신 바치는 예식을 가져야 한다는 것이다.

이런 제사 행위를 보는 후대인들, 특히 자식들은 "왜 이런 제사를 드립니까?" 하고 자기 부모에게 물을 것이다. 그 질문에 대해서 확실히 대답해 주어야 한다는 것이다. 즉 조상들이 애굽에서 노예 생활을 하였다는 것, 바로가 해방을 거부했다는 것, 그러나 야훼 하나님께서 강력한 손을 가지고 구출하셨다는 것, 애굽인의 맏자식과 가축의 맏배를 죽이고 이스라엘인의 맏자식과 가축의 맏배는 손을 대지 않으셨다는 것, 그래서 이스라엘의 맏자식은 하나님 때문에 생존한 자들이기에 하나님께 바쳐져야 하는 자들이라는 것, 그러나 그 대신 양을 죽여서 바친다는 것을 말하라 하신다. 그러니까 손과 이마에 표를 해 달고 야훼의 강력한 손이 이스라엘을 애굽에서 구출하셨다는 것을 기억하라는 것이다.

---

4) 개역성경에서는 이 동사를 '대속하다'로 옮겼다.

교훈

1. 맏아들을 성별한다는 것은 이스라엘인에게 있어서 특별한 의미가 있다. 다른 민족과는 관계가 없는 일이다. 이스라엘 백성이 가지는 이 제도에서 우리가 얻는 교훈은 야훼 하나님의 은혜를 기억하고 응당의 감사를 드려야 한다는 것이다. 이스라엘의 맏자식들은 야훼 하나님의 은혜와 능력 때문에 살아남았고 하나님이 아니었더라면 이스라엘 민족이 생존하지 못했을 것이기에 하나님이 살려 두신 히브리인의 맏자식을 하나님의 소유로 생각하고 양을 대신 바치는 제사로서 하나님께 감사하고 그 은덕을 기리는 표를 삼아야 한다는 말이다. 우리가 흔히 우리의 맏자식을 하나님께 바쳐야 한다는 착각을 하지만 우리의 자식을 바쳐야 하는 것이 아니다. 우리 하나하나가 다 죽었던 존재인데 그리스도의 대속의 죽음으로 말미암아 생명을 얻었기에 우리 자신이 바로 하나님의 소유이며, 따라서 우리 몸을 살아있는 제물로 바쳐야 한다(롬 12:1).

2. 사람은 하나님에게 있어서 가장 귀하고 유용한 존재이기에 그들의 목숨을 제물로 받으시기를 원하시지 않는다. 그 대신 소나 양을 희생(犧牲) 제물로 받으시는 것으로 만족하셨다. 옛날 히브리인에게 있어서 나귀는 교통수단과 운반 수단으로 매우 가치가 있던 것이어서 하나님은 그것의 맏배를 바치라고 하시지 않고 다른 것으로 대치하여 바치라고 하셨다. 하나님은 가치 있는 것을 가치 있게 사용하기를 원하신다. 하나님께서 사람이나 어떤 짐승을 가치 있게 만드셨기 때문에 그 가치를 무시하거나 평가절하해서는 안 된다. 창조자가 주신 가치를 인정하고 최대한 그 가치를 발휘하도록 하는 것이 하나님이 원하시는 것이다.

구름 기둥과 불기둥(출 **13:17-22**)

해설

애굽 왕이 이스라엘 민족을 추방하다시피 애굽 땅에서 몰아내었을 때, 이스라엘 백성의 목적지는 물론 하나님께서 조상들에게 주시기로 약속하신 가나안 땅이었다. 오매불망 그리는 가나안 땅으로 빨리 가고 싶은 마음이 간절했을 것이다. 라메세스*에서 가나안 땅까지의 직선거리는 그리 멀지 않다. 며칠 길에 불과하다.

여기서 하나님은 이스라엘 백성의 행로를 정해주셨다. 지름길이 아니라 우회로(迂廻路)로 그들을 인도하셨다. 지름길은 지중해 연안 도로로서 블레셋의 사나운 해양(海洋) 족속이 호시탐탐 애굽을 노리는 지대이고, 따라서 애굽 나라는 거기 여러 곳에 요새를 짓고 블레셋과 대치하고 있는 지방이었다. 만일 이스라엘 백성이 그 길로 가노라면 필시 블레셋 사람들의 공격을 당할 것이고 전쟁 각오는 하고 있었지만 경험은 없는 이스라엘 사람들이 질겁하거나 낙심해 애굽으로 되돌아올 것이 뻔하기 때문에, 하나님은 보다 나은 길을 제시하신 것이다. 즉 우회로이기는 하지만 비교적 안전한 길 곧 홍해(〈얌 숩〉, יַם־סוּף, '갈대 바다')로 가는 광야길로 인도하셨다. 현대 지도에 나오는 그 광활한 홍해(Red Sea)가 아니라 수에즈 운하를 만들기 이전에 거기에 있던 여러 호수와 갈대밭들이 있는 지방을 가리킨 것이다.

모세는 요셉의 뼈를 잊지 않고 가지고 나왔다. 400년이라는 긴 역사 속에서도 요셉의 뼈를 가나안으로 운반해야 한다는 민족적인 사명을 기억하고 있었고, 그것을 실천한 것이다. 라메세스*에서 숙곳으로, 그리고 숙곳에서 에담으로 계속 남쪽을 향하여 여행했다.

거기에 선봉은 야훼 하나님이었다. 하나님이 직접 눈에 보이지는 않았지만, 그가 낮에는 구름 기둥의 모양으로 나타나셔서, 이스라엘 백성의 길잡이 노릇을 하셨다. 그리고 밤에는 불기둥으로 나타나셔서 인도하셨다. 이렇게 밤낮으로 쉬지 않고 하나님께서 그들과 같이 계시며, 그들의 안내자가 되셨다.

교훈

1. 하나님은 당신의 백성의 안전과 행복을 위하여 가장 좋은 길을 지시하신다. 지름길이 있는데도 그것을 택하지 않고 예상 밖의 다른 길을 제시하실 때 사람들은 놀라고 어리석어 보이겠지만, 하나님의 어리석음이 인간의 지혜를 부끄럽게 만든다.

2. 하나님의 약속은 이루어진다. 하나님께 한 서약은 이루어져야 한다. 노예 생활에서 벗어나 자유의 땅으로 가야 한다는 민족적 염원과 서원을 하나님은 들어주셨고 그 상징으로서 이스라엘 백성은 요셉의 뼈를 들고서 애굽을 탈출하였다.

요셉의 뼈가 별것 아니겠지만 이스라엘 민족에게 있어서는 매우 의미 있는 것이었다. 애굽은 이방 땅이지만 하나님이 같이 하심으로 요셉이 거기서도 막대한 권세와 영광을 누릴 수 있었고, 430년이라는 긴 세월 노예 생활을 하였지만 이제는 다시 하나님의 능력으로 그 무서운 나라를 무난히 빠져나올 수 있었고, 요셉의 유골까지 들고 나오게 됐다는 것은 약속을 이루시는 하나님의 성실성과 능력을 잘 보여주는 것이다.

3. 야훼 하나님은 비록 사람의 눈으로 볼 수 없지만 부단히 당신의 백성과 같이 계시며 안내자가 되신 분이시다. 필요하면 불기둥도 되고 구름 기둥도 되고 밤낮을 가리지 않고 앞장서서 인도하시는 놀라운 사랑의 아버지시다.

홍해를 건너다(출 **14:1-31**)

해설

라메세스*를 떠나 남쪽으로 내려가는 이스라엘 백성을 보는 사람들은 우선 이상하다고 생각했을 것이다. 약속의 땅 가나안은 동북쪽에 있는데, 그들이 어째서 동쪽으로 가지 않고 남쪽으로 내려가고 있는가 하고 의아해 했을 것이다. 히브리인들 자신도 그런 생각을 한 사람들이 있었을 것이고, 애굽인들은 더더욱 그랬을 것이다. 그러나 그것은 야훼 하나님의 계획과 지시에 의한 것이고, 영도자 모세가 하나님의 명령에 복종하면서 취한 행동이었다. 그들은 숙곳을 거쳐서 에담에 이르렀다 (13:20). 사실 에담은 아라비아 반도 서안에 있는 곳으로 홍해 동쪽에 있는 곳이다. 그러니까 숙곳에서 물이 없는 육로를 택하여 거기까지 진출했던 것으로 보인다. 그런데 야훼께서 모세에게 새로운 명령을 내리셨다. 이스라엘 백성으로 하여금 뒤돌아가서 믹돌과 바다 사이에 있는 피하히롯* 앞, 곧 바다 옆에 있는 바알제폰* 앞에다 진을 치라는 것이었다. 그것은 곧 이스라엘 사람들이 갈팡질팡한다는 인상을 바로에게 주기 위한 야훼의 고등 수단이었다. 즉 바로로 하여금 마음을 강퍅하게 하여 이스라엘을 추격할 생각을 품게 하고 결국은 바로와 그의 군대가 몰살당하는 사건을 유발하게 함으로써 하나님께서 영광을 받으시고 애굽인들로 하여금 야훼 하나님의 정체를 알도록 하려는 것이었다.

이스라엘 백성의 상황을 보고받은 바로와 그의 신하들은 생각이 바뀌었다. "우리를 섬기던 종들을 다 풀어주다니, 우리가 어떻게 그런 어리석은 짓을 했지?" 하며 병거(兵車)와 보병을 거느리고 이스라엘 백성을 추격하기 시작했다. 600대나 되는 병거 부대와 그의 장교들이 탄 수많은 병거들과 기마병과 보병 부대가 피하히롯* 곧 바닷가에 진을 치고 있는 이스라엘을 향하여 돌격하기 시작했다.

바로의 대군이 먼지를 날리며 굉음을 내며 돌격하는 광경을 멀리서 바라본 이스라엘 백성은 혼비백산 공포에 사로잡혀서 야훼께 부르짖었다. 결국 불평이 모세에게로 돌아갔다. "애굽에는 죽어 묻힐 곳이 없어서 이런 광야에서 죽게 하려고 데리고 나왔느냐. 광야에서 죽느니 도리어 애굽에서 종살이하는 것이 나았겠다."라고 하는 것이었다. 그러나 모세는 의연하였다. 백성을 격려하였다. 두려워하지 말고 굳게 서라는 것이었다. 야훼께서 대신 싸워주실 것이고 오늘 눈앞에 나타난 애굽 사람들을 몰살하여 다시는 볼 수 없게 하실 터이니 하나님이 오늘 이루실 그 놀라운 구원을 보라는 것이었다. 그러니 떠들지 말고 조용히 하라고 타일렀다.

다급한 상황이었다. 애굽 군이 전력질주 다가오고 있는 찰나에 머뭇거릴 형편이 아니었다. 야훼께서 모세에게 이르셨다. 어서 백성들에게 명하여 전진하도록 하라는 것이었다. 그리고 지팡이를 바다를 향해서 뻗으라고 하셨다. 그리하여 바다로 하여금 갈라지게 하고 백성으로 하여금 갈라진 바다로 들어가 그 바닥을 밟고 건너가도록 하라는 것이었다. 그리고 애굽 사람들의 마음을 강퍅하게 하여 이스라엘 백성을 추격하여 바다 속까지 따라붙게 하시겠다는 것이다. 그리하여 그들을 몽땅 물속에 매장하여 전멸시킴으로써 야훼의 영광을 나타내며 애굽인들로 하여금 야훼의 정체를 알게 하시겠다는 것이었다.

이스라엘 사람들의 눈에는 보이지 않았지만 그들의 선봉(先鋒)으로 야훼의 천사가 있었는데, 그가 이제는 행렬의 뒤로 자리를 옮겼다. 그리고 언제나 앞에 나타나서 인도하던 구름 기둥이 뒤로 옮아가서 애굽 군대와 이스라엘 군대 사이에 자리를 잡았다. 그래서 그 구름 기둥이 애굽인들의 길을 어둡게 하고 길을 가로막았다. 밤에는 그것이 환한 빛을 발하여, 그 두 군대가 접근할 수 없도록 하였다.

바야흐로 이스라엘 백성이 바닷가에 모두 이르렀을 때, 모세가 바다를 향하여 손을 뻗었다. 그러자 야훼께서 밤새도록 강한 동풍을 불게 하여 바닷물을 몰아내어 바닷물이 양쪽으로 갈라지고 거기에 대로가 생겨나게 하셨다. 그래서 이스라엘 사람들은 마른땅을 밟듯이 바다 한 가운데를 걸어서 동쪽으로 빠져나가는 것이었다. 그러는 동안 바닷물은 길 양쪽으로 벽을 이루고 있었다.

바로의 군대는 이스라엘이 통과하는 바닷길을 따라서 쫓아 들어갔다. 그러는 동안에 이스라엘 백성은 기적의 바닷길을 다 건너서 동쪽 강안에 이르렀다. 그때가 새벽녘이었다. 바로의 군대가 전부 그 바닷길 속에 들어섰고 그 선봉은 이스라엘 행렬의 후미(後尾)를 거의 따라잡을 지경으로 거리가 좁혀지고 있었다.

그때에 불기둥과 구름 기둥 속에서 역사하시던 야훼께서 애굽 군대를 내려다보고 애굽 군인들의 마음에 공포심을 일으키셨다. 이스라엘인들은 바다 밑을 마른땅처럼 걸어갔지만, 애굽 군대에게는 병거 바퀴가 진흙에 빠져 움직일 수 없는 어려움을 주셨다. 결국 자중지난이 일어나고, 전의를 상실하기에 이르렀다. 그래서 "야훼가 이스라엘 편이 되셔서 우리와 싸우신다. 어서 달아나자!"고 고함을 지르는 것이었다.

바로 그때 야훼가 모세에게 이르셨다. 바다를 향하여 손을 뻗으라는 것이었다. 그리하여 물이 애굽 군대를 덮치도록 하라는 것이었다. 모세가 하나님의 명령대로 했더니 바닷물이 제자리를 찾았고 애굽 군대는 몽땅 수장되고 말았다. 이렇게 해서 야훼는 이스라엘을 애굽 사람들에게서 구출하셨고, 이스라엘 백성은 바닷가에 뜬 애굽 군인들의 시체들을 보게 되었다. 하나님의 이 놀라운 일을 보고 이스라엘 백성은 야훼를 두려워하였고 야훼와 그의 종 모세를 믿게 됐다.

교훈

1. 이스라엘 백성이 에담까지 내려간 지점에서 그들의 행로를 돌려서 다시 북상(北上)하여 바닷가에 진을 치게 하고 애굽 왕과 그의 신하들의 마음을 돌려 이스라엘을 추격하게 만들어 결국 이스라엘의 원수들을 완전히 물에 빠져죽게 하신 기기묘묘한 술책은 인간들이 감히 생각도 할 수 없고 전지전능하신 야훼만이 하실 수 있는 일이었다.

2. 오늘의 지도에 나타나는 홍해(Red Sea)는 큰 바다로서 제트 비행기를 타고도 상당한 시간을 날아야 건널 수 있는 넓은 바다이다. 사람이 그 거리를 도보로 건너려면 며칠이 걸릴 것이다. 이스라엘 백성이 건넌 바다는 오늘의 그 홍해가 아니라, 지중해와 홍해 사이에 있는 크고도 긴 호수 중의 하나인 일명 '갈대 바다'(〈얌 숩〉, יַם־סוּף)였다. 어쨌든 하나님은 애굽 군대를 몰살하기 위해서 바다를 이용했고 이스라엘 백성에게는 하나님의 영광과 위력을 보일 수 있는 장소를 택하셨던 것이다.

3. 이스라엘 백성의 초조함은 형언할 수 없었을 것이다. 그들은 전혀 무장이 되어 있지 않은 상태인데 막강한 바로의 군대가 쏜살같이 달려오는 처지가 되었을 때, 믿음이 없는 사람들에게는 그때가 절망의 순간이 아닐 수 없었다. 그러나 하나님은 이스라엘을 하늘에서 굽어 살피셨고, 그들을 지금까지 보호하고 지휘해 온 당신의 천사를 후미(後尾)로 보내어 그 백성의 방패가 되어주셨다. 구름 기둥과 불기둥을 이제는 바로의 군대의 진군을 방해하는 도구로 삼고, 이스라엘을 방어하는 도구가 되게 하셨다. 전신갑주를 이스라엘에게 입혀서 그들을 보호하고 안전하게 하신 하나님의 사랑과 배려를 여기서 볼 수 있다.

4. 바로가 애굽의 군대를 총동원하여 이스라엘을 추격했을 때 이스라엘이 궤멸할 것은 뻔한 일이었다. 그러나 인간의 꾀와 힘과 재간을 다 동원한 애굽인들이 하나님을 당해낼 수는 없다. 하나님이 보호의 손 안에 있을 때 그 누구도 그 어떤 것도 그를 해칠 수가 없다. 이스라엘은 속수무책이었지만, 하나님의 큰 손이 이스라엘을 보호하셨다. 하나님은 그래서 그를 믿는 자의 산성이요 방패이시다.

5. 하나님의 능력과 그의 구원의 위력을 목격한 우리들이기에, 하나님을 경외해야 한다. 그를 믿어야 한다. 그리고 하나님의 진정한 대행자를 믿어야 한다. 하나님의 일을 맡아서 하는 일꾼을 믿고 따라야 한다.

모세의 노래(출 15:1-19)

해설

인간의 꾀와 힘으로는 애굽에서의 종살이를 청산할 도리가 절대로 없었는데 야훼 하나님의 그 큰 은혜와 능력으로 극적으로 구출되었을 때, 이스라엘 백성이 어찌 그 하나님을 찬미하지 않을 수 있었겠는가!

누구보다도 큰 감사와 감격을 느낀 것은 다름 아닌 모세였다. 출애굽 사건의 총수로 총책임을 홀로 걸머지고 진두지휘를 한 모세가 초조하고 조마조마한 마음으로 홍해 도강을 지휘한 자로서 마침내 통쾌하게 모든 백성이 홍해 동쪽에 안착하고 추격하던 원수들이 몽땅 수장되는 광경을 목도했을 때, 어떻게 터져 나오는 감사의 느낌을 토로(吐露)하지 않았겠는가?

모세의 이 찬미는 크게 세 부분으로 나누어 볼 수 있다.

1-6절에서 모세는 야훼를 찬양하련다고 하며 그 이유를 설명한다. 야훼는 애굽 군대를 바다 속에 완전히 처넣으고 승리하신 분이시기 때문이란다. 야훼는 모세의 힘이요 능력이요 전사(戰士)로서 모세의 하나님, 그의 조상의 하나님이시며 그의 이름 곧 야훼시니 그를 찬미한다는 것이다.

7-12절에서는 야훼께서 애굽 군대를 멸하신 사건의 전말을 요약 묘사한다. 야훼께서 당신의 콧김으로 바닷물을 갈라 벽을 만드셨고, 또는 바람을 불게 하여 바닷물을 움직여 철없이 날뛰고 거만하고 자신만만하던 애굽 군대를 그 물속에 묻어버리셨다는 것이다. 그러니 야훼밖에 그런 놀라운 일을 할 수 있는 하나님이 또 어디 있겠느냐 하는 것이다.

13-18절에서는 그 후에 일어날 일을 내다보며 예언적으로 찬미한다. 즉 하나님은 꾸준한 사랑(steadfast love, 〈헤셋〉, חֶסֶד)[5]으로 이스라엘을 속량하고(15:13) 능력으로 그들을 거룩한 처소로 인도하시니, 인근의 백성들 곧 블레셋과 에돔과 모압과 가나안 원주민들이 그 소문을 듣고 떨며 공포에 사로잡히며 그 간담이 녹아내리며 침묵하게 될 것이다. 그리고 하나님은 마침내 이스라엘을 약속의 땅, 거룩한 곳, 하나님의 성소에 이르게 하실 것이며, 야훼께서 영원토록 다스리게 될 것이다.

19절에서 다시 그 노래의 근원을 밝힌다. 야훼께서 바로의 군대를 몽땅 바다 속에 매장하고 이스라엘은 무사히 바다를 육지같이 걸어서 건너게 하셨다는 것이다.

---

5) 이 〈헤셋〉을 개역한글판에서는 '은혜'로, 개역개정판에서는 '인자하심'으로 옮겼다.

교훈

1. 시와 노래는 사람들이 쉽게 기억하고 반복해서 읊을 수 있는 것이어서 이스라엘의 출애굽이라는 놀라운 사건을 잊지 않고 계속 염두에 두고 야훼께 감사할 수 있는 훌륭한 수단이다. 그 역사를 간단히 요약하여 시와 노래로 엮어 쉽게 암송한다는 것은 일종의 성예전적 의미를 가지고 있다고 보아야 한다. 역사를 기억하고 그 배후에 계셔서 역사하신 야훼 하나님을 날마다 기리는 것이 무엇보다도 귀한 것이다.

2. 이 노래의 주제는 어디까지나 야훼 하나님을 찬미하자는 것이다. 야훼만이 그런 일을 해내실 수 있는 분이라는 것을 강조한다. 역사를 바로 해석해야 한다는 말이다. 표면적으로 하나님이 눈에 보이지 않기 때문에 사람들은 모세나 아론을 숭배하려고 할 것이다. 그러나 참으로 찬양받으실 분은 오직 야훼시라는 것을 모세가 스스로 이 찬미를 통하여 이스라엘 백성에게 가르치고 있는 것이다. 모세가 이 시점에 이런 노래를 부른 것은 민족의 지도자로서 매우 슬기로운 일이었다고 본다. 백성의 시선을 야훼에게로 향하게 하려는 것이다. 백성을 바르게 지도하려는 갸륵한 처사이다.

3. 야훼가 영원토록 통치하실 것이라(18절)는 말은 하나님의 역사 경륜의 기본 목적을 밝혀주는 말이다. 하나님께서 천지를 창조하고 이스라엘을 택하고 그들을 애굽에서 건져내어 가나안으로 인도하고 하나님의 성소로 이끄신 등의 모든 사건은 결국 하나님께서 만왕의 왕으로 다스리시는 세계를 이루려는 것이다.

우리는 흔히 중간 목표를 최종 목표로 오인하기 쉽다. 때로는 하나님이 세우신 목표가 아닌 것을 목표로 알기도 한다. 이를테면 하나님을 이용하여 자신의 영달과 출세와 행복을 얻는 것을 최고의 목표로 삼는

사람도 있다. 그러나 모세의 노래의 결론에서 보는 바와 같이 야훼가
영원토록 다스리는 세계가 와야 한다. 그래서 예수님도 먼저 하나님의
왕국을 구하라(마 6:33)고 하셨고, "당신(하나님)의 왕국이 임하소
서!"(마 6:10) 라고 기도하라 가르치셨다.

미리암의 노래(출 15:20-21)

해설

모세와 아론의 누나 미리암은 예언자였다(민 12장; 26:29). 하나님
의 영은 남성에게만 아니라 여성에게도 나타나셔서 일을 하게 하신다.
모세와 아론에게 하나님이 나타나셔서 말씀하시고 그들을 통하여 큰
역사를 하셨는데 미리암에게도 감동을 주셔서 이스라엘 백성 가운데
서 활동하게 하셨던 것이다. 그 당시가 남존여비의 사회여서 그녀가 한
일이 기록에 남지는 않았지만, 필시 그녀의 활동은 매우 광범했을 것이
다. 백성의 절반을 차지하는 여성 사회에서 모세와 아론의 말을 여자들
의 사회에 전달하고 설명하고 해석하는 일은 여자의 몫이었을 것이다.
미리암은 보이지 않게 맹활약을 한 인물로서 이제 홍해를 무사히 건
너 역사적인 승리의 기쁨을 만끽하는 순간에 다른 모든 여성들과 함께
그 축하 행사에 당당하게 참여하였던 것이다. 그 승리의 기쁨은 남자들
만의 것이 아니다. 여자들도 꼭 같이 기뻐해야 할 일이었다. 미리암은
탬버린을 들고 춤을 추었다. 다른 여자들도 함께 덩실덩실 춤을 추었
다. 전쟁의 승리를 축하하는 행사에 여자들이 춤을 춘 사례는 사무엘상
18장 6-7절에도 나타난다. 미리암은 춤을 출 뿐 아니라 노래도 불렀다.
그 요지는 야훼를 찬미하라는 것이었다. 그 이유는 야훼가 애굽인들을
모두 바다에 처넣어 죽이고 영광스럽게 승리하셨기 때문이다.

교훈

1. 하나님은 남자와 여자를 차별하시지 않는다. 남자에게 성령을 부어주는 하나님은 여자에게도 성령을 주고 일감을 주신다. 남과 여를 차별하는 것은 인간들이 만들어 낸 전통이다. 미리암이 예언자로서 활동한 사실을 기억하면서 인간적인 그릇된 전통을 반성하고 시정해야 할 것이다.

2. 미리암의 노래는 간단하지만 모세의 노래와 맥을 같이한다. 그 중심이 야훼를 찬미하자는 것이기 때문이다. 참된 예언자라면 백성의 눈을 야훼에게로 집중시켜야 한다. 하나님의 영이 바라시는 것은 야훼의 정체를 밝히고 사람들로 하여금 그에게 귀의(歸依)하도록 하는 일이다. 백성의 마음을 혼란하게 하여 참되신 하나님에게서 시선을 돌리게 한다면, 그것은 이단이요 악령이 하는 짓이다. 하나님께서 하신 일을 백성에게 제대로 밝히 설명하여서 하나님의 능력과 자비를 깨닫게 해야 한다. 그래서 노래가 자연적으로 터져 나오게 할 책임이 예언자들에게 있다.

쓴 물을 달게 하다(출 15:22-27)

해설

'갈대 바다'(〈얌 숩〉, יַם־סוּף)를 이스라엘이 무사히 건넌 것과는 달리 애굽 군인들은 그 바다에서 몰살당했다. 그 후에 모세는 지체하지 않고 전진을 명하였다. 이제는 평안과 기쁨과 감격을 안고 목적지를 향하여 길을 갈 수 있었을 것이다.

수르라는 광야에 들어섰다. 광활한 광야를 사흘이나 걸었다. 그런데 그 도중에 물이 보이지 않았다. 그러다가 마침내 물을 발견했고 허겁지겁 좋아라 하고 그 물을 마셨지만 물이 써서 도저히 마실 수가 없었다. 그곳의 물이 쓰다고 해서 그 곳을 마라라고 했다. 백성은 "무엇을 마시랍니까?" 하고 모세에게 불평을 터뜨렸다. 광야에서 물이 없으니 답답한 일이 아닐 수 없다. 모세는 야훼께 부르짖을 수밖에 없었다. 야훼는 모세의 기도를 듣고 그에게 나무 조각 하나를 보여주며 그 쓴 물에 던져 넣으라고 하셨다. 그래서 야훼의 지시대로 했더니, 물이 마실 수 있는 물로 변했다. 예언자 엘리사가 한 일과 비슷한 사건이다(왕하 2:19-22).

이스라엘 백성은 애굽에서 하나님이 내리시는 재앙들을 목격했다. 피조물들이 저주를 받아 못쓰게 되는 것을 보았다. 물이 피로 변하여 마실 수 없고, 몸에 종기가 생겨서 만신창이가 되고, 메뚜기가 식물을 먹어치우는 바람에 성한 나무가 하나도 없었다. 이제 마라의 물이 써서 먹을 수 없는 상태에 있었다. 그러나 하나님은 이 자연계를 그 병으로부터 치유하시는 분으로 나타났다. 이런 경험을 체험한 이스라엘 백성에게 야훼는 율례와 법도를 주시며 그들을 시험하셨다. 야훼 하나님의 말씀을 귀담아 듣고 그의 율례를 잘 지키면 애굽인들에게 내리셨던 질병들을 그들에게 내리시지 않으시겠다는 것이었다. 즉 하나님은 자연이 앓는 것을 원치 않아 치유하기를 원하시고, 또 그렇게 하실 능력이 있는 분이라는 것이다. 야훼는 치유하시는(〈라파〉, רָפָא) 분이시다.

하나님의 자연 치유 작업을 통하여 마라의 물이 단 물로 변하고 백성의 마음은 누그러져서, 이스라엘은 여행을 계속할 수 있었다. 마침내 엘림에 이르렀다. 거기에는 열두 개의 샘이 있었고, 70그루의 대추야자 나무가 있었다. 12나 70은 완전(完全)을 의미하는 상징적인 수일 수 있다. 많은 물이 있고 대추야자가 무수히 있는 오아시스를 만났다는 말일 것이다. 즉 그 많은 이스라엘 백성이 쉴 수 있는 그늘과 넉넉히 마실 물이 있고 다소나마 먹을 것을 얻을 수 있는 장소를 만난 것이다.

교훈

1. 해방된 이스라엘 백성이 처음으로 당한 시련은 목마름의 고통이었다. 물은 무엇보다도 귀한 생필품이 아닌가? 마라에서 물을 만났지만 먹지 못할 물이었다. 백성이 모세에게 불평을 터뜨린 것은 당연한 일이었다고 본다. 목말라 죽을 지경이니 무슨 짓인들 아니 하겠는가?

하나님은 모세의 탄원을 들으시고 곧 해결책을 주셨다. 쓴 물을 달게 하셔서 백성들에게 해갈을 주셨다. 야훼 하나님은 물을 피로 만드시고 애굽인들에게 재앙을 주실 수 있는 분이셨는데 이번에는 쓴 물을 달게 하여 이스라엘을 곤경에서 구출하심으로써 그의 능력을 보여주셨다. 야훼는 치유의 하나님이시라는 사실을 보여주셨다. 노예 생활이라는 아픔(질병)에서 해방하는 치유를 이루시고 죄로 앓고 있는 인간을 치유하여 정상인을 만드시는 분이다.

2. 야훼 하나님은 인간을 해방하는 것뿐 아니라 그 후에 행복하게 살 수 있는 법을 제시하신다. 즉 삶의 규범과 도리를 만들어 주어 그대로만 살면 애굽인들처럼 질병을 앓지 않고 평안히 살 수 있게 하시겠다는 것이다.

하나님은 치유하시는 분이시기 때문에 병을 고칠 수 있는데, 병에 걸리면 낫게도 하지만 이미 치유 받은 자는 하나님이 주시는 법도대로 살아서 병에 걸리지 않기를 바라신다. 구원받은 사람들은 다시 재난을 당하지 않기 위해서 행복한 삶을 향유하기 위해서 하나님이 주시는 법을 지키며 살아야 한다.

하늘에서 내려주신 빵 (출 16:1-36)

해설

이스라엘 백성은 애굽에서 구출된 지 한 달 만에 신 광야까지 진출했다. 신 광야는 엘림과 시내산 중간에 있는 광야이다. 애굽을 떠날 때 꾸려가지고 나온 식량이 한 달 만에 동이 났다. 광야에서 먹을 것이 없는 처지에 이르렀다. 그러니 모세와 아론에게 불평을 터뜨릴 수밖에 없었다. "당신들이 우리를 이 광야로 데리고 나와 굶어죽게 하는데, 차라리 고기 가마 곁에 앉아 빵을 먹던 애굽 땅에서 야훼의 손에 죽었더라면 좋았을 것을!" 하며 거세게 대들었다. 사람이 먹지 않고는 살 수 없는 것이 아닌가? 야훼는 그들의 불평을 들으시고, 모세의 중재의 탄원을 들을 필요도 없이 즉각 반응을 보이셨다.

야훼는 모세에게 당신의 계획을 알리셨다. 하늘에서 양식을 비처럼 내리시고, 백성은 밖에 나가서 매 날에 필요한 양식을 거두어들일 것이다. 그러나 야훼는 거기에 따른 법칙을 주어 백성이 그 법대로 하는가를 시험하시겠다는 것이다. 하나님의 계획을 들은 모세와 아론은 군중을 모아놓고 말했다. "여러분이 우리에게 불평을 하는데, 우리가 도대체 뭡니까? 여러분의 불평의 소리를 야훼가 들으셨습니다. 여러분을 애굽에서 구출하신 분이 야훼라는 것을 오늘 저녁에 여러분이 알게 될 것이고, 내일 아침이면 야훼의 영광을 보게 될 것입니다." 또 모세가 이어서 말했다. "야훼께서 여러분의 불평을 듣고 그가 여러분에게 오늘 저녁에는 고기를, 내일 아침에는 빵을 주실 것입니다. 우리가 도대체 뭐기에 우리에게 불평을 합니까? 결국 여러분은 야훼에게 불평을 하고 있는 것입니다."

그리고는 모세가 아론을 시켜 백성에게 "야훼께서 여러분의 불평을 들으셨습니다. 야훼께 가까이 오십시오." 라고 말하게 했다. 그 말을 들은 백성이 광야를 향하여 얼굴을 돌리자, 야훼의 영광이 구름 가운데 나타났다. 그리고 야훼께서 모세에게 하시는 말씀이 들려왔다. "내가 이스라엘 사람들의 불평을 들었다. 백성에게 말하여라. '저녁에 너희가 고기를 먹게 될 것이고, 아침에 빵을 양껏 먹을 것이다. 그렇게 해서 나 야훼가 너희의 하나님이라는 것을 너희가 알게 될 것이다.'"

하나님께서 예고하신 대로 저녁이 되자 메추라기들이 나타나서 이스라엘 사람들의 장막 둘레를 가득 채웠다. 아침이 되자 장막 둘레에 이슬이 잔뜩 깔렸고, 그 이슬이 걷히자 땅 표면에 마치 서리와 같은 가늘고도 푸슬푸슬한 물건이 깔렸다. 이스라엘 사람들은 그것을 보자 처음 보는 것이라 무엇인지 몰라서 "이것이 뭐야?"(〈만 후〉, מָן הוּא)하고 서로 물었다. 그래서 그것을 만나(〈만〉, מָן)라는 이름으로 부르게 됐다(16:31). 사람들이 모세에게 그것이 뭐냐고 물었을 것이다. 그래서 모세는 "야훼가 여러분에게 먹으라고 주신 빵입니다."라고 설명해 주었다. 그리고 야훼의 명령을 구체적으로 알려주었다. 한 사람이 한 오멜(=1-2 리터)씩 곧 각자가 하루 종일 실컷 먹을 수 있는 양을 거두라는 것이었다. 그래서 그들이 각각 만나를 거두었는데 정확한 한 오멜이 아니었지만 모두가 양껏 먹었고 남지도 않고 모자라지도 않았다.

거기에 한 가지 조건이 있었다. 저녁에 먹고 남는 것을 아침까지 남겨두지 말아야 한다는 것이었다. 그런데 어떤 사람들은 모세의 말을 듣지 않고, 다음날 먹으려고 만나를 남겨두었다. 야훼께서 일용할 만나를 주시기로 약속하셨는데, 그 약속을 믿지 않았기 때문이었을 것이다. 아침까지 남은 만나에는 벌레가 생기고 썩어서 냄새가 나는 것이었다. 모세는 백성의 불순종에 화가 났다. 아침에 내린 만나는 백성이 필요한 만큼 거둔 다음에는, 뜨거운 햇볕에 녹아버리는 것이었다.

안식일에는 각자가 두 오멜을 거두라는 것이다. 안식일을 위해서는 굽거나 끓인 음식을 다음날 아침까지 보존해도 상관이 없다는 것이다.

안식일에는 하나님이 만나를 내리시지 않으셨다. 그런데 어떤 사람들은 모세를 통하여 주신 하나님의 말씀을 무시하고 안식일에도 만나를 거두러 나갔던 것이다. 그러나 만나가 있을 리가 없었다. 하나님은 당신의 명령과 지시를 따르지 않는 자들을 못마땅하게 여기시며 안식일을 거룩하게 지키며 편히 쉴 것을 당부하셨다.

만나는 우리말에서 의미하는 것처럼 맛난 음식이었다. 희고 푸슬푸슬하여 먹기도 좋고 꿀처럼 단 것이었다. 아무 맛도 없는 무교병과는 아주 대조적인 음식이었다. 모세는 여기서 백성에게 뜻 깊은 전통을 세워주었다. 야훼의 명령이라고 하면서 만나 한 오멜을 단지에 담아서 영구적으로 보존하여 대대로 자손들에게 그것을 보여주라고 했다. 이는 야훼께서 이스라엘 백성을 애굽으로부터 구출하여 그들을 광야에서 먹여 살린 음식이라는 것을 보여주기 위한 것이다. 모세는 아론으로 하여금 단지에다 만나를 담아 야훼 앞에 놓아두게 하고 대대로 보존하도록 했다. 야훼가 모세에게 명령한 대로 아론은 만나 단지를 언약궤 앞에 안전하게 보존하였다. 이스라엘 백성은 40년 동안 광야에서 지내는 동안 곧 가나안 땅으로 들어가기 전까지 만나를 먹고 살았다.

교훈

1. 우리가 가는 순례의 길에는 목마름의 고통도 있고 굶주림의 어려움도 있기 마련이다. 이스라엘 백성은 그런 난관에 봉착할 때마다 야훼께 불평을 터뜨렸다. 과거를 잊어버리고 하나님 신앙이 투철하지 않아, 모세나 아론과 같은 인간 지도자의 힘으로 큰일이 이루어졌다고 오해했기 때문이다. 모세와 아론 배후에서 역사하시는 전능자 하나님 야훼를 보지 못할 때, 지도자를 탓하고 걱정과 근심에 사로잡히게 된다.

2. 이스라엘 사람들이 출애굽 후 광야 시대에 만나와 메추라기를 먹으며 살았지만, 우리가 날마다 먹는 쌀이나 기타의 반찬 하나하나도 하나님이 주시지 않으면 있을 수 없는 것이다. 우리의 힘으로 쌀 한 톨도 만들 수 없다. 생선 한 마리도 우리의 힘으로 만들어낼 수 없다. 결국 그것들이 다 하늘에서 오는 만나요 메추라기이다. 밤낮으로 야훼 하나님의 능력과 사랑과 그의 영광을 보면서 감사하며 일용할 양식을 주시는 그분을 신뢰하면서 살아야 한다.

3. 우리가 내일을 염려하며 양식과 생필품을 쌓아두려고 애를 쓰지만, 결국 우리가 먹을 수 있고 사용할 수 있는 양은 제한되어 있다. 남은 것은 결국 좀이 먹고 도둑맞고 걱정의 대상이 된다. 그런데도 우리는 하나님을 의뢰하기보다 재물에 기대려고 한다. 그런 태도는 결국 하나님의 시험을 통과하지 못하는 태도이고 하나님이 불쾌하게 여기시는 불신앙의 태도이다.

4. 만나를 단지에 담아 보존하여 후손을 교훈하게 한 것처럼, 우리는 가능한 한 기념물을 만들어 우리 자신과 후손에게 하나님의 능력과 사랑을 가르치는 것이 옳다. 우리의 결점 중의 하나가 바로 옛것을 소중하게 여기지 않고 기록으로 남기지 않는 것이다. 역사 기록이 많지 않은 것이 아쉽다. 무슨 방법으로든지 후손에게 하나님의 존재와 그의 은혜와 능력과 사랑을 보여주어 그에 대한 신앙을 가지게 하고, 대대로 그 신앙을 전수하는 노력을 해야 한다.

5. 안식일은 사람을 위해 하나님이 주신 제도다. 인간은 하나님이 당신의 계획을 이루기 위해 쓰려고 창조하신 하나님의 귀한 동역자이다. 인간은 연약하여 반드시 휴식이 필요하다. 재생(再生, Recreation)이 필요하다. 새로운 힘을 가지고 더 좋은 생산적인 활동을 해야 한다.

그래서 안식이 필요하다. 그래서 하나님은 인간에게 강요하다시피 안
식일 준수를 명령하셨다.

르비딤에서 일어난 두 사건(출 17:1-16)

17:1-7

해설

이스라엘 백성은 신 광야에서 만나와 메추라기를 먹기 시작하면서
걱정이 사라졌다. 야훼는 그들의 전진을 명령하셨다. 그래서 여행을 계
속하여 르비딤이라는 곳에 이르렀다. 돌산인 시내산 밑에 이른 것이다.
르비딤(רְפִידִים)은 '활기를 돋우다'(refresh), '붙들어주다'(support)라
는 뜻의 이름으로서(욥 41:23; 아 2:5) 야훼의 능력이 반석에서 물을
내어 목마른 이스라엘에게 마시게 하고 아말렉과의 전투에서 승리하
게 하심으로써 그들에게 활기를 주신 사건과 잘 어울리는 이름이다.

이스라엘이 신 광야를 지나서 르비딤에 이르렀을 때는 먹을 물이 완
전히 떨어졌다. 거기서 다시 그 백성은 모세에게 대들며 "물을 달라!"
고 아우성을 지르며 말씨름을 했다. "어쩌자고 우리와 우리 자식들과
가축을 이 물 없는 곳으로 끌고 나와서 목말라 죽게 하는가?" 하면서
돌을 들어 쳐 죽일 기세였다. 그들은 야훼의 존재와 그의 능력적 처사
를 잊어먹었다. 하나님이 도대체 어디 있느냐 하는 태도였다.

모세는 야훼께 부르짖을 수밖에 없었다. 야훼는 모세의 탄원을 들으
시고 지시를 내리셨다. 백성을 앞질러 장로 몇 사람을 데리고 나일강을
치던 그 지팡이를 들고서 호렙산으로 가라는 것이었다. 야훼께서 호렙
산 바위 앞에 서 계시겠다는 것이다. 그리고 그 증인들 앞에서 반석을

치면 거기서 물이 터져 나올 것이고 백성들은 그 물을 마시게 될 것이라고 하셨다. 모세는 장로들이 보는 앞에서 야훼의 지시대로 행하였다. 결국 이스라엘은 반석에서 흐르는 물을 마시게 됐다. 모세는 그곳에 맛사(מַסָּה) 또는 므리바(מְרִיבָה)라는 이름을 붙였다. 곧 이스라엘이 "야훼가 우리 가운데 계시는 것이냐?"라고 언쟁을 하고(〈립〉, רִיב), 시험을 했기(〈닛사〉, נִסָּה) 때문이었다.

교훈

1. 시내 반도는 도대체 물이 거의 없는 곳이다. 이스라엘의 40년 간의 방랑 생활은 목마른 상태의 연속이었다. 인간의 순례의 길은 어디에나 난관이 있고 고통이 있게 마련이다. 그러나 하나님은 인간을 목말라 죽게 하는 분이 아니시고 특히 택하신 백성을 목말라 죽게 하시지는 않으신다.

그런데도 이스라엘은 광야 생활 초두부터 계속 불신앙의 태도를 가지고 "하나님이 안 계신가보다. 하나님이 계시다면 이럴 수가 있는가?" 하면서 하나님의 존재 여부까지 의심하며 하나님을 시험하는 태도를 가졌다. 그것은 결국 과거를 너무도 쉽게 잊어먹는 버릇 때문이다. 사람은 과거를 잊기 쉽다. 그러나 그들이 그렇게도 큰 사건을 일으키신 야훼 하나님을 잊는다는 것은 보통 사건이 아니다. 어처구니없는 일이다. 우리는 그런 우를 범해서는 안 될 것이다.

2. 보이지 않은 하나님을 깨닫는 일은 쉬운 것이 아니다. 눈에 보이는 모세와 아론이 이스라엘을 영도하였기 때문에 사람들은 눈에 보이는 모세만 보고 그에게 불평을 터뜨린 것이다. 우리도 흔히 교회의 지도자를 과신(過信)하고, 때로는 목사를 보고 교회에 나오기 쉽다. 또

는 목사나 장로가 보기 싫어서 교회를 떠나는 일도 있다. 그러나 우리는 참 주님이신 야훼를 바라보고 나아가야 하며, 그 앞에서 일하는 종들에게 불평을 하거나, 그들 때문에 우리 신앙에 상처를 입거나 동요가 있어서는 안 된다.

3. 물은 땅에서 나오게 되어 있고, 땅을 깊이 파서 물을 발견해야 한다. 그것이 상식이요 당연의 원리이다. 그런데 하나님은 필요에 따라서는 인간의 상식을 초월하여 반석에서도 물을 내실 수 있다. 하나님은 일부러 당신의 권능을 이스라엘에게 보이려고, 당신의 존재를 알리기 위해서 사람이 전혀 상상할 수 없는 일 곧 반석에서 물을 내어 그들을 먹이신 것이다. 우리의 상상을 초월한 사건을 통해서 하나님은 우리에게 생명을 주신다. 골고다 언덕 십자가에 달리신 예수 그리스도를 통하여 만민이 생명을 얻는다는 것은 반석에서 물이 나온 것보다도 더 신기하고 놀라운 사건이다.

4. 하나님은 증인들 앞에서 친히 모세를 통하여 반석에서 물을 내셨다. 자칫하면 모세가 하는 일로 오인할 수 있다. 그 기적의 현장에 하나님이 친히 나타나셔서 지휘하고 그 사실을 증인들로 하여금 목격하게 하셨다. 하나님이 하시는 일과 인간이 하는 일은 확실히 구별해야 한다. 모세는 하나님의 하수인에 불과하다. 권능의 원천은 하나님이시다. 증인들이 그 사실을 확실히 전달해야 한다.

오늘날 많은 경우에 하나님의 영광을 사람이 도둑질한다. 증인으로 세워진 사람들이 바르게 증언해 줌으로써 가이사의 것은 가이사에게 하나님의 것은 하나님께 바치도록 해야 한다.

17:8-16

해설

물이 없어서 애타던 이스라엘 백성이 기적을 통하여 반석에서 흐르는 물을 마시고 해갈의 기쁨을 맛보았다. 그러나 그 기쁨은 순식간이었고, 또 하나의 난관이 닥쳐왔다. 이스라엘(야곱)의 형 에서의 후손 아말렉 사람들(창 36:12)이 도전해 온 것이다. 가데스(창 14:7)와 네겝(민 13:29) 곧 애굽 동쪽 지대(삼상 15:7)에서 살고 있던 에서의 족속이 야곱의 후손에게 앙심을 품고 해코지를 하려고 나타난 것이다. 동족상잔(同族相殘)의 비극이 벌어지게 됐다. 모세의 총애를 받아오던 용맹스럽고 싸움에 능한 여호수아를 앞세워 아말렉 군대를 대항하게 했다. 여호수아더러 정예 부대를 뽑아 가지고 전투에 임하라는 명령을 내렸다. 모세는 산꼭대기에 올라가 "하나님의 지팡이"를 들고 서 있겠다고 했다.

모세의 명령대로 여호수아는 전선에서 싸우고, 모세와 아론과 훌은 산꼭대기에 서 있었다. 모세가 지팡이를 든 손을 치켜들고 있는 동안은 이스라엘이 이기고, 그 손을 내리는 때에는 아말렉이 우세해졌다. 모세가 하루 종일 서 있는 것도 어렵고 손을 치켜들고 있는 것도 어려운 일이었다. 그래서 우선 아론과 훌이 큰 돌을 가져다가 놓고 모세를 그 위에 앉게 하였다. 그리고는 그 두 사람이 모세의 팔을 하나씩 붙들어 계속 치켜들도록 했다. 그렇게 하기를 해가 질 때까지 했다. 결국 여호수아의 군대가 승리를 거두었다.

그러자 야훼께서 모세에게 이르셨다. 이 전쟁 승리의 사실을 책에 기록해서 여호수아에게 읽어주라는 것이었다. 여호수아가 잘 싸운 것도 사실이지만 사실 승리의 참 원인은 야훼에게 있다는 것을 여호수아와 이스라엘 백성에게 알게 하라는 말이었다. 동시에 아말렉을 영원히 인간 역사에서 제거하겠다고 약속하셨다. 이는 하나님의 선민을 괴롭히는 자들을 하나님이 친히 응징하시겠다는 약속이었다.

이 사건이 있은 후에 모세는 제단을 하나 쌓고 그 이름을 "야훼는 나의 깃발"(〈야훼 닛시〉, יְהוָה נִסִּי)이라고 했다. 곧 승리의 깃발을 의미하는 것이다. 모세는 그 이유를 첨가했는데, 원문의 의미는 분명치 않다. NIV는 그 승리의 원인을 말하며 "야훼의 보좌를 향하여 손들을 들었기 때문이다(for hands were lifted up to throne of the Lord)." 즉 야훼께 손을 들고 기도하는 사람들(모세, 아론, 훌 등)이 있었기 때문이라는 뜻으로 해석했다. NRSV는 "야웨의 깃발에 손 하나가 닿아 있었다(A hand upon the banner of the Lord)."라고 해석했다. 즉 하나님의 손이 힘을 썼기 때문에 이스라엘의 승리가 있었다는 뜻일 것이다. 모세는 이어서 하나님이 대대로 아말렉과 싸울 것이라 예언했다.

교훈

1. 이삭의 쌍둥이 아들 야곱과 에서가 전쟁을 하게 됐다. 그것은 숙명적이라고 할까, 하나님의 선택의 계열과 선택 바깥의 계열이 맞서 싸움질을 한 것이다. 그리고 야훼 하나님은 야곱의 편이 되시고 에서의 후예를 응징하셨다.

인간이 이해할 수 없는 신비가 거기에 있다. 물론 야곱은 인간적으로 다른 사람보다 나을 것이 없는 죄인이었지만 하나님을 가까이 하고 그를 의지하는 생활을 했으며, 애타게 하나님의 축복을 갈망한 사람이었다. 반면에 에서는 야성적으로 자라고 제멋대로 살면서 부모의 속을 썩였고 하나님을 공경하는 생활을 하지 않았다. 아마도 그것이 그 두 족속이 하나님의 총애를 받고 못 받는 이유들 중의 하나였을지도 모른다.

2. 광야에 나온 이스라엘 백성은 그야말로 오합지졸이었다. 전쟁 훈련을 전혀 받지 않았고 싸울 준비도 전혀 되어 있지 않았다. 반대로 아말렉 군대는 호전적이고 싸움에 이골이 나 있어서 이스라엘 백성을 무찌르는 데 문제가 없었을 것이다. 그러나 이스라엘이 승리했다. 하나님이 싸워주셨기 때문이었다. 하나님을 당해낼 자가 없기 때문이다.

(1) 여호수아와 그의 군대가 야훼 하나님을 믿고 모세의 명령에 복종하고, 힘을 다해서 싸웠기 때문이기도 하지만, (2) 모세가 중보자로서의 역할을 바로 하고 혼신의 노력을 기울였고, (3) 그 조수들 역시 극력 협조한 결과이기도 하지만, 결정적인 힘은 야훼 하나님에게서 온 것이다. 승리를 주시는 분은 오직 야훼시다. 승리의 깃발을 날리게 하시는 분은 바로 하나님이시므로, 그를 의지하는 신앙이 중요하다.

3. 이스라엘이 승리한 절대적인 원인이 야훼 하나님이셨다는 것을 실감한 사람은 산 위에서 하루 종일 하나님의 지팡이를 치켜들고 있던 모세와 그의 조수 아론과 훌이었다. 산 아래서 힘껏 싸워서 마침내 승리를 거둔 여호수아와 그의 군대는 자기들의 힘으로 이긴 줄로 착각을 했을 수도 있다. 그리고 앞으로 또 그런 전쟁이 나면 어떻게 될까 하는 염려도 하고 있었을 것이다. 그래서 야훼는 모세더러 그 전쟁의 실제 곧 야훼께서 아말렉을 소탕하고 그들을 기억조차 못하게 하시겠다는 것을 책에 기록하여 여호수아로 하여금 알게 하라는 것이었다. 지금까지 승리하신 것도 야훼이고 앞으로도 승리를 주실 분은 야훼라는 것을 알게 하라는 것이다. 이스라엘을 가나안까지 인도할 여호수아가 겸손해야 하고, 참된 야훼 신앙을 가지는 것이 중요하기 때문이었다. 그리고 야훼가 끝까지 아말렉과 싸워서 승리할 것이니 자신감을 가지도록 하려는 것이었다.

4. 모세와 그의 보조원 아론과 훌의 협력은 매우 아름다운 것이었다. 모세가 하루 종일 서서 지팡이를 치켜들고 있는 것은 불가능한 일이었다. 그때 아론과 훌은 모세더러 앉아서 손을 들면 되지 않겠는가고 권했을 것이다. 그러나 모세는 그것을 거절했을 것이다. 그래서 그들은 지혜를 짜냈다. 큰 돌을 가져다가 그 위에 앉게 한 것이다. 그리고 모세가 팔을 치켜들고 있는 수고를 덜어주기 위해서 양쪽 팔을 하나씩 받들어 줌으로써 승리의 효과를 거두었다는 것은 참으로 가상한 일이다. 하나님의 일을 아니 모든 일을 서로가 협력해서 한다는 것이 얼마나 아름다운가! 그들이 협력하지 않았더라면, 이스라엘이 패망했을 수도 있지 않았겠는가?

모세의 장인 이드로의 충고(출 18:1-27)

해설

미디안 땅에서 40년 동안 망명 생활을 하다가 드디어 시내산에서 야훼 하나님의 부르심을 받은 모세는 그의 장인 이드로에게 허락을 받고 아내 십보라와 두 아들을 데리고 자기 백성 이스라엘을 구출하기 위해서 애굽으로 돌아갔다(출 4:18-20). 그러나 출애굽이라는 큰 작업을 수행해야 하는 모세로서는 우선 자기 가족을 먼저 안전지대로 옮겨 놓는 것이 좋겠으므로 그들을 가장 잘 돌보아 줄 수 있는 사람 곧 장인 이드로에게로 돌려보냈던 것이다. 그리하여 모세는 가족에 대한 염려를 하지 않고 공사(公事)에 전념할 수 있었을 것이다. 모세는 성공적으로 이스라엘 백성을 이끌고 시내산 밑에까지 이르렀다.

미디안 지방의 제사장인 이드로는 날마다 그의 하나님을 섬기며 기도하고 있었을 것이다. 모세를 통한 이스라엘 해방 운동이 성공하기를 갈망하며 그 귀추를 예의 주시하고 있었을 것이다. 야훼 하나님의 능력으로 모세와 그의 백성이 무사히 시내산 밑에까지 진출한 사실들을 전해 들은 이드로는 그의 식구와 함께 크게 기뻐했을 것이다. 이제는 모세의 가족이 가장 모세와 합류해도 될 형편인 것을 알아차린 이드로는 적시에 모세의 아내 칩포라*와 그의 아들 게르솜*과 엘리에셀을 데리고 모세를 찾아갔다.

오랜만에 가족을 만나는 모세의 기쁨 또한 형언할 수 없었을 것이다. 모세는 장인 이드로의 전갈을 듣자 달려 나가 얼싸안고 인사를 나누고 영접했다. 그리고는 그동안에 이루어진 사건들 특히 야훼가 어떻게 이스라엘을 구원했는가를 소상히 설명했다. 모세의 감격적인 보고를 들은 이드로는 야훼를 찬미하고 야훼는 어느 신보다도 위대하신 분이라는 것을 이제 알았다고 하며 그의 주재로 함께 하나님께 번제물을 바치고 제사를 드렸다. 그리고 아론과 다른 장로들도 와서 하나님 앞에서 이드로와 함께 식사했다.

다음날 모세는 종전대로 그날의 일을 시작했다. 많은 사람들이 그에게 몰려와서 여러 가지를 주문하고 판가름해 달라고 아우성이었다. 정신을 차릴 수 없으리만큼 엄청난 일과가 들이닥쳤다. 그가 혼자서 그들의 요구를 들어주고 해결을 하고 또 해도 끝이 없었다. 결국 사람들은 장사진을 이루고 자기 차례를 기다리노라 기진맥진했다. 세상 경험이 많은 그리고 슬기로운 이드로는 모세가 하는 일이 너무도 비능률적이라는 것을 깨닫고 모세에게 충고를 했다.

모세가 할 일은 크게 두 가지였다. 종교 문제가 하나고, 또 하나는 민사(民事) 처리 문제였다. 종교적인 문제에 관해서 하나님의 뜻을 받아 백성을 가르치고 지시를 내리는 일이 큰일이었다. 게다가 백성들 상호간에 생긴 많은 송사 사건을 해결해 주는 것이었다. 모세 혼자서는 도저히 해 낼 수 없었다. 이드로는 현명하게 충고했다. 백성 가운데서

유능한 사람들을 택하여 사무를 분담하라는 것이었다. (1) 하나님을 두
려워하는 사람, (2) 믿을 만한 사람, (3) 부당한 이득을 혐오하는 사람을
택하라는 것이다. 그래 가지고 어떤 사람은 1000명을, 어떤 사람은
100명을, 또 어떤 사람은 10명을 맡아서 그들의 민원(民願)을 해결하
도록 하고 그들이 해결할 수 없는 중대사(重大事)만을 모세가 맡아서
해결하라는 것이었다. 그렇게 하면 모세도 좋고 백성도 쉽게 일을 처리
하고 돌아갈 수 있겠다는 것이었다.

　　모세는 장인 이드로의 충고를 기꺼이 받아들여 실천에 옮겼다. 이드
로는 모세 가정의 재회한 기쁨을 맛보고 모세의 임무가 보다 수월하고
효율적으로 수행되는 모양을 보면서 자기 집으로 돌아갔다.

　　교훈

　　1. 잠시 동안이기는 하지만 모세는 이산가족의 경험을 가졌다. 큰일
을 하기 위해서는 가정을 희생하는 어려움도 겪게 된다. 과거에 한국의
많은 독립투사들이 가정을 버리고 나라를 위해 희생하지 않았던가! 모
세의 장인 이드로에게는 이산가족의 어려움을 알고 한시도 지체하지
않고 적시에 가정을 만나게 해 주는 슬기가 있었다. 인간에게는 가정의
평안이 필요하고, 가정생활이 원만해야 모든 일이 순조롭게 이루어지
는 것이기에 정상적인 가정을 이루는 길을 언제나 모색해야 한다.

　　2. 모세는 장인 이드로에게 지난날의 우여곡절을 보고하면서 야훼
하나님의 사역을 바르게 설명하였다. 즉 모든 것이 야훼의 덕이었다는
것을 강조하고 자기의 공로를 내세우지 않았다. 결국 이드로가 야훼의
절대적 우위성을 깨닫기에 이르렀고 그에게 제사하며 야훼를 높였다.
자기가 섬기는 신이 야훼와 동일하지 않았겠는데, 모세의 설명을 듣고

야훼의 절대적 우위성을 이드로가 알게 된 것은 큰 소득이 아닐 수 없다. 미디안의 종교를 야훼 종교가 압도한 셈이기 때문이다.

3. 모세는 이스라엘 민족을 영도할 때 전인적(全人的)으로 지도하였다. 사람의 영혼만을 귀중히 여겨 하나님과의 영적 교제만을 강조한 것이 아니고 인간의 물질생활과 사회생활 전체에 관심을 두고 올바르게 지도하려고 노력했다. 우리들이 헬라적인 이원(二元)적 사고 구조를 가지고 영혼의 가치만을 강조하는 경향이 있는데, 하나님은 인간을 통째로 사랑하신다. 영과 육이 합하여 인간을 이룬 것이기에 그 어느 하나도 소홀히 해서는 안 된다. 모세는 그 두 가지를 다 조화 있게 다루었고, 따라서 그 일이 벅찼던 것이다.

4. 사회생활에 있어서 능률적이고 생산적인 방도를 강구하는 것이 필요하다. 조직을 잘 해서 사무를 분담하고 역량에 맞는 일을 각각 맡아서 하는 것 등, 지혜를 동원해야 한다. 자기가 아니면 안 된다는 만용을 부리지 말아야 한다. 사회를 이룬 회원들이 저마다 역량껏 일을 맡아서 협동함으로 모두가 긍지를 가질 수 있어야 한다. 사람을 쓸 때 적재적소에 일하게 하는 지혜가 있어야 할 것이다. 그러나 사회 구성원들이 공통적으로 지녀야 하는 덕은 하나님을 두려워하는 신앙심과 신실하고 믿음직함과 부정한 욕심을 부리지 않는 것이다(18:21).

5. 모세는 장인 이드로의 충고를 달게 받아들였다. 많은 경우 남의 말 특히 늙은이들의 말을 무시하고 자기 고집을 부린다. 모세는 자기가 미처 깨닫지 못했던 묘안을 들었을 때 서슴지 않고 그것을 수락 채택하는 겸손과 용기와 아량과 이해심과 결단력을 발휘했다. 누가 말했든지 옳은 말은 달게 받아들이고 실천하는 미덕이 모세에게 있었다.

시내산에 도달한 이스라엘(출 19:1-9a)

해설

이스라엘 백성이 애굽에서 나온 후 셋째 달 초에 시내산 밑 곧 시내 광야에 이르렀다. 르비딤을 떠나서 시내산 밑, 소위 시내 광야에 이르러 시내산 기슭에 장막들을 치고 임시 거처를 정했다. 시내산은 모세에게 있어서 의미가 깊은 곳이었다. 거기서 그가 야훼 하나님의 부르심을 받았었기 때문이다.

이제 그 산에서 하나님은 다시 모세를 불러올려 그가 이스라엘에게 전해야 할 중대한 말씀을 주셨다. 이스라엘 백성은 야훼가 애굽 사람들에게 하신 일들을 목격하였고 그가 그들을 독수리 날개에 실어서 옮겨다가 야훼 앞에 있게 했으니, 이제 이스라엘이 (1) 하나님의 말씀에 복종하고 (2) 그의 언약을 지킨다면, 그들은 만백성 중에서 유독(惟獨) 하나님의 소유로서 총애를 받게 될 것이다. 온 땅이 하나님의 것이지만 이스라엘 백성은 하나님에게 있어서 제사장적인 왕국이 되며 거룩한 백성이 되리라는 내용이다.

모세는 이러한 하나님의 말씀을 받아가지고 내려와 장로들을 불러서 야훼의 말씀을 그대로 전했다. 이스라엘 백성은 장로들을 통하여 하나님의 이 명령의 말씀을 듣자 이구동성으로 그리하겠다고 대답했다. 그래서 모세는 다시 산으로 올라가서 야훼께 백성이 대답한 말을 보고드렸다.

그러자 야훼가 모세에게 약속하셨다. "이제부터 내가 너와 대화를 하고 너를 신뢰하는 말을 할 때, 백성이 그 말을 들을 수 있도록 나는 짙은 구름 속에서 너에게 나타나겠다." 이렇게 해서 하나님은 이스라엘과 언약을 맺자고 제안하셨다.

교훈

1. 하나님은 원대한 이상과 목적을 가지시고 이스라엘 백성을 구출하셨다. 하나님은 애당초 당신의 왕국을 건설하시기 위해서 우주 만물과 인간을 내셨는데 인간의 타락으로 말미암아 특별한 조치를 취하실수밖에 없었다. 온 세상에 흩어져 살고 있는 모든 죄인들 중에서 우선당신의 소유로 삼고 귀하게 쓰실 백성을 뽑으시고 그들을 제사장적인거룩한 왕국을 만드시기로 하셨다. 하나님은 이스라엘 백성을 그런 나라로 삼아 그들로 하여금 세상을 대신하여 하나님께 제사장의 역할을하게 하시려는 것이었다.

이스라엘 백성은 죄가 없어서 하나님의 선택을 받은 것이 아니라 만물과 인간을 구원하시고 하나님의 왕국을 이루시기 위한 수단으로서,꼭 같은 죄인들 가운데서 뽑히는 영광을 얻은 것뿐이다. 그 영광과 권리는 거기에 해당하는 의무와 책임이 따라야 하는 것이었다. 하나님은이스라엘로 하여금 하나님 앞에서 만민을 위한 제사장 역할을 하는 왕국 곧 '제사장 나라'(〈마믈르켓 코하님〉, מַמְלֶכֶת כֹּהֲנִים)인 것이다.그런 의미에서 이스라엘은 '거룩한 백성'(〈고이 카도쉬〉, גּוֹי קָדֹשׁ)이고, 인간 세상에서 그들이 해야 할 임무가 그렇게 막중하고 귀한 것이다(19:6).

2. 그런 막중한 임무를 이스라엘에게 주시고 그 책임을 수행하게 하려고 야훼 하나님은 당신의 위엄과 권능을 그들에게 똑똑히 보여주셨다. 하나님께서 열 가지 이상의 재앙을 애굽인들에게 내리시는 것을 이스라엘 백성은 너무도 확실하게 보았고, 또 이스라엘 백성을 독수리 날개에 태워가지고 나르듯이 그 모든 역경과 장벽을 그렇게도 쉽게 극복하고 시내 광야까지 옮겨놓으신 것을 이스라엘은 체험하였다.

그러니까 이스라엘은 야훼가 참 하나님이시고 그가 얼마나 위대한 하나님이신지를 알고도 남아야 한다. 야훼가 아니었더라면 그들은 살아남을 수 없었기에 그들이 하나님의 말씀을 복종하고 그의 계명을 지키는 것은 당연한 일이다.

이렇게 하나님은 이스라엘을 불러 언약을 맺으신 것이다. "내가 너희를 살렸으니, 이제 너희는 내 말대로 해라!"고 명령을 내리신 것이다. ⑴ 우선 하나님의 말씀에 복종하라는 것이다. ⑵ 구체적으로 언약의 법규인 십계명(20:1-17)과 언약의 법(21:1-23:19)을 줄 터이니 그것을 잘 지키라 하셨다. 그렇게 함으로써 지상에 있는 다른 모든 인간을 대표하여 하나님께 제사장 노릇을 해야 하는 것이다.

3. 하나님의 이러한 은총의 제안을 들은 이스라엘 백성은 우선 흔쾌히 그 제안을 받아들였다. 즉 계약을 체결한 것이다. 그러나 이스라엘이 하나님과 맺은 그 계약을 얼마나 잘 이행했는지, 참으로 제사장 나라 구실을 잘 했는지는 의문이다. 예수 그리스도를 믿고 새롭게 언약을 체결한 우리 그리스도인들도 과연 세상에서 얼마나 바르게 제사장 역할을 하고 있는가를 반성해야 한다. 과연 성도라는 이름에 부합하는 삶을 살고 있는가 하는 것이 문제이다.

4. 하나님은 모세를 중재자로 삼으셨다. 아직은 모세가 하나님의 대변인 노릇을 하여 그 백성을 인도해야 할 필요성이 있었다. 모세가 없어도 자각하고 행동하는 성숙한 인간들이 되기까지는 모세와 같은 중재자가 필요했다. 이스라엘 백성들이 때때로 모세를 의심하고 그의 권위를 무시했다. 그러나 모세가 필요한 존재이기에 그의 권위를 세우기 위해서 하나님이 짙은 구름 속에 나타나 모세와 대화하는 음성을 백성들이 귀로 듣게 하셨다.

하나님은 이렇게 당신이 택하신 일꾼에게 백방으로 그 권위를 실어주고 그 증거를 보여주신다. 어쨌든 하나님은 당신의 사자를 버려두거나 곤경에 빠뜨리거나 하지 않고, 적당한 수단으로 그들을 옹호하고 힘을 주어 마침내는 당신의 뜻을 이루시고야 만다.

언약 체결을 위한 이스라엘의 재계(齋戒)(19:9b-25)

해설

모세가 시내산정(山頂)에서 야훼를 만나 언약(〈브릿〉, בְּרִית)을 체결하자는 제의(提議)를 받고 내려와 백성에게 하나님의 의도를 전달했고, 백성은 그 제의를 기꺼이 수락했다. 그러자 모세는 재차 시내산으로 올라가서 그 사실을 야훼께 보고했다.

그러자 야훼께서 모세에게 차후에 할 일을 지시하셨다. 사흘 후에 하나님께서 그 백성을 만나러 산으로 내려오실 터이니 그날을 위하여 남은 이틀 동안에 (1) 우선 백성들은 옷을 빨아 입고 여자를 가까이 하지 않는 등, 심신을 정결케 하라는 것이었다. (2) 하나님은 지극히 거룩하시니 그가 나타나실 시내산에 접근하거나 그 접경(接境)에 손을 대는 일마저 하지 말라고 하셨다. 사람이건 짐승이건 그 지시를 어기면 돌로 쳐 죽이거나 화살로 쏴서 죽이라는 엄명이었다. (3) 나팔 소리가 나면 그때 비로소 백성이 산으로 올라올 수 있다고 하셨다. 이 지시를 받은 모세는 다시 내려가서 백성에게 그 말씀을 전달하였다.

사흘째 되는 날 아침에 천둥과 번개가 치며 산에 짙은 구름이 끼고 나팔 소리가 요란하게 울려, 온 백성이 전율을 느끼었다. 그러자 모세가 백성을 이끌고 하나님께 나아가 산 밑에 이르렀다. 시내산은 온통 구름으로 휩싸였다. 야훼께서 불 가운데 그 산에 내려오셨고, 따라서

가마에서 나는 연기처럼 연기가 오르고 산이 맹렬하게 흔들렸다. 나팔
소리가 점점 크게 울리고 천둥소리가 나는 가운데 모세와 하나님이 대
화를 하는 것이었다.

야훼께서 시내산정에 내려와 모세를 그리로 불러올리셨다. 그리고
모세에게 이르셨다. 내려가서 백성더러 야훼를 눈으로 보기 위하여 가
까이 오는 일이 있어서는 안 된다고 경고하게 하셨다. 경고를 어기면
죽는다고 하였다. 야훼를 접근하는 제사장들도 목욕재계를 하지 않는
경우에 야훼께서 응징하시겠다는 것이었다.

그러자 모세는 그 뜻을 백성에게 벌써 전달하였다고 보고 드렸다.
야훼는 다시 모세에게 명령하셨다. 내려가서 아론을 데리고 올라오라
는 것이었다. 그리고 제사장이든지 평민이든지 야훼께로 올라오면 그
들을 칠 터이니 올라오는 일이 없도록 하라고 다시 이르셨다. 그래서
모세는 백성에게 내려가 그들에게 하나님의 말씀을 전하였다.

교훈

1. 하나님이 이스라엘 백성을 만나시려고 모세를 통하여 그 백성을
준비시키셨다. 이스라엘 편에서 야훼 하나님을 만나려는 것이 아니라,
하나님 편에서 솔선하여 이스라엘을 만나고 그들과 언약을 맺으려고
발동하셨다. 절대자이신 하나님 편에서 인간을 찾아 내려오고 인간의
행복과 이익을 위하여 하나님 편에서 계획하고 언약을 맺으시려고 하
신다. 인간은 단지 하나님의 선의와 사랑과 은총을 믿고 순응하고 복종
하면 된다.

동등한 입장에서 대등한 권위를 가진 양 쪽이 대등한 권리와 의무를
가지고 계약을 맺은 것이 아니라 절대적으로 높으신 존재가 그의 피조
물인 인간에게 약속을 하고, 인간 편에서는 하나님의 지시와 약속을 받

아들이고 이행하겠다고 결단하는 형식으로 그 언약이 체결된다. 그러므로 세상의 계약과는 판이한 것이다.

2. 지극히 높으시고 거룩한 분 앞에서 인간이 그의 약속을 받는 것이 언약이기에 인간 편에서 가질 태도는 어디까지나 송구한 마음과 감사한 마음과 복종하려는 마음을 품는 것이다. 외형적으로는 심신을 청결히 하고 그 거룩하신 분을 만나기에 걸맞도록 성결(聖潔)해야 한다. 하나님을 우리와 대등한 존재로 착각을 하다든가 그를 얕잡아 그 앞에서 무엄한 언동을 해서는 안 된다. 하나님과 우리 사이에는 절대와 상대의 차이가 있음을 인식하고 거기에 합당한 태도와 마음가짐을 가져야 한다.

3. 하나님은 당신의 존재와 위엄을 이스라엘에게 보이고 그들의 약속을 받아내기 위해 최선을 다하여 그들에게 자신을 계시하셨다. 상대적 존재인 인간이 이 죄악 세상에서 절대자 하나님을 사실대로 보거나 만날 수는 없다. 만일 그럴 수 있다면 하나님과 인간은 그 격(格)이 대등한 것이라고 해야 할 것이다.

그래서 하나님은 부득불 차선책을 택해 가장 이상적인 방도로 자신을 계시하셨다. 천둥과 번개, 짙은 구름, 불, 요란한 나팔 소리, 산을 뿌리째 흔드는 지진 등으로써 당신의 존재와 능력을 보이셨다. 자연계의 그런 거대한 현상을 지휘하시는 놀라운 솜씨의 소유자가 그 배후에 계시다는 것을 사람들이 쉽게 감지할 수 있었을 것이다. 하나님의 얼굴을 직접 뵐 수 없지만 그 놀라운 자연 현상 속에서 하나님의 존재와 능력을 깨달아야 하는 것이다(롬 1:20).

4. 하나님과 인간 사이의 계약은 수평적인 것이 아니다. 즉 대등한

두 당사자 간의 계약이 아니다. 하나님과 인간은 상하 수직 관계를 가지고 있으며 죄로 말미암아 죽은 존재 곧 없는 것이나 다름없는 인간이 감히 하나님과 대등한 계약을 맺을 자격이 없다. 하나님 편에서 은총으로 인간을 찾아오셔서 약속하며 인간의 호응을 기대하신다. 그러므로 우리의 최고의 행복을 위하여 최선의 방도를 가지고 다가오시는 하나님을 믿고 그의 선한 제의에 동의하고 실천을 맹세하고 그것을 실천하려고 노력해야 할 뿐이다. 다른 길은 없다.

십계명(출 20:1-21)

해설

하나님의 언약의 말씀을 받아가지고 내려온 모세는 백성에게 그것을 전달하였다. 출애굽기 34장 28절과 신명기 4장 13절에서 이 십계명을 가리켜 "열 개의 말씀"(〈아세렛 핫드바림〉, עֲשֶׂרֶת הַדְּבָרִים)이라고 일컬었고, 70인 역에서 〈데카 로고이〉(δέκα λόγοι)라고 번역하였기 때문에 decalogue 라는 말이 생겼다. 그것이 열 가지 계명이기 때문에 "십계명(十誡命)"으로 통한다.

십계명의 특색은 조건이 없는 계율이라는 점이다. 곧 ". . .을 하지 말라. 그랬다가는 . . .한 벌을 받는다."하는 식의 법이 아니고 무조건적으로 명령하거나 금하는 법이다(Apodictic laws).

하나님은 십계명을 주시면서 먼저 당신이 누구이며 어떤 일을 한 하나님인지를 명시했다. 당신이 이스라엘 백성을 애굽의 종살이에서 구출한 야훼 곧 이스라엘의 하나님이라는 것을 내세우셨다.

바울이 로마서를 쓰면서 11장까지에 하나님이 어떻게 인간을 구원하셨는가를 먼저 설명한 다음에 그것을 전제하고 즉 하나님이 인간을 은총으로 구원하셨기 때문에 "그러므로" 인간은 그 응답으로 이러이러해야 한다고 한 것과 통한다. 그것이 바로 성경에서 말하는 계명의 성격이다. 하나님의 구원이 율법을 선행(先行)한다는 말이다. 하나님이 솔선해서 이스라엘을 은총과 능력으로 구원하셨다는 것이 앞으로 나오는 모든 계명과 율례의 전제이다.

야훼가 아니셨더라면 이스라엘이 구원을 받지 못하였을 터이니 구원받은 이스라엘이 야훼 외에 다른 신들을 두어서는 안 됨은 마땅하다. 사람마다 자기 신을 두고 있었고, 한 사람에게 여러 신이 있었을 터이지만, 그런 신들을 버리고 참 신이신 야훼만을 신으로 모셔야 한다.

둘째 계명은 첫째 계명을 보충하고 있다. 어떤 우상도 만들어서는 안 되고 그것에게 절을 하거나 섬겨서는 안 된다는 것이다. 곧 우상숭배를 금한 것이다. 하나님은 우상 앞에 엎드려 절하는 일(〈샤하〉, שָׁחָה, to prostrate) 곧 외형적인 예배와 그를 섬기는 일(〈아밧〉, עָבַד, to serve) 곧 내적인 예배 둘 다를 금하셨다. 야훼는 질투하시는 하나님으로서 그런 꼴을 보기 싫어하신다.

그리고 그런 행동을 하는 자들을 그 삼사 대까지 벌하시겠다고 단호히 경고하셨다. 반면에 하나님을 사랑하고 그의 계명을 지키는 자에게는 그의 천 대까지 자비(〈헤셋〉, חֶסֶד, '꾸준한 사랑')를 베풀겠다고 하셨다. 자기를 구원하신 분이 야훼라는 것을 생각한다면 다른 신을 두거나 우상을 만들어 예배해서는 안 된다는 것이 너무도 당연한 일이다.

셋째는 야훼 하나님의 이름을 마구 다루지 말라는 것이다. 야훼 하나님은 거룩하신 분이시고 절대적으로 엄위하신 분이시므로 피조물인 인간이 감히 그를 폄하(貶下)하는 일을 해서는 안 된다. 그를 지극히 존대하고 그 이름조차 마구 다루어서는 안 된다는 말이다. 이름은 곧 그분 자신을 대표하는 것이고 그 자신을 가리키는 것이기 때문이다.

넷째는 안식일을 기억하고 그것을 거룩한 날로 지키라는 것이다. 야훼 하나님께서 엿새 동안 천지만물을 창조하고 제 7일에는 안식하였고 그날을 성별하여 복 주셨으니, 그날에 창조주 하나님을 기리고 안식의 기쁨을 가지라는 것이다. 하나님을 닮아서 인간도 엿새 동안 일하고, 제 7일은 쉬고 그날을 야훼의 날로 삼으라는 말씀이다.

그러나 예수의 말씀에 의하면 안식일은 하나님이 사람을 위해서 주신 것이다(막 2:27). 인간은 연약하기에 반드시 휴식이 필요하다. 인간의 유익을 위해서 이 제도를 주면서 하나님도 쉬셨는데 너희는 더더욱 그래야 하지 않겠느냐 하는 식으로 말씀하셨다. 사실 창조주 하나님은 엿새 동안의 창조 작업이 피곤해 쉬신 것은 아니다. 그러나 인간은 과욕을 부리며 모든 날에 일을 하려고 하기 쉽고 그러다가 몸을 망가뜨릴 것이기에 하나님은 그것을 미연에 방지하기 위해서 휴식을 명령하신 것이다.

안식일은 상전들만이 안식하는 날이 아니라 모든 사람이 아니 심지어 노역(勞役)하는 가축까지도 같이 안식해야 할 날이다. 결국 하나님은 당신과 인간이 함께 안식하며 행복을 누리기를 원하시는 분이기 때문이다. 신명기 5장 12-15절에는 안식일의 근거를 출애굽 사건에 두었다. 안식일마다 출애굽 사건에서 보여주신 하나님의 능력과 사랑을 기억하며 그 감격을 되살리면서 기쁨을 가지라는 말이다.

이렇게 넷째 계명까지가 하나님께 대한 계명들이다. 다섯째에서부터는 인간 상호 간의 관계를 다루는 법이다. 우선 부모를 공경하라는 것이다. 그래야만 야훼 하나님이 주시는 땅에서 장수한다는 것이다. 인간은 부모를 통해서 세상에 태어나기에 인간 윤리에 있어서 가장 기초가 되는 것은 부모를 바르게 대하는 일이다. 부모에게 효도하는 사람이 세상에서도 장수한다는 것이다.

여섯째는 살인하지 말라는 것이다. 생명은 하나님이 내신 것으로 최고의 가치를 가진 것이며, 따라서 그것을 존중하며 서로 보살펴어야 행복을 같이 누릴 것이 아닌가? 사람은 사람을 죽일 권리가 없다. 생명을 주시는 이는 하나님이시기 때문에 자기나 남의 생명을 끊는 것은 하나님께 대한 반역이며 범죄이다.

일곱째는 간음하지 말라는 것이다. 세상에서 인간이 평화롭고 행복하게 살기 위해서, 또 생육하고 번성하여 하나님의 사람들을 낳아 하나님의 뜻을 이루기 위해서 일부일처의 제도를 주셨다. 그 제도를 깨뜨릴 때 세상은 혼란해지고, 따라서 행복이 사라질 것이며 하나님의 뜻을 이루시는 데 지장을 초래할 것이다.

여덟째는 도둑질하지 말라는 것이다. 사람에게 각각 역량을 주어 일해서 먹고 살 수 있게 하셨다. 힘껏 일하면 먹을 수 있고, 사는 데 지장이 없다. 그러나 인간이 욕심을 가지고 분에 넘치게 소유하려는 생각을 하며 심지어 남의 것을 빼앗거나 훔쳐서까지도 자기 것을 만들려는 생각을 한다. 그것은 죄라는 것이다. 정당하지 않는 방법으로 남의 것을 자기 것으로 만드는 행동은 다 도둑질이고 하나님의 뜻을 어기는 일이다. 즉 죄가 된다.

아홉째로 거짓 증언을 하여 이웃에게 손해가 되도록 하는 일을 말라는 것이다. 결국 거짓말을 하지 말라는 말이 된다. 거짓말은 결국 자기에게 유리하려고 사실을 왜곡하는 말이어서 마침내 남에게 불리한 결과를 가져오게 마련이다. 진실만 있고 거짓이 없는 세상이 바로 하나님이 원하시는 세계이고, 이상적인 세상이다.

열째는 이웃의 집과 이웃의 아내나 종이나 재물을 탐내지 말라는 것이다. 욕심을 부리지 말고, 자족하는 생활을 하고 열심히 정당하게 일해서 보다 나은 생활을 도모하라는 것이다.

시내산록에서 이스라엘 백성이 이런 말씀을 듣고 있을 때 천둥과 번개와 나팔 소리와 불붙는 산을 보고 들으며 전율을 금할 수 없었다. 그래서 그들이 모세더러 "당신이 말을 하면 듣겠지만 제발 하나님을 직접 뵙지는 않게 해주시오. 죽을 지경이요." 하고 간청했다.

모세는 말했다. "두려워하지 마십시오. 하나님은 단지 여러분을 시험하고 두려운 마음을 지니게 하려는 것이고 죄를 짓지 않게 하시려는 것뿐입니다."라고 안심시켰다. 이렇게 해서 백성은 멀리 서서 하나님의 말씀을 들었고, 모세는 하나님이 계시는 짙은 어둠 속으로 가까이 나아갔다. 즉 중재자의 역할을 수행했다.

교훈

1. 인간은 자신의 힘으로 자신을 구원할 능력이 없다. 인간은 눈이 어둡고 마음이 혼란해져서 행복을 원하면서도 그리로 가는 길을 알지 못하거나 그 길을 찾을 능력이 없다. 그러므로 전능자 하나님, 자비의 하나님 야훼께서 은총을 베풀어 인간을 건져주시지 않으면 인간은 희망이 없다. 그래서 하나님은 은총으로 사람들을 택해 능력의 손으로 그들을 구원하신다. 그리고 구원받은 사람들이 행복을 누리도록 하려고 그 길을 가르쳐주시기까지 하신다. 남은 일은 인간이 그 하나님을 믿고 그가 지시하시는 길을 충실하게 가면 되는 것이다.

2. 십계명에서 우리는 하나님께 대한 법도와 이웃에 대한 법도를 배우고 그것을 실행해야 한다. 인간은 타락한 연고로 하나님에 대한 바른 지식이나 그에 대한 올바른 의무가 무엇인지를 알지 못하고 있다. 동시에 이웃과의 정당한 관계와 상호간의 의무가 무엇인지도 알지 못하고 있다.

인간에게는 종교심이 있어서 암중모색 하나님을 더듬어 찾으려하지만 사신우상을 하나님으로 착각하고 있다. 참 하나님이신 야훼가 당신을 계시하심으로써 비로소 인간이 그 하나님을 알 수 있는 것이다. 아브라함의 하나님, 이삭의 하나님, 야곱의 하나님, 그리고 출애굽이라는 역사적 사건 속에서 하나님이 자신을 계시해 주셨기 때문에 우리는 참 하나님을 알 수 있다. 우리가 상상하거나 만들어낸 사신우상을 예배하거나 섬겨서는 안 된다. 오직 그 참 하나님을 믿고 의지해야 한다. 동시에 그가 말씀하시는 법도가 바로 참된 길이기에 그것들을 심각하게 받아들이고, 그것들을 실천하려고 노력해야 한다.

3. 십계명의 말씀을 받아들이고 행하는 것이 중요하지만, 그 법들을 지키는 것이 구원을 얻는 길이 되는 것은 아니다. 하나님은 이미 구원받은 자들에게 법을 주셨고, 그 법들을 실천함으로 행복을 얻게 하려는 것이다. 하나님은 인간과 만물의 행복과 평안을 위하여 법과 질서를 내셨고 그 법과 질서 안에 있는 것이 가장 행복하도록 창조하셨기 때문에 인간이 하나님을 알고 그의 법을 알아서 실천하는 것이 하나님의 원래 바라시던 바를 이루는 일이 된다.

4. 십계명은 하나님이 이스라엘과 맺은 언약의 법으로서, 하나님이 먼저 확실하게 자신을 보여주고 알게 하면서 그들이 행복하게 약속의 땅에서 잘 살 수 있는 방도를 제시하신 것이다. "나는 이런 하나님이고, 내가 이렇게 했으니 너희는 나의 말대로 해라!"고 명령하시고, 이스라엘 백성은 그 약속에 대해서 "예, 그렇게 하겠습니다." 라고 다짐하면서 그 계명을 받은 것이다. 여기서 하나님의 언약이 성립된 것이다.

하나님의 언약은 일방적이다. 그래서 사람이 죽으면서 하는 약속 곧 유언과 같은 것이다. 그래서 헬라어 성서에서는 계약이라는 의미의

〈쉰테케〉(συνθήκη)를 사용하지 않고 유언이라는 뜻을 가진 〈디아테케〉(διαθήκη)라는 단어를 사용한다. 그래서 라틴어로는 testamentum ('유언')이라 하고 영어로 testament라고 부른다. 언약 당사자인 인간은 하나님이 세우신 약속을 믿고 받아들이면 되는 것이고 거기에 부수되는 인간에게 유익하고 인간의 행복을 위해서 주신 법들을 실천하기만 하면 되는 것이다.

5. 십계명은 매우 간단한 말씀들이지만, 인간이 알고 실천해야 할 기본적인 도리를 압축한 것이기에, 우리는 그 하나하나를 씹고 또 씹으며 거기에 담긴 의미들을 깊이깊이 명상하며 실천에 옮겨야 한다. 암송하고 머리로 알아두면 되는 것이 아니라 우리의 실생활에서 그 하나하나가 그대로 실천되도록 노력해야 할 것이다.

제단에 관한 법(출 20:22-26)

해설

야훼 하나님이 이스라엘과 맺는 언약에서 가장 큰 관심을 두는 것은 계약 당사자인 이스라엘 백성이 하나님을 하나님으로 바르게 깨닫고 반응해 주기를 바라는 것이다.

이스라엘이 애굽에서 사는 동안 애굽인들의 신들 곧 많은 우상들을 보고 살았다. 참 하나님이신 야훼는 이스라엘에게 당신의 정체를 깨닫게 하시려고 백방으로 노력하셨다. 그러나 야훼는 인간의 눈으로 볼 수 있는, 애굽의 우상 같은 존재가 아니라 존재하는 존재(〈에흐예 아셰르 에흐예〉, אֶהְיֶה אֲשֶׁר אֶהְיֶה, I am that I am)요 만물을 존재케 하시는 존재(〈야흐웨〉, יְהוָה)일 뿐, 결코 형체로 나타낼 수 없는 분이시

다. 그러나 그의 존재를 밝히기 위해서 시내산에서 음성으로만 나타나
셨다.

이렇게 야훼는 존재하시지만 형체를 가지는 분이 아니시므로 은이
나 금 같은 귀한 것을 가지고도 형체화해서는 안 된다. 그래서 하나님
은 모세를 통하여 백성에게 재삼 그것을 경고하셨다. 그리고 이스라엘
은 그 하나님을 지성으로 예배하고 섬겨야 한다는 것이다. 흙으로 빚은
제단이나 끌을 대지 않고 자연석을 가지고 쌓은 제단에다 양이나 소를
제물로 바치는 예배를 드리라는 것이다. 애굽인들이 우상을 숭배하기
위해서 깎고 다듬어서 제단을 쌓던 습관과는 달리 단순하고 자연스럽
고 순수한 제단에서 제사를 드리라는 것이다.

가나안 사람들은 자기들의 우상을 위하여 제단을 높이 쌓고 긴 계단
을 오르내리는데, 그러는 동안에 밑에 있는 사람들은 오르내리는 사람
들의 하체를 구경하게 된다. 그런 일이 없도록 제단을 꾸밀 때 많은 계
단을 만들지 말라는 것이다. 즉 가나안 종교의 영향도 받아서는 안 된
다는 것이다.

교훈

1. 언약 백성의 의무는 언약 당사자인 야훼 하나님의 정체를 바로
인식하고 응당의 대우를 하는 것이다.

이는 예수께서 기도를 가르치시면서 맨 먼저 "당신의 이름이 거룩
히 여김을 받으소서!"라는 간구를 하게 한 것과 맞먹는 것이다. 그가
존재하심을 알고 어떤 형체로도 나타낼 수 없는 분이라는 것을 알아야
한다. 즉 어떤 귀한 보물과도 바꿀 수 없고 아무리 좋은 물건으로도 형
체화할 수 없는 절대자라는 것을 알아야 한다.

2. 언약 백성은 그 하나님을 위하여 제단을 쌓고 경배해야 한다. 가장 귀한 것을 가지고 나와 그를 찬양하며 감사하며 충성을 다짐해야 한다. 제단을 아무데나 마구 쌓을 것이 아니고 하나님이 좋게 보시는 의미 있는 곳, 하나님이 점지하시는 곳에다 쌓아야 한다. 하나님의 영광이 떠난 곳에서 예배를 드려도 소용이 없다. 하나님이 좋게 보시는 곳에서 정당하게 예배드릴 때 하나님은 거기에 임재하시고 축복하시기로 약속하셨다(20:24).

3. 견물생심(見物生心)이라는 말처럼 눈으로 보면 욕심이 생긴다. 하나님을 순수하고 참되게 예배하려면 이방적인 것, 세속적인 것, 사람의 정신을 분산시킬 수 있는 것을 다 제거해야 한다. 교회당과 예배의 식을 과도하게 장식하여 예배자의 초점을 잃게 해서는 안 된다. 예배자의 시선과 마음을 산만하게 하거나, 하나님에게서 멀어지게 하는 모든 것을 삼가야 할 것이다.

노예에 관한 법(출 21:1-11)

해설

21장 1절-23장 19절에 여러 가지 법을 모아 놓았는데, 24장 7절에서 그것을 "언약의 책"(〈세페르 핫드바림〉, סֵפֶר הַדְּבָרִים)이라고 불렀다. 야훼께서 이스라엘을 구출하신 뒤에 그들이 지켜야 할 규례들(〈미쉬파팀〉, מִשְׁפָּטִים)을 제시하신 것이다.

맨 처음으로 히브리인 노예에 관한 법을 주셨다. 인간 사회는 여지없이 타락하고 혼란에 빠져 사람이 동료 인간을 노예로 부려먹으면서 사는 상태에 빠졌다. 히브리인도 예외가 아니었다. 어떤 사람은 부자가 되고, 어떤 사람은 가난하여 남의 빚을 지고 살다가 마침내는 남의 종이 되는 지경에 이르렀다. 히브리인의 사회도 마찬가지였다. 그것이 죄로 물든 인간 전반의 모습이었다.

그러나 야훼 하나님은 이스라엘을 애굽에서 구출하실 뿐 아니라 이제 그 비정상적인 사회제도와 생활에서 구출하시기 위하여 법을 내려 주셨다. 인간 사회에 만연되고 해묵은 노예제도를 갑자기 없앨 수는 없다. 인권을 서서히 높여 점진적으로 그 악으로부터 구원하시려는 것이다. 그것이 신약 시대에도 이루어지지 않았고, 아직도 지구상에는 노예제도가 남아 있는 것이 아닌가 말이다.

하나님은 먼저 히브리인 동족 남성 노예에 관한 법을 주셨다. 아무리 빚을 지고 노예가 되었을지라도 6년 동안 주인을 섬긴 후에는 모든 빚을 탕감해 주고 자유인이 되게 해야 한다는 것이다. 인간의 존엄성을 인정해야 한다는 것이다. 사람은 자유를 가지고 살아야 한다는 것이다.

그 노예가 결혼한 상태에서 곧 부부가 함께 남의 노예가 됐을 경우에는 그들을 자유롭게 풀어줄 때도 같이 풀어주어야 한다는 것이다. 하나님이 짝지어 주신 것을 사람이 나눌 수 없다(창 2:24; 마 19:6; 엡 5:31).

그러나 단신으로 들어온 노예에게 주인이 짝을 골라주고 그 사이에서 자녀가 생겼다면 그 노예를 내보낼 때 처자는 남겨두고 자신만 나가게 해야 한다는 것이다. 이는 너무 가혹한 법이 아닌가?

그러나 고대인의 입장에서는 그것이 공정한 일이었을 것이다. 결국은 그 노예는 자유를 포기하고 인정에 끌려 처자와 함께 그대로 남아 계속 노예로 살려고 할 것이다. 고대 사회에서 해방된 노예가 단신이라면 어떤 수를 써서라도 먹고살 수 있을지 모르지만 처자까지 거느리고서 생계를 유지한다는 것은 거의 불가능했을 것이기 때문이다. 그러기에 그 때의 사회 형편으로는 오히려 주인집에 그대로 남아 처자와 함께 노예 생활하는 것이 상책이었을 것이다. 그런 결심을 하는 노예로 하여금 딴소리를 하지 못하게 하기 위해서 귓바퀴에 구멍을 뚫어 영구적인 표를 가져야 한다는 것이다.

7-9절에서는 자기가 진 빚 때문에 자기 대신 자기 딸을 채권자의 종으로 파는 경우를 다룬다. 남자 종은 6년의 종살이가 끝나면 풀어주어야 하는데 주인이 아내로 삼으려고 사온 여인의 경우는 사정이 다르다. 남종처럼 그냥 풀어줄 수는 없다.

가부장제도와 남성위주의 사회에서 그녀는 이미 주인의 소유다. 그 여자가 주인에게 만족을 주지 못할 경우에는 그녀로 하여금 그만한 대가를 치르도록 하라는 것이다. 결국 남자에게 일방적으로 권리가 있었다.

주인은 그 여종을 외국인에게 팔지는 못한다. 그와 그 여자와의 관계가 좋지 않았기 때문에 즉 그녀를 좋지 않은 여자로 여기기 때문에 좋지 않은 상품처럼 사람을 팔아서는 안 된다는 생각 때문이었을 것이다. 채권자가 빚값으로 남의 딸을 받아서 자기 아들과 결혼을 시켰을 경우에는 그녀를 자기 딸로 취급하라는 것이다.

10절에서는 빚 대신에 얻은 여인을 버리고 다른 아내를 얻는 경우에 그 여종에게 음식이나 옷이나 기타 아내로서 가질 권리를 줄이지 말라고 한다. 11절에서는 주인이 이상에서 말한 규례들을 이행하지 않는 경우에 아무 부담 없이 즉 주인에게 어떤 것도 갚을 의무가 없이 풀려날 수 있다고 한다.

교훈

1. 하나님을 예배하는 법에 곧 이어서 노예에 대한 법이 나온 것은 매우 의미 있다. 이는 성경의 종교가 결국은 위로 하나님을 사랑하고

아래로 인간을 사랑한다는 두 가지를 근간으로 함을 잘 보여 주는 대목이기 때문이다. 인권의 문제가 하나님에게 있어서 둘째로 가는 중요한 문제다.

2. "사람 위에 사람 없고, 사람 아래 사람 없다."는 말처럼 하나님이 창조하신 인간은 모두가 천하보다 귀한 가치를 가진 존재이기에 남의 종이 되어서도 안 되고 남을 종으로 부려서도 안 된다.

타락한 인간 사회가 노예제도를 가지고 내려왔지만 그것은 하나님의 창조의 질서에 어긋나는 처사이기에 그 제도가 사라지도록 노력하는 것이 하나님의 뜻이며 기뻐하시는 바이다.

3. 남존여비라는 그릇된 제도와 사상 때문에 여성의 인권이 유린되고 있는 것이 사실이다. 각 성(性)이 본연의 위치를 찾아서 자신의 존엄성과 가치를 발휘하는 동시에 서로 상대의 성을 존중하고 그 가치를 드러낼 수 있도록 협조해야 할 것이다.

4. 성경에 나타난 시대적 제도, 즉 가변적인 제도를 절대시하기 쉽다. 그러나 우리는 그 시대성을 감안하는 동시에 가급적이면 하나님의 원래의 뜻을 찾아서 그 뜻을 이루는 방향으로 노력하는 것이 온당하다. 성경에 나타난 많은 가변(可變)법을 영구법으로 생각하지 말자는 말이다.

임시적인 법에도 그 나름의 정당성이 있을 것이기에 그 가치를 인정하는 동시에, 그 시대성을 초월하여 그 뒤에 있는 원칙을 찾아보아야 할 것이다.

인간에게 행한 폭행에 관한 법(출 21:12-27)

해설

다음은 인간 생명의 존엄성에 관한 법이 따른다. 사람의 생명은 지극히 귀한 것이기 때문에 생명 보존을 위한 법을 주신 것이다.

(1) 사람을 때려서 죽인 자는 사형에 처해야 한다. 그러나 고의적인 살인이 아니라 우발적으로 사람을 죽였을 때는 즉 그것이 하나님의 계획에 의한 것으로 여겨지는 사건일 경우에는 살인자가 도피할 수 있는 장소(곧 도피성)를 하나님께서 마련해주시겠다는 것이다(민 35:12; 신 19:1-13; 민 35:22-28; 왕하 2:28-34). 반대로 고의적인 악의를 가지고 남을 죽였을 경우에는 제단에 와서 사죄를 빌더라도, 끌어내어 죽여야 한다.

(2) 자기 아버지나 어머니를 구타한 사람은 사형에 처해야 한다.

(3) 사람을 납치하여 팔아먹거나 자기 소유로 삼은 사람은 사형에 처해야 한다.

(4) 자기 아버지나 어머니를 저주한 사람은 사형에 처해야 한다.

여기까지는 살인에 관한 법이지만 다음은 다른 사람의 신체에 상해를 준 사건을 다루는 법이 나온다.

(1) 싸움을 하다가 상대를 돌로 치거나 주먹으로 때렸는데 그 사람이 죽지는 않고 상해를 입어 자리에 누워 있어야 하는 경우, 그러다가 회복되어 지팡이를 짚고 나다닐 수 있는 경우에 가해자는 피해자가 받은 시간적 손해에 대하여 보상해야 하고 그의 완치될 때까지의 비용을 책임져야 한다. 즉 죽음으로 보상할 필요는 없다는 말이다.

(2) 남종이나 여종의 주인이 종을 몽둥이로 때려서 그 종이 즉살했을 경우에는 주인이 벌 받아야 한다. 그러나 그 종이 매를 맞고도 하루

나 이틀 살아 있으면, 주인이 벌 받지 않아도 된다. 종은 주인의 소유이기 때문이다. 주인에게 어떤 벌을 줄 것인지는 명시되어 있지 않다. 종은 주인의 소유물이기 때문에 종이 주인에게 맞아 죽어도 큰 책임은 없다는 것이어서, 상당히 불공평한 제도인 것으로 보인다.

(3) 사람들이 싸우다가 임신한 여인에게 상해를 주어 그 여자가 유산하고 더는 상해하지 않았을 경우에는 재판장의 조정(措定)을 따라야 하며 여인의 남편이 요구하는 만큼의 벌금을 지불해야 한다. 그러나 만일 상처가 그 이상일 때는, 그녀가 입은 만큼 보상해야 한다. 그 여자가 마침내 죽었다면 가해자도 죽여야 한다. 눈 하나가 상했다면 상대의 눈 하나를 상하게 해야 한다. 이는 이, 손은 손, 발은 발, 화상(火傷)은 화상, 상해는 상해, 매는 매로 갚아야 한다. 어디까지나 공정을 기해야 한다는 말이다.

(4) 종의 주인이 남종이나 여종을 때려서 눈알 하나를 상하게 한 경우에는 그 눈에 대한 보상으로 그 종을 방면해야 한다. 만일 주인의 남종이나 여종을 때려서 이(齒) 한 개가 부러진 경우에도 그 종은 부러진 이 값으로 방면을 받는다.

교훈

1. 사람이 사람을 죽이는 것은 근본적으로 금지된다. 사람의 생명은 하나님께 달려 있는 것이다. 사람이 우발적으로 죽었다고 보이는 사건도 사실은 하나님의 계획이 배후에 있다고 보아야 한다. 하나님께 달린 인간의 생명을 사람이 죽인다는 것은 천륜을 어기는 일이며 하나님께 대한 반역이라고 보아야 한다. 도피성과 같은 제도를 마련하여 억울한 생명을 보호하는 것은 마땅한 일이다. 생명 보존과 인간 권익을 정당하게 옹호하는 일은 귀하고 가치 있는 일이다.

2. 부모를 때리는 자식을 사형에 처한다는 법은 일반 살인죄에 대한 벌보다 훨씬 가혹한 것으로서 인류에 있어서 부모를 공경하라는 법이 살인하지 말라는 법보다 앞서고 보다 더 기초적인 것이기 때문이다. 부모를 공경할 줄 알아야 인격이 바로 자라고, 부모를 몰라보는 자식은 망나니가 되어 모든 악을 저지르게 되기 때문이다.

3. 사람을 납치하거나 사람을 상품화하거나 물건처럼 취급하는 일은 사형시킬 죄에 해당한다. 그런 일은 결국 살인죄와 대등한 것이기 때문이다. 사람을 사람으로 존중하고 그 본연의 가치를 인정하지 않고 인간 이하로 격하시켜서 상품화하는 것은 하나님의 창조 질서를 파괴하는 일이다.

4. 서로 싸우다가 상대에게 상해를 입혔을 경우에는 피해자가 입은 손해를 말끔히 보상해야 한다. 세상을 살아가면서 서로 싸우는 경우가 없을 수 없지만 격분을 참지 못하여 상대에게 입힌 상처는 결국 자신에게 책임이 돌아온다는 사실을 알고 참아야 하고 싸움을 삼가야 한다.

5. 노예제도가 있는 시대와 사회의 사람들은 이미 마음이 그만큼 강퍅해져 있었다고 보아야 한다. 사람이 사람을 사람 이하로 여기며 물건으로 다루다가 사고기 나는 것은 이미 정상이 아니다. 주인이 자기 종을 몽둥이로 때려서 바로 죽게 하는 경우에 그 주인은 약간의 벌을 받고 그 종이 곧바로 죽지 않고 이삼 일 더 살다가 죽으면 가해자가 아무런 벌도 받지 않는다는 것은 너무나 불공평한 처사이다. 그것은 양심이 극도로 마비된 인간 사회가 가졌던 불공평한 법이라고 판단된다.

6. 사람들이 싸우다가 임신한 여인을 때려서 유산에 이르게 한 경우,

그리고 더 이상 신체상에 이상을 주지 않은 경우에는 재판장의 조정 하에 그 여인의 남편이 요구하는 손해배상을 해야 한다는 것도 공정을 벗어난 조치이다. 태 속에 있는 작은 태아의 생명도 하나님이 내신 생명인데 그 가치를 폄하하여 살인죄를 적용하지 않는 것은 역시 불공정한 판단이다. 임신모의 외상에 대해서는 "이는 이로 눈은 눈으로"라는 공정법을 적용하면서 눈에 보이지 않는 태아의 사망에 대해서는 벌을 주지 않는다는 것은 형평성을 잃은 조치이다.

7. 노예의 주인이 노예를 때려서 그 종이 실명을 했을 경우나 이(齒)가 빠진 경우에 그 종을 자유인으로 방면하라는 것은 일반인(자유인)의 경우와는 상당히 차이가 있는 것으로서 역시 노예제도에서 비롯되는 불공평함이다. 그런대로 당시에는 그 제도가 히브리인이 가진 인도적인 법이라고 하지만 오늘의 입장에서 볼 때 노예의 인권을 무시한 불공정한 조치인 것이 사실이다. 하나님 앞에서 사람은 누구를 막론하고 동등한 가치를 가진 자들인데 이렇게 차별대우를 하는 것은 하나님의 뜻이 아니라고 보아야 할 것이다.

가축이 주는 상해에 관한 법(출 21:28-36)

해설

유목사회나 농경사회가 가지는 문제 중의 하나는 가축이 사람을 상해하는 경우이다. 따라서 거기에 대한 법이 필요하다.

⑴ 소가 뿔로써 사람을 받아서 죽인 경우에 그 소를 돌로 쳐 죽여야 한다. 그 죽은 소의 고기는 먹지 말아야 한다. 그 고기는 피를 그대로 머금고 있을 것이기 때문이다. 그 소 주인에게는 죄를 물을 수 없다.

⑵ 그러나 그 소가 과거에도 사람을 받는 버릇이 있었고 그 주인이 그것에 대한 주의를 받고도 적당한 조치를 취하지 않고 있다가 그 소가 사고를 쳤을 경우에는 그 소를 돌로 쳐 죽일 뿐 아니라 소 주인도 죽여야 한다. 만일 그 주인을 죽이는 대신에 배상을 지불하게 한다면, 피해자 측이 요구하는 만큼 다 들어주어야 한다.

⑶ 소가 어린 아이를 받아서 죽인 경우에도 어른을 죽인 경우와 같은 법이 적용된다. 여기서는 어린이의 인권이 존중된 것을 볼 수 있다.

⑷ 그러나 소가 종을 받아 죽인 경우에는 그 소는 돌로 쳐 죽이고 소 주인이 종의 주인에게 은 30세겔을 내면 된다. 여기서 노예의 인권이 얼마나 무시되고 있는지 알 수 있다. 사람의 목숨 하나가 은 30세겔에 불과했으니 말이다.

다음은 사람의 가축에게 끼친 상해 문제를 다루는 법들이 나온다.

⑴ 어떤 사람이 깊은 웅덩이를 방치하거나 덮지 않아 다른 사람의 소나 나귀가 그 구덩이에 빠져 죽었을 경우에는 구덩이 주인이 돈으로 그 가축의 주인에게 보상하고 피해자가 그 죽은 짐승을 차지한다.

⑵ 어떤 사람의 소가 남의 소를 받아 죽였을 경우에는 그 살아 있는 소를 팔아서 두 주인이 나누고 죽은 소도 나누어 가진다.

⑶ 그러나 그 사나운 소가 과거에도 그런 버릇이 있었는데도 주인이 거기에 대한 대책을 세우지 않았다면, 죽은 소와 대등한 소로써 갚아 주어야 하고 죽은 소를 차지한다.

교훈

1. 농경사회에서 소나 나귀는 인간 생활에 매우 귀중한 도구였다. 그러나 인간의 생명은 그것들과 비교할 수 없으리만큼 월등히 고귀한

것이다. 소가 사람을 죽였을 경우 모든 사람이 돌을 들어 그 소를 쳐 죽여야 할 정도로 인간은 귀한 존재이다.

2. 그러나 소는 이성이 없는 동물에 지나지 않는다. 그것들을 맡아서 부리는 인간에게 책임이 있다. 자연을 맡은 인간은 자연에 대한 책임감을 가지고 바로 가꾸고 바르게 사용하고 그것이 제구실을 하게 하여야 할 것이다. 나의 가축이 남의 생명에게 상해를 주었다면 그것은 결국 나의 책임이라는 것을 알고 승복해야 할 것이다.

3. 크고 많은 것을 좋아하는 인간들이 종종 어린이들을 무시하거나 학대하는 현상을 볼 수 있다. 그러나 어린이들은 아무리 어려도 인간이고 하나님의 형상을 가진 존귀한 존재이기에 대등한 가치와 존엄성을 가진 존재로 알고 대우해야 한다(21:31).

4. 노예도 우리와 꼭 같은 사람인데 30세겔의 가치밖에 없는 것으로 여긴다는 것은 너무도 큰 인권유린이다. 사람을 노예로 삼는 제도가 속히 인간 사회에서 사라져야 할 것이다. 현대 사회에서도 사람의 등급을 매겨 인권을 무시하는 현상을 도처에서 볼 수 있다.

5. 부주의와 방심으로 말미암아 자타에 손해를 가져오는 어리석음을 막아야 한다. 구덩이를 팠으면 그것이 위험하기 때문에 각별한 주의를 하고 경고를 하여 자타에 해를 가져오는 일이 없도록 하는 것이 도리이다. 남에게 손해를 끼쳤으면 정당한 보상을 해서 정의와 평화를 유지해야 한다.

배상(賠償)에 관한 법(출 22:1-15)

해설

인간의 양심이 마비되고 무질서한 세상이 되면서 소유권에 대한 혼란이 생겼다. 자기의 것과 남의 것에 대한 명확한 한계를 긋지 못하고 산다. 그러나 인간은 바른 정신을 가지고 자기 것과 남의 것을 분간할 줄 알아야 하며 각각 자기의 것을 바로 간직하고 이용하여 행복을 추구할 의무가 있다. 그러기 위해서 법이 필요하다.

(1) 남의 소나 양을 도둑질하여 잡아먹거나 팔아먹는 경우에 소는 소 다섯 마리를 갚아야 하고 양은 네 마리 양으로 변상을 해야 한다. 대개는 가난하기 때문에 절도 행위를 하는데, 도둑이 그 많은 것으로 변상할 능력이 없을 것이다. 그런 경우에는 도둑 자신이 노예로 팔려서 그의 몸값으로 변상해야 한다.

(2) 그러나 절취된 짐승이 그냥 도둑의 소유로 살아남아 있는 경우에는 두 배로 변상해야 한다. 일벌백계의 원칙이다. 도둑질을 근절하기 위해서 세운 엄격한 법이라고 생각된다.

(3) 도둑이 남의 집에 침입하다가 맞아죽은 경우에는 살인죄가 성립하지 않는다. 그 일이 야간에 일어난 경우에 한해서 말이다. 그것이 주간의 사건인 경우에는 살인죄가 성립된다.

(4) 어떤 사람의 우양이 남의 밭이나 포도원에 들어가 그 농작물을 먹은 경우에는 그것이 고의든 우발적이든 간에 그 우양의 주인의 밭이나 포도원에서 난 가장 좋은 것으로 변상해야 한다.

(5) 어떤 사람이 놓은 불로 인해서 남의 밭에 자란 곡식이나 낟가리를 태워버렸을 경우에는 불을 놓은 사람이 그 손해를 완전히 변상해야 한다.

(6) 어떤 사람이 자기의 돈이나 물건을 이웃에게 맡겨 보관하게 한

경우에 그 물건이 도난당한다면 체포된 도둑이 갑절을 변상해야 하고, 체포되지 않는 경우에는 물건을 맡은 사람이 하나님을 대신하는 재판 관들 앞에서 조사를 받아 그 사람의 소행인지 아닌지를 가려야 한다.

(7) 소나 나귀나 양이나 의복이나 기타 분실물을 두고서 두 사람이 서로 자기 것이라고 주장할 경우에는 재판관들 앞에서 참 소유주를 밝 혀야 한다. 소유주로 사칭(詐稱)한 자가 상대에게 배를 변상해야 한 다.

(8) 어떤 사람이 나귀나 소나 양이나 다른 짐승을 남에게 맡겨서 보 관하게 했을 경우에 그 짐승이 죽거나 상하거나 없어졌고 그 현장을 목 격한 사람이 없으면, 맡았던 자가 야훼 앞에서 자신의 무고(無辜)를 맹 세하고 짐승 주인은 그 맹세를 인정해야 하고 변상을 요구할 수 없다. 그러나 맡은 짐승이 도난을 당했을 때는 주인에게 변상을 해야 한다. 그러나 그것이 맹수에게 먹혔을 경우에는 그 잔해를 증거물로 제시하 면 변상이 면제된다.

(9) 남에게서 빌려온 짐승이 상하거나 죽었는데 짐승 주인이 현장에 없었을 경우에는 빌려온 사람이 그 소나 나귀나 낙타 대신 그것에 맞먹 는 짐승으로 변상해야 한다. 그러나 짐승 주인이 현장에 있었던 경우에 는 변상하지 않아도 된다. 그 대신 그것을 빌린 값만 지불하면 된다.

교훈

1. 사람이 세상에서 사는 동안에 적으나 많으나 소유가 있게 마련이 고, 또 그것이 필요하다. 자기 손으로 일해서 얻은 소유는 더욱 소중하 다. 그러나 인간에게는 욕심이 있어서 더 많이 가지려 하고 남의 것까 지도 빼앗거나 훔쳐서 자기 것을 만들려는 생각을 품을 때가 있다. 그 래서 남의 것을 빼앗거나 훔치는 것은 남의 소유권을 침해하는 것이고,

이로써 결국 혼란이 오고 사회의 불안이 생긴다. 그리하여 사회의 안전과 평화를 위해서 소유권에 대한 질서와 법이 필요하다. 자기의 소유권이 침해를 당해서도 안 되고 또 남의 소유권을 침해해서도 안 된다.

2. 원만한 소유권 유지를 위해서는 공평한 법이 있어야 한다. 소유권자들 전체가 억울한 일이 없도록 공평하게 판가름하여 쌍방이 다 만족할 수 있어야 한다.

3. 공정을 위하여 나름대로 최선의 법이 마련되었을 때, 그 법을 잘 준수하는 것이 현명하다. 국민은 준법정신을 가져야 한다. 시대마다 입법기관에서 최선의 법을 만들어낸다. 그 법을 어기면 결국 사회는 혼란을 거듭할 것이다. 그리스도인들은 법을 알려고 노력도 하고 그것을 실시하려고 노력해야 한다. 시대가 바뀌면 어떤 법은 악법일 수도 있지만, 자기 시대에서는 그 법을 지키는 것이 그 시대 사회 구성원으로서의 최선의 도리이다. 우리는 민주적인 절차를 통하여 악법은 고치려고 노력해야 할 것이고 보다 더 선한 법을 마련해야 한다.

사회와 종교에 관한 법(출 22:16-31)

해설

이상에서는 소유에 관한 법을 말했지만, 이하에서는 사회생활 중에 일어나는 기타 잡다한 관계에 대한 법을 취급한다.

⑴ 처녀를 강간한 경우에는 남자가 정상적으로 결혼한 경우와 마찬가지로 신부 대가(〈모하르〉, מֹהַר, bride-price)[6]를 치르고 그 처녀를

---

6) 개역한글판과 개역개정판에서는 각각 '빙폐'와 '납폐금'으로 옮겼다.

아내로 삼아야 한다(22:16). 그 당시에는 딸이 아버지의 소유이었고 남자가 돈을 내고 처녀를 사가는 셈이었기 때문이다. 그러나 결정권이 아버지에게 있다. 그 처녀의 아버지가 자기 딸을 그 남자에게 주기를 거부할 수도 있다는 말이다. 그런 경우에 그 남자는 신부 대가를 두 배로 물어야 한다. 남자가 엄청난 손실을 입어야 한다는 말이 된다.

(2) 여자 무녀는 살려주지 말아야 한다. 결국 그녀 자신이 제 1계명을 어기는 죄를 짓는 자일 뿐 아니라 그 죄가 전염될 터이니 말이다.

(3) 짐승과 교미하는 남자는 죽여야 한다. 인간으로서의 자신의 존엄성과 거룩함을 파괴하는 행동이며 아울러 하나님의 창조질서를 어기고 반역하는 행동이기 때문이다.

(4) 야훼 외에 다른 신에게 제사를 드리는 자는 저주받을 자로서 (〈요호람〉, יָחֳרָם) 죽여 없애야 한다. 마음으로 야훼 외에 다른 신을 모시는 것도 안 될 일이지만 잡신에게 제사를 드리는 행위는 그의 마음이 행동으로 옮겨진 것으로서 다른 사람들에게 악한 영향을 줄 소지가 너무도 큰 것이어서 엄벌로 다스려야 할 죄이다.

(5) 외국인으로서 이스라엘 사회에 기류하는 사람들을 학대하거나 압박해서는 안 된다. 그리고 과부와 고아들을 홀대하지 말아야 한다. 그것은 큰 죄여서 하나님이 큰 벌로 다스릴 것이고 배은망덕한 자들을 그만큼 갚아 주시겠다는 것이다.

(6) 가난한 사람이 돈이 필요해서 꾸어 달라고 하면 이자를 받지 말고 꾸어 주라는 것이다.

(7) 가난한 이웃이 돈이 필요하여 하나뿐인 겉옷을 맡기고 돈을 빌려갔다면 해 지기 전에 겉옷을 돌려주어야 한다. 그 가난한 사람에게는 그 겉옷이 밤에 이불 삼고 자는 것이기 때문이다. 하나님은 그 가난한 이웃들의 울부짖음을 들으시는 분이시고, 그들을 동정하는 것은 바로 하나님을 대행하는 선한 일이라는 것이다.

⑻ 하나님을 헐뜯거나 모독하는 말을 하지(〈킬렐〉, קַלֵּל) 말아야 하며 백성의 지도자들을 저주하지 말아야 한다.

⑼ 하나님께 드리는 예물을 제때 드려야 한다. 절기마다 소산(여름에 거두는 열매인 밀과 보리 등과 가을에 거두는 열매인 포도와 포도주 등)을 하나님께 바쳐 감사해야 한다는 것이다.

⑽ 맏아들과 맏배 가축은 하나님의 것이니 하나님께 봉헌해야 한다. 난 지 여드레 만에 그것들을 하나님께 드려야 한다. 이는 13장 1-2절에 이미 나온 지시이다. 민수기 3장 11-13절과 8장 15-18절에 의하면 레위인들이 이스라엘 백성의 맏아들을 대행한다. 어쨌든 부모들은 출애굽 사건을 상기하면서 자기들의 맏아들을 하나님의 특별한 선물로 알고 감사하면서 살아야 한다는 말이다.

⑾ 이스라엘 백성은 하나님께 봉헌된 거룩한 백성이기에 그 체통을 보전해야 한다. 특히 야수에게 찢겨 죽은 가축의 고기를 먹지 않아야 하며 그것을 개에게 던져 주라는 것이다. 모름지기 그런 고기는 부패하거나 오염되고 독이 들어있을 수 있어서 위생적으로 좋지 않을 것이기 때문일 수 있다. 어쨌든 하나님의 백성은 자기 몸을 거룩하게 보존해야 한다.

교훈

1. 사회생활에서 일어나는 잡다한 일들을 겪을 때, 하나님의 백성은 원칙 없이 마구 행동하지 말고 가장 현명하게 하나님의 법도에 부합하게 처신함으로써 사회적으로나 개인적으로 최대한의 평안과 행복을 얻을 수 있다. 하나님은 당신 백성의 행복을 위해 법을 정해 주셨다. 따라서 하나님의 백성은 그 법을 잘 배우고 익혀 준수함으로 자타의 행복을 꾀해야 한다. 그것이 아버지 하나님의 기쁨이며 뜻이다.

2. 무속 종교는 철저히 배격해야 한다. 고대로부터 인간 사회에 만연되어 있는 무속 종교는 인간의 시선과 마음을 끌어 참 종교를 좀먹게 하고 참 하나님에게서 멀어지게 한다.

기독교 역사에 있어서 많은 경우에 마술적이고 무속적인 요소가 교회로 잠입하여 사이비 종교를 만들었고 지금도 그런 경향이 있다. 한국 교회가 특히 무속적인 기복 신앙을 다분히 가지고 있는 것은 사실이 아닌가!

3. 참된 종교는 하나님께 대한 참된 예배만 아니라 동시에 동료 인간들에 대한 배려와, 그들을 사랑으로 돌보는 실천을 동반해야 한다. 고아와 과부와 가난한 사람과 나그네를 돌보지 않은 종교는 이미 정로를 떠난 종교라는 것을 알아야 한다(약 1:27).

4. 참된 종교인은 참 하나님을 섬기는 동시에 사회생활에서 지도자들을 존경하며 들에게 협조해야 한다. 지도자들은 하나님을 대행하는 사자(使者)들이기 때문이다. 지도자를 반역하는 것은 결국 하나님을 거역하는 일이 될 수 있다.

5. 생명은 하나님께로부터 온 것이기에 우리의 몸과 생활 전체를 하나님께 봉헌하면서 살아야 한다. 그리고 하나님의 백성이라는 자각을 가지고 하나님이 거룩하신 것처럼 거룩한 삶을 살려고 노력해야 한다. 더러운 것이나 심신에 손해가 되는 것을 먹거나 마시거나 하지 말고 우리의 몸은 하나님과 성령의 전이라는 생각을 가지고 거룩함을 유지해야 한다.

정의로운 사회생활(출 23:1-9)

해설

이 대목에서는 하나님과 언약을 맺은 이스라엘 백성이 가질 사회생활의 일반 원칙을 제시한다.

우선 23장 1-3절에서는 20장 16절에 있는 거짓 증언을 하지 말라는 계명을 확대하여 강조한다. (1) 확실하지도 않은 것 즉 거짓말을 퍼뜨리지 말아야 한다. (2) 악한 증인이 하는 거짓 증언에 찬동하지도 말아야 한다. (3) 다수가 거짓 증언을 한다고 해서 그들을 따라 거짓 증언에 동참해서도 안 된다. 다수가 악을 행한다고 해서 같이 악을 행해서는 안 된다는 것이다. (4) 송사에 있어서 피소(被訴)자가 가난하다고 해서 그에게 불리한 증언을 해서는 안 된다.

23장 4-5절에서는 원수 관계 속에서 일어나는 사건들을 다룬다. (1) 원수의 소나 나귀가 길을 잃었을 경우에 그것을 원수의 집으로 잘 인도해 주어야 한다. (2) 너를 미워하는 사람의 나귀가 짐이 무거워서 짐에 깔려 주저앉았을 경우에 그냥 내버려두고 싶겠지만 그리하지 말고 반드시 짐을 벗기고 나귀를 일으켜주어야 한다.

23장 6-9절에서는 재판의 공정을 강조한다. (1) 부자와 가난한 사람의 송사에 있어서 한 편이 가난하다고 해서 그에게 불리한 판정을 내려서는 안 된다. (2) 죄 없는 자에게 죄를 씌우지 말 것이며 무죄하고 의로운 자를 죽여서는 안 된다. 하나님께서 반드시 그 죄를 물을 것이다. (3) 뇌물은 금물이다. 뇌물은 관리의 눈을 멀게 하며 정의 편에 내린 정당한 판결을 뒤엎어버리기 때문이다. (4) 나그네로 사는 외국인을 압박하지 말아야 한다. 나그네의 심정을 알아주어야 한다. 이스라엘 백성은 자기들이 애굽에서 나그네로 살던 것을 회상하면서, 같이 사는 나그네를 정당하게 대우하라는 것이다.

교훈

1. 사람은 생각을 할 줄 알고 입을 가지고 있어서 발언할 자유가 있지만 세상을 혼자서 사는 것이 아니고 더불어 사는 것이기에 오직 진실만 말하면서 살아야 그 사회가 평화로울 것이다. 거짓은 잔잔한 물에 돌을 던지듯이 파문을 일으키고 평온을 깨뜨리는 것이기 때문이다.

2. 사람은 귀가 있기 때문에 자연히 남의 말을 듣게 된다. 그러나 판단력을 가지고 남의 말의 진위를 바로 가릴 줄 알아야 한다. 그리하여 거짓말에 동조하지 않아야 한다. 악한 증언에 동조하면, 결국 거짓이 증폭되어 사회는 더욱 어지러워질 것이다.

3. 군중심리를 가진 인간이어서 자칫하면 많은 사람이 하는 일을 따라서 하게 된다. 그러나 사고를 하는 인간이어야 한다. 아무리 많은 사람이 하는 일이라 할지라도 그것이 옳은 것인가를 판단해 보아야 한다. 그리고 제아무리 많은 사람이 하는 일이라도 거짓된 것이고 악한 것일 경우에는 거기에 동참해서는 안 된다. 진실을 택하는 것이 이웃들에게서 소외되는 어려움이 있을 수 있겠지만 실은 하나님의 편에 서는 것이므로 이를 보다 안전하고 현명한 선택이라고 보아야 한다. 여기서 우리는 민주주의의 약점을 발견하게 된다.

4. 타락한 인간 사회에서는 사람의 재산과 권력의 다과(多寡)를 표준으로 하고 그 가치를 판단하기 쉽다. 돈이 많고 지위가 높으면 그가 선하고 훌륭하다고 생각하고 높이 평가한다. 따라서 부자 편을 들고 가난한 사람에게 불리한 증언을 하기 쉽다. 어디까지나 진실된 증언을 해야 한다.

5. 인간이 사회생활을 할 때 각각 입장이 다르고 서로 이해관계가 생기고 의견 대립이 있어서 갈등이 생기기 마련이다. 농경사회에 있어서 노동의 이기(利器)로 삼고 있는 소나 나귀가 길을 잃고 방황하는 경우가 생긴다. 또는 그 짐승이 과중한 짐을 못 이기거나 실족하여 넘어져서 그 짐에 짓눌려 일어설 수 없는 불쌍한 처지를 목격하게 된다. 그런 경우 그 짐승이 남의 것이고 특히 자기와 대립되는 사람의 것이라고 해서 방치한다면, 결국 그 짐승은 야수의 밥이 되든가 외딴 사람의 손에 들어가고 자기 이웃의 손해가 되고 말 것이다. 그 짐승을 주인에게 잘 인도하여 돌려준다면, 그의 온정과 선행은 대립관계를 풀 수 있고 그 아름다운 소문은 그 사회의 활력소가 될 것이며, 이는 이웃을 사랑하라는 하나님의 원초적인 법을 수행하는 일이어서 본인은 물론 많은 사람의 복이 될 것이다. 그리고 동물을 애호하는 것은 창조주 하나님께로부터 인간이 받은 사명이어서 하나님이 기뻐하시는 일이 아닐 수 없다.

6. 사회의 평화를 위해서 법을 가지고 재판을 하여 시비를 가려야 한다. 그런데 사회가 공정성(〈미쉬팟〉, מִשְׁפָּט, justice)을 잃고 부자에게 유리하고 가난한 사람에게는 불리하게 돌아가는 경우가 있다. 그러나 법 앞에서 만인은 평등하여야 한다.

7. 때로는 돈과 권력을 가지고 무죄한 사람이나 의로운 자를 모함하여 죽이는 경우가 있다. 사람의 눈을 속이고 혹은 폭력으로 그런 악을 저지르지만, 전지(全知)자이신 하나님은 그런 죄를 결코 묵과하시지 않으신다. 반드시 응당한 벌을 내리실 것이다.

8. 자기에게 유리한 판정을 얻으려고 재판관이나 상관에게 뇌물을 주는 경우가 있다. 그렇게 함으로써 결국 정의가 무너지고 사회는 혼란에 빠진다. 하나님은 정의의 하나님이시며 정의가 하수같이 흐르는 사회를 원하신다.

9. 피는 물보다 진하다 또는 팔은 안으로 굽는다는 말이 있지만, 우리는 그 한계선을 초월하여 만인을 형제자매로 여길 줄 알아야 한다. 우리가 다같이 하나님 아버지의 자녀이기 때문이다. 특히 나그네 생활을 하는 사람들을 홀대하거나 차별대우하거나 압박하는 일을 해서는 안 된다. 환경이 바뀌어 우리가 나그네 신세가 될 수도 있다. 모두를 평등하게 사랑으로 대할 수 있는 사람이 되고 또 그런 사회를 이루어야 한다.

안식년과 안식일(출 23:10-13)

해설

이스라엘과 맺은 야훼 하나님의 언약은 이스라엘 백성 중의 한부분만을 위한 약속이 아니었다. 모두가 다 같이 행복해지기 위한 법이며 약속이다. 부자들만 잘 살면 되는 것이 아니라 가난한 사람도 같이 살게 하려는 것이었다. 농경사회에 있어서 안식년 제도를 둠으로써 즉 제7년에는 밭을 경작하지 않고 내버려 두어 거기서 자연적으로 나는 소출을 가난한 사람들이 거두어 가지게 하라는 것이며 야수들도 혜택을 받게 하라는 것이다. 특히 포도나무와 올리브 나무 재배에 그 법을 적용하라는 것이다. 그 경우 가난한 사람들이 상당한 혜택을 얻을 수 있을 것이다.

안식일을 지키면서 상전들도 쉬어야 하지만 특히 그들의 수족으로 일하는 소와 나귀와 노예들과 기류자들이 휴식을 얻게 하라는 것이다.

이상에서 말한 모든 법을 명심하라고 재촉하면서 다른 신들을 섬기지 않아야 한다는 것을 특별히, 또 재차 경고한다.

교훈

1. 하나님은 일방적으로 이스라엘을 사랑해 구출했고 그들에게 장래의 행복을 약속하면서 그 행복을 누릴 길을 말씀해주셨다. 그것이 바로 여러 가지 법으로 표현된 것이다. 하나님이 원하시는 것은 이스라엘 백성이 고르게 다 잘 살고 짐승까지라도 인간과 조화된 상태에서 행복하기를 원하시고 계신다. 그러나 욕심 많은 인간이 자기 이익만을 도모하기 때문에 법을 정하여 강제로라도 그 이상을 이루시려는 것이다. 어쨌든 그 정신은 더불어 잘 사는 사회를 이루어야 한다는 것이다.

2. 예수님의 말씀대로 안식일은 사람을 위해 있는 것이다(막 2:27-28). 인간은 연약하기 때문에 휴식이 필요하다. 때로는 주인만 쉬고 하인들이나 짐승은 혹사를 당하는 경우가 있는데, 다같이 휴식을 취하라는 것이 하나님의 명령이다. 그것이 공평한 일이고 결국 다같이 행복할 수 있는 길이다. 하나님은 결코 편파적인 분이 아니시다. 모두의 하나님이며 모두를 같이 사랑하시는 분이시고 모두가 행복하기를 바라시는 분이시다.

3. 인간이 세상을 살면서 지켜야 할 법이 많지만, 가장 중요한 것은 야훼 하나님만이 참 하나님이라는 사실을 확실히 알고 그의 말씀을 철저히 순종하려는 생각을 철저히 가져야 한다.

연례 축제(출 23:14-19)

해설

이스라엘 백성이 하나님을 모시는 하나의 국가로서 또는 민족으로서 그 정체성을 바로 유지하기 위해서는 민족적이고 국가적진 축제를 열어 하나님 앞에 모이고 서로 사귀고 단합하는 것이 필요하였다. 그래서 일 년에 세 차례 축제로 모일 것을 지시하셨다.

(1) 그 첫째가 누룩 없는 빵을 먹는 명절이다. 하나님께서 이스라엘을 애굽의 종살이에서 구출한 사건을 기억하면서 하나님께 감사하며 그에게 충성을 다짐하는 명절을 지키라는 것이다. 따라서 하나님께 빈손으로 나오지 않고 감사의 예물을 가지고 하나님 앞에 나와야 한다. 그것을 일명 유월절이라고도 한다.

(2) 둘째는 가을에 땅에다 씨를 뿌리고 농사를 지어 초여름에 열매를 거둔 기쁨을 같이 나누는 명절 곧 오순절이다. 하나님의 우로지택과 자라게 하시는 은덕이 아니고는 그런 기쁨을 가질 수 없기에 하나님 앞에 모여 감사하며 같이 즐기라는 것이다.

(3) 셋째는 봄에 심은 곡식이나 포도와 올리브 등 연말에 열매를 거두어 가지고 축제를 가지는 것이다.

이렇게 일 년에 세 차례 하나님 앞에 모여서 하나님을 예배하며 그 앞에서 기쁨을 나눈다는 것이 이스라엘 백성의 의무이다. 온 국민이 다 같이 모일 수가 없기 때문에 남성들에게만 우선 그런 의무를 부과하였던 것으로 보인다. 국민 전체가 한곳에 모여야 하겠지만 그것이 불가능하기에 적어도 가장되는 남자가 세 차례 하나님 앞에 나와서 언약 당사자로서의 의무를 성실히 행하라는 것이다.

하나님은 거기에 부수적인 세칙을 달아주셨다. 희생제물을 제단에 드릴 때 누룩 섞인 것과 함께 드리지 말라는 것이다. 곧 무교병을 쓰는 것이 원칙이다. 축제의 흥분 속에서 원칙을 벗어나기 쉬운데 그러지 말아야 한다는 것이다. 하나님께 드릴 기름(좋은 것)을 아끼느라고 아침까지 남겨두지 말라고 하신다. 동시에 최선의 것을 하나님께 바쳐야 한다. 염소 새끼를 그 어미의 젖에 담가서 끓여서는 안 된다. 아마도 이것은 그 시대 가나안 족속이 가졌던 풍속이어서 그런 이방인의 무도(無道)한 버릇을 따르지 말라는 말이라고 해석된다.

교훈

1. 인간 사회에 있어서 축제(명절)는 필요하고 뜻있는 것이다. 하나님은 이스라엘에게 축제를 정해 주시고 그것을 지키라고 명령하셨다. 유월절 곧 무교병 명절을 지키라는 것은 야훼가 참 하나님이라는 것을 다시 깨닫게 하고 그의 능력과 은총이 아니었더라면 이스라엘이 존속하지 못 했을 것이라는 사실을 재삼 깨달아 하나님께만 충성하고 감사하는 백성이 되게 하려는 것이다. 그리고 하곡(夏穀)과 추곡(秋穀)을 가지고 하나님께 나와서 잔치를 하는 것도 역시 하나님께 감사하기 위한 것이다. 결국 이스라엘의 축제는 그 민족이 하나님과 맺은 언약에 충성하기 위한 것이다. 언약 백성으로서 하나님께만 충성하는 생활을 잊지 않게 하시려는 것이다. 동시에 이스라엘의 축제는 개인적인 혹은 가족 단위의 잔치가 아니라 국가적이며 민족적인 행사로서 하나님 안에서 민족이 단합하고 결속하기 위한 것이다. 그리고 하나님 안에서 기쁨을 나누기 위한 것이다. 결국 하나님의 이상은 하나님 안에서 인간이 행복을 누리도록 하려는 것이기에 적어도 명절을 같이 지키는 가운데 그 이상을 조금이나마 맛보게 하시려는 것이다. 하나님의 계획은 인간이 영원한 나라에서 영원한 축제 생활을 하도록 하는 것이다.

2. 축제가 참된 축제가 되기 위해서는 각 축제의 의미를 살려야 한다. 그냥 즐기기만 하면 되는 것이 아니라 축제를 주신 하나님의 뜻을 알고 그 뜻에 부합하는 축제를 거행해야 할 것이다. 그러기 위해서는 각 축제의 규례를 준수해야 한다. 모이는 일에 힘을 써야 한다. 정성을 다해야 한다. 최고로 좋은 것을 가지고 나와 하나님께 바치며 감사해야 한다. 어디까지나 축제의 주인은 야훼 하나님이어야 한다. 하나님 안에서 하나님을 위해 같이 모여 예배하고 기뻐하는 축제가 되어야 한다.

가나안 정복을 약속하심 (출 **23:20-33**)

해설

하나님께서 이스라엘과 맺은 언약은 이스라엘이 기필코 가나안을 정복하리라는 약속으로 끝맺었다. 마침내 하나님께서 이스라엘 백성에게 약속의 땅을 주실 것이고, 그 일에 대해서 끝으로 지시를 내리신 것이다. 가나안으로 가는 길은 어렵고 험하다는 것을 전제하고 있다. 거기서 하나님은 이스라엘을 홀로 가게 하시는 것이 아니라 당신의 천사를 앞세워 보내어 그들을 경호하여 약속의 땅에 이르게 하시겠다는 약속이다. 그 천사는 3장 1절에 나타나셨던 신적 존재일 수도 있고, 14장 19절에 나타난 대로 홍해에서 이스라엘을 건져주신 그 분일 수도 있고, 또는 모세일 수도 있다.

하나님은 어쨌든 이스라엘이 가나안에 이르도록 앞장서고 보호하고 성공하게 하시겠다는 것이다. 그런 약속을 주시면서 요구하시는 것이 있다. (1) 하나님의 그 천사의 말을 경청하고 순종하라는 것이다. (2) 그를 반역하지 말라는 것이다. 그는 하나님의 대행자이기 때문에 그의 말을 듣지 않는 사람은 죄를 짓는 것이며, 그 천사가 그 죄를 용서하지 않으리라는 것이다. 반대로 그 천사의 말을 잘 순종하여 하나님이 하라고 하시는 것을 잘 행하면, 이스라엘의 원수를 하나님의 원수로 여겨 대처하시겠다는 것이다.

하나님의 천사가 이스라엘의 선봉이 되어 가나안 땅으로 들어가게 될 것이고 거기서 원주민들을 만나게 될 것이며 결국은 하나님이 그들을 쓸어버릴 것인데, 거기에 조건이 있다. 원주민들이 섬기는 종교와 그들의 신에게 절하지(〈샤하〉, שָׁחָה) 말아야 하며, 그 이방신들을 섬기지(〈아밧〉, עָבַד) 말아야 하며, 그들이 하는 짓을 따라서 행하지(〈아사〉, עָשָׂה) 않아야 한다. 반대로 그들의 예배의 대상인 신상들과 기둥들을 말끔히 부수어버려야 한다.

가나안에서 이스라엘이 야훼만을 하나님으로 섬겨야 한다. 그렇게만 하면 하나님께서 축복해주시겠다는 것이다. 의식주의 걱정이 없을 것이며 병마를 물리쳐주실 것이다. 사람은 많은 자손을 낳고, 땅은 풍성한 소출을 낼 것이고, 장수하게 될 것이다.

그리고 원주민에게는 공포심을 심어주어 이스라엘 앞에서 떨게 할 것이며, 이스라엘이 어떤 백성을 만나든지 그들을 혼란에 빠지게 할 것이며, 혼비백산 달아나게 할 것이다. 이스라엘 앞에 전염병을 일으켜 원주민들로 하여금 무서워서 달아나게 할 것이다.

그러나 원주민을 한 해에 다 몰아내려는 것이 아니라 서서히 그 땅이 황폐해지고 야수들의 소굴이 되게 할 것이다. 이스라엘이 점점 번성하여 그 땅을 소유할 수 있을 때까지 서서히 그들을 몰아내겠다는 것이다.

드디어 이스라엘이 원주민들을 다 몰아내고 넓은 땅을 차지하게 하시겠다는 것이다. 그 후에 이스라엘이 계속 유의해야 할 일은 이방 민족과 그들의 신들과 언약을 맺는 일이 없어야 한다는 것이다. 이방 사람과 그들의 종교가 이스라엘 사회에 남아 있어서는 안 된다는 것이다.

그것들이 남아 있으면 그것에게 유혹을 받아 그들의 신들을 섬기게 되며 올무가 되어 하나님께 죄를 짓는 일이 생길 것이라고 경고한다.

교훈

1. 선민인 하나님의 백성에게는 언제나 가나안 복지가 약속되어 있다. 하나님의 약속은 어김이 없이 이루어진다. 언약의 당사자이신 하나님은 전능자로서 그의 자녀에게 가나안 복지를 주실 능력이 있으며, 그는 성실하시기 때문에 일구이언을 하시지 않는다. 그러나 사람은 연약하기에 낙오하거나 낙심할 가능성이 있기 때문에 천사를 보내 힘을 주고 용기를 주고 실제로 싸워주시기도 하신다. 하나님 편에서는 100% 준비가 되어 있고 손발을 걷고 돕고 계신다.

문제는 그 언약을 맺은 이스라엘이 취하는 태도에 있다. 하나님의 천사를 믿고 그의 말을 경청하고 순종해야 한다는 것이다. 지도자의 말을 거역하지 말아야 한다는 것이다. 우리에게 있어서 최종적 지도자로 나타나신 분이 하나님의 아들 그리스도이시다. 그를 믿고 순종하는 일이 가장 급선무이다. 성경 말씀이 곧 하나님의 말씀이고 그리스도의 말씀이 성경에 기록되어 있기에 우리는 성경으로 돌아가서 그 말씀에 복종하려는 노력을 해야 한다.

2. 우리는 성삼위 하나님을 통하여 가나안을 지금부터 누리고 있는 사람들이다. 그러나 가나안의 7족 민이 살아남아 있는 상태이다. 아직은 우리가 속세에서 살고 있다는 말이다. 바울의 말처럼 그리스도인들이 세상을 본받지 않아야 한다(롬 12:2a). 세상의 사탄적인 주의와 사상과 풍조와 싸워서 이기고 몰아내어야 한다.

3. 이스라엘이 가나안에 들어가서 그 땅을 점령하고 원주민을 몰아
내는 일을 열심히 했지만 결코 쉬운 것이 아니었다. 그리고 완전히 성
공한 것도 아니었다. 많은 시간과 정력을 소모해야 하는 것이었다.

조급하게 생각하면 안 된다. 세상 끝 날까지 싸워도 우리의 힘으로
완성할 수 있는 일이 아니다. 그래도 악과 싸우는 것이 성도가 할 일이
며 하나님께서 선민에게 요구하시는 것이다. 언제나 이방적인 요소들
을 가려내어야 한다. 즉 우상숭배를 철저히 배격해야 한다. 교묘한 수
단으로 참 신앙을 흐리게 하는 세력과 운동이 파고들어 교회를 혼란하
게 만들고 있으니, 언제나 깨어서 이단적인 생각과 행동을 막아야 한
다.

언약의 피(출 24:1-8)

해설

하나님께서 모세에게 명령하셨다. 모세와 아론과 그의 두 아들 나답
과 아비후와 70인 장로들이 산으로 올라오라는 것이었다. 그리고 모세
만 야훼 앞에 가까이 오고 다른 사람들은 멀찍이 서서 예배하라(〈샤
하〉, שָׁחָה)는 것이었다. 이런 명령을 받은 모세가 백성에게 나타나 야
훼의 모든 말씀과 율례들을 구두로 말해주었다. 그러자 백성은 한 목소
리로 "야훼가 하신 말씀대로 우리가 행하겠습니다."라고 대답했다.

모세는 야훼의 말씀을 다 문서화했다. 그리고는 이른 아침에 일어나
산 밑에다가 제단 하나를 쌓았다. 또 이스라엘 열두 지파를 상징하는
열두 기둥을 세웠다.

그리고 이스라엘 청년들을 보내어 야훼께 번제들(〈올롯〉, עֹלָת)을
드리고, 황소들을 잡아 화목제물(〈즈바힘 쉴라밈〉, זְבָחִים שְׁלָמִים)

을 드리게 했다. 모세가 그 피를 가져오게 하여 절반은 여러 대야에 담고 나머지 절반은 제단을 향하여 뿌렸다. 그런 다음 그 언약의 책을 들어 백성들이 듣도록 읽었다.

그러자 백성은 "야훼께서 말씀하신 것을 전부 우리가 행하겠습니다. 우리가 순종하겠습니다."라고 응답했다. 그런 다음에 모세는 대야에 남겨두었던 피를 백성을 향하여 뿌리고 "이 피를 보시오. 그것은 야훼께서 이 모든 말씀에 따라 여러분과 맺은 언약의 피입니다."라고 말했다.

교훈

1. 하나님은 인간의 예배를 받으실 분이시며, 그만을 우리가 예배해야 한다. 그러나 그는 속된 사람들이 아무렇게나 접근할 수 있는 분이 아니시다. 그는 지극히 거룩하신 분이시기 때문에 인간이 무엄하게 더러움을 그대로 가지고 그분께 접근해서는 안 된다. 그래서 성별된 자들만이 그를 가까이 할 수 있도록 허락하셨다. 상대적이기는 하지만 더 거룩한 자가 하나님께 더 가까이 갈 수 있도록 허락하셨다. 그 사람도 하나님의 허락이 있어야 가까이 갈 수 있다. 다시 말해서 우리는 하나님의 거룩하심을 언제나 의식해야 한다.

2. 모세가 산에서 하나님의 말씀과 모든 율례를 귀로 듣고 내려와서 백성들에게 입으로 그것들을 전했을 때, 백성들은 아멘하며 야훼의 말씀대로 하겠다고 이구동성으로 응답했다. 전도자의 말을 구두로 듣고 거기에 응답하는 것이 필요하고 마땅하다.

그러나 목격자가 세상에 그대로 남아 있지 않고 구두 전언은 일회적이기 때문에 그 말씀을 문서로 만들어 후대에 전해야 한다. 그리하여 후손들에게도 하나님의 말씀과 그의 율례가 계속 그리고 대대로 적용해야 한다. 그래서 모세는 자기가 산정에서 하나님께 들은 모든 것을 글로 적었다. 뜻깊은 처사였다.

그리고 그 문서가 하나님의 말씀으로 존중되고 효력을 나타내려면 엄숙한 의식을 통하여 그것을 공식적으로 채택해야 한다. 그래서 제단을 쌓고 열두 기둥을 세우고 번제와 화목의 제사를 드리고 피를 뿌리는 등의 예식을 통하여 엄숙한 계약을 체결한 것이다.

피로 세운 언약이기에 결사적인 것이며 그 언약을 파기하는 자가 죽음을 각오해야 할 만큼 구속력이 있는 것이다. 요는 이스라엘은 하나님과 엄숙한 언약을 맺은 관계에 있는 백성으로서 그 언약에 충실해야 한다.

3. 하나님의 언약을 이스라엘은 들어야 하고 기록된 그 언약의 말씀을 읽어야 하며 언약된 말씀을 실천하는 것이 무엇보다도 중요하다. 그것을 실천하겠다고 피를 가지고 하나님과 약속한 것이기 때문에 듣고 읽는 데서 끝나서는 안 된다. 실천하여야만 행복을 향유할 수 있다.

산에서 하나님과 함께(출 24:9-18)

해설

24장 9절-40장 38절은 성막(聖幕, tabernacle)과 성막의 건조(建造)에 관한 기사이다. (1) 24장 9절-32장 35절에는 성막에 관한 계획을 하나님께로부터 받기 위해서 모세가 산에 오른 이야기가, (2) 33장에는 이스라엘이 금송아지를 예배함으로써 언약을 깬 후에 모세가 하나님 앞에서 중재하는 이야기가, (3) 34-40장에는 모세가 마지막으로 새로 율법을 받기 위해서 산으로 올라갔다가 내려와서 하나님의 지시대로 실행한 뒤에 성막을 세운 이야기가 들어 있다.

먼저 24장 9-18절에서는 성막에 대한 계시와 건조를 위한 준비 단계로서 하나님이 나타나셨음을 알려 주는데, 이는 모세가 이스라엘의 지도자들과 함께 산에 올라갔을 때 하나님이 그들에게 나타나신 사건이다. 모세와 아론과 나답과 아비후과 70인 장로가 산으로 올라가 거기서 이스라엘의 하나님을 뵈었다.

하나님께서 밟고 서신 곳은 사파이어(〈삽피르〉, סַפִּיר, '청옥')로 포장한 것 같았고, 그 맑기가 창공(蒼空)과 같았다. 그 아름답고 맑음을 설명할 도리가 없어서 세상의 것으로 비유한 것뿐이다.

하나님은 당신을 직접 본 이스라엘 지도자들에게 손을 대지 않으셨다. 하나님을 본 자는 죽는다는 통념을 깨고 그들에게는 그것을 허용하신 것이다. 그들은 하나님을 뵈었을 뿐 아니라 같이 먹고 마셨다는 것이다.

그리고는 야훼 하나님께서 모세를 산으로 따로 불러올리시며, 백성을 가르치기 위해서 친히 쓴 율법과 계명의 돌비를 주겠다는 것이었다. 그래서 모세는 조수 여호수아를 대동하고 하나님의 산으로 올라갔다. 그때 장로들에게 "우리가 돌아올 때까지 여기서 우리를 기다리시오. 아론과 훌이 여러분과 같이 있으니, 문제가 생기면 그들에게 가서 처리하시오."라고 일렀다.

그리고는 모세가 산으로 올라갔고, 구름이 산을 덮었다. 야훼의 영광이 곧 하나님께서 시내산에 내리셨고, 엿새 동안 구름이 산을 가리었다. 그리고 제 7일에 하나님께서 구름 속에 모세를 부르셨다. 그때 이스라엘 백성이 산 아래서 보기에는 야훼의 영광의 나타나심이 마치 산 꼭대기에서 산을 삼킬 듯한 불꽃처럼 보였다. 모세는 구름을 헤치고 산으로 올라갔다. 그리고 거기서 40주야를 지냈다.

교훈

1. 이스라엘의 대표들이 산에 올라가 그 황홀하고 찬란한 하나님 어전에서 그를 알현하고 그와 함께 식사를 했다. 죄 있는 인간이기에 하나님 어전에서 쫓겨난 상태에서 사는 것인데, 하나님이 이스라엘 대표들을 산으로 불러올려 그의 얼굴을 그들에게 보이고 그들과 식사를 나누셨다는 것은 그의 큰 은총의 처사일 수밖에 없다.

하나님은 죄인을 불러 하나님의 그 영광스러운 집에서 같이 있게 하시려는 의도를 보여주신 것이다. 그것은 창조자 하나님의 원래의 계획이었다. 인간의 타락으로 그 이상이 일시적으로 깨어졌지만, 하나님은 이스라엘을 택하셔서 그 이상을 다시 실시하시려고 하신다.

그것이 산에서 이스라엘 대표들과의 만남에서 끝나는 것이 아니라 이스라엘 회중 속에 성막을 짓게 하고 거기에 임재하시는 일로써 좀 더 보편화하시려는 것이다. 마침내는 이스라엘뿐 아니라 예수 그리스도를 통하여 온 인류가 그 이상향을 맛보게 하시려는 것이다. 하나님 안에서 인간이 축제적 삶을 살게 하시려는 것이 하나님의 뜻이다.

2. 하나님은 높으신 분이기 때문에 높은 산에서 자신을 계시하시곤 했다. 하나님은 모세를 높은 산으로 불러올리셔서 그에게 율법과 계명을 손수 써서 주시기로 하셨다.

앞으로 주시려는 성막과 그 성막을 중심하고 사는 삶 속에는 하나님의 율법과 계명이 실시되어야 한다. 그것이 야훼의 언약이 지탱되는 일이기 때문이다. 하나님의 율법과 계명은 귀한 것이어서 하나님께서 손수 써주시기로 하신 것이다. 모세 혼자서 그 계명의 돌비를 받아 온다면 혹시나 의심을 받을 수 있기에 모세는 여호수아를 증인으로 대동하였다. 하나님을 모시고 사는 백성에게는 언제나 하나님의 계명이 중요하고 그것을 준수하는 것만이 행복의 길이다.

3. 모세는 여호수아와 함께 하나님을 만나러 산으로 올라가면서 그의 백성을 방치한 것이 아니라 아론과 훌에게 사무를 임시나마 인계하고서 떠났다. 통치자의 책임의식을 여기서 볼 수 있다. 백성을 통치하는 책임자가 백성을 잠시라도 방치한다면, 이는 무책임한 일이며 임무태만의 죄를 짓는 일이다.

4. 모세가 더 높이 더 깊이 하나님의 어전에 가까이 나아갔을 때, 야훼는 가시적으로 이스라엘 사람들에게 당신의 영광을 보여주셨다. 시내산에 야훼의 영광이 임하였는데, 곧 하나님 자신이 거기에 자신을 나타내셨는데, 사람의 눈에는 엿새 동안 빽빽한 구름이 그 산을 덮었고, 거기서 모세를 부르는 소리가 들리고, 반대로 큰 불꽃으로 그 산꼭대기를 덮는 광경으로 나타났다. 애굽에서 이스라엘 백성이 탈출할 때 구름기둥과 불기둥으로 나타나셨던 하나님은 이제 다시 구름과 불로써 당신의 영광을 보여주셨다. 모세는 그러한 상황 속에서 40주야 산에서 하나님 어전에 있었다. 하나님의 그러한 영광을 목격한 이스라엘은 그 하나님을, 또 40주야를 그 하나님과 대화하는 모세를 정당하게 평가하고 존경심과 인내심을 가지고 대하고 따라야 하는 것이었다. 그런데 그들이 인내하지 못했고 하나님의 명령을 바로 지키지 못하는 어리석음을 보였다. 그것이 바로 우리 인간의 약점이 아닌가!

성막을 위한 헌납(출 25:1-9)

해설

시내산 위로 모세를 불러올리신 하나님은 성막과 성전 기물과 제사장들의 예복을 만드는 데 필요한 물자를 제시하며 이스라엘 백성으로

하여금 그것을 하나님께 희사(喜捨)하도록 하셨다. 금, 은, 청동, 실
(청색, 자색, 주홍), 세마포, 염소 털, 붉은 물 들인 숫양의 가죽, 좋은
가죽, 아카시아 재목, 등유, 주유식과 분향을 위한 쓸 향료, 마노석, 에
봇과 흉배에 붙일 여러 가지 보석들을 헌납하라는 것이다.

교훈

1. 야훼 하나님께서 이스라엘과 함께 그리고 가까이 계시기 위하여
당신의 집 곧 성막을 짓게 하시려고 하셨다. 지극히 고마운 일이다. 하
나님 편에서 솔선하여 이스라엘을 찾아오시려는 것이다. 거기에 대해
서 이스라엘이 성막을 건조하는 데 필요한 물자를 제공해야 하는 것은
당연하다. 하나님이 주신 것을 하나님의 집을 위하여 바치라는 것이니,
기쁜 마음으로 바쳐야 할 것이다.

2. 하나님은 당신이 계실 집에 대해서 세밀하게 그 도본을 주시겠다
는 것이고, 그 도본대로 지어야 한다는 것이다. 인간은 하나님을 어떻
게 모셔야 할지를 모를 수밖에 없다. 그래서 하나님은 친절하게도 상세
하게 그 도본까지도 가르쳐 주시겠다는 것이다.
인간은 그 지시를 따르면 되고 반드시 따라야 한다. 인간의 생각대
로, 인간의 고안대로 하나님의 집을 짓는다면, 그것은 사람의 집이 되
고 말 것이다. 하나님의 설계는 어쩔 수 없이 가시적인 것이고 물질적
인 것이지만, 거기에는 상징적인 의미가 들어 있다.

언약궤(출 25:10-22)

해설

하나님이 거하실 거룩한 처소는 여러 가지 요소로 구성된다. 우선 그 속에 놓일 기물들이 있어야 한다. 그중에서도 가장 중요한 것은 하나님과 그의 언약을 상징하는 궤다. 그것은 우선 아카시아 나무로 만들어야 하는데, 여기서 말하는 아카시아 나무(〈싯팀〉, שִׁטִּים)는 시내 광야에서 얻을 수 있는 가장 귀한 나무이다.

언약궤는 길이가 2.5큐빗, 너비와 높이가 1.5 큐빗의 상자로서, 윗면만 열려 있고 남은 5면은 막힌 상자이다. 그 안팎을 순금으로 입히고, 그 모든 둘레에 금테(〈제르 자합〉, זֵר זָהָב, molding of gold)를 둘러야 한다. 그리고 금 고리 넷을 만들어 그 궤의 네 다리에 붙이고 아카시아 나무로 두 개의 채를 마들어 금으로 싸서 궤 양쪽에 달린 그 두 개씩의 금 고리에 그것들을 끼워두어 그 궤를 운반할 수 있게 한다. 언제나 그 채는 고리에 꿴 채로 두어야 한다.

그 궤를 덮는 순금 속죄판(〈캅포렛〉, כַּפֹּרֶת)[7]을 만드는데, 길이가 2.5큐빗, 너비가 1.5큐빗이 되게 한다. 그리고 속죄판 양 가에는 금을 두들겨 펴서 만든 두 그룹(〈크룹〉, כְּרוּב)을 세워야 한다. 그 그룹들은 그들의 날개를 펴고 속죄판을 감싸며, 그 그룹들이 마주서서 그들의 얼굴이 속죄판을 굽어보게 한다.

그 속죄판을 언약궤 위에 놓고, 그 궤 안에는 앞으로 줄 언약의 판을 넣어 두어야 한다. 하나님은 그 언약의 궤에서 모세를 만나고, 그 속죄판 위에서 곧 두 그룹들 사이에서 이스라엘을 위한 모든 계명들을 모세에게 주시겠다는 것이다.

---

7) 개역성경에서는 '속죄소'로 번역했다.

교훈

1. 성막의 중심이 언약궤이다. 특히 속죄판이 그 중심이라고 할 수 있다. 하나님은 언약궤와 그 위에 놓인 속죄판에서 모세를 만나고 이스라엘에게 모든 법을 주시겠다는 것이다. 결국 그것들은 하나님 자신과 그의 법을 상징하는 것이며, 거기서 장차 이스라엘의 죄를 용서하시고 은혜를 베푸실 것이다. 그래서 일명 시은소(施恩所)라고도 한다. 사도 바울은 예수를 속죄판의 작용을 하신 분으로 묘사했다(롬 3:25, 〈힐라스테리온〉, ἱλαστήριον). 하나님은 이스라엘 한가운데 와 있기를 원하신다. 또 사람들이 그 언약궤와 속죄판을 볼 때마다 하나님의 임재를 깨닫고, 하나님은 말씀하시며 법을 주시며 그것을 행하기를 원하시는 분임을 알게 하시려 한 것이다.

2. 순금으로 입힌 언약궤와 속죄판과 그룹들은 하나님의 고귀하심과 불변성을 말하는 것으로 보아야 할 것이다. 날개를 편 두 그룹이 속죄판을 감시하고 있는 모습은 하나님의 엄위하심과, 속된 것의 범접을 금하는 것이라고 생각된다. 창세기 3장 24절에 나타난 그룹들이 에덴으로 가는 길을 막고 있는 것처럼 하나님의 거룩하심을 침범하지 못하게 하고 있다. 우리는 하나님의 지극히 거룩하심을 깨닫고 그 앞에서 우리의 더러움과 거룩치 못함을 느껴야 한다.

3. 언약궤는 수시로 이동할 수 있도록 채비를 한 상태에 있어야 한다. 성막을 옮길 때마다 같이 장소를 옮겨야 한다. 결국 하나님은 어느 한 곳에 고정되어 계시는 분으로 보아서는 안 된다. 하나님은 어디서나 이스라엘과 동행하며 수시로 거기서 말씀하시고 명령을 내리시는 분이시다. 언약궤가 움직이는 곳에 성막이 세워지게 마련이고, 거기서 하나님은 이스라엘을 만나주신다.

빵을 놓는 식탁(출 **25:23-30**)

해설

성막 안에 놓일 둘째 기물은 식탁(〈슐한〉, שֻׁלְחָן)이다. 민수기 4장 7절에는 "어전의 식탁"(〈슐한 합파님〉, שֻׁלְחָן הַפָּנִים, the table of presence)[8]이라 했고, 열왕기상 7장 48절에는 "어전의 빵을 놓는 식탁"(〈슐한 레헴 합파님〉, שֻׁלְחָן לֶחֶם הַפָּנִים)[9]이라고 했으며, 레위기 24장 6절에는 "청결한 식탁"(〈핫슐한 핫타호르〉, הַשֻּׁלְחָן הַטָּהֹר, the pure table)[10]이라고 했다.

그것을 아카시아 나무로 만드는데, 길이가 2큐빗 너비가 1큐빗, 높이가 1.5큐빗이어야 한다. 그것을 온통 순금으로 입히고 상판(上板) 둘레에는 금테(molding of gold)를 두른다.

그리고 상 둘레에 손바닥 너비의 테두리를 붙이고 그 가장자리에 금테를 두른다. 금 고리 넷을 만들어 네 다리의 상부 모퉁이에 하나씩 붙인다.

아카시아 나무로 만든 두 개의 막대기에 금을 입혀서 그 상을 운반하는 채로 삼는다. 그 금 고리에 꿰어서 상을 운반한다.

다음은 그 식탁에서 상용되는 그릇들 곧 대접, 향을 담는 접시, 부어 드리는 제물을 담는 병과 잔들을 순금으로 만들어야 한다.

그리고 그 식탁에는 "어전의 빵"(〈레헴 합파님〉, לֶחֶם הַפָּנִים, the Bread of Presence)이 끊임없이 놓여 있어야 한다.

---

8) 개역성경에서는 '진설병의 상'으로 옮겼다.

9) 이 경우에도 개역성경에서는 '진설병의 상'으로 옮겼다.

10) 개역성경에서는 '순결한 상'으로 옮겼다.

교훈

1. 하나님의 성소에 식탁을 두어야 하고 거기에 빵과 음료를 항상 놓아야 한다는 것은 하나님께서 이스라엘과의 교제를 언제나 원하신다는 것을 의미할 것이다. 하나님과 이스라엘이 한 식탁에서 먹고 마시는 일은 이상 세계를 상징하는 것이며 종국에 이루어질 샬롬의 경지를 바라보는 것이다. 빵이나 포도주를 하나님이 직접 드시는 것이 아니다. 결국은 제사장들이 먹는다. 제사장들은 백성을 대표해서 그 제사의 음식을 먹는다. 그러니까 결국은 하나님의 음식을 백성들이 같이 먹는다는 말이 된다. 하나님은 인간과의 깊은 교제를 항상 원하신다.

2. 하나님과의 교통은 거룩하고 계속적이어야 한다. 순금으로 된 식탁과 그릇들은 그 식사의 고상함과 존귀성을 말한다. 그리고 하나님과의 교제는 영구적이고 항시적이어야 한다. 하나님 아버지는 자녀들과 함께 영원한 교제를 가지기를 원하신다. 하나님은 성막을 짓게 하고 식탁을 마련하게 하시는 등의 일을 통하여 당신의 백성과 같이 계시고 그들을 가까이 하려 하신다.

등잔대 (출 25:31-40)

해설

성소 안에 있어야 하는 셋째 기물은 등잔대다. 그것을 순금으로 만드는데, 금덩어리를 망치로 두드려서 그 밑받침과 줄기와 등잔들과 꽃받침들과 꽃잎들을 만든다. 원줄기를 중심하여 양쪽으로 세 쌍의 가지를 만든다. 가지마다 세 개의 감복숭아 꽃 모양의 잔이 있고 그 잔마다 꽃잎과 꽃받침이 있다. 그리고 원줄기에는 감복숭아 꽃 모양의 잔 네 개가 있는데, 그 잔마다 각각 꽃받침과 꽃잎들을 가진다. 그러니까 원줄기에서 세 쌍의 가지들이 뻗는데, 매 쌍의 가지가 뻗는 곳 바로 밑에 꽃받침을 만든다. 그 모두를 하나의 금덩어리를 두드리고 펴서 만든다. 그리고 일곱 개의 등을 만들어 그 일곱 받침 위에 놓아서 그 앞에 있는 공간을 밝게 한다. 등잔불 끄는 기구와 불똥 그릇도 순금으로 만들어야 한다. 순금 한 탈란트를 가지고 이 모든 것을 만들어야 한다. 그것들을 제멋대로 만들지 말고 시내산에서 하나님이 보여주시는 모형대로 만들어야 한다.

교훈

1. 하나님의 집인 성소에는 빛의 하나님을 상징하는 등이 있어야 한다. 일곱 개의 받침 위에 놓인 일곱 개의 등은 하나님이 주시는 빛의 완전성을 상징할 것이다. 하나님은 인간 가운데 빛으로 오셔서 흑암 속에 있는 인간의 길을 밝히시려는 것이다.

2. 일곱 개의 가지에는 각각 감복숭아 꽃잎과 그것을 받치는 꽃받침으로 이룬 잔들이 세 개씩(가운데 있는 줄기에는 네 개) 붙어서 턱을 이루어 단조함을 깰 뿐 아니라 그 등잔대의 아름다움을 더해 준다. 그리고 등에서 흐를지도 모르는 기름이 그 잔에 걸려서 땅에 떨어지지 않게 하는 효과도 낼 것이다. 이렇게 순금으로 정교하게 그리고 아름답게 만들어지는 그 등잔대는 빛의 근원이신 하나님이 존귀하심과, 빛이신 하나님의 역할의 효능이 아름답고 큰 영향력을 행사함을 암시하는 것이다. 이스라엘 역시 그 빛을 받아서 반사하는 역할을 하게 하시려는 목적이 있을 것이다.

성막(출 26:1-14)

해설

모세는 또 언약궤와 식탁과 등을 안치할 성막(〈미쉬칸〉, מִשְׁכָּן, The Tabernacle)을 만들어야 한다. 그것은 가늘게 꼰 실로 짠 모시와, 청색, 자색, 홍색 실로 만든 열 폭의 막으로 구성된다. 막 하나하나에다 그룹들(〈크루빔〉, כְּרֻבִים)을 정교하게 수놓아야 한다. 막 하나의 길이는 28큐빗이고 너비는 4큐빗이다. 그리고 그 열 개의 막의 크기는 꼭 같아야 한다. 우선 다섯 개의 막을 붙여서 하나로 만들고, 또 다른 다섯을 그렇게 한다. 다음에는 그 큰 막의 맨 바깥 막 끝 가장자리에 청색 실로 50개의 고리를 만들어 붙이고, 또 다른 큰 막도 그렇게 한 다음, 50개의 금 갈고리를 만들어 그 고리들을 서로 꿰어서, 그 둘을 하나의 큰 막이 되게 한다.

다음에는 그 성막을 덮을 천막을 만드는데, 그것은 염소 털로 짠 것이어야 하고, 11개의 막으로 구성된다. 매 막의 길이는 30큐빗이고 너비는 4큐빗이다. 그리고 매 막의 크기는 꼭 같아야 한다. 우선 다섯 개의 막을 붙여서 하나로 만들고, 남은 여섯 개의 막을 붙여서 또 하나의 큰 막을 만든다. 그 큰 두 개의 막을 하나로 만들기 위해서 그 두 막의 맨 바깥 막의 바깥 가장자리에 50개의 고리를 만들어 붙이고 50개의 놋쇠 갈고리를 만들어서 그 50 쌍의 고리에 꿰어 하나의 큰 막이 되게 한다. 매 막의 길이가 30큐빗이니까 성막을 덮고도 양쪽으로 1큐빗씩 늘어뜨릴 수 있다. 여분으로 달린 11째 폭의 절반은 성막 뒷부분에 늘어뜨리고 남은 절반은 성막 앞쪽에 접어서 놓는다.

그리고 그 천막을 덮는 막을 또 두 개를 만든다. 하나는 무두질한 숫양 가죽으로 만들고, 그 위에는 덮는 것은 또 다른 좋은 가죽으로 만든다.

교훈

1. 하나님을 모시는 막이기 때문에 가장 품위가 있고 아름다워야 한다. 가장 귀한 직물과 아름다운 색깔을 가지고 만든다. 그리고 막마다 거기에다 그룹을 수놓음으로써 더러움과 속된 것과 악한 것의 범접을 금하고 있다는 사실을 보여준다. 결국 그것은 거룩하신 하나님의 엄위하심과 거룩하심을 가시적으로 상징하고 있다.

2. 그 성막의 안전과 보전을 위하여 그 위에 세 겹의 천막을 만들어 덮도록 되어 있다. 비나 이슬이나 눈이 내려도 성막이 상하지 않기 위함이다. 하나님이 지극히 귀하신 분이기 때문에 그의 집도 귀하게 여겨야 할 것이다.

3. 열 폭으로 된 성막과 그것을 덮는 열한 폭으로 된 천막들은 만들 때 편리하기 위한 것이기도 하지만 운반하기 쉽게 하려는 의도도 있다고 보아야 한다. 성막을 이동할 때 그것들을 쉽게 분해할 수 있어서 편리하다. 다시 말해서 하나님의 성막은 한 곳에 고정되어 있지 않고, 형편에 따라 이동되어야 한다. 성막의 기동성은 하나님을 한 곳에 매어 두거나 고정시키려는 인간들의 그릇된 생각을 배격한다.

성막의 골조(骨組)(출 **26:15-30**)

해설

아카시아 나무로 성막 뼈대(판자, panel)들을 만들어야 한다. 뼈대 여럿을 이어서 만드는데, 뼈대 하나의 길이는 10큐빗, 너비는 1.5큐빗이다. 뼈대와 뼈대를 두 개의 쐐기로 잇는다. 성막 남쪽과 북쪽에 각각 20개의 뼈대를 세우는데, 뼈대 밑에는 각각 두 개의 은 받침이 있고, 그것들이 두 개의 말뚝과 연결된다. 성막의 뒤쪽 곧 서쪽에는 여섯 쪽의 뼈대를 세운다.

그리고 뒤쪽 양 모퉁이에 뼈대를 하나씩 세우는데, 그 뼈대들의 윗부분은 맨 위에 있는 고리에 연결되어 있지만, 아래쪽은 연결되어 있지 않아야 한다. 그러니까 서쪽에는 도합 여덟 쪽의 뼈대가 세워진다. 그리고 그 뼈대들도 역시 각각 두 개씩의 은 받침을 가진다.

다음은 아카시아 나무로 빗장을 만들어야 하는데, 남쪽과 북쪽 면을 위하여 각각 다섯 개를 만든다. 그리고 뒷면을 위해서도 다섯 개를 만들어야 한다. 뼈대의 한가운데 있는 빗장은 이쪽 끝에서 저쪽 끝까지 갈만큼 길어야 한다. 그 뼈대들과 빗장들을 다 금으로 입힌다. 금 고리들을 만들어 뼈대에 붙이고, 그것들에다 빗장들을 꿴다. 그러니까 다섯 단의 빗장으로 뼈대들을 견고하게 붙들어 주는 것이다.

교훈

1. 시내 광야에는 나무가 매우 드물다. 거기에는 아카시아 나무만큼 귀한 재목(材木)은 없다. 성막의 그 많은 뼈대와 빗장을 다 금으로 입혀야 하니, 얼마나 많은 금이 필요하겠는가! 그것을 위하여 백성이 얼마나 많은 금을 갹출해야 하겠는가! 그러니 백성의 엄청난 정성과 성의를 거기에 부어야 하는 작업이다. 하나님을 사랑하고 경외하는 마음이 없이는 도저히 이루지 못 할 작업이다. 하나님의 일을 하려고 할 때, 그를 참으로 존경하는 마음이 필요하고 그만큼 물질적인 희생도 따라야 할 것이다.

2. 성막은 그 뼈대 역시 조립식이어서 기동성 있게 만든다. 어디든지 하나님이 머무시는 곳에 성막이 있어야 하기 때문에 수시로 그 골조도 옮겨야 한다. 하나님이 계시는 곳 어디든지 그에게 어울리는 귀한 집을 세워야 한다.

3. 뒷면 모퉁이에 있는 뼈대는 다른 부분과는 달리 개폐식이다. 통풍을 위해서 수시로 그 뼈대들을 열어 놓을 수도 있을 것이다. 아니면 유사시에 제사장들이 빠져나갈 구멍으로 사용될 수도 있을 것이다. 하나님을 섬기고 그를 예배하는 일이 존엄하고 신성한 것이지만, 하나님은 사람의 목숨을 더 귀하게 여기신다는 증거이기도 하다.

휘장(揮帳)(출 26:31-37)

해설

모세가 만들어야 할 성막은 두 부분으로 나누어진다. 휘장(揮帳, 〈파로켓〉, פָּרֹכֶת)을 가운데 두고 안쪽이 지성소(至聖所, 〈코데쉬 학코다심〉, קֹדֶשׁ הַקֳּדָשִׁים, the most holy place)이고 휘장 바깥쪽이 성소(〈학코데쉬〉, הַקֹּדֶשׁ, the holy place)이다.

휘장은 가는 실을 꼬아서 짠 모시에 청색, 자색, 주홍색 실로 정교하게 그룹(천사) 모양을 짜 넣어서 만들어야 한다. 아카시아 나무 기둥에 금을 입히고, 매 기둥을 은 받침 위에 놓고, 기둥 상부에 금 고리를 붙인다.

그리고 휘장을 그 네 기둥에 달린 금 고리에 걸쇠로 매단다. 지성소 안에는 속죄판으로 덮은 언약궤를 놓는다. 휘장 바깥 성소 남쪽에다 등잔대를 놓고 그 맞은편 곧 북면에 식탁을 둔다.

그리고 성막 입구 곧 성막의 동쪽 면에는 가는 실을 꼬아서 짠 모시에 청색, 자색, 주홍색 실로 수를 놓아서 만든 휘장을 달아야 한다. 그것을 금으로 입힌 다섯 개의 아카시아 나무 기둥 상부에 달린 금 고리로 매단다. 매 기둥은 구리로 부어 만든 받침 위에 세운다.

교훈

1. 성소를 또 나누어 지성소를 만들고 그 안에 언약궤를 놓아야 한다. 문자 그대로 하나님의 지극히 거룩하심을 표현하는 구조이다. 달리 표현할 수 없는 하나님의 지극히 거룩하심을 우리는 그 성막의 구조에서 느끼고 깨달아야 할 것이다. 거기에는 아무나 접근할 수 없으며 일반 제사장도 들어갈 수 없다. 오직 대제사장만이 일 년에 단 한번 들어갈 수 있는 지엄한 장소이다. 하나님과 인간은 본질적으로 구별된 존재들이어서, 사람이 하나님의 자리를 넘보는 것 자체가 바로 죄가 된다.

2. 휘장으로 지성소로 가는 길을 막았지만, 하나님은 성소에 식탁을 마련하시고 인간을 초대하신다. 그리고 거기에 광명으로(일곱 개의 등불) 나타나셔서 빛을 비쳐주신다. 하나님의 자비와 긍휼을 거기서 발견하게 된다. 인간을 찾아와 교제를 허락하시는 하나님의 은총을 깨달아야 할 것이다.

3. 성막 입구는 고정되어 있지 않고 휘장이 드리워졌기 때문에 인간을 대표하는 제사장들이 쉽게 성소를 드나들 수 있다. 결국 하나님은 인간을 당신의 어전으로 초대하시는 것이다. 인간은 하나님을 버리고 달아났고, 또 달아나고 있지만, 하나님 아버지는 문을 열어놓고 자식들의 돌아옴을 기다리고 있는 것이다.

번제단(燔祭壇)(출 27:1-8)

해설

아카시아 나무로 번제단(燔祭壇, 〈미즈베아흐〉, מִזְבֵּחַ)을 만드는데, 정사각형으로서 길이와 너비가 5큐빗이고 높이가 3큐빗이다. 제단 네 모퉁이는 뿔이 돋은 모양을 가져야 한다. 그 뿔들을 따로 만들어 붙이는 것이 아니라 원체의 구조가 그런 모양이어야 한다. 그 제단을 놋쇠로 싼다. 재를 받은 그릇, 부삽, 대야, 갈퀴, 불 담는 판 등 모든 도구를 놋쇠로 만들어야 한다. 놋쇠로 격자(格子)를 만들고, 그 네 모퉁이에 놋쇠 고리를 붙인다. 제단 내부에 턱을 만들고 그 밑에 그 격자를 매달아 그것이 제단 중간 부분에 오게 한다. 제단을 운반하기 위해서 두 개의 아카시아 나무 채를 만들고 놋쇠를 씌운다. 제단 양쪽에 고리를 붙이고 그 채를 꿰어서 운반한다. 제단을 판자로 만들고, 속이 비어 있어야 한다. 그래야 가벼워서 운반하기가 쉬울 것이다.

교훈

1. 성소 바깥에다 번제단을 만들게 한 것은 하나님께서 인간을 당신 앞으로 초대하시는 행동이다. 당신을 만나러 나오는 백성들을 하나님이 만나주시겠다는 뜻을 상징한다. 백성이 하나님을 믿고 의지하고 그에게 예배하러 나오기를 기대하시는 행동이다.

2. 제단 역시 성막과 함께 장소를 옮길 수 있도록 되어 있다. 하나님이 계시는 곳이 어디든지 거기서 인간을 만나기 바라시는 하나님이시기에 거기에 제단이 있어야 하고, 거기서 예배해야 한다.

성소의 마당과 그 둘레에 치는 포장(布帳)(출 27:9-19)

해설

성소를 세울 마당이 있어야 한다. 그 길이는 100큐빗, 너비는 50큐 빗이어야 한다. 남쪽 면과 북쪽 면에 각각 20개의 기둥을 세우고, 길이가 100큐빗, 너비가 5큐빗 되는 포장을 단다. 기둥 밑받침은 놋(청동)이고, 기둥 꼭대기에는 은띠를 두르고, 거기에 은 고리를 만들어 그것으로 포장을 매단다. 서쪽 면에는 같은 식으로 만든 기둥 10개를 세우고, 거기에 길이 50큐빗, 너비 5큐빗의 포장을 단다.

동쪽 면 역시 너비가 50큐빗인데, 그 양 쪽에 기둥 세 개 씩 에우고, 15큐빗 길이의 포장을 단다. 그리고 그 성막의 정문에 해당하는 중앙 부분에는 4개의 기둥을 세우고, 길이 20큐빗의 포장을 단다. 정문의 포장은 가는 실을 꼬아서 짠 모시에, 청색, 자색, 주홍색 실로 수를 놓은 것이고, 여타의 포장들은 가는 실을 꼬아서 짠 모시 천으로 만든 것이다. 기둥들은 꼭 같이 놋 받침에 은띠에 은 고리를 가지고 있다. 기타 성막에서 사용되는 모든 도구들과 말뚝들은 놋쇠로 만들어야 한다.

교훈

1. 하나님은 거룩하시고 그의 말씀 역시 거룩하다. 그것을 상징하는 것이 법궤와 그 것을 덮는 시은소이다. 거룩함이란 보통 것과는 구별된다는 뜻인데, 거룩한 언약궤(법궤)를 속된 것과 구별하기 위해서 그것을 성소 안에 두었고 성소 중에도 지성소에 두었다. 또 그 성소를 구별하기 위해서 다시 포장으로 그 주위를 둘러막음으로써 그 거룩함을 더하게 한다. 하나님의 거룩하심은 절대적인 것으로서 사람의 어떤 것을

가지고도 그것을 실제로 나타낼 재간이 없다. 우리는 하나님의 거룩의 절대성을 여기서 다시 깨달아야 한다.

2. 하나님의 거룩하심을 나타내는 방법 중의 하나는 지고(至高) 최귀(最貴)의 것을 가지고 정성을 다하는 일이다. 이스라엘 민족의 광야 생활은 매우 어렵고 빈곤한 것이었건만 하나님이 모세를 통하여 명령하신 것을 보면, 그들의 지성이 아니고서는 이룰 수 없는 것이었고, 가장 좋은 것을 가지고 가장 아름답게 만들어야 하는 것이었다. 지고의 선과 지고의 아름다움은 거룩한 것이고 하나님과 통한다.

등불을 위한 기름(출 27:20-21)

해설

성소 안에는 야간에 언제나 등불이 켜져 있어야 한다. 그러기 위해서는 올리브 기름이 필요한데, 이스라엘 백성으로 하여금 올리브 기름 가운데서도 최상품을 등유로 바치게 하라고 하신다. 아론과 그의 자손이 대대로 성소 안에서 제사장으로 집무를 해야 하는데, 저녁부터 아침까지 성소 안을 밝혀야만 집무가 가능할 것이 아닌가?

교훈

1. 중동 문화는 올리브 문화라고 해도 과언이 아닐 것이다. 올리브 열매는 그것을 그냥 소금이나 식초에 절여 반찬으로 먹기도 하지만, 대개는 기름을 내어 그것으로 요리하고 때로는 약으로 쓰며 특히 등유로

쓰므로 그들의 생활에서 꼭 있어야 할 물건이었다. 그런데 이스라엘 백성이 시내 광야에서 사는 동안 그것을 구하여 사용한다는 것은 결코 쉬운 일이 아닐 것이다. 식료품으로 사용하려고 해도 얻기 어렵고 모자라는 형편인데, 그 최상품을 하나님께 바치는 일은 더더욱 쉬운 일이 아닐 것이다. 그것은 필시 대상(隊商)들이 오가면서 공급해 주는 물건이었을 터이기 때문이다. 그러나 하나님은 그것을 바치도록 명령하셨다. 하나님은 쉬운 일만 명령하시는 것이 아니다. 필요하기에 어려운 일도 명령하신다. 하나님은 귀한 것을 바치는, 어려운 일을 이스라엘에게 요구하셨다.

2. 야간에는 등불이 없이는 성소 안에 아무것도 볼 수 없다. 낮에는 눈으로 성소 안에 있는 식탁이나 금 등잔대 등 하나님의 임재를 상징하는 물건들을 보면서 그의 임재를 연상할 수 있다. 그러나 야간에는 등불이 없이는 아무것도 보이지 않기 때문에 등불이 꼭 있어야 한다. 하나님은 언제나 이스라엘과 같이 계시고 그의 임재를 느끼게 하시기를 원하신다. 야간에도 빛 속에서 하나님의 임재를 의식해야 한다. 올리브 기름을 바치게 하신 하나님은 큰 뜻을 가지고 계신 것이다. 하나님은 그의 백성이 언제나 당신을 기억하고 느끼면서 살기를 바라신다.

제사장의 복장(출 28:1-5)

해설

하나님은 모세더러 아론과 그의 아들들을 불러오게 하고 제사장 복장 특히 대제사장의 찬란한 복장을 만들도록 지시하셨다. 하나님이 이미 그것을 만들 만한 재간을 사람들에게 주셨으니 그들을 불러서 만들게 하라는 것이었다. 품목은 가슴받이, 에봇, 겉옷, 바둑판무늬 속옷, 관, 띠이다. 그것을 만드는 데 쓰이는 자료는 금실, 청색 실, 자색 실, 주홍색 실, 그리고 세마포다.

교훈

1. 하나님은 거룩하시기에 성소에서 그를 섬길 제사장도 거룩해야 하고 그들이 입을 복장도 거룩해야 한다. 보통 사람은 입을 수 없는 최고의 가치의 복장, 가장 아름다운 복장을 대제사장에게 입힘으로써 하나님의 거룩하심을 상징하려는 것이다.

2. 하나님은 이미 사람들에게 그 아름다운 옷을 만들 수 있는 재간과 기술을 넣어주셨다. 그 기술을 동원하여 하나님의 제사장의 가장 아름다운 복장을 만들어 하나님의 영광을 나타내도록 하라는 것이다. 인간이 하나님께로부터 받은 재간을 가지고 하나님의 영광을 나타내는 것이 당연한 일이 아닌가? 사람들이 보통 그 재간을 가지고 하나님의 뜻과는 상치되는 것들을 만들고, 속되고 악한 문명을 만들어나가는 것이 문제이다.

에봇(출 28:6-14)

해설

우선 에봇을 만드는데, 그 자료는 금실, 청실, 자색 실, 주홍 실, 모시 실을 꼬아서 짠 천이다. 에봇은 정교하게 만들어야 한다. 그것이 어떤 구조로 된 것인지 확실하지 않지만, 거기에 멜빵이 양쪽에 달려 있고, 위에서 말한 자료를 가지고 만든 띠가 붙어 있다. 중요한 것은 양쪽 멜빵에다가 홍옥수(보석)를 하나씩 다는 것이다.

그 보석들은 금테에 물려 있고, 그 보석들에는 야곱의 열두 아들들의 이름을 출생 순서대로 새겨 두어야 한다. 인장 반지에 이름을 새기듯이 그 보석에 각각 여섯 이름이 새겨져야 한다.

그 보석들은 아론이 하나님 앞에 나아갈 때 어깨에 달고 감으로써 하나님으로 하여금 이스라엘을 기억하게 하는 역할을 한다는 것이다. 그 보석들을 물고 있는 금테에는 금 사슬이 달려 있어야 하고, 그 사슬들은 가슴받이에 있는 금 고리와 이어지게 된다.

교훈

1. 이스라엘의 대제사장은 열두 지파로 구성된 그 백성을 대표하여 하나님 앞에 나아가는데, 그는 그냥 한 사람이 아니라 이스라엘 전체를 대표하는 사람이며, 그가 입은 복장 특히 에봇 멜빵에 달린 보석에 새겨둔 이름들을 메고서 나타나는 사람이다.

하나님은 이스라엘을 보석처럼 귀하게 여기신다. 그리고 언제나 그들을 기억하시려고 하신다. 제사장은 백성을 대표한다는 생각을 잊지 않아야 할 것이다. 이스라엘은 하나님이 솔선하여 그들을 기억하시려고 하신다는 사실을 기억해야 할 것이다.

2. 하나님의 기억의 대상이 된다는 것은 무한한 영광이다. 노아 홍수 이후에도 무지개를 표로 주시면서, 당신이 무지개를 볼 때마다 인간을 기억하시겠다고 약속하셨다. 하나님은 선택하신 백성을 기억하시기로 약속하시는 것이다. 하나님을 예배하러 나가는 자들이 이 사실을

늘 기억해야 할 것이다. 우리는 하나님의 언약을 잊어먹을 때가 많지만 하나님은 언약을 기억하시고 택하신 백성을 기억하시고 계신다.

가슴받이(출 28:15-30)

해설

다음으로 만들라고 하신 것은 "심판의 가슴받이"다.[11] 그것도 에봇처럼 정교하게 만들어야 하고 같은 재료를 사용하라고 하신다. 길이와 너비가 한 뼘인 네모 방장한 것으로서 겹으로 만들어야 한다.

거기에다 보석을 네 줄로 다는데, 한 줄에 세 개씩이다. 첫 줄에 홍보석과 황옥과 취옥을, 둘째 줄에 녹주석과 청옥과 백수정을, 셋째 줄에 충신자석과 마노와 자수정을, 넷째 줄에 녹주석과 얼룩마노와 벽옥을 다는데, 그것들은 다 금테에 물려야 한다. 그 각 보석은 이스라엘 열두 아들을 상징하는 것이다. 인장 반지에 이름을 새기듯이 각 보석에다 이스라엘의 아들 이름 하나씩을 새긴다.

가슴받이의 가장자리 두 곳에 금 고리 하나씩 달고, 거기에 금을 꼬아서 만든 사슬을 맨다. 그리고 그 두 금 사슬의 다른 끝을 에봇 멜빵에 붙어 있는 홍옥수 금테에 연결한다. 그리하여 에봇의 멜빵과 가슴받이가 앞면에서 연결되게 한다.

다시 금 고리 둘을 만들어 가슴받이 양 끝, 안 쪽 가장자리에 곧 에봇과 만나는 곳에다 단다. 그리고 또 금 고리 둘을 만들어 에봇의 두 멜빵 앞면 하단 곧 장식된 띠와 멜빵이 합쳐지는 곳에 단다. 그리고는 청색 노끈으로 에봇에 달린 금 고리와 가슴받이에 달린 금 고리를 묶어서 그 둘이 떨어지지 않게 한다.

---

11) 개역성경에서는 '판결 흉패'라고 한다.

이렇게 해서 아론은 성소에 들어갈 때 그의 가슴 위에 심판의 가슴받이에 달린 이스라엘 열두 아들의 이름을 지니고 가게 된다. 이것은 곧 야훼의 지속적인 기억을 위한 것이다.

심판의 가슴받이에는 우림과 둠밈을 달아야 한다. 아론은 언제나 우림과 둠밈을 가슴에 달고 성소에 들어가 이스라엘을 위하여 야훼 앞에서 판가름해야 한다.

심판의 가슴받이에 대해서는 민수기 27장 21절과 사무엘상 14장 37-41절에도 언급되어 있다.

교훈

1. 에봇 멜빵에 달린 두 보석에 이스라엘 열두 아들의 이름이 새겨져 있고, 대제사장 아론은 그의 어깨에 그것을 메고 하나님 앞에 나아간다. 여기 가슴받이에 달린 열두 개의 보석에는 이스라엘의 열두 아들 이름이 하나씩 새겨져 있으며, 아론은 그 보석들을 가슴에 안고 하나님 앞에 나아간다. 결국 그 두 가지는 같은 것이고, 하나님께서 이스라엘을 보석처럼 사랑하심을 말한다. 하나님은 당신이 택하신 자들을 보석처럼 귀하게 여기시고 사랑하신다.

2. 대제사장의 책임이 막중하다. 그는 이스라엘을 대표하는 자이다. 그의 어깨에, 그의 가슴에 이스라엘 열두 지파의 운명을 메고 안고 하나님 앞에 나선다. 그러나 그것은 반대로 하나님께서 대제사장을 통하여 이스라엘을 인도하시려는 계획을 말하는 것이다.

대제사장이 이스라엘을 대표하여 하나님 앞에 나올 때, 또 우림과 둠밈을 달고 나와 이것이냐 저것이냐를 결정해야 할 때, 하나님께서 바른 선택을 하게 하시려는 것이다. 아론이 정하는 것이 아니다. 사람이 정하는 것이 아니다. 아론 자신의 결정을 하나님의 결정이라고 해서는 안 된다. 하나님께서 심판하시고 결정해 주시겠다는 말이다. 이스라엘은 하나님이 정해주시는 일을 하고, 그가 정하신 길을 가면 거기에 행복이 있는 것이다.

여타의 사제 복장(출 28:31-43)

해설

하나님은 계속하여 모세에게 에봇과 가슴받이 외에 남은 복장에 대한 지시를 내리셨다.

에봇에 딸린 겉옷을 청색으로 만들라는 것이다. 그것은 앞뒤로 길게 늘어지는 옷인데, 남자들의 겉옷처럼 한가운데에다 머리가 들어가는 구멍을 내고 그 구멍이 더 찢어지지 않게 하기 위하여 깃을 짜서 붙인다. 아래 단에는 온통 청색 실과 자색 실과 주홍색 실로 만든 석류를 달고, 그 사이사이에 금방울 종을 단다. 아론은 집례하려고 성소를 드나들 때 그 겉옷을 입어야 하고 금방울 종소리가 들려야 한다. 그것을 입지 않고 드나들면 죽는다. 금방울 소리가 나지 않으면 아론이 움직이지 않는다는 표이거나 아니면 그 복장을 입지 않았다는 표가 될 것이다.

다음은 순금 패를 만들어 거기에 "야훼께 거룩"(〈코데쉬 르야흐웨〉, קֹדֶשׁ לַיהוָה)12)이라는 말을 새긴다. 그리고 그 패를 청색 끈으로 관 앞부분에 단다. 그러니까 아론의 앞이마에 해당하는 곳이다. 그것은 이스라엘 백성이 그들의 거룩한 헌물(獻物)이라고 해서 바치는 가운데 어떤 잘못이 있다면, 아론이 그 잘못을 걸머지고 야훼 앞에서 은총을 얻기 위한 것이다.

---

12) 개역성경에서는 이를 '여호와께 성결'로 옮겼다.

다음은 모시로 만든 체크 무늬의 속옷이다. 그리고 역시 모시로 관 (冠)을 만들고, 허리띠를 수를 놓아서 만든다.

아론의 아들들을 위해서도 속옷과 허리띠를 만들고, 관을 만들어 씌워 찬란하게 꾸며야 한다. 그리고 제사장들에게 모시로 속바지를 만들어 입혀서 허리에서 넓적다리까지의 생살이 보이지 않게 해야 한다. 아론과 그의 아들들이 회막에 들어오거나 제단에 접근할 때 그런 속바지를 입지 않으면, 이는 하나님 앞에 범죄하는 것이 되고 죽음을 각오해야 한다.

교훈

1. 아론이 입은 석류와 금방울이 달린 청색 겉옷은 겉모양도 아름다웠겠지만, 아론이 움직일 때 그 옷에서 나는 금방울 소리가 환상적이었을 것이다. 금방울 소리 속에서 하나님의 임재를 느낄 수 있었을 것이다. 아론이 아름다움의 극치를 입고, 아름다운 소리를 가지고 거룩하신 하나님 앞에 나와 그를 예배하면, 하나님은 그 예배에 응답하기를 원하신다. 하나님께 예배하는 자들이 진정한 예복을 입고 나오지 않을 때, 그 예배는 무효일 수 있다. 예배하는 자가 신령과 진리로 해야 한다는 예수님의 말씀이 옳다. 물리적이고 외형적인 아름다움도 중요하지만, 신령한 아름다움을 하나님은 요구하실 것이다.

2. 아론이 하나님 앞에 나올 때마다 "야훼께 거룩"이라고 새긴 금판이 달린 관을 쓰게 하심은 이스라엘 백성의 제사 행위의 어떤 결함을 용서받게 하기 위함이다. 대제사장이 언제나 하나님 앞에서 "야훼께 거룩"이라는 표어를 가지고 살며 또 백성을 그렇게 가르친다면, 하나님은 백성의 죄를 용서해 주실 것이다. 언제나 하나님 앞에 거룩하려는

생각을 하면서 산다면 죄를 지을 수 없을 뿐더러 하나님의 자비를 입을
수 있다.

3. 우리가 어떤 시대에 어떤 문화권에서 살든지 그 시대의 표준에서
보는 아름다움이 있을 것이다. 모세 시대에는 그 나름의 표준에서 보는
예의와 아름다움의 극치를 가지고 하나님 앞에 나와야 했다. 하나님 앞
에서 예배하는 자들은 자신들이 어떤 예복을 입어야 하는가를 생각해
보아야 한다. 물론 옷보다 더 중요한 것은 올바른 마음가짐이다. 그리
고 올바른 예배의 태도를 대대손손 물려주어야 하는 책임이 우리 각자
에게 있다.

제사장 위임식(출 29:1-37)

해설

제사장들이 입을 복장이 제정되었으니, 이제는 실제로 제사장을 취
임시키는 제도가 필요하다. 거기에도 엄격한 격식이 필요하다.

1-3절에서는 그 취임식에 필요한 제물들을 언급한다. 젊은 황소 한
마리와 흠 없는 숫양 두 마리가 있어야 한다. 그리고 누룩 없이 만든
빵, 기름만 섞고 누룩은 넣지 않은 케이크, 누룩은 넣지 않고 기름만 바
른 웨이퍼(wafer)들을 한 광주리에 담아 놓는데, 그것들은 다 최상품
밀가루로 만든 것이어야 한다.

다음은 아론과 그의 아들들을 회막 입구에서, 즉 거룩한 회막에 들
어서기 전에 목욕시킨다. 모세는 하나님을 대신하여 그 일을 한다.

그리고 나서 그들에게 복장을 입힌다. 먼저 아론에게 제정된 그 모
든 품목의 옷을 입힌다. 속옷을 입히고 그 위에 겉옷을, 다음에 에봇과

가슴받이를 입힌다. 그리고는 에봇에 달린 장식 띠로써 허리를 동인다. 머리에 두건을 씌우고 그 위에 거룩한 관을 또 씌운다.

그러고 나서 성유(聖油)를 그 머리에 붓는다. 다음에는 그의 아들들에게 속옷을 입히고 띠를 띠게 하고 두건을 두르게 한다. 그러고 난 다음에 아론과 그의 아들들을 제사장으로 취임시키는 것이다. 즉 제사장 복장을 입었다고 해서 제사장이 되는 것이 아니라는 말이다.

준비된 황소를 회막 앞으로 끌어낸 다음에 아론과 그의 아들들로 하여금 그들의 손을 그 황소에 얹게 한다. 뒤이어 야훼 앞 회막 입구에서 그 황소를 죽인다. 그 소의 피를 조금 가져다가 모세가 손가락으로 찍어서 제단 네 뿔에 바른다. 그리고 남은 피는 전부 제단 밑에 쏟는다.

그러고는 그 소의 내장을 덮었던 지방(脂肪), 간의 부속물, 두 개의 콩팥과 거기 붙은 지방을 제단에 놓고 태워버린다. 그러나 소의 살과 가죽과 똥은 진영(陣營) 바깥에서 태운다. 그것은 죄 때문에 드리는 제사의 일종이다.

그런 다음에는 두 숫양 중의 하나를 끌어다가 그 머리에 아론과 그의 아들들의 손을 얹게 한 후에 그 양을 죽여서 그 피를 제단 사면에 던져 뿌린다.

그리고 양의 각을 뜨고 내장과 다리들을 씻고 그 모든 것을 제단에 놓고 태운다. 그것은 야훼께 드리는 번제에 해당한다. 야훼께 좋은 냄새를 드리는 것이며 불로 살라서 드리는 제사다.

그리고 남은 양은 역시 아론과 그의 아들들의 손을 얹게 한 후에 그것을 죽이고 그 피의 일부를 가져다가 아론과 그의 아들들의 오른쪽 귓불과 그들의 오른 손과 오른 발 엄지에 바른다. 남은 피는 제단 사 면에 던져 뿌린다. 그런 다음에 제단에 있는 피와 성유를 가지고 아론과 그의 아들들과 또 그들이 입은 복장에 뿌린다. 그렇게 함으로써 그들과 그들의 복장이 거룩하게 될 것이다.

　다음으로 그 양의 지방과 꼬리와 내장을 덮었던 지방과 간의 부속물들과 두 개의 콩팥과 거기 붙은 지방과 오른쪽 넓적다리와 야훼 앞에 놓는 무교병 광주리에서 취한 빵 한 덩어리와 기름 바른 케이크 한 개와 웨이퍼 한 개를 가져다가 아론과 그의 아들들의 손바닥에 놓는다. 그리고 그것들을 야훼 앞에 들어올린다. 이것이 바로 야훼께 들어올리는 제물(〈트누파〉, תְּנוּפָה, elevation offering)13)이다(29:24). 그러고 난 다음에 그들의 손에서 그 물건들을 가져다가 제단에 놓고 불사른다. 이것은 18절에서 말한 번제에 첨가되는 제사이다.

　그 둘째 양 곧 아론 임직을 위한 양의 가슴부위는 모세의 몫이다. 모세는 그 가슴부위를 야훼 앞에 들어올려 들어올리는 제물(〈트누파〉)로 삼아야 한다. 그리고 그 양의 왼쪽 넓적다리는 아론과 그의 아들들의 몫이다. 아론과 그의 아들들은 대대로 이스라엘 사람들로부터 이만한 몫을 받게 되어 있다. 그것들은 이스라엘 사람들이 야훼께 화목의 예물로 드리는 제물 가운데서 떼어서 주는 것이니까 받아서 마땅하다.

　아론의 대제사장 복장은 대대로 그의 자손에게 물려주어야 한다. 그 복장을 입고 기름부음을 받고 대제사장 직에 취임한다. 그 예식은 이레 동안 계속된다.

　취임식을 위한 양고기는 성소 안에서 삶는다. 그리고 아론과 그의 아들들이 회막 입구에서 광주리에 있는 빵과 함께 그 양고기를 먹는다. 그 음식에 의해서 그들이 속죄를 받아 제사장직을 받았고 성별되었기 때문에 그들 자신이 그 음식을 먹는 것이다. 그것은 거룩한 것이기 때문에 제사장 외에는 먹을 수 없다. 그 음식은 거룩한 것이기 때문에 아침까지 남게 되는 경우에는, 그것을 불살라야 한다.

　이 취임식은 이레 동안 계속된다. 제사장들의 속죄를 위하여 매일 황소 한 마리를 속죄제로 드린다. 제단을 위해서도 속죄제를 드리고,

---

13) 개역성경에서는 '요제'로 옮겼다.

성유(聖油)를 붓고 성별해야 한다. 그것도 이레 동안 계속한다. 그리하여 제단을 성별해야 한다. 제단을 접촉하는 것은 다 거룩해진다.

교훈

1. 하나님은 거룩하시다. 그 하나님이 원하시는 것은 당신이 구원하신 선민 이스라엘과 교제를 가지고 같이 사는 일이다. 그러나 인간은 죄가 있기에 거룩하지 못하며, 따라서 거룩하신 하나님께 접근할 수 없다. 그래서 중재자를 필요로 하신 것이다. 제사장이라는 중간 존재가 하나님과 인간(이스라엘)을 중재하도록 하신 것이다. 그래서 아론과 그의 아들들을 지명하여 제사장직을 수행하게 하셨는데 그들 역시 다른 사람들과 꼭 같은 죄인인지라 우선 그 제사장 직을 맡을 자들의 성별(聖別)해야 한다.

제사장들의 죄를 어떻게 처리할 것인가? 죄 문제의 해결은 필수적이며 굉장히 중요한 사건이다. 그러나 인간이 저지른 죄를 사람 자신이 해결할 길이 없다. 그래서 하나님 편에서 해법을 제시하셨고, 그것은 은총의 법이었다. 인간이 지은 죄 값을 그 장본인이 치러야 하는 것이 원칙인데, 하나님은 사랑을 베푸셔서 짐승이 그 죄인 대신 죽는 사건을 통해서 그 사람의 죄 문제를 해결해 주시겠다는 것이다. 하나님의 이 은총의 제안과 조치를 믿고 실시하면 되는 것이다. 황소 한 마리와 숫양 두 마리를 대신 죽이는 일, 즉 그 짐승들이 대신 생명을 희생하는 일을 통해서 제사장들을 거룩한 자로 인정하시겠다는 것이다. 그것은 하나님의 놀라운 은총의 조치이다. 여기서 하나님의 뜻을 깨달아야 한다. 즉 하나님은 당신이 거룩하시니 그의 백성도 거룩하기를 바라신다는 것이다. 그런데 그렇게 될 길이 인간 자신에게는 없으므로 하나님께서 은총의 방법을 제정하셨고, 그것을 모세를 통하여 알게 하신 것이다.

2. 황소와 숫양이 대신 죽는 것으로 끝나는 것이 아니라 하나님 앞에서 그 제물의 고기와 누룩 없는 빵과 케이크와 웨이퍼를 먹는 예식을 통하여 하나님과의 화해를 이루는 일이 중요하다.

하나님은 이스라엘에게 원하시는 것은 그들이 거룩해져서 하나님의 식탁에서 같이 먹고 마시는 상태에 이르는 것이다. 제사장들을 취임시키는 예식에서 그들이 하나님 앞에서 식사를 한다는 것이 큰 상징적 의미를 지닌다.

3. 제사장들이 그들의 제복을 입는 것으로 취임이 끝나는 것이 아니고 그들의 머리와 그들의 복장에 올리브 기름을 붓는 예식과 그 짐승의 피를 바르는 예식을 행하는 일이 따라야 한다.

외형적인 복장도 의미가 있지만 하나님의 영을 상징하는 기름과 생명을 상징하는 피를 바르는 일을 통하여 하나님의 내면적인 재가가 있어야 하는 것이다. 외형적인 격식만이 필요한 것이 아니라 하나님의 내적인 승인과 재가가 필요한 것이다. 즉 제사장들의 내적인 변화와 감동과 책임의식들이 동반되어야 한다는 말일 것이다.

4. 속죄의 제물인 황소 머리에 아론과 그의 아들들이 손을 얹어서, 그들의 죄를 그 소에게 전가(轉嫁)하는 예식을 치러야 한다. 이런 예식을 통하여 죄를 떨쳐버려야 한다. 그 소가 피를 흘리고 죽음으로써, 즉 소의 생명이 희생됨으로써, 아론과 그의 아들들 곧 제사장들의 죄값을 치르게 된다. 그 소의 피를 제단 뿔에 바르고 제단 아래에 그 피를 쏟음으로써, 그 소의 기름기와 내장을 그 제단에서 불사르는 일을 통해서, 남은 것들을 진영 바깥에서 태워버림으로써 하나님은 그 대속의 절차를 용인 또는 수락하시는 것이며, 결국 그 속죄 제사는 효과를 발휘하게 된다.

이것은 결국 그리스도께서 희생되신 사건의 예표이고 그리스도의 희생에서 성취된 것이라고 볼 수 있다. 황소는 그 당시 문화에 있어서 가장 중요한 재산이요 힘의 상징이기도 한데, 황소 한 마리를 몽땅 태워서 바치는 제사는 그 시대인의 극상의 성의와 희생을 의미하는 것이라고 보아야 할 것이다. 죄를 제거하기 위한 인간 편에서의 이만한 희생은 있어야 하는 것이 아니겠는가? 하나님은 당신의 독생자를 희생하셨는데 말이다.

5. 황소 한 마리면 족하지 않은가? 어째서 숫양을 또 희생물로 죽여야 하는가? 그 양 머리에다 아론과 그의 아들들의 손을 얹어서 제사장들의 운명과 정체성을 그 양에게 전가시킨다. 즉 그들이 죽어야 할 대신에 양이 죽도록 하는 예식이다. 그러나 이번에는 인간의 죄 문제보다는 자신의 헌신에 역점을 두는 것으로 보인다. 양을 잡아 그 피를 제단 네 면에다 뿌림으로써 그 행동이 직접 하나님과 연결된 것임을 암시한다. 즉 제단을 통하여 하나님과 인간이 접촉하게 된다. 다시 말해서 제단에서 하나님과 인간이 만나는 것이다. 양의 각을 뜨고 더러운 것을 씻어서 모든 부분을 제단에 놓고 몽땅 태우라는 것이다. 주님에게 완전히 자신을 바쳐드리는 것을 상징한다. 향내 나는 삶으로써 하나님을 즐겁게 해야 한다는 뜻이다. 제사장의 완전한 헌신을 상징한다. 오늘의 성직자들이 과연 이런 각오를 가지고 있는 것일까? 그들의 삶이 정말로 향기로운 것이고 몽땅 살라서 바치는 제사의 생활인가 말이다.

6. 숫양 한 마리면 그만이지, 어째서 또 다른 양이 죽어야 하는가? 또 다른 숫양에게도 아론과 그의 아들들의 손을 얹어야 한다. 여전히 자기들과 그 양을 동일시하는(identify) 행동이다. 그 양을 죽여서 그 피를 아론과 그의 아들들의 오른쪽 귓불과 오른손 엄지와 오른발 엄지

발가락에 바르고, 남은 피는 제단 사면에 뿌린다. 그것은 가시(可視)적인 효과를 위한 것이라고 본다. 이론적으로나 원리적으로만 그 관계를 아는 것으로는 만족하지 않는다. 실제로 그 양의 피가 자기 귀와 손과 발에 발리는 체감을 통해서 더욱더 사명의식을 철저히 가질 수 있기 때문이다. 그리고 제단에 있는 피를 가져다가 성유와 함께 그들이 입은 복장에도 뿌리는 행동을 함으로써 제사장으로서 각오를 100% 다지게 하는 것이었다. 많은 경우 우리는 의식을 아무런 의미가 없이 헛되게 행하기 쉽다. 형식 속에서 실체를 실감할 수 있어야 한다. 한 시간 예배를 드리고도 하나님을 만나지 못하는 일이 얼마든지 있으니 말이다.

7. 둘째 양을 희생시키는 목적은 거기서 끝나는 것이 아니다. 이번에는 그 양의 지방(脂肪), 기름투성이인 꼬리, 내장에 붙은 지방, 간의 부속물들, 두 콩팥과 지방, 오른쪽 넓적다리를 하나님 앞에 놓는 무교병 광주리에서 꺼낸 빵 한 덩어리, 기름으로 구운 케이크 한 개, 웨이퍼 한 개와 함께 아론과 그의 아들들의 손바닥에 놓고 야훼 앞에 들어 바치는 예물로 치켜올려야 한다는 것이다. 그 역시 제사장들이 자기들의 손으로 직접 치켜 올리는 행동을 통해서 자신들이 그렇게 하나님 앞에 제물이 되어야 한다는 것을 실감하게 하는 것이다. 그들이 거룩한 고기와 빵을 먹으면서 사는 제사장의 삶이 고스란히 하나님께 바쳐지는 것이어야 한다는 것을 암시한다.

그러나 그 제물을 손에 들고 하나님께 치켜드는 것으로 끝나는 것이 아니라 그것을 제단에 올려놓고 불살라야 한다. 그리 해서 결국은 첫째 양을 바치는 향내 나는 번제에(29:18) 동반하고 가산하는 제사가 되게 하라는 것이다. 결국 제사장들은 하나님 앞에 들어올려진 자로 살아야 한다. 그러나 그것은 어디까지나 하나님을 기쁘시게 하는 향내 나는 희생제물이 되어야 한다.

8. 대제사장과 제사장들을 취임시키는 일은 거룩하고 엄숙한 예식이며 동시에 축제이기도 하다. 그 엄숙한 일을 집전하는 모세도 한 몫을 받는다. 양의 가슴고기가 그의 몫이다. 그러나 그것은 보통 음식이 아니다. 야훼 앞에 들어올려 거룩한 음식으로 받아야 한다. 그리고 아론과 그의 아들들에게는 양의 왼쪽 넓적다리가 돌아간다. 그것은 성별된 것이다.

결국 이스라엘은 하나님과 화평한 관계를 가지고 살아야 하고, 그러기 위해서 하나님 앞에 제사드리고, 제사장들은 그 제사의 일을 맡아서 하고, 그 일을 하면서 먹을거리를 얻는 것은 당연하다.

9. 제사장 취임식을 이레 동안 계속한다는 것은 그 일이 얼마나 중요하고 거룩한 일인가를 말해 준다. 한 시간이나 하루에 후딱 해치워 버리는 간단한 행사가 아니고 당사자들과 이스라엘 백성의 뇌리에 깊이깊이 새겨져 있어야 하는 엄숙한 예식이다. 그만큼 하나님은 이스라엘에 깊은 관심을 가지신 것이다. 우선은 제사장을 통해서 이스라엘에 접근하시려는 것이다. 그가 거룩하시기 때문에 인간을 직접 만나실 수 없고 제사장 제도를 통하여 엄숙하게 관계를 설정하여 교제하시려는 것이다. 이는 그만큼 하나님이 거룩하시다는 사실을 말해준다.

매일 드려야 하는 번제 (출 29:38-46)

해설

제사장 취임에 대한 지시는 여기서 중단되고, 매일 드리는 번제에 대한 지시가 내려진다. 제사장을 세워 놓은 다음에는 그들이 집전할 제사 자체를 다루는 것이 당연하다. 이스라엘 백성 개인의 제사보다 그 백성 전체를 위한 제사가 앞서야 함도 당연하다. 날마다 한 살짜리 어린양 한 마리를 아침에, 또 한 마리를 저녁에 제물로 드리라 하신다.

양을 잡아 제사드릴 때 고운 밀가루 10분의 한 되에 상품 올리브 기름 4분의 3되로 반죽한 것과 3분의 1되의 포도주를 곁들여 바쳐야 한다. 저녁에도 꼭 같은 방식으로 제사를 드린다. 그것은 야훼를 기쁘시게 하는 향내 나는 예물이고 살라서 헌납하는 예물이다.

그것은 야훼 앞 회막 입구에서 대대로 계속해서 드려야 하는 제사이며, 거기서 하나님은 모세를 만나고 거기서 모세에게 말씀을 주시겠다는 것이다. 동시에 거기서 이스라엘 백성을 만나고, 거기에 하나님의 영광이 나타나(출 16:10; 레 9:23-24) 그곳이 다른 곳과는 구별된 곳임을 나타내시겠다는 것이다. 이렇게 회막과 제단과 제사장들을 성별하여 하나님이 이스라엘과 같이 계시고 그들의 하나님이 되시겠다는 것이다. 그리하여 이스라엘은 야훼가 그들의 하나님이심을 알게 될 것이라는 것이다.

교훈

1. 하나님은 그의 백성 이스라엘과 항상 같이 계시기를 원하신다. 또 이스라엘로 하여금 야훼 하나님을 바로 알고 모시는 백성이 되기를 원하신다. 그러나 죄 많은 이스라엘 백성이 거룩하신 하나님께 접근할 수 없기에 속죄의 제사를 통하여 거룩해진 중재자들 곧 제사장들을 세우셔서 그 이상을 이루신다. 하나님은 속죄의 제물로 계속해서 바쳐지는 어린양과 생필품을 바치는 예식을 은총으로 받아주심으로써 죄를 용서하시고 그들을 용납하고 그들의 하나님이 되어 그들과 같이 계시는 은총을 베푸시려는 것이다.

2. 중요한 것은 어린양의 피와 생필품을 드리는 제사를 받으시고, 이스라엘의 죄를 용서하시겠다는 하나님의 너그러우신 자비의 마음이다. 따라서 이스라엘은 하나님의 그 약속 즉 그가 내놓으신 바(offer)를 믿고 계속해서 지성껏 하나님을 가까이 하며 그 안에서 기뻐하며 속죄를 받은 백성답게 하나님의 율례를 따라 바르게 살아야 한다.

3. 하나님의 영광이 회막과 제단에 나타남으로써 그것들이 구별되어 거룩해진다. 가견적인 하나님의 광채가 회막에 감돌기도 했겠지만, 육안으로는 볼 수 없더라도 하나님의 임재가 필수적이다. 하나님이 계시는 곳이 성전이며, 그곳이 거룩한 곳이다. 동시에 하나님이 임재하시면, 거기에 이변이 일어나고 다른 곳과는 구별된 현상이 나타날 것이 분명하다. 하나님을 모신다고 하고 하나님이 거기 계신다고 하지만 그의 영광이 나타나지 않는다면, 그것은 거짓말이며 속임수가 거기에 있다고 보아야 한다.

분향(焚香)단(출 30:1-10)

해설

지성소와 성소를 가로막는 휘장 바깥 곧 성소 맨 안 쪽 중앙에 향단을 두는데, 그것은 아카시아 나무로 만들고, 길이와 넓이가 각각 1큐빗인 정사각형으로, 높이는 2큐빗이 되게 한다. 그 상단 네 귀퉁이에 뿔이 있는데, 원래 그런 모양으로 짜야 한다. 그것을 온통 순금으로 싸고, 상판 둘레를 금테로 두른다. 그리고 향단의 서로 반대되는 면에 금테 바로 밑에다가 금 고리를 두 개씩을 만들어 달고, 금으로 입힌 아카시아 나무 채를 꿰서 운반할 수 있도록 한다.

아론이 그 향단에 향을 피우는데, 아침마다 등을 끌 때 향을 피우고, 또 저녁에 등을 켤 때 다시 향을 피운다. 이것은 대대로 계속해서 해야 하는 일이다. 그러나 거기에다 거룩하지 않은 향을 피워서는 안 된다. 그리고 번제나 곡제(穀祭)나 포도주를 부어드리는 제사를 거기서 드려도 안 된다. 그리고 일 년에 한 번 그 향단 뿔에다가 속죄 의식을 행해야 한다. 향단은 야훼께 가장 거룩한 것이기에 죄를 없애기 위한 속죄의 피를 가지고, 일 년에 한 번씩 속죄의 예식을 행해야 하는 것이다.

교훈

1. 법궤 곧 언약궤는 지성소 안에 있고 대제사장이 일 년에 한 번만 지성소에 들어가서 볼 수 있는 것으로 극상의 거룩을 상징한다. 즉 지존자이신 하나님과 그의 말씀(율법)의 지고(至高)성을 상징한다. 그러므로 지성소 안에 있는 법궤는 보통 사람들이 잊어버리기 쉬운 존재였다고 볼 수 있다. 그래서 성소 안에 휘장 하나를 사이에 두고 법궤 바로 앞에 놓이는 향단과 거기서 피어오르는 향이야말로 가시적으로 또 후각적으로 하나님의 임재를 느끼게 하는 것이고 하나님과 교통함을 잘 암시한다. 제사장들로 하여금 고귀한 향을 맡으며 하나님의 임재를 느끼게 하는 것이다. 우리는 금으로 된 아름다운 향단에서 피어오르는 귀한 향의 연기와 그 아름다운 냄새처럼 하나님의 현존의 아름다움과 기쁨과 평안을 항상 느끼며 또 즐기면서 살아야 한다. 하나님이 원하신 것이 바로 그것이다.

2. 향단에는 아침과 저녁으로 대제사장들이 책임지고 향을 피워서 끊임없이 향이 피어오르도록 해야 한다. 향내는 성도의 기도라고도 하는데, 어쨌든 하나님이 거기에 임재하시고 백성은 기도로 반응하면서

아름다운 교제가 이루어지는 것이 하나님의 뜻이다. 그 아름다운 관계
와 교제가 끊임없이 이루어지는 것이 중요하다.

　3. 향단에는 지정된 귀한 향을 피워야 한다. 잡된 것, 지정되지 않은
것, 역한 냄새를 가진 향을 피워서는 안 된다. 향단에는 향만 피울 것이
지 다른 제물을 거기에 놓고 태워서는 안 된다. 즉 분향의 순수성을 유
지해야 한다.
　하나님의 향기는 극진히 귀하고 아름다운 것이다. 그것을 흐리게 해
서는 안 된다. 동시에 인간이 그 제단에서 태우는 향은 순수해야 한다.
우리의 순수한 기도, 순수한 행동, 순수한 마음을 살려서 바침으로 하
나님이 받으실 만한 것이 되게 해야 한다.

　4. 분향단도 사람이 만들어 사람이 손으로 다루는 것이므로 사람의
마음먹기에 따라서 오용될 수 있다. 따라서 일 년에 한 차례 대제사장
이 향단을 위한 속죄 제사를 드리면서 향단 뿔에 피를 바르는 예식을
행하라 하셨다.
　우리가 거룩한 일을 하면서도 우리들 죄인들이 하는 일이라 부지불
식간에 또는 의도적으로 범칙을 하게 된다. 그러므로 우리는 언제나 하
나님의 사죄의 은총을 빌어야 한다.

성전세 반 세겔(출 30:11-16)

해설

　하나님은 모세에게 장차 있을 성전세 징수 문제를 예고하며 지시하
셨다. 그것이 민수기 1장에서 성사된다. 야훼께서는 출애굽기 31장 12

절에서 모세에게 이스라엘 백성의 인구조사를 실시하고 등록을 하게
하라 말씀하셨다. 그들의 생명을 야훼 하나님으로부터 받고 특히 애굽
에서 구출되었으므로 그 생명의 대가(〈코페르〉, כֹּפֶר)[14]를 야훼께 드
려야 한다는 것이다. 그리하지 않으면 재앙을 받는다는 것이다. 등록한
20세 이상의 사람만이 반 세겔 성전세를 바치라는 것이다.

그 성전세는 회막 유지비로 사용되어야 한다. 이스라엘 백성은 그
회막을 볼 때마다 자기들의 생명의 대가로 야훼께 바친 헌금을 기억하
게 된다. 성전세는 한 사람의 생명의 대가이기 때문에 그 값이 꼭 같아
야 한다. 즉 부자나 가난한 자나, 누구를 막론하고 반 세겔만 바치면 된
다. 생명의 값은 꼭 같은 것이기 때문이다.

교훈

1. 이스라엘은 신정(神政)국가다. 하나의 나라가 유지되기 위해서
는 세금이 필요하다. 회막을 유지하며 종교생활을 해야 하는 이스라엘
백성이 모두 정식으로 등록을 하고 빠짐없이 세금을 바쳐 그들의 신정
국가 특히 제사 생활을 유지해야 하는 것은 당연한 일이다. 세금을 바
치는 국민의 의무 준수는 절대적으로 필요하다.

그런데 오늘의 그리스도인들이 하나님께 마땅히 바쳐야 할 헌금을
제대로 바치고 있는가가 의심스럽다. 그 세금을 내지 않으면 재앙을 받
는다는 경고가 있는데도, 오늘의 많은 신도들이 그 법을 어기고 있다.

2. 생명의 값은 균등하다. 모든 생명을 하나님이 내셨고 기르시므로
그가 없이는 아무 생명도 생존할 수 없다. 그러므로 생명을 극진히 존
중해야 하는 동시에 차별해서도 안 된다. 부자의 생명과 가난한 자의

---

14) 개역성경에서는 '속전'으로 옮겼다.

생명이 그 가치에 있어서 차이가 있는 것이 아니다. 만인의 생명이 꼭 같이 귀하다는 사실을 생각하며, 꼭 같은 대우를 해야 한다.

3. 우리는 우리의 생명을 생각할 때마다, 그것을 내고 기르고 보호하고 구원하시는 하나님의 은혜와 자비와 사랑을 생각하면서 감사해야 한다. 그리고 그 보답으로 예물을 하나님께 바쳐서 하나님과 우리의 관계성을 유지해야 한다. 성전은 하나님의 교두보라고 해도 좋을 것이다. 우리는 그 성전에서 하나님을 만나고 그와 교제하게 된다. 보화가 있는 곳에 마음도 있게 마련이다. 우리가 반 세겔이라는 미미한 헌금을 하나님께 바치지만 그 미미한 것을 통해서 하나님과 우리의 관계를 유지하며 교통하게 된다. 하나님 편에서 그것을 요구하셨다. 천하보다도 귀한 나의 생명을 내고 구원하시고도 가장 적은 것을 요구하시는 하나님이시다. 그것은 하나님이 부족해서가 아니라 우리의 마음을 그에게 연결하시기 위해서이다.

놋으로 된 물두멍 (출 30:17-21)

해설

야훼께서 모세에게 또 명령하셨다. 놋으로 물두멍과 그것을 받칠 대를 만들고 거기에 물을 담아 회막과 제단 사이에 놓으라 하셨다. 아론과 그의 아들들이 곧 제사장들이 회막에 들어갈 때와 번제단에 집전하러 나올 때 그 물로써 손과 발을 씻어야 한다는 것이다. 그렇게 하지 않으면 죽는다고 엄히 경고하셨다. 그것은 그때에만 해당되는 것이 아니라 영구적인 법이라고 못을 박으셨다.

교훈

1. 거룩하신 하나님께서 모든 것이 거룩하기를 원하신다. 대제사장과 제사장들이 집전을 위하여 성소에 들어가고 번제를 드리기 위해서 제단에 나올 때 물두멍에서 물을 떠서 손과 발을 씻고 집전하게 하신다는 것은 마음의 죄도 없어야 하지만 물리적으로도 더러움이 없어야 한다는 것을 말하는 것이다.

물론 형식적으로 손과 발을 씻는다고 해서 마음의 죄까지 없어지지는 않는 것이기에 마음의 할례를 요구하시는 하나님이시기도 하다. 어쨌든 우리가 마음과 몸의 청결을 유지하는 것은 하나님을 모시는 사람들의 기본자세이다. 우리의 생사가 달린 문제이기도 하다. 하나님은 성결하시기에 더러우면 우리가 죽고 깨끗하면 산다.

2. 우리는 하나님 앞에서 사는 존재이고 영원하신 하나님 앞에서 살고 있기 때문에 우리의 심신의 정결은 시한부가 되어서는 안 된다. 언제나 그리고 영원히 청결해야 한다. 항상 하나님을 생각하면서 몸과 마음을 깨끗하게 유지하려는 생각을 가지고 살아야 할 것이다.

성유(聖油)와 향(출 30:22-38)

해설

하나님은 모세에게 회막과 그 안과 밖에 있는 모든 기물들, 또 아론과 그의 아들들 곧 제사장들을 성별하기 위해서 뿌릴 특별한 기름을 만들라고 지시하셨다. 그리고 성소 안 향단에서 피울 특별한 향을 만들라고 하셨다. 그 모든 것을 가장 좋은 재료로 만들어야 하는데, 우선 성유는 500세겔의 액체 몰약, 250세겔의 향기로운 육계, 250세겔의 향기로운 향초줄기, 계피 500세겔, 그리고 올리브기름 한 힌을 가지고 만든다.

그것을 뿌리거나 바른 물건이나 사람은 거룩해지고, 그것이 닿는 것도 거룩해진다. 그 기름을 다른 데 사용하면 안 되고, 유사품을 만들어도 안 된다. 그런 것을 만들어 무자격자에게 바르거나 부으면, 그는 이스라엘 백성 가운데서 제명되어야 한다. 그만큼 그 기름은 귀하고 신성하다.

하나님은 이어서 모세에게 향을 만드는 재료들을 일러주셨다. 소합향과 나감향과 풍자향과 순수한 유향을 각각 같은 양으로 섞어서 만드는데 거기에 소금을 쳐서 향 제조 전문가가 만드는 식으로 만든다. 그리고 그것을 빻아 가루를 만들어 회막 안 향단에 놓고 태운다. 그 향 역시 지극히 거룩한 것이어서 야훼께만 사용할 수 있고, 다른 데다 쓰는 사람은 이스라엘 백성에게서 끊어져야 한다. 그리고 이 제도는 이스라엘 백성이 대대로 그리고 영구히 지켜야 할 전통이라 하셨다.

교훈

1. 성막을 짓고 지성소와 성소를 만들고 그 안에 여러 가지 집기와 도구들을 만들어 놓았을지라도, 제사장을 세우고 그들에게 제정된 복장을 입혔다 하여도, 그것만으로는 그 물건이나 사람이 제 구실을 할 수 없다. 하나님이 정하여 만들게 하신 거룩한 기름을 부어야 비로소 그것들이 효능을 발휘하기 시작한다. 결국은 물질만으로는, 인간만으로는 아무런 능력을 발휘할 수 없다는 말이다. 하나님이 존재하시고 영의 세계가 있으며, 오히려 본질적인 것은 영의 세계의 것이고, 영이신 하나님이 바로 모든 존재의 근원이시므로 그 하나님의 재가(裁可)가

있어야 비로소 효능을 나타내게 된다는 말이다. 하나님이 허락하시지 않으면 아무것도 될 수 없다.

성유를 바른다든가 붓는다는 것은 하나님의 영이 해당 물건과 사람에게 임하여 참된 존재, 성별된 존재가 되게 한다는 말일 것이다. 즉 성유가 뿌려질 때 사람이나 물건 자체는 무능하다는 것을 깨닫고 하나님의 영을 의뢰하는 마음을 가져야 할 것이다. 성유를 바를 때 곧 하나님의 영이 그 사람과 물건에 임할 때 비로소 권능을 가지게 되고 진정한 자격이 생기는 것이다. 영성의 절대적 중요성을 말하고 있다.

2. 회막에 있는 향단에 놓이는 향은 역시 하나님을 상징하는 것이어서 최고의 것이어야 하고 가장 순수해야 하고 가장 아름다운 것이어야 할 것이다. 특유의 것이어야 하고 다른 어떤 향과도 다른 것이어야 한다. 그것은 하나님의 특유성을 상징하는 것이다.

향이 우리의 순수한 기도를 상징한다고 해 보자. 하나님께 상달되는 기도는 순수해야 하고 악의가 없는 고상한 것이어야 한다. 향단에서 피어오르는 아름다운 향처럼 말이다.

브잘렐*과 오홀리압(출 31:1-11)

해설

하나님은 지금까지 모세에게 모든 필요한 품목의 도형(圖形)을 말씀해주셨다.

그것들을 실제로 만드는 일은 사람이 해야 하는데, 거기에는 고도의 기술이 필요하다. 어디서 갑자기 그런 기술자가 나타날 것인가? 하나님은 이미 그 모든 것을 만들 기술자들을 마련해 놓고 그들이 누구인지 모세에게 알려주셨다. 훌의 손자요 우리의 아들인 브잘렐*이 그 한 사람이고, 그의 협력자는 단 지파에 속하는 아히사막의 아들 오홀리압이었다. 그들은 하나님이 명령하신 그대로 그 모든 것을 만들어야 하는 것이다. 하나님의 영을 그들에게 주셔서 그 일을 성사시키려 하신다.

교훈

1. 이스라엘 백성이 애굽에서 사는 동안 각 방면에서 일하면서 많은 기술을 배웠을 것이다. 그러나 하나님이 모세에게 지시하시는 그 모든 최상급의 물건들을 만들어 내는 데는 특별한 재간과 기술과 창의력이 필요했다. 즉 보통 사람은 할 수 없는 과업이 모세에게 주어진 것인데, 아주 난감한 일이 아닐 수 없었을 것이다.

그러나 하나님은 이미 적임자를 뽑아두셨고, 그들에게 특수한 재간 (하나님의 영)을 주셔서 그 임무를 수행할 수 있도록 조치하셨다. 하나님은 필요한 것을 예비하고 계신 분이며, 인간이 상상도 할 수 없는 것을 가능케 하시는 분이시다. 인간의 힘으로는 불가능하겠지만, 하나님의 영이 그들에게나 우리에게 임하시면 못 할 일이 없기 때문이다.

2. 하나님을 섬기고 예배하는 일은 극도의 기술과 정성과 아름다움이 있어야 한다. 성소를 짓는 일과 기타 거기에 속한 모든 것을 만드는 일은 최고의 기술과 아름다움과 성의를 요하는 것으로서 오늘 우리의 반성을 촉구한다.

우리가 하나님을 예배하고 섬기는 일에 있어서 과연 전문가적인 기술과 노력과 선의를 가지고 하는가 하는 것이다. 우리가 하나님을 섬길 때 아무렇게나 대강 시늉만 내는 경우가 얼마든지 있지 않은가 말이다. 우리가 브잘렐*이나 오홀리압은 아니더라도 하나님을 섬기는 일에서 최선을 다하려는 생각, 가장 아름다운 것을 추구하는 행동은 있어야 하지 않겠는가?

안식일 법(출 31:12-17)

해설

야훼 하나님은 이스라엘과 언약을 체결하고 그들이 당신을 섬기는데 필요한 제사장과 성소와 제단과 기타의 모든 기물을 만드는 일과 그것을 만들 기술자까지 다 지시하심으로써 일단락을 지으셨다. 그리고는 이스라엘 백성에게 마지막으로 지시할 사항을 모세에게 이르셨다. 곧 안식일을 지키라는 것이다.

안식일은 하나님과 이스라엘의 관계를 말해주는 하나의 표징으로서 야훼 하나님이 이스라엘을 성별하셨다는 사실을 이스라엘로 하여금 알게 하는 표징이라는 것이다. 안식일은 하나님께서 구별하여 거룩하게 여기신 날인 동시에 이스라엘에게도 거룩한 날이므로 그것을 범하는 사람은 죽어 마땅하다는 것이다.

안식일 법은 이스라엘 사람이 대대로 언제나 지켜야 할 법이라는 것이다. 야훼께서 엿새 동안에 천지를 만들고 이레 되는 날에 쉬고 회복하셨으니 그의 백성 이스라엘이 그 안식일을 지키는 것은 당연하고 그날을 지키는 것은 그의 백성이 된 표징이라고 하셨다.

교훈

1. 하나님은 아브라함의 때부터 할례 제도를 세우셔서 그의 자손인 이스라엘 백성은 선민의 표징을 몸에 지니고 살고 있다. 그러나 이제

그들이 주변에 있는 이방 사람들과 같이 살아야 하는 민족으로서 그들의 정체성을 나타내는 또 하나의 표가 필요하였다. 그것이 바로 안식일법이다. 야훼 하나님을 섬기는 백성으로서 그가 지정해 주시는 안식일을 준수함으로써 그 정체성을 바로 유지하고 나타내라는 것이다. 안식일을 지키는 것은 그것이 하나님의 명령이기 때문만이 아니라 연약한 인간에게 주시는 유익하고 가장 합리적인 제도이기 때문이다.

안식일을 범하는 자는 사형에 처한다는 법을 통하여 미개한 시대의 이스라엘에게 강제적으로 이득을 주려고 하신 것인데, 사실 휴식 없는 무리한 노동 때문에 오는 질병과 허약과 죽음은 안식일을 범하는 대가가 아니겠는가?

2. 강제로라도 안식일을 지키게 하신 하나님과 이스라엘 민족의 슬기를 우리는 찬미해야 한다. 하나님의 법은 인간의 이익을 위한 것이지 결코 인간에게 손해를 주려는 것이 아니므로 우리는 준법정신을 가지고 하나님의 법을 바로 지키려는 노력을 해야 할 것이다.

언약의 돌판(板)(출 31:18)

해설

하나님은 시내산 위에서 모세에게 안식일 준수 특명까지 내리신 후에 당신의 손가락으로 손수 언약문을 쓰신 돌판 두 개를 모세에게 건네주셨다. 그것은 24장 12절에서 보는 대로 모세를 시내산 꼭대기로 불러올릴 때 약속하신 대로이다. 그 돌판에 적힌 글의 내용은 신명기 4장 13절과 5장 22절에 근거해 볼 때 십계명이었을 것으로 추정된다.

교훈

1. 십계명은 이스라엘(인간)에게 하나님께서 친히 돌판에 새겨 주신 것으로서 영구적이고도 지극히 뜻 깊은 언약이다. 하나님께서 지금까지는 모세에게 말로써 들려주셨지만 그것을 이제 문서로 만들어 주신 것은 그 말씀이 영구적으로, 또 누구에게나 전해져야 하고 지켜져야 하는 것이기 때문이었을 것이다. 따라서 그 언약은 오늘도 살아 있다.

2. 돌판이 두개였다는 것은 하나는 하나님에 관한 것이고 하나는 사람에 관한 것임을 말한다. 하나님은 하나님으로 바로 알고 그를 섬겨야 하고, 사람은 또 사람답게 대우하며 올바른 도리를 행해야 한다. 하나님의 일과 사람의 일을 혼동하지 말아야 하는 동시에 그 어느 하나도 없어서는 안 된다.

금송아지(출 32:1-35)

해설

이스라엘 백성을 애굽에서 구출하신 분은 물론 야훼 하나님이셨지만 이스라엘 백성의 눈에 보이는 자는 사람 모세였고 그들은 이 모세의 영도를 받으면서 나왔으므로 보이지 않는 하나님보다는 보이는 모세를 더 의뢰하고 있었을 것이고 모세를 하나님처럼 받들고 있었을 것이다. 그런데 그 모세가 시내산에 올라가서 거기에 오래 머물고 내려오지 않으니, 그들은 모세가 없는 상황을 매우 불안하게 생각하고 안절부절 못하고 있었다.

　기다리고 기다려도 모세가 내려오지 않자, 이스라엘 백성은 모세가 산에서 사라진 것으로 생각하고 그를 대신할 능력자들을 요구하기에 이르렀다. 백성이 아론에게 몰려와서 자기들을 지도할 신(神)들을 만들어 달라고 요청했다.

　아론도 백성의 생각과 같았던 모양이다. 그들의 요청을 들은 아론은 백성의 아낙네들과 자녀들이 차고 있던 금 귀고리들을 다 헌납하라고 명하였다. 그들이 금 귀고리들을 다 헌납하였고, 아론은 그것들을 녹여서 금송아지를 부어서 만들었다. 그러자 그들이 "이것들이 바로 너희를 애굽 땅에서 이끌어낸 너희의 신들이다."라고 말했다. 아론은 만들어진 금송아지를 보자 그 앞에 제단을 만들고 "내일이 야훼를 위한 축제일이다."라고 말했다. 그들은 다음날 이른 아침에 그 금송아지에게 번제와 화목제를 드리고 앉아서 먹고 마시고 일어나 떠들며 흥청댔다.

　이 광경을 보신 야훼는 노발대발하여 모세더러 어서 내려가라고 명령하여 말씀하셨다. "네가 애굽 땅에서 데리고 나온 네 백성이 패역한 짓을 했다. 내가 그들에게 명령한 길에서 돌아서서 자기들을 위하여 송아지 상을 만들고 그것에게 절을 하며 제사를 드리고는 '오, 이스라엘아! 이것들이 너희를 애굽 땅에서 너희를 데리고 나왔다.'라고 하는구나." 그러면서 야훼가 당신의 평가와 의도를 말씀하셨다. "내가 이스라엘을 보니, 그들은 목이 곧은 자들이다. 나는 화가 나서 참을 수가 없다. 그들을 없애버리고, 너에게서 하나의 위대한 나라를 만들겠다."

　야훼의 이 말씀을 들은 모세는 극구 야훼를 만류하였다. "야훼여! 당신이 당신 자신의 위대하신 능력과 강한 손으로 애굽에서 끌어낸 당신의 백성에게 어찌 그렇게도 노발대발하십니까? 당신이 그들을 없애버린다면 우선 애굽 사람들이 당신을 비난할 것입니다. 당신이 그들을 데려내다가 산에서 죽이고 지면에서 사라지게 하려는 악의를 품으셨던 것이라고 말입니다. 제발 화를 풀고 생각을 바꾸어 그들에게 내리려는 재난을 거두십시오." 다른 한편으로는 여기서 야훼가 그들을 다 없애버리신다면 그가 친히 아브라함과 이삭과 야곱에게 맹세하며 말씀하셨던 그 약속을 어기는 것이니 그 약속을 기억하셔서 제발 생각을 돌려주시기를 간청하였다. 그러자 야훼는 이스라엘에게 재난을 내리시려는 계획을 취소하셨다.

일단 이렇게 사태를 수습한 뒤에 모세는 하나님께서 앞면과 뒷면에 언약의 계명을 친히 새겨주신 두 돌 판을 들고 산에서 내려왔다. 내려오는 도중에 산 밑에서부터 소란한 소리가 들려오자, 시중들려고 따라갔던 여호수아는 "진영 안에 전쟁이 일어났나 봅니다."라고 말했다. 그러나 모세는 이미 실상을 알고 "아니다. 그 소리는 전쟁 승리자의 소리도 아니고 패배자의 소리도 아니고 먹고 마시며 흥청대는 자들의 소리다."라고 하였다.

아니나 다를까 모세가 진영에 접근하며 보니 금송아지가 있고 사람들은 춤을 추고 있었다. 그 광경을 목도한 모세는 화가 치밀어 손에 들고 있던 돌판들을 내동댕이쳤고, 산 밑에서 그것들이 산산조각이 나버렸다. 모세는 그들이 만든 금송아지를 불에 넣어 우선 그 모양을 없이 하고, 다음에는 그것을 빻아 가루로 만들어서 물에 타가지고 백성들로 하여금 그 물을 마시게 했다.

그리고는 모세가 그의 형 아론에게 말했다. "이 백성이 형님께 무슨 일을 했기에, 그들에게 그렇게도 큰 죄를 안겨주었습니까?" 아론은 화가 극도로 난 모세를 달래면서 사실을 말했다. "동생이 아는 대로 이 백성의 근성이 못되먹지 않았는가. 자기들을 애굽에서 이끌어낸 사람 자네(모세)가 지금 어디 갔는지 알 수 없으니, 자기들을 인도할 신들을 만들어 달라는 거야. 그래서 금을 가진 사람들은 다 내놓으라고 했더니, 그들이 금을 내놓았고, 나는 그것을 불에 던져 넣었고, 거기서 송아지가 나왔네."

이런 대화가 오가는 동안 백성은 그냥 난동을 부리고 있었다. 그 주변에 살고 있는 원주민들은 이스라엘 군중의 난동을 구경하면서 냉소를 던지고 있었다. 모세는 이스라엘 진영 입구에 서서 "야훼 편에 설 자가 누구냐? 그 사람은 나에게로 오라."는 명령을 내렸다. 그러자 레위 족속의 사람들이 모두 모세에게 몰려왔다. 거기서 모세는 야훼의 말씀이라고 하면서, 검을 하나씩 차고 가서 진영으로 들어가 형제자매든 친구든 이웃이든 닥치는 대로 죽이라고 명령했다. 레위 자손들은 모세가 명령한 대로 해서 그날에 약 3000명을 죽였다. 모세는 그 살육한 자들에게 "당신들이 아들과 형제를 죽였지만, 오늘 당신들은 야훼를 섬기는 일에 헌신하였고, 따라서 당신들에게 축복을 가져온 것입니다."라고 말했다.

다음날 모세가 백성에게 말했다. "당신들이 큰 죄를 지었습니다. 그러나 내가 지금 야훼께로 올라가 당신들을 위하여 속죄하는 일을 해보려고 합니다." 모세는 야훼께로 다시 올라가서 여쭈었다. "이 백성이 큰 죄를 저질렀습니다. 자기들을 위해서 금으로 신들을 만들었으니 말입니다. 그러나 그들의 죄를 용서해 주실 수 있겠습니까? 그렇지 않으시려거든 내 이름을 당신의 책에서 지워주십시오." 모세의 그 호소에 대한 야훼의 대답은 원칙적인 것이었다. "나에게 죄를 지은 사람 그 자신이 내 책에서 제명될 것이다." 그러면서 모세에게 용기를 주며 종전대로 사명을 수행하라고 지시하셨다. 하나님께서 천사를 앞세워주시겠다는 것이었다. 그러나 벌을 줄 때가 올 터인데, 그때에는 그들을 지은 죄에 따라서 벌하시겠다는 것이다.

그 후에 야훼는 이스라엘 백성이 그 금송아지를 만든 죄 때문에 그들에게 재앙을 내리셨다.

교훈

1. 이스라엘 백성이 야훼 하나님의 그 큰 능력을 체험하고도 그를 마음에 붙들지 못하고 하나님의 대행자에 불과한 모세를 신격화하여 그를 의지하고 있었다. 그러다가 그가 오랫 동안 눈에 보이지 않으니까 불안을 느끼면서 그를 대신하는 어떤 유형적인 신들을 모시고자 했던 것이다. 이렇게 인간은 어리석어서 눈에 보이지 않는 참 하나님보다는 유형적이고 쉽게 감지할 수 있는 어떤 우상을 만들어 그것을 의지하려고 한다.

오늘도 사람들은 승천하여 영광 속에 계시는 그리스도를 믿으면 되는데, 자꾸만 십자가에 달려 있는 예수 상(像)(crucifix)을 만들어서 그것을 믿으려고 한다. 우상 숭배는 결국 인간의 어리석음을 말한다.

2. 아론까지도 백성의 간청을 들어주고 금송아지 만드는 일을 주도했으니 어찌 그럴 수 있었을까 하는 생각이 든다. 결국 아론은 확신이 없는 자였고 꼭두각시였던 것 같다. 지도자의 감투와 자리를 차지하고 있으면서도 백성을 바른 길로 인도하지 못하고 큰 죄를 짓게 하는 경우가 있음을 여기서 볼 수 있다. 올바른 지도자가 되는 일, 올바른 지도자를 모시는 일이 얼마나 중요한지 새삼 느끼게 된다.

3. 금송아지를 만든 이스라엘 백성에 대해서 극도의 진노를 가지신 하나님을 보면서 오늘 우리도 과연 우상을 만들고 있지 않은가, 우리도 이스라엘처럼 목이 곧은 사람들이 아닌가, 즉 하나님이 그렇게도 말리고 엄히 명령하는데도 계속 우상을 만들고 있는 사람들이 아닌가, 결국 하나님께서 없애버리시겠다고 하시는 그 진노를 받을만한 사람들이 아닌가를 반성해야 할 것이다.

4. 모세의 탄원은 하나님의 진노를 접게 하였다. 하나님께서 큰 은총과 능력으로 구원해 내신 백성이 죄를 지을 때, 하나님의 상심과 실망은 그만큼 크실 것이고, 진노도 크실 것은 당연하다. 그러나 그들을 멸망시키신다면 마귀가 기뻐하고 세상이 조롱할 것이 분명하다. 그리고 가나안을 주시겠다고 하신 약속, 영생을 주시겠다는 약속이 무너질 것이 아닌가? 그것은 하나님의 신실성을 훼손하는 일이고 따라서 악마가 바라는 것이기에 하나님은 모세의 탄원을 들어주시고 이스라엘을 몰살할 계획을 접으신 것이다. 하나님은 당신의 종들의 정당한 탄원을 들어주신다. 하나님은 합리적이신 분이시기 때문이다.

5. 하나님께서 손수 계명을 돌판에 새겨주셨는데, 그 귀한 물건을 자기고 내려온 모세는 백성의 난동을 목격하는 순간에 극도의 진노와 홍분 끝에 그 돌판들을 내동댕이쳐서 부수어버렸다. 그만큼 모세가 이성을 잃을 정도로 격분했다는 것을 말해 주는 장면이다. 그 행동에 대해서 하나님은 모세를 책망하지 않으셨다. 그리고 후에 다시 같은 것을 주셨다. 죄를 보고 격분하는 마음과 태도는 옳은 것이다. 모세는 그의 백성에게 죄를 철저히 깨닫게 하기 위해서 금송아지를 만들었던 금을 가루로 빻아 물에 타서 마시게 했다. 그것은 자기들이 지은 죄의 대가를 스스로 져야 함을 상기시키기 위한 행동언어가 아니었을까?

6. 모세에게 추궁을 당한 아론은 멋적게 변명했다. 백성이 악해서, 또 해 달라고 해서 그리했는데, 모세가 오래 떠나 있어서 일어난 일이니 모세에게도 책임이 어느 정도 있지 않느냐고 하면서 자기는 금을 모아서 불에 던져 넣었는데 거기서 금송아지가 나왔다는 식으로 발뺌하였다. 아론은 지도자답지 않은 언동을 한 것이다. 아론은 책임을 질 줄 모른 지도자로 나타났다. 우리는 그런 사람이 되어서는 안 될 것이다.

7. 모세는 광란의 도가니로 수라장이 되어 있는 그 상황을 멈출 수 있는 길을 모색했다. 그냥 내버려두면 이스라엘 백성이 완전히 돌아서 몽땅 이방인들처럼 될 지경이었다. 모세는 야훼 편에 설 사람은 나오라고 하여 모여든 레위인들에게 흥분해 있는 백성의 진영을 두루 다니며 닥치는 대로 칼로 쳐 죽이라고 명령했다. 그렇게 해서 3000명을 죽였고, 그것으로써 그들의 난동은 끝이 났다.

사람의 귀한 목숨을 끊은 것은 끔찍하고도 잔인한 일이었지만 아마도 그렇게 하지 않고는 그 사태를 수습할 수 없었기 때문이었을 것이다. 그러니 사람들을 죽인 사람들은 하나님의 도구가 된 셈이어서 자책하기보다는 하나님을 섬기는 일을 했기에 복을 받아 마땅하다고 위로해 주었다. 결국은 그 금송아지 사건이 얼마나 험한 사태를 몰고 왔던가를 말해준다. 3000명의 목숨이 희생되고서야 낙착된 사건이었으니 말이다.

8. 3,000명이 죽은 것으로 이스라엘의 죄 문제가 해결된 것은 아니었다. 모두가 죄를 지었는데 3,000명만 죽는다고 어떻게 해결되겠는가 말이다. 여기서 모세는 하나님 앞에 나아가 그 죄를 해결해 달라고 탄원하였고 자기가 생명책에서 이름이 지워져도 좋으니 이스라엘의 죄를 묻지 말아 달라고 애원했다. 이 어찌 훌륭한 지도자의 자세가 아니겠는가!

그러나 하나님은 원칙을 말씀하셨다. 죄 지은 자가 그 죄 값을 받아야 한다는 것이다. 역사의 심판자이신 하나님은 공정하게 죄의 값을 물으신다는 것이다. 자기가 지은 죄에 대한 값을 자기가 치러야 한다는 생각이 없다면 사회는 얼마나 혼란해질 것이냐 말이다. 그 하나님은 지금도 살아 계시고, 그의 원칙도 그대로 살아 있다. 그러나 우리는 그리스도 예수 안에서 대속의 은총을 입고 기뻐하는 자들이다.

9. 상선벌악의 원칙이 그대로 시행되는 가운데 역사는 하나님의 계획대로 진전해야 한다. 하나님은 모세에게 전진하라고 명령했고 당신의 천사를 동행하게 하겠다고 하면서 그를 격려하셨다. 하나님은 오늘도 당신의 사자들을 세우고 돕는 자를 보내 협력하여 하나님의 왕국 건설의 일을 하게 하신다. 사람들은 여전히 죄를 짓고 있으며 하나님의 백성 된 자들 역시 여전히 죄를 짓고 있지만, 하나님은 지금도 그의 계획을 이루기 위해서 역사를 진전시키고 계신다.

시내산을 떠나라는 명령(출 33:1-6)

해설

이스라엘은 죽을죄를 지었지만, 하나님은 당신의 계획을 수행하시기 위해서 모세더러 시내산 지역을 떠나서 약속의 땅 가나안을 향하여 떠나라고 하셨다. 당신의 사자를 앞세워 보내고 가나안 원주민들을 하나님께서 쫓아내 주시겠다는 것이다. 그러니 가나안 땅 곧 젖과 꿀이 흐르는 좋은 곳으로 어서 떠나가라고 하셨다. 그러나 하나님 자신은 그들과 어울려서 가시지 않겠다는 것이다. 이스라엘은 목이 곧은 자들이요 불순종을 다반사로 여기는 자들이니, 당신이 그들과 동행하다가는 도중에 그들을 다 불살라 버릴지도 모른다는 것이다. 그러면서도 여유를 주셨다. 모든 몸치장을 하지 않고 근신하라는 것이었다. 그리하면 그들이 할 일을 지시하시겠다고 하셨다.

이 말을 들은 이스라엘 백성은 몸단장을 하지 않고 애통하면서 시내산(호렙산) 지역을 떠나갔다.

교훈

1. 하나님은 당신의 계획을 이루시기 위해서 모세와 이스라엘 백성을 시내산 지역에서 앞으로 전진하게 하셨다. 그들은 죄 값으로 당장에 멸망을 받아 마땅하지만, 야훼는 인내의 하나님이시기도 하시다.

그리고 그의 계획을 이루시는 분이시다. 즉 사람이나 사탄이 방해한다고 해서 좌절하시는 분이 아니시다. 그의 계획을 완수하기 위해서는 사람들에게 방임할 수는 없는 일이다.

그래서 하나님은 당신의 사자를 앞세워서 일하신다. 그리고 이스라엘의 힘으로는 가나안 7족 민을 몰아낼 재간이나 힘이 없기에 하나님께서 해 주시겠다고 약속하셨다. 얼마나 자상하시고 용의주도하신 하나님이신가!

2. 하나님은 이스라엘에게 엄포를 놓으며 그들의 회개와 근신을 촉구하셨다. 그들의 죄를 생각한다면 당장에라도 멸망시킬 생각이 든다는 것이다. 목이 곧은 그들의 작태를 그대로 보인다면 어느 순간에 진노의 불을 내릴지 모른다고 하면서 그들의 근신과 회개를 종용하셨다.

그래서 이스라엘은 시내산 지역을 떠난 순간부터 소복을 입고 근신하며 애통하면서 전진했다. 그러나 그들이 그런 생각을 오래 가지지는 못했다.

하여간 하나님은 오늘도 우리더러 죄 없는 삶을 살라고 신신당부하고 계시며, 당신의 말씀을 순종하라고 명령하고 계시는 것이 사실이다.

진영 바깥에 친 회막(출 33:7-11)

해설

이스라엘 백성이 시내산 밑에 진을 치고 있을 때는 그 진 한복판에 회막 곧 성막을 치고 지냈는데, 시내산을 떠난 후부터는 모세가 진영에서 멀리 떨어진 곳에다 회막을 세우곤 했다. 위에서 말한 대로 하나님이 그 백성 한가운데 같이 계시다가는 언제 화가 치밀어 벌을 내리실지 모르기 때문이라고 보아야 할 것이다. 그래서 야훼를 찾는 자는 누구든지 진영 바깥에 있는 회막까지 나와야 했다. 그리고 모세가 진영을 떠나 그 회막이 있는 곳으로 나가면, 백성은 각각 자기들의 천막 문에 나와 서서 모세가 성막에 들어가기까지 지켜보았다. 모세가 그 회막에 들어서면, 구름 기둥이 내려와서 그 회막 입구에 서고, 야훼가 모세에게 말씀을 하셨다. 백성은 구름 기둥이 회막 입구에 서 있는 것을 보면, 그들의 천막 입구에 서서 절했다. 이렇게 야훼는 친구 사이에 하듯이 모세와 면대하고 말씀하셨다. 모세는 하나님을 면대하는 일이 끝나면 자기 막사로 돌아왔고, 여호수아는 그대로 성막에 남아 있었다.

교훈

1. 모든 제도는 형편에 따라서 바뀔 수 있다. 원래는 하나님께서 이스라엘 백성 한복판에 같이 계시기로 하고 진을 칠 때 성막을 가운데 두고 그 둘레 사방에다 백성의 천막들을 배치하셨던 것이다. 그러나 이제는 성막을 진영 바깥으로 옮기셨다. 제도 그 자체가 중요한 것이 아니고 하나님과 인간의 관계가 어떠하냐에 따라서 제도는 바뀔 수 있다. 한 가지 제도를 고집하는 것이 능사는 아니다.

2. 이스라엘은 하나님의 성소가 진영 바깥으로 옮겨간 것을 보면서 각성해야 할 것이다. 죄가 있고 더러움이 있는 곳에 하나님이 같이 계실 수 없다는 사실을 깨닫고 자신의 심신을 정결케 하여 하나님을 모실 수 있게 해야 할 것이다. 하나님은 그것을 원하신다. 임마누엘의 하나님은 우리와 같이 계시기를 원하신다.

3. 하나님은 정결한 자를 만나 그와 말씀을 주고받으신다. 모세가 그 실례이다. 하나님을 면대하고 자유로 교통할 수 있는 순수성과 정결을 가져야 한다. 마음이 청결한 자는 하나님을 볼 것이라고 예수님도 말씀하셨다(마 5:8).

4. 구름 기둥이 하늘에서 내려와 회막 문 앞에 서는 것으로서 하나님이 그 성막에 임재하시는 것을 상징적으로 보여주셨다. 형상은 보이지 않지만 존재하시는 야훼 하나님을 이스라엘 백성에게 가르치기 위해서 이렇게 날마다 구름 기둥을 보여주셨다. 그 구름 기둥을 통해서라도 하나님의 임재를 의식하라는 것이었다.

오늘 우리는 구름 기둥의 기적이 없을지라도 현존하시는 하나님을 의식하고 믿고 따라야 한다. 우리에게는 기록된 하나님의 말씀이 있기에 더 큰 증거를 가지고 있는 셈이다.

5. 모세의 시종 여호수아는 성막을 떠나지 않았다. 모세의 뒤를 이어야 할 큰 책임이 있는 자이기에 그에게는 많은 수련이 필요했다. 이스라엘 백성을 이끌고 가나안 땅을 성공적으로 정복한 사건으로 미루어 볼 때 모세 밑에서 견습하면서 쌓은 그의 훈련이 얼마나 적절하였는지 알 수 있다. 신령한 훈련을 넉넉히 받고 성공적으로 일한 여호수아처럼 오늘의 사역자들도 잘 준비하고 충분히 훈련받아야 한다.

모세의 중보기도(출 33:12-23)

해설

모세는 야훼 하나님과의 진지한 대화를 하는 가운데 이스라엘의 영도자로서 세 가지를 하나님께 기도했다.

첫째로 "당신은 나더러 '이 백성을 데리고 가나안으로 가라!'고 하셨지만, 천사를 앞세워 준다고만 하셨지 구체적으로 누구를 동행하게 하시겠다는 말씀을 안 하셨습니다. 그리고 '나는 네 이름을 안다. 그리고 너는 내 총애를 입은 자이다.'라고 하셨습니다. 내가 당신의 총애를 입은 자라면, 당신의 길들을 보여주십시오. 그렇게 해서 내가 당신을 알고, 총애를 받게 해 주십시오. 그리고 이 나라가 당신의 백성이라는 것을 생각해 주십시오." 이 간청에 대해서 하나님은 "내 얼굴(〈파나이〉, פָּנַי, '나 자신')이15) 너와 같이 갈 것이고, 내가 너에게 안식을 줄 것이다."라고 대답하셨다(33:12-14).

둘째로 모세는 하나님께 다음과 같이 여쭈었다. "당신의 얼굴이(당신 자신이) (나하고만 같이 계시고) 우리 곧 이 백성과 같이 가지 않으신다면, 우리를 여기서 데리고 나가지 말아주십시오. 당신이 우리와 같이 가시지 않는다면, 나와 당신의 백성이 당신의 총애를 입었다는 것을 어떻게 알겠습니까? 당신이 우리와 동행하셔야만, 나와 당신의 백성이 이 땅의 다른 사람들과 다르다는 것이 드러날 것 아닙니까?" 이 말에 대해서 야훼의 대답은 다음과 같았다. "네가 하라는 대로 하겠다. 내가 너를 알고, 너는 내 총애를 입었다."(33:15-17)

셋째로 모세는 하나님의 영광을 보여 달라고 간청했다. 그 청원에 대해서 하나님은 다음과 같이 대답하셨다. "내가 나의 모든 좋은 것을 네 앞에 지나가게 하겠다. 그리고 너에게 야훼라는 이름을 선포하겠다.

---

15) 개역성경에서는 '내가 친히'로 옮겼다.

내가 자비를 베풀 자에게 자비를, 은혜 베풀 자에게 은혜를 베풀겠다.
그러나 네가 내 얼굴은 볼 수 없다. 나를 보고 살아남을 자가 없느니라.
내가 곁에 있는 바위에 너를 세울 터인데, 내 영광이 지나갈 때 너를 절
벽에 세우고, 내가 다 지나갈 때까지 내 손으로 네 얼굴을 가릴 것이다.
그리고 내 손을 떼면 나의 뒷 모습을 보게 될 것이고 내 얼굴은 보이지
않을 것이다."(33:18-23)

교훈

1. 모세는 이스라엘의 인도자로서 시내산 밑을 떠나서 전진하라는
하나님의 말씀을 들었지만 그들과 동행하시지는 않겠다는 하나님의
말씀에 충격을 받았다. 그래서 그는 중보자로서 하나님께 간청했다.

첫째로 천사가 모세 앞에서 인도하리라는 하나님의 약속의 말씀을
들었지만 구체적으로 어떤 천사이고 어떻게 무엇을 할 것인지 알 길이
없었으므로 어떤 천사인지 어떤 식으로 인도하실는지 알려 달라고 했
다. 그러나 요점은 하나님께서 이스라엘이 그의 백성이라는 사실을 고
려해달라는 것이다. 가장 중요한 것은 하나님이 고려하시는 대상이 되
는 것이다. 하나님이 고려하시는 대상에서 사라진다면 끝장이다.

하나님의 대답은 모세 개인과는 동행하고 그에게는 안식을 주시겠
다는 것이다. 모세 개인은 안전을 보장받았다. 그러나 하나님께서 이스
라엘과는 동행하시지 않겠다는 것이기에 모세는 안타깝고 답답했다.
그래서 모세는 다시 간구하게 되었다.

2. 둘째 간구도 비슷한 것이다. 이스라엘이 죄 지었고 하나님의 진
노를 샀지만 용서하시고 제발 그들과 동행해 달라는 것이었다. 그렇지
않을 바에는 시내산 지대에서 떠나지 않게 해 달라고 했다. 하나님이

같이 계시지 않으면 이스라엘이 다른 민족과 다를 것이 조금도 없다. 전능자 하나님이 이스라엘과 같이 계심으로써 이스라엘에게 특색이 있는 것이다.

모세의 믿음으로 이렇게 간청한 것을 하나님은 들어주셨다. 즉 하나님께서 이스라엘과 동행하시기로 마음을 바꾸신 것이다. 하나님의 총애를 받는 자의 기도를 하나님은 들어주신다.

3. 하나님을 뵙고자 하는 것은 하나님을 믿는 자들의 공통된 염원이라고 할 수 있다. 모세가 오랫동안 하나님과 교통을 하며 살았고 그의 음성을 듣고 그의 능력을 여실히 체험하였지만 하나님의 얼굴을 본 적이 없었기에 내치는 김에 그의 오랜 염원을 하나님께 아뢴 것이다. 하나님의 영광을 보여 달라는 것은 하나님 자신을 보여 달라는 말이라고 생각된다.

그러나 하나님은 모세의 그 요청을 들어줄 수가 없었다. 그것은 불가능한 일이기 때문이다. 그러나 가능한 만큼의 자기 계시를 약속하셨다. 우선은 하나님의 모든 좋음과 아름다움과 선하심을 보여주시겠다는 것이다. 그것을 통해서 하나님을 그만큼 알게 된다. 다음은 야훼라는 이름을 가진 하나님이심을 재확인시키겠다는 것이다.

야훼라는 이름을 가진 하나님은 한 분뿐이시고, 그가 창조자이시기에 그가 야훼라는 사실을 아는 것이 바로 하나님을 바로 아는 것이다. 그리고 모세에게 하나님의 자비와 은총을 베푸시겠다는 것이다. 즉 하나님의 또 다른 측면, 곧 그의 자비와 은총을 받음으로써 하나님의 그런 모습을 알게 되는 것이다.

그러나 상대적인 인간은 절대자이신 하나님의 얼굴을 볼 수는 없다. 즉 그의 정체를 통채로 보거나 알 수는 없다는 말이다. 단지 하나님의 부분적인 측면, 또는 그의 속성이나 성격의 일부를 아는 것 이상은 할 수 없다. 여기서는 모세에게 그의 뒷모습만 보여주시겠다고 하셨는데, 결국은 하나님의 한 부분만을 볼 수 있다는 말이다. 여기서 우리는 하나님의 절대성을 알아야 한다. 사람의 머리로나 판단력을 가지고 하나님을 다 안다는 것은 불가능하다는 말이다. 작은 그릇에 그보다 큰 것을 넣으려고 하면, 그 그릇은 터지고 깨지게 마련이다.

모세가 돌판을 새로 만들다(출 34:1-9)

해설

야훼께서 모세더러 전번의 것과 같은 돌판 두 개를 만들라고 지시하셨다. 거기에다 하나님께서 다시 그 말씀을 써 주시겠다는 것이었다. 아침에 시내산으로 혼자서 올라와 하나님 앞에 나타나라고 하셨다. 그리고 어떤 사람도 가축 한 마리도 그 산에 나타나면 안 된다는 것이었다. 그래서 모세는 하나님의 명령대로 전번의 것과 같은 돌 판 두 개를 만들어 가지고, 아침에 시내산에 올라갔다. 야훼께서 그 산에 내려오셔서 구름 속에서 모세와 함께 서서 약속하신대로 "나는 야훼니라."하고 선포하셨다. 그리고는 모세 앞을 지나가면서 다음과 같이 선포하셨다.

> "나는 야훼, 야훼,
> 자비와 은혜의 하나님,
> 노하기를 더디 한다.
> 꾸준한 사랑(〈헤셋〉, חֶסֶד)과 성실함(〈에멧〉, אֱמֶת)이 풍성하다.
> 천 대까지 꾸준히 사랑하고,

악(〈아온〉, עָוֹן)과 잘못(〈페샤으〉, פֶּשַׁע)과
죄(〈핫타아〉, חֲטָאָה)를 용서한다.
그래도 결코 그 허물을 지우지는 않을 것이며,
부모의 악행(〈아온〉, עָוֹן)을 자손에게
자손의 자손에게
삼사 대까지 응징하리라"(34:6-7).

이 말을 들은 모세는 잽싸게 머리를 땅에 대고 절을 했다. 그리고 말했다. "오 야훼여! 내가 당신의 총애를 입었다면, 제발 우리와 동행하옵소서. 이 백성이 목이 곧은 것이 사실이오나, 우리의 악과 죄를 용서하옵소서. 그리고 우리를 당신의 몫으로 삼으소서."

교훈

1. 야훼는 약속을 지키시는 하나님이시다. 그리고 모세의 간청을 들어주셨다. 이스라엘에 대한 진노를 거두고 다시 언약의 돌판을 써 주기로 약속하고 모세를 시내산으로 불러올리셨다. 고마우신 하나님이 아니고 무엇인가!

2. 약속대로 하나님은 당신의 이름이 야훼이심을 모세에게 선포하셨다. 그 이름이 가지고 있는 뜻이 너무도 귀하고 크고 함축적이어서 그런 이름을 가지신 존재가 나의 하나님이 되는 그 자체가 축복이 아닐 수 없는 것이다.

3. 하나님의 영광을 보여 달라고 한 모세의 간청(33:18)에 대한 응답으로 하나님은 당신의 성격을 친히 말씀하여 들려 주셨다. 하나님은

자비와 은혜와 사랑과 성실하심이 풍성하셔서 노하기를 더디 하며 죄
를 용서해 주시는 분이라는 것이다. 그렇다고 악행을 무시해버리는 분
은 아니고 죄값을 본인은 물론 그의 삼사 대 자손에게까지 묻는 공의의
하나님이시라는 것이다. 그러나 은총은 천 대까지 베푸시고 죄에 대한
응징은 삼사 대까지 하신다는 것은 그의 은총이 엄청나게 더 크다는 것
을 말하는 것이 아닌가?

우리는 하나님의 그 크신 사랑의 모습을 보아야 할 것이나 악을 철
저히 미워하시는 분이라는 사실도 명심해야 한다.

4. 모세의 탄원이 우리의 탄원이 되어야 할 것이다. 모세는 야훼 하
나님더러 제발 자기들과 동행해 달라고 간구했다. 하나님이 떠나시면
우리는 아무 것도 할 수 없으며 우리는 아무 것도 아니기 때문이다. 우
리가 악한 것이 사실이기에 하나님의 용서를 비는 수밖에 없다. 그가
우리를 용서함으로써만 우리는 그 앞에 설 수 있기 때문이다. 그리고
제발 우리를 하나님의 소유로 삼으시고 어여삐 보아 주십시오 하는 것
이 우리의 소원일 수밖에 없다. 우리를 버리지 마시고 아껴주셔야만 우
리가 하나님과 함께 그 언전에서 살 수 있을 것이기 때문이다.

언약 갱신(출 34:10-28)

해설

이제 이스라엘 백성이 시내산 지대를 떠나 약속의 땅을 향하여 전진
하려고 할 때 즉 실제로 가나안 현지의 상황을 구체적으로 전제로 하고
이미 세운 언약을 실정에 부합하도록 재해석하거나 추가할 필요가 생
겼다. 하나님은 이렇게 저렇게 하겠다고 약속하시고 이스라엘에게는

이렇게 저렇게 하라고 명령을 내리며 이스라엘 편에서 해야 할 일을 지시하셨다.

야훼께서는 다음의 것들을 약속하셨다. 하나님은 일찍이 이 땅 어디에서도 또 그 어떤 나라에서도 당신이 하신 적이 없는 기이한 일들(〈니플라옷〉, נִפְלָאֹת)16)을 행하겠다고 하셨다(34:10). 그리고 이스라엘 백성이 들어가서 사는 곳의 백성이 그 놀랍고 무시무시한 일을 보면서 야훼의 솜씨를 보게 될 것이라고 하셨다. 다시 말해서 가나안 일곱 원주민을 하나님께서 쫓아내시겠다는 것이다.

그러니까 이스라엘 백성 편에서는 야훼가 명령하시는 것을 지켜야 한다는 것이 언약의 요체이다.

그러면 이스라엘이 해야 할 일은 무엇인가?

(1) 이스라엘은 그들이 들어가서 사는 지방의 원주민과는 어떤 언약도 맺지 않도록 조심해야 한다. 그랬다가는 그 언약이 하나의 덫이 된다. 그들은 그들의 신과 간음을 행하고 그들의 신에게 제사하고 이스라엘 백성을 초대하여 제사 음식을 먹게 할 것이다. 그리고 그들과 잡혼을 하게 되고 결국 그들의 잡신들을 섬기게 될 것이다.

(2) 원주민들의 제단을 헐고 그들의 기둥(우상)들을 부수고, 거룩한 목상(木像)들을 잘라버려야 한다. 부어서 만드는 우상도 만들지 말라.

(3) 누룩 없는 빵을 먹는 축제17)(유월절)를 아빕 월에 7일 동안 지키며 누룩 없는 빵18)을 먹어야 한다.

(4) 맏배 짐승(가축)은 다 하나님의 것이다. 그리고 맏아들도 하나님의 것이다. 맏배 소나 양은 하나님께 바치고 맏배 나귀는 어린양으로 대신 바치고 맏아들 대신에 어린양을 바쳐야 한다.

---

16) 〈니플라옷〉을 개역성경에서는 '이적'으로 옮겼다.

17) 개역성경에서는 '무교절'로 옮겼다.

18) 개역성경에서는 '무교병'으로 옮겼다.

⑸ 하나님 앞에 나올 때 빈손으로 와서는 안 된다.

⑹ 엿새 동안 일하고 제 칠일에는 쉬어야 한다. 밭갈이 할 때도 추수할 때도 안식일에는 쉬어야 한다.

⑺ 일 년에 세 번 축제를 지켜야 한다. 유월절과 밀 가을 신곡축제19)와 추곡 추수 축제20)를 지켜야 한다. 모든 남자는 일 년에 세 번 야훼하나님 앞에 나와야 한다. 하나님이 국경을 지켜주고 지경을 넓혀 주실터이니 안심하고 이 세 축제에 야훼께 나와야 한다.

⑻ 피 흘리는 희생 제사를 드릴 때 누룩이 든 빵을 사용하지 않아야하며 유월절 음식을 아침까지 남겨두지 않아야 한다.

⑼ 땅 소산의 가장 좋은 첫 곡식을 야훼께 바쳐야 한다.

⑽ 새끼 양이나 염소를 그 어미의 젖으로 끓여서는 안 된다.

야훼는 모세에게 말씀하셨다. "이 말을 기록하라! 이것으로써 나와너와 또 네 백성과 언약을 맺었다." 모세는 산에서 40주야를 머물면서먹지도 마시지도 않았다. 그리고 돌판에 십계명을 적었다.

교훈

1. 창세기와 출애굽기에서 보면 하나님께서 사람과 여러 번 언약을맺으셨다. 아담, 노아, 아브라함, 또 여기에 이스라엘 백성과 언약을 맺으셨는데, 절대자 하나님께서 인간에게 엄청난 일을 해주셨거나 앞으로 그렇게 하실 것을 약속하면서 그 반응으로 인간더러 무언가를 하라고 당부하셨다. 하나님께서 하신 일이나 하실 일에 비교하면 인간이 할일은 너무도 적고 자연스럽다. 언약을 지킴은 인간 자신의 유익과 행복을 위한 것이다. 사랑과 자비가 극진하신 아버지 하나님께서 자식들의

---

19) 개역성경에서는 '맥추의 초실절'로 옮겼다.

20) 개역성경에서는 '수장절'로 옮겼다.

행복을 위해서 주시는 가장 적절한 길을 명하시는 것이다. 그런데 사람들은 어리석게도 하나님이 세우신 언약을 부담스럽게 생각하거나 망각 내지는 무시하고 그것을 지키지 않음으로써 하나님이 약속한 행복을 잃고 있다. 참으로 어리석은 인간이 아닌가!

2. 하나님은 이스라엘을 택하고 그들이 처한 상황에 따라서 적절한 언약을 맺으셨다. 십계명이라는 기본법을 바탕으로 삼고 그들이 처한 상황에서 구체적으로 당면할 사항들을 생각하여 시행세칙을 주셨다. 이스라엘은 이제 야훼 하나님을 알지 못하고 우상을 섬기는 일곱 원주민족이 살고 있는 가나안으로 들어가야 하므로 그 상황에서 야훼 신앙을 가지고 사는 방식을 가르치신 것이다. 하나님은 오늘도 교회가 당면한 여러 가지 새 상황에서 바르게 사는 방안을 교회 회의와 성령의 지시를 통하여 가르치고 지시하신다.

3. 여기에 나타난 새 언약의 기본 정신은 야훼 신앙의 변질을 막으라는 것이다. 가나안에 있는 정착민들의 문화와 종교가 오랫동안 유목 생활을 한 이스라엘 사람들에게는 매력적이어서 유혹당할 가능성이 너무도 크기 때문에 하나님은 사전에 언약을 세워 그 위기를 피하게 하려 하셨다. 세상 풍조에 물들지 않고 올바른 신앙을 유지하는 것이 하나님의 뜻이며 기뻐하시는 바라는 사실을 오늘 우리도 기억해야 한다.

4. 야훼 신앙을 견지하는 방법 중의 하나는 하나님이 정해주신 명절을 잘 지키는 것이다. 특히 유월절을 잘 지켜서 과거의 역사를 기억하는 것이다. 안식일과 세 번의 큰 명절을 지키면서 하나님을 찬양하고 그의 은혜를 기억하는 것이다. 주일을 거룩하게 지키고 될 수 있는 대로 자주 성찬식을 거행하는 것이 신앙을 바로 지키는 첩경이다.

5. 올바른 예배 정신이 필요하다. 하나님의 은혜를 깨닫고 감사하는 마음을 언제나 지녀야 하므로 그 표로서 맏배 짐승을 하나님께 바치고 생활필수품인 나귀의 경우나, 사람의 경우에는 양으로 대신 바치라는 것이다. 하나님 앞에 나오면서 빈손으로 나오거나 아무것이나 마구 가지고 나온다든가 해서는 안 된다. 그리고 법도에 어긋나는 방식으로 예배를 해서는 안 된다. 하나님을 최고의 존재로, 그가 아니면 내가 존재할 수 없다는 생각으로 그에게 정성을 다하려는 생각을 가지고 살며 그를 예배해야 한다.

6. 하나님은 그 언약의 말씀을 모세더러 기록으로 남기라고 하셨다. 그리하여 모세는 십계명을 다시 돌판에 적었다. 그런 기록들이 보존되고 그것이 기초가 되어 확대되고 해석되어서 구약성경이 이루어진 것이다.

우리도 기록의 중요성을 생각해야 한다. 한국 사람의 약점은 기록을 별로 하지 않는다는 점이다. 특히 귀한 말씀을 기록하여 후대에게 물려준다는 것은 보화를 물려주는 일이 아닐까?

모세 얼굴의 광채(출 34:29-35)

해설

모세가 언약의 돌판 두 개를 들고 시내산에서 내려왔다. 그가 하나님과 대화함으로써 그의 얼굴 피부에서 광채가 나고 있었는데, 그 사실을 그 자신은 알지 못하고 있었다. 아론과 온 백성은 모세 얼굴 피부에서 광채 때문에 두려워서 가까이하지 못하고 물러갔다. 그러나 모세가 아론과 백성의 지도자들을 가까이 부르므로 그들이 그에게 다시 다가 왔고 서로 말을 주고받았다.

그 후에 이스라엘 백성이 다 모세 앞에 가까이 모였고, 모세는 산에 서 야훼가 하신 명령의 말씀을 전해 주었다. 모세는 그의 말을 마친 후 에 얼굴을 수건으로 가리었다. 그러나 그가 야훼와 대화하기 위해서 회 막에 들어갈 때는 수건을 벗고 회막에서 나와서는 수건을 쓴 채로 야훼 가 하신 명령을 백성에게 전달했다.

교훈

1. 신성한 존재는 광채 나는 얼굴을 가지고 있다고 옛날 근동 지방 사람들은 생각했다. 모세의 얼굴에서 광채가 나니까, 아론과 이스라엘 백성은 모세가 귀신이 아닌가 하는 생각을 했을 수 있다. 그래서 무서 워서 접근하지 못하고 물러났던 것으로 보인다. 어쨌든 야훼 하나님과 오래 사귀며 대화하며 지낸 모세의 얼굴에 광채가 났다는 것은 모세 자 신에게 그 원인이 있는 것이 아니고 오로지 야훼 때문이었다. 야훼의 영광이 그렇게도 크고 영향력이 있었기에 모세의 얼굴에 광택이 나게 만든 것이었다.

우리가 야훼 하나님께 가까이 나아감으로써 우리의 얼굴에도, 삶의 모습에도 광채가 나고 이변이 생겨서 남들이 우리를 보고 놀랄 정도가 되어야 하지 않겠는가?

2. 모세가 회막 밖에서 수건을 쓴 것은 백성의 불편을 덜게 하려는 배려다. 태양광선을 그냥 바라볼 수 없어서 색안경을 껴는 것처럼 모세 얼굴의 광채가 눈부실 정도여서 백성들이 쳐다보기가 거북하므로 모 세가 수건을 쓴 것이다. 지도자가 백성의 편리를 먼저 생각하고 자기를

낮추어 백성의 수준에 맞춤이 당연하다. 지도자가 백성더러 올라와서 자기의 수준에 맞추라고 강요할 수는 없다. 자기가 겪은 바를 백성에게 요구해서는 안 된다. 모세가 가진 특수한 경험은 그만의 것이다. 그것을 일반화하려는 것은 어리석은 일이고, 그것을 자랑하거나 그렇지 못한 사람을 무시하거나 자기의 경험을 표준화 내지는 평준화 하려는 것은 부당한 일이다. 그런 면에서도 모세는 아주 모범적인 지도자였다.

안식일 규정(출 35:1-3)

해설

이스라엘 백성이 금송아지를 만들어 그것을 예배하는 죄를 지음으로써 옛 언약이 깨어진 상태가 되었지만, 하나님은 모세의 중재의 탄원을 받아들여 그동안에 계시한 성소 건설계획(25-31장)을 계속 추진하게 허락하신다. 모세는 이스라엘 백성을 모아놓고 야훼가 명령하신 것이 이것이라고 하면서 새 상황에 걸맞는 내용의 지시를 내렸다. 그러면서 제일 먼저 지시한 것이 안식일을 반드시 지켜야 하고 지키지 않는 날에는 죽는다고 다짐했다. 안식일에는 누구의 집에서도 불을 지피지 말라고 했다. 음식을 만드는 일도 하지 말라는 말이다.

교훈

1. 이스라엘 백성의 공동생활에서 야훼를 믿는 종교 생활의 외형적 공동분모는 안식일 준수였다. 그것을 통해서 그들의 신앙생활을 유지하고 공동체 의식을 고양하고 개개인에게는 심신의 건강을 유지하게

하는 이득이 있었다. 강대한 타민족들 한가운데서 살아남고 정체성을 유지하는 방법은 이스라엘이 이스라엘다워야 하는 것이었다. 하나님이 주신 안식일 규정을 바로 지킴으로써 그들의 정체성을 계속 유지할 수 있고 하나님께 복받을 수 있었다.

2. 우리 그리스도인들의 정체성은 어떤 것이고 우리는 무엇을 결사적으로 지켜야 하는 것일까?

하나님께서 우리에게 무엇보다도 먼저 요구하시는 것이 무엇일까? 외형적인 제도나 법이 아니라 "당신(예수)이 바로 메시아이며 살아계시는 하나님의 아들이십니다."라는 신앙고백을 붙드는 일일 것이다. 그 반석 위에 하나님의 새 이스라엘 공동체 곧 교회가 세워졌으니까 말이다.

성막 건조(建造)를 위한 준비(출 35:4-19)

해설

모세는 이스라엘의 모든 회중에게 야훼의 명령이라고 하면서 하나님의 성소를 짓는데 필요한 재료를 너그러운 마음으로 헌납할 것을 지시하며 그 품목을 다시 열거했다(35:4-9). 그리고 이어서 만들어야 할 품목을 열거하며 그런 일을 할 기술자들더러, 나타나서 그 일을 해 달라고 종용한다. 그것은 이미 25-31장에서 말한 내용이다.

교훈

1. 하나님은 당신이 세우신 계획을 중단하거나 포기하지 않고 이루신다. 물론 앞으로 그 성막은 사라지고, 예루살렘에 지었던 솔로몬의 성전도 폐기하시지만, 우선은 이스라엘 백성에게 성소와 그 제도가 필요하기에 그 건조를 명령하신 것이다.

완성의 시대까지의 많은 중간 단계도 다 필요하고 중요한 것이다. 모든 중간 단계도 그 나름의 가치가 있다. 그러나 그 중간 단계의 것을 절대시하거나 뒤 곧 과거의 전통만 돌아보며 현재를 무시하거나 앞 곧 이상만 바라보면서 현실을 무시해서도 안 된다.

2. 하나님께서 현재 단계에서 이루시려는 일을 누가 할 것인가? 오늘의 사람이 그것을 맡아서 성심껏 해내야 한다. 아무리 분명한 계획이 있고 뚜렷한 청사진이 있어도 그것을 구체화하려는 의지와 노력이 없다면 그림의 떡이 되고 말 것이다.

하나님의 뜻은 오늘의 일을 오늘의 일꾼들이 해내는 것이다. 하나님은 모세를 통해서 그 시대의 일을 이스라엘의 기술자들에게 맡기신 것이다. 이스라엘 백성이 하나님의 명령을 순종하였고, 그만큼은 잘한 일이었다.

성막 건조를 위한 헌납(출 35:20-29)

해설

하나님의 지시가 모세를 통하여 내려졌으니 이제는 이스라엘 백성이 그 지시를 따르는 일만 남았다.

가장 먼저 할 일은 모든 재료를 갹출하는 것이었다. 모세의 말을 들은 백성이 즉각 모세 앞을 물러나왔다. 그들의 마음은 부풀어 올랐다. 의욕이 넘쳤다. 모세가 지시한 모든 필요한 재료를 자진해서 하나님께 헌납하였고, 방적 기술을 가진 아낙네들은 실을 만들고 베를 짜고, 모두가 자발적으로 성소 건조에 필요한 모든 것을 야훼께 헌납했다.

교훈

1. 이스라엘의 광야 생활이 얼마나 궁핍하고 어려웠으리라는 것을 어렵지 않게 짐작할 수 있다. 그런데도 이스라엘 백성이 모세를 통한 하나님의 명령을 듣고는 즉각 돌아가서 자진하여 성심껏 모든 필요한 재료를 헌납했다. 그 이유가 무엇이었을까?

그들이 금송아지를 만들어 예배한 대가로 3,000명이 죽었고 그밖에도 여러 가지 재앙을 겪으면서, 하나님이 얼마나 무서운 분이시라는 것을 깨달았기 때문이었을 것이다.

목이 곧은 이스라엘에게 하나님께서 매를 들었기 때문에 그 효과가 나타났다고 볼 수 있다. 뒤늦게나마 하나님을 두렵게 여겨 그의 명령을 순종한 것은 잘한 일이다.

2. 하나님은, 또 모세는 백성에게서 성소와 거기에 속한 모든 기물과 제사장 복장을 만들기 위한 자재를 강압적으로 징수한 것이 아니라 그들의 자의에 맡겼다.

기쁜 마음으로 자발적으로 하는 일이 더 아름답고 귀한 것이다. 거기에 주는 자와 받는 자의 기쁨이 있게 마련이다. 모든 것이 하나님께로부터 왔다는 사실을 생각하고 지금까지 자기들이 살아온 삶이 전적으로 하나님의 능력과 사랑으로 말미암았다는 것을 안다면 의당 하나님의 명령을 순종할 수밖에 없었을 것이다.

하나님의 은혜와 사랑과 능력을 깨닫고 감사하는 마음이 먼저 있어
야 하는 것이다.

브잘렐*과 오홀리압(출 35:30-36:7)

해설

성소와 거기에 속한 모든 것을 만드는 데 필요한 자재가 준비되었으
니, 이제는 그것을 가지고 실제로 물건을 만드는 일이 남아 있다. 그러
나 그것들을 만들기 위해서는 우선 기술자들이 있어야 하는 것이었다.
아마도 이스라엘 백성은 나름대로 다소의 기술을 가지고 있었을 터이
므로 자기들이 그 일을 맡아서 했으면 하는 생각을 가졌을지 모른다.
그러나 하나님의 집과 거기 속한 기물들을 아무나 만들어서는 안 되는
것이었다. 최고의 기술을 가진 자, 하나님의 영감을 받은 자가 최고의
작품을 만들어야 하는 것이다.

그래서 모세는 백성을 모아놓고 야훼의 계획을 말했다. 야훼는 이미
브잘렐*을 지명했으며, 그들에게 거룩한 영과 기술과 지능과 모든 분
야의 제조 지식을 채워주었다는 하셨다. 그리고 하나님은 브잘렐*에게
영감을 주셔서 자기 자신과 오홀리압을 가르치게 하셨다는 것이다. 그
리하여 이 두 사람을 머리로 하는 기술자 그룹이 생기고, 하나님께서
기술과 이해력을 부여하신 그들이 그의 명령대로 성소를 만들도록 하
셨다는 것이다. 그러니까 아무나 그 일을 하겠다고 나설 수가 없었다.

모세는 이렇게 백성들을 이해시키고 나서, 야훼가 기술을 주신 브잘
렐*과 오홀리압과 기타의 기술자들을 불렀다. 그들은 그 일을 할 생각
으로 마음이 부푼 사람들이었다. 모세는 백성들이 헌납한 자재를 그 기
술자들에게 내주었다. 그리하여 일이 시작되었다. 백성들은 계속해서

자재를 헌납하였고, 자재가 남아돌아갈 지경이었다. 그 사실이 모세에게 보고되었다. 그래서 모세는 더 이상 헌납하지 말라는 명을 내렸다.

교훈

1. 하나님이 주시는 영감과 기술과 지혜와 지식이 아니고서는 할 수 없는 일들이 있다. 평범한 사람이 할 수 있는 일이 얼마든지 있지만, 어떤 일은 하나님께서 직접 간섭하고 영감과 기술을 부여하여 이루신다. 즉 거룩한 일을 누구나 하겠다고 나서는 일이 비일비재하다. 그 특정인만이 할 수 있는 일을 하나님께서 유독 그에게 맡기시는 것이기에 그 일을 너 나 할 것 없이 하겠다고 나서면 그것은 하나님의 뜻이 아니고 거룩함을 깨뜨리는 일이 된다. 어느 시대에나 문제는 무자격자가 스스로 자격이 있다고 생각하는 바람에 일이 제대로 되지 않는 데 있다.

2. 하나님은 현명하게 일을 처리하셨다. 사람은 사람이고 대동소이하지만 하나님이 특별히 기술을 주시고 영감을 주시면 보통 사람도 특수한 일을 할 수 있다. 본문에서 강조한 것은 하나님이 영감과 기술을 어떤 사람들에게 부여하셨다는 사실이다. 하나님이 주시는 영감과 기술을 가지고 어찌 못할 일이 있겠는가!

3. 척박한 광야에서 힘들게 사는 이스라엘 백성이 하나님의 명령을 따라 필요한 모든 자재를 계속 바치는 바람에 그 헌납 자재가 차고도 넘쳐서 그만 가져오라는 모세의 명령이 떨어질 지경이었다. 그 역시 야훼 하나님의 기적이 아니었겠는가? 저마다 아끼고 인색한 마음을 가질 수밖에 없는 처지인데도 마음을 열고 필요 이상의 헌납을 할 수 있었던 것은 확실히 하나님의 영이 그들을 움직이셨기 때문일 것이다.

성막 건조(建造)(출 36:8-38)

해설

자재가 마련되었으니 이제는 실제로 물건을 만들 차례가 되었다. 기술자들이 나서서 하나님께서 명령하신 재료를 써서 하나님이 지시하신 척도와 방법대로 우선 열 폭으로 된 장막을 만들었다. 그리고 그 위에 덮으려고 염소 털실로 짠 열한 폭짜리 장막을 만들었다. 또 그 위에 덮는 막을 무두질한 숫양 가죽으로 만들고 좋은 가죽으로 그 위에 덮을 막을 만들었다.

다음은 성소 둘레를 막을 수직 판자들을 아카시아 나무로, 제정된 척도와 양식대로 만들었다. 그리고 그 연결된 판자들을 지지하는 빗장을 아카시아 나무로 만들고 순금을 입혀서 판자들 맨 위와 맨 아래와 중간에 붙였다.

다음은 지성소를 막는 휘장과 성소 입구에 치는 막을 역시 지시된 재료와 척도와 방법대로 만들었다. 이렇게 해서 먼저 성막 자체를 만들었다. 이것은 출애굽기 26장 1-37절에서 지시하신 대로 한 것이다. 25장 10-22절에 의하면 언약궤에 대한 지시가 먼저 나왔지만, 실제는 성소 장막을 먼저 만들었다.

교훈

1. 가장 중요한 것은 하나님 자신을 상징하는 궤와 그 뚜껑 곧 시은소와 그의 말씀이 담겨 있는 그 언약의 궤다. 그러나 그것을 보관하는 것이 또한 중요하다. 그래서 그것을 모실 장막을 먼저 만든 것이다. 아무리 좋은 것이지만 그것을 보관하고 보존하지 않거나 못하면 안 된다.

우리의 문제가 거기에 있지 않은가. 진주를 돼지에게 던지지 말라는 말대로 귀한 것을 귀하게 여기고 그 고귀함을 깨달아야 한다. 성령을 모시는 우리들 자신이 아름답고 견고한 성전이 되는 것이 매우 중요하다.

2. 성소를 마구 만들어서는 안 된다. 가장 아름답게 안전하게 청사진대로 만들어야 한다. 하나님의 뜻에 맞는 것이 되도록 해야 한다는 말이다. 하나님이 거룩하시기 때문에 그를 모시는 성소도 그만큼 거룩해야 할 것이 사실이다.

하나님을 모시는 우리들의 몸과 삶이 그렇게 거룩해야 한다 .

언약궤와 기타의 성막 기물들을 만들다(출 37:1-38:20)

해설

기술 총책임자인 브잘렐*의 진두지휘 하에 법궤와 그것을 덮는 뚜껑 곧 시은소와 그룹들을 하나님의 설계(25:10-22)대로 만든(37:1-9) 다음에 하나님 앞에 빵을 진설할 식탁과 부속 집기들을 설계(25:23-30)대로 만들었다(37:10-16).

그런 뒤에 금으로 된 등잔대(37:17-24=25:31-40)와 분향단(37:25-28=30:1-10)을 만들었다. 그러고 나서 그 등에 쓸 거룩한 기름과 향단에서 피울 향을 만들었다(37:29=30:22-38). 다음에는 회막 입구 앞에다 번제단을 만들고, 그 제단에서 사용될 부수 도구들을 만들었다(38:1-8=27:1-8). 그런 다음에 회막을 둘러치는 포장을 역시 설계대로 만들었다(38:9-20=27:9-19).

교훈

1. 하나님의 임재를 상징하는 가시적이고 유형적인 성소가 마련되었다. 이스라엘 백성은 야훼 하나님을 모시고 섬기고 예배하기 위해서 정성을 모아 물자를 헌납했고 기술을 총동원하여 아름답게 성소를 조성했다. 그러나 그것이 외모와 제도와 형식에 머물러서는 안 되는 것이다. 보이는 법궤나 돌 판이나 성소의 건물이 하나님이 아니기에 그것들을 창문으로 하여 그 배후에 계시는 하나님을 만나고, 형식이 아니라 진심으로 하나님을 경외하고 섬기는 자들이 되는 것이 중요하다.

2. 그러나 상징은 합리적이어야 하고 실체를 가장 효과적으로 대언하는 것이어야 할 것이다. 하나님이 모세를 통하여 지시하신 성소의 상징들은 가장 효율적인 것들이었다고 보아야 한다. 우리는 그 하나하나에서 의미를 찾아야 할 것이다. 종합적으로 말한다면, 하나님의 설계에 맞는 것이어야 하고, 따라서 가장 아름다운 최고의 것이어야 하고 최고의 기술과 정성을 기울여서 만들어져야 한다.

성소 건조를 위한 자재의 통계(출 38:21-31)

해설

성소를 만드는 일은 아론의 넷째 아들 이다말의 감독 하에 이루어졌으며, 그 실무자는 브살렐*과 오홀리압이었다. 그 일에 사용된 금의 총량은 29탈란트 730세겔이었다. 은은 100탈란트 1,775세겔으로 이는 인구조사에서 계수된 20세 이상의 성인 603,550명이 한 베가(〈베카으〉, בֶּקַע)씩 바친 것이었다. 놋쇠는 70탈란트 2,400세겔이 들었다.

교훈

1. 광야에서 그 많은 귀금속을 바치고 또 거두었다는 것은 놀라운 일이다. 그만큼 그들이 야훼와 그의 성소를 소중히 여겼기 때문일 것이다. 그것은 이스라엘의 성소가 그렇게도 고귀한 것이라는 표시며, 그들이 얼마나 성소를 귀하에 여겼는가, 따라서 하나님을 얼마나 존중했는가를 말해주는 것이다.

2. 동시에 그들은 의무적으로 한 베가씩의 은을 바쳤다는 것인데, 그들이 의무를 잘 수행한 것이 놀랍다. 즉 십시일반 서로가 협력함으로 그 거대한 일을 이룰 수 있었던 것이다. 하나님의 일을 다같이 협력해서 하면 못 할 일이 없으련만, 그렇지 못한 것이 우리들의 아쉬움이다.

제사장 예복을 만들다(출 39:1-31)

해설

성소와 거기에 부수되는 모든 기구들을 만들었으니 이제는 제사장 특히 대제사장이 입고 집전해야 하는 예복을 만들어야 할 차례. 이미 28장 1-41절에서 상세히 그 도본이 제시했기 때문에 그대로 하면 되는 것이었다.

제시된 재료를 가지고 제시된 양식으로 에봇과 거기에 달리는 멜빵과 장식된 띠를 만들었다. 이스라엘 열두 지파의 이름을 새긴 홍옥수를 금 받침에 물려 에봇 멜빵에 달았다. 그것은 하나님더러 야곱의 아들들을 기억해 달라는 뜻이었다.

그런 다음에 역시 지정된 재료와 모양으로 정사각형의 두 겹으로 된 가슴받이를 만들었다. 거기에 열두 가지의 보석을 네 줄로 세 개씩 금받침에 물려서 달았다. 그 보석은 각각 야곱의 열두 아들을 대표하는 것이고, 그 이름을 그 보석에 새겼다. 에봇과 가슴받이는 금사슬로 연결했다.

다음은 지정된 양식으로 청색 겉옷을 만들고, 그 아랫단에는 청색 실과 자색 실과 주홍색 실과 모시실로 석류 모양을 만들어 달고, 순금 종들을 만들어 석류와 석류 사이에 달았다.

다음은 아론과 그의 아들들이 입을 속옷과, 모시로 된 두건과 관을 만들었다. 그리고 모시로 내복을 만들고 정교하게 수를 놓아 띠를 만들었다.

마지막으로 순금으로 된 거룩한 패를 만들어 그 위에 "야훼께 거룩"(〈코데쉬 르야흐웨〉, קֹדֶשׁ לַיהוָה)이라고 새겨서 청색 실로 두건에 달았다.

교훈

1. 아름답고 정교하게 만들어진 대제사장의 예복은 많은 의미를 가지고 있는 복장이다. 대제사장 아론은 이스라엘 백성을 대표하는 자로서 결국은 그의 복장 속에 이스라엘이 다 담겨 있다고 보아야 할 것이다. 이리하여 아론이 대제사장복을 입고 하나님 앞에 서는 것은 이스라엘 전체가 그 거룩한 하나님 앞에 서 있음을 상징하게 된다. 또 중요한 것은 아론 한 사람만의 거룩함이 아니다. 그가 대표하는 이스라엘 백성 하나하나가 거룩해야 하고 아름다워야 하고 존귀함을 지녀야 한다.

우리의 대제사장 예수 그리스도를 통해서 우리 그리스도인 하나하나가 거룩한 하나님 앞에 의롭고 거룩한 자로 서 있고 또 그래야 한다.

2. 그 아름답고 성결한 복장을 입고 하나님 앞에서는 그 이상적 모습이 실제로 모두에게서 이루어져야 할 것이고, 그것이 일시적인 것이 아니라 영구적인 것이 되어야 할 것이다.

하나님은 당신의 백성인 우리가 아론이 입는 대제사장복의 화려하고 아름다운 겉모양처럼 실제로 아름답기를 바라신다. 그리스도의 보혈로 빤 흰 옷을 입게 된 성도를 아론의 예복에서 연상해 보면 좋을 것이다.

회막과 그 부속물 제조를 끝내다 (출 39:32-43)

해설

야훼가 모세에게 지시하시고, 그가 이스라엘 백성에게 명령한 성소와 부속물을 만드는 일이 완전히 끝났다. 이는 많은 부품으로 되어 있었으므로 많은 기술자들이 각각 맡은 부품을 만들어 마침내 모세 앞에 가져다 놓은 것이다. 모세와 총감독관인 이다말은 하나님이 명령하신 대로 됐는지를 일일이 점검하였을 것이다. 모든 것이 하나님의 지시하신 대로 된 것을 확인하였다. 그러자 모세는 최종적으로 그것들을 축복했다. 이제는 그것들을 조립하고 세우는 일만 남았다.

교훈

1. 어떤 건물이나 기계든지 설계를 잘 해야 한다. 설계를 잘 했더라도 만들 기술이 없으면 제대로 제품이 나올 수 없다. 기술이 아무리 좋아도 제조 과정에서 정성을 들이지 않으면, 좋은 제품이 나올 수 없다.

하나님의 성소와 그 부속물들을 만드는 일에서 그 설계자가 하나님
이시기 때문에 그 설계에는 흠잡을 데가 없었을 것이다. 그뿐만 아니
라 브잘렐*과 오홀리압 같은 최고의 기술자들이 있었고, 그들에게 하
나님께서 영을 부어 기술과 지식과 지혜를 주셨으니, 최고의 기술이 동
원된 셈이다.

이제 남은 것은 제작자들의 마음가짐과 정성인데, 검열자들의 검열
을 무난히 통과한 것을 보면 제작자들이 성심성의를 다해서 제작했다
는 결론이 나온다. 하나님께서 진두지휘하신 것이나 다름이 없으니, 어
찌 그 일이 결과가 나쁠 수 있겠는가!

이리하여 모세가 만족을 느끼면서 그 모든 제품을 앞에 놓고 축복을
하기에 이른 것이다.

우리가 하는 일을 이렇게 성공적으로 마무리하려면, 이상에서 말한
대로 설계도 좋아야 하고 기술도 좋아야 하고 게다가 우리의 정성이 가
미되어야 한다는 사실을 기억해야 할 것이다.

2. 많은 부품이 모여서 큰 것이 되는 경우에 부품 하나하나가 중요
하다는 사실을 기억해야 한다. 부품 중의 어느 하나라도 결함이 있으
면, 전체가 흠이 있는 것이 된다.

나 하나가 조금 잘못한다고 별일이 있겠는가 하는 안이한 생각을 하
면 안 된다. 하나님의 교회와 그의 왕국을 건설하는 일에서 그 구성원
인 우리 하나하나가 알차고 완벽해야 한다는 것을 기억해야 할 것이다.
우리 하나하나가 모여서 이루어진 교회가 과연 복 받을 만한 것이 되어
가는가를 반성해야 할 것이다.

성막을 세우고 부속물들을 제자리에 놓다(출 40:1-33)

해설

성소의 모든 것이 준비되자 야훼께서 다시 모세에게 명령을 내리셨다. 일월 초하루에 회막을 세우라는 것이다.

회막 안쪽에 먼저 언약의 궤를 놓고 휘장으로 막은 다음에 그 바깥쪽에 식탁과 등잔대를 놓고 그 위에 등들을 놓아야 한다. 법궤 앞에 휘장을 사이에 두고 금 향단을 놓아야 한다. 회막 입구에 휘장을 달아야 한다. 회막 입구에 물두멍을 놓고 거기에 물을 담을 것이고 그 물두멍 앞에 번제단을 놓는다. 그리고 그 회막 둘레의 마당에 포장을 치고 그 입구에 역시 휘장을 단다.

그러고 나서 모세는 성유를 가지고 회막과 그 안에 있는 모든 기물에 뿌려 거룩하게 해야 한다. 다음에는 바깥에 있는 번제단과 물두멍과 그 받침에도 기름을 뿌려 거룩하게 해야 한다.

그러고 난 다음에는 아론과 그의 아들들을 회막 입구에 데려다 놓고 목욕을 시키고 예복을 입히고, 아론과 그 예복에 기름을 뿌리고, 그의 아들들에게 겉옷을 입히고, 그들과 그 옷에 기름을 뿌린다. 그렇게 해서 모두를 성별하라고 하셨다. 이것도 하나님께서 모세에게 이미 주신 설계대로 실시하라는 것에 불과하였다.

이렇게 다짐하시는 하나님의 말씀을 들은 모세는 세심하게 그 명령을 따라 실시했다. 그러니까 애굽에서 나온 지 만 일 년이 지나고 둘째 해 정월 초하루에 하나님의 명령을 철저히 순종하여 성막을 세운 것이다. 그들이 시내산 밑에 도착한 지(19:1) 약 9개월 만에 이룬 경사였다. 그리하여 이스라엘 백성의 새 시대가 시작되었다.

교훈

1. 이스라엘 백성이 성막을 두고 사는 백성이 된 것은 그 발원이 하나님 자신에게 있다. 이스라엘이 원해서 된 일이 아니라 하나님께서 이스라엘을 택하셔서 당신의 백성을 삼고, 하나님을 모시는 백성, 하나님을 섬기는 백성을 삼고, 그들에게 복 주시려는 의도를 가지고 일부러 시작하신 은총의 작업이었다. 구약 종교나 신약 종교는 어김없이 하나님이 주도하시는 은혜의 종교이다.

2. 하나님께서 당신의 백성과 같이 계시기를 원하시기 때문에 그의 성소를 짓게 하고 세밀하게 간섭하여 귀하고 거룩한 성막을 짓게 하셨으니, 이스라엘은 감사한 마음으로 하나님을 바르게 지성으로 모시고 예배하고 섬겨야 한다.

그런데 언제나 인간의 반역과 배신으로 말미암아 하나님의 마음을 상하게 하고 때로는 그를 분노하게 하고 있지 않는가?

3. 가시적인 성막이 없어도 하나님을 믿고 섬겨야 하는데, 사람은 어리석어서 가시적인 금송아지를 만들려고 하기 때문에 차선책으로서 성막 제도를 주신 것이다. 여기서 하나님이 이스라엘을 따뜻하게 배려하셨음을 깨달을 수 있다.

그러나 많은 경우 눈에 보이는 성막과 제도와 의식이 우상이 되고 만다. 그 것들을 통하여 눈에 보이지 않는 야훼 하나님을 보고 그를 예배해야 하는데, 그 장벽을 넘어서지 못하는 경우가 많다. 성막 제도는 임시적인 것이라는 사실을 기억해야 한다. 새 하늘과 새 땅에는 따로 성전이 없다(계 21:22).

회막에 임한 구름과 영광(출 40:34-38)

해설

하나님의 장막 건립이 완성되는 순간에 회막은 구름으로 덮이고 그 장막은 하나님의 영광으로 가득찼다. 한 치 앞을 볼 수 없을 정도로 구름이 회막을 빽빽히 채우고 야훼의 영광이 성막에 가득하였기 때문에, 모세도 감히 회막에 들어설 수가 없었다.

구름이 회막에서 사라지면 이를 그곳을 떠나라는 하나님의 지시라고 생각하여 다음 장소로 옮아갔다. 구름이 그대로 있는 동안에는 떠나지 않았다.

이스라엘 백성이 이동하여 어디를 가든지 낮에는 야훼의 구름이 장막 위에 있었고, 밤에는 구름 속에 불빛이 있는 것이 눈에 보였다.

교훈

1. 진정한 하나님의 집에는 하나님이 임재하시기 때문에 거기에 그의 임재의 기운이 감돌 수밖에 없다. 이 경우에는 하나님의 임재의 표시가 구름으로 혹은 영광으로 나타났던 것이다. 하나님의 계획으로 만들어진 그 순수한 성막에, 진정한 예배의 정신을 가지고 봉헌한 그 성막에 어찌 하나님의 임재의 표시가 없었겠는가. 하나님과 인간의 이상적인 만남 속에는 하나님의 이러한 찬란한 모습을 경험할 수 있다.

2. 성막이 생긴 뒤부터 이스라엘은 하나님과 같이 있으면서 그의 지시를 받으며 전진할 수 있었다. 하나님은 성막에서 하나님의 구름이 사라지는 현상을 통해서 출발 신호를 주신 것이다.

이렇게 하나님의 지시를 따라서 사는 삶이 옳은 것이고 하나님의 뜻을 따르는 삶이라고 할 수 있다. 그가 가라면 가고 있으라면 있는 순종하는 삶이 정상적인 것이고, 거기에 행복이 있다.

3. 야훼 하나님은 선민 이스라엘을 적극적으로 인도하고 돌보셨다. 하나님이 성막에 임재하고 계시지만 사람의 눈에는 보이시지 않으므로 사람이 하나님을 잊을 염려가 있었다. 그래서 하나님은 낮에는 구름으로 밤에는 구름 가운데 있는 불빛으로 나타나셔서 성막 위에 임하여 이스라엘 백성으로 하여금 눈으로 볼 수 있게 하셨다. 얼마나 고마운 일인가! 그들의 연약함을 아시고 그렇게까지 세심하게 배려해 주신 것이다. 그런데도 이스라엘은 하나님을 종종 배반했다.

우리는 하나님의 영적인 구름과 빛을 영안으로 보면서 하나님의 실재와 그의 사랑과 능력을 깨닫고 동요하지 않아야 할 것이다.

레위기

　레위기는 구약성경의 첫 부분인 율법서(〈토라〉, תּוֹרָה)의 셋째 책으로서 그 가운데 토막에 해당한다. 이 책은 성경 중에서 가장 덜 읽히는 책 중에서도 으뜸이 되는 책일지 모른다. 그러나 알고 보면 사실 야훼 종교에 있어서 가장 중요한 내용을 담은 책이라고 보아야 한다.

　레위기라는 책명은 헬라어로 번역된 칠십인역(LXX)이 그것을 〈레위티콘〉(Λευιτικον)이라고 명명한 데서 유래한 것이다. 히브리어 원문에서는 창세기와 출애굽기의 선례를 따라 그 책의 첫 단어인 〈와이익라〉(וַיִּקְרָא, "그리고 그가 부르셨다.")를 그 책의 이름으로 삼았는데, 헬라어로 번역하는 사람들이 그 이름을 바꾸었기 때문에 라틴어 역과 영어역이 그 헬라어역을 따랐고 한글역도 그것을 따르고 있다.

　그 이름 때문에 독자들은 그 책이 레위 사람들에 관한 책일 것이라는 선입관을 가지게 되지만, 실은 레위인을 들먹인 구절은 그 책 안에 단 한 구절밖에 없다(25:32-34). 그러나 그 책의 내용이 대부분 제사장들과 관계 있고, 제사장은 레위 지파에서만 나오는 것이기 때문에 '제사장에 관한 것' 즉 '레위에 관한 것'이라는 말이 가능한 것이다. 그리하여 옛 랍비들은 그 책을 '제사장들의 규범'(〈토랏 코하님〉, תּוֹרַת כֹּהֲנִים, the manual of the priests)라고도 불렀다.

　그러나 그 내용을 보면 거의 전부가 레위 지파만이 아니라 이스라엘 백성 전체에게 주는 것이고 또 그들 전체에 관한 것이다. 다시 말해서 이스라엘 백성 전체가 어떻게 살고 어떻게 행동해야 하느냐 하는 문제를 다루고 있다. 레위기에는 다루고 있는 것은 희생제사, 정결한 것과 부정한 것, 먹을 수 있는 것과 먹지 못 할 것, 축제의 규례, 윤리, 성(性, sex) 관계, 모독에 관한 것, 안식일과 희년, 순종하는 자에 대한 복과

불순종하는 자에 대한 저주, 하나님께 드린 물건을 일상 용도에 전용하
는 일 등, 생활 전반에 관한 법이다.

레위기를 크게 두 부분으로 나눌 수 있다. 전반부인 1-16장은 그 초
점이 창조와 그 거룩한 장소를 어떻게 사용하고 보전하느냐에 있고, 후
반부인 17-26장에는 사회생활에 있어서 어떻게 거룩한 삶을 살아낼
것인가에 초점을 두고 있다. 설화(narrative)는 세 군데에만 나올 뿐
(8:1-10:20; 16:1-34; 24:10-23)이고, 거의가 하나님이 주시는 말씀 곧
법으로 되어 있다.

레위기의 특색 가운데 하나는 "야훼가 말씀하셨다."라는 말이 압도
적으로 많이 사용되었다는 점이다. 야훼의 연설이 36회 나오는데, 31
회는 모세에게, 4회는 모세와 아론에게, 한 번은 아론에게만 말씀하신
것이다. 36이라는 수는 3 곱하기 12로서 그 두 수가 다 거룩한 수이자
완전을 나타내는 수이고, 12는 이스라엘 열두 지파를 말하는 것이어
서, 상징적인 의미가 있다고 보아야 할 것이다. 편집자들의 의도가 거
기에 보인다.

그리고 12회에 걸쳐 주요한 종합적 결론을 내린 부분이 있다
(7:37-38; 10:20; 11:46-47; 12:7b-8; 14:54-57; 15:32-33; 16:34b;
21:24; 23:44; 24:23b; 26:46; 27:34). 이렇게 레위기를 열두 토막으로
나눈 것도 우연은 아니라고 본다.

레위기는 "거룩"이라는 말이 150회나 사용되고 있는 책으로서, "내
가 거룩하니 너희는 거룩하라!"(11:44-45; 19:2; 20:26)를 책 전체의
요절이라고 보아야 할 것이다. 하나님께서 이스라엘을 택하여 그들로
하여금 거룩한 백성이 되게 하려고 그들을 애굽에서 건져내어 성소를
짓게 하고 거기서 집전할 제사장들을 세우셨으므로 이제는 실제로 그
들이 거룩해질 수 있는 방법을 주신 것이다. 우선 그 법들은 야훼 하나
님이 직접 명령하신 것이지 모세나 아론이 복창(復唱)한 것이 아니다.

그만큼 하나님의 직접적인 명령들이어서 매우 구속력이 있고 필수적인 것이라는 말이다. 거룩하신 하나님이 이스라엘 백성 가운데, 특히 성소에 임재하시므로, 그 하나님을 모시는 제사장들과 그 백성이 거룩해야 한다. 그래서 그 거룩함을 유지하는 법들을 주신 것이다.

또 사람들은 일상생활에서 계속 더러움을 타기 때문에 거룩하신 하나님을 계속 그들 속에 모시기 위해서는 그 더러움을 제거해야만 한다. 그래서 성막과 그 기물과 제사장을 거룩하게 하는 예식이 필요하고, 백성의 일상생활의 모든 영역에서 더러움과 악을 물리쳐야 한다. 그래서 레위기에서는 더러운 것과 부정한 것, 속된 것과 거룩한 것, 삶과 죽음을 대립시키고 있다.

그래서 깨끗함(〈타하르〉, טָהַר)과 더러움(〈타메〉, טָמֵא)과 거룩함(〈카다쉬〉, קָדַשׁ)을 구분하여 더러운 상태에서 깨끗하고 거룩한 상태로 회복시키는 법을 주신 것이다. 그 방법이 바로 속죄의 제사인데, '속죄(하다)'(〈킵페르〉, כִּפֶּר, atone〔ment〕)라는 말이 레위기에 약 50회나 나온다. 제사장이 죄 있는 사람을 위하여 속죄의 제사를 드리면, 그 사람이 죄 사함을 받는다는 것이다(4:20, 26, 31, 35).

이렇게 레위기는 이스라엘 백성과 그 후손들에게 그 거룩한 하나님을 어떻게 섬기고 모시고 예배해야 하는가를 구체적으로 가르치는 책이다. 도저히 가까이 할 수 없는 거룩하신 하나님을 가까이 하고 그를 모시는 백성이 되기 위해서, 어떻게 하면 거룩해지고 깨끗해지는가를 가르치려는 것이다.

레위기에 대한 서론적인 고찰에서 우리는 다음 몇 가지 중요한 진리를 발견한다.

1. 하나님은 아주 꼼꼼한 분이시다. 인간을 구원하려는 원대한 계획을 품으시고 이스라엘을 먼저 택하고 그들에게 정로를 가르치시는데

(〈토라〉, תּוֹרָה, 곧 지시와 교훈의 말씀) 먼저 그들을 애굽에서 건져
내시고, 그가 그들과 같이 계시다는 것과 그들이 그와 같이 있어야 한
다는 것을 가르치기 위해서 하나님이 계실 성막을 만드는 설계도를 주
시고, 다음에는 실제로 그 설계대로 성막과 모든 부속물을 만들게 하시
고, 그 다음에는 구체적으로 그 이상이 이루지게 하려고 제사장과 이스
라엘 백성 일반이 그 거룩하신 하나님과 같이 살기에 합당한 자들이 되
게 하는 법과, 하나님과 정상적인 거룩한 관계를 유지할 수 있는 법도
를 구체적으로 가르치신 것이다. 구체적으로 길을 보여주시면서 그 길
을 가라고 하신 것이다. 막연하게 하라고 명령만 내리신 것이 아니라
구체적인 길을 세밀하게 말씀해 주는 자상하신 하나님이시다.

2. 레위기는 하나님의 거룩하심을 강조한다. 그리고 그 거룩하신 분
앞에서 하나님의 백성이 거룩해야 하기 때문에 그들이 거룩하게 되는
법을 가르친다. 얼마나 필요한 말씀인가! 우리는 그 모든 번거로워 보
이는 법 속에서 철저히 거룩하기를 바라시는 하나님의 음성을 들어야
한다.

3. 죄와 허물이 가득한 인간이 거룩해지기 위해서 하나님은 대속이
라는 은총의 수단을 주셨다. 동물을 대신 바치는 희생 제사를 통하여
우리의 죄를 도말하고 거룩하다고 인정해 주시겠다는 것이다. 이는 우
리가 예수의 대속 행위를 믿을 때 우리를 무죄한 자로 여겨주시겠다는
신약의 말씀과 통하는 것이며, 그 예표이다. 여기서 우리는 하나님의
자비와 긍휼을 보게 된다.

4. 레위기의 전반부(1:1-16:34)는 제사에 관한 법으로 제사 행위를
통하여 수직적으로 하나님과 정상적인 관계를 가져야 함을 가르친다.
그러나 거기서 끝나는 것이 아니다. 후반부(17-27장)에서는 이스라
엘 백성이 그들의 삶 전역에서 정상적인 생활을 하여 거룩한 백성이 되
어야 할 것을 가르친다. 즉 믿음과 행함이 병행하는 삶이어야 한다는

것을 보여준다. 수직적으로 하나님을 사랑하고, 횡적으로는 자신의 삶을 깨끗하고 바르게 하며 이웃을 자기 몸처럼 사랑하는(19:18) 조화된 삶을 가르치는 책이 바로 레위기다.

번제(燔祭)(레 1:1-17)

해설

하나님이 임재하실 성막과 거기에 속한 모든 기물이 준비되었기에, 이제는 거기에서 실제로 하나님을 모시는 제의(祭儀)를 거행할 단계가 되었다.

거기에 대해서도 야훼 하나님은 모세에게 구체적으로 지시하셨다. 그 성막 곧 회막(the tent of meeting)에 임재하시는 하나님께서 모세를 부르셔서 백성에게 전달할 사항을 말씀해 주셨다.

누구든지 야훼께 동물을 잡아 바칠 때에는 야생 동물이 아니라, 가축(家畜)으로 기르던 소(〈바카르〉, בָּקָר)와 양과 염소(〈촌〉, צֹאן)를 바쳐야 한다고 하셨다. 소, 양, 염소, 비둘기 등은 유목민들과 농경생활을 하는 이스라엘 백성에게 있어서 필수품이고 자기들의 생명처럼 귀하게 여기는 것들이다. 하나님은 귀한 것을 예물(〈코르반〉, קָרְבָּן)로 바치게 하신 것이다.

우선 번제에 대한 지시를 내리셨다. 먼저 소를 바치는 경우를 설명하셨다. 흠이 없는 수컷을 드려야 하고, 그것을 회막 입구에 끌어다가 야훼가 받으시도록 예배자 대신에 그것을 대속물(〈킵페르〉, כִּפֶּר)로 바쳐야 한다. 그 번제물(〈하올라〉, הָעֹלָה)의 머리에 예배자가 손을 얹어 그를 대신한다는 표시를 한다. 예배자가 야훼 어전에서 그 소를 잡는다. 그러면 제사장들이 그 피를 회막 입구에 있는 번제단 사면에

던져 뿌리는 의식으로 피를 바친다. 죽은 소의 가죽을 벗기고 각을 뜬
다. 제사장들이 제단 위에 불을 놓고, 그 위에 장작을 쌓고는 그 위에다
각을 뜬 것들과 머리와 지방(脂肪)을 올려놓는다. 그러나 내장과 다리
들은 물로 씻어가지고 놓아야 한다. 제사장들은 이렇게 해서 그 소 전
체를 불사른다. 즉 소를 태워서 야훼께 맛있는 냄새를 바치는 것이다.

양이나 염소를 번제물로 바치는 경우에도 흠이 없는 수컷을 바쳐야
한다. 성막 입구 바깥에 있는 제단 북면 가에서 그것을 잡는다. 제사장
들은 그 피를 제단 사면에 던져 뿌린다. 그것의 각을 뜨고, 그것들을 머
리와 지방과 함께 제단 불 위에 쌓은 장작 위에 올려놓는다. 내장과 사
지는 물로 씻어가지고 놓는다. 제사장은 그 짐승을 몽땅 제단에서 불사
른다. 이렇게 해서 야훼께 맛있는 냄새의 제사, 곧 번제를 드린다.

다음은 새를 번제로 드리는 경우다. 산비둘기나 비둘기를 택하는데,
예배자가 그 제물을 제사장에게 가져오면 제사장은 그것을 제단으로
가지고 가서 그 머리를 비틀어 잘라낸 다음 제단에 놓고 불사른다. 그
새의 피는 말끔히 받아서 제단 한 면에 붓는다. 그러나 그 새의 모이주
머니와 내장은 제단 동쪽에 있는 잿더미에 던진다. 제사장은 그 새의
양 날개를 잡아 배를 열어 제친다. 그러나 아주 가르지는 말아야 한다.
그런 다음에 그것을 제단 불 위에 있는 장작에 올려놓고 불사른다. 이
렇게 해서 야훼께 맛있는 냄새를 바친다.

교훈

1. 예배자가 자발적으로 야훼께 제물을 가지고 나온다. 넉넉한 사람
은 소를, 그렇지 못한 사람은 양이나 염소를, 가난한 사람은 산비둘기
나 비둘기를 바친다. 제물의 부피가 중요하지 않다. 경제적 형편이 어
떻든지 사람은 성심성의 야훼를 예배하며 그에게 예물을 드려야 한다.

2. 소나 양이나 염소를 바치되 황소와 숫양을 바치도록 되어 있는 것은 수컷들이 많이 남아돌아가기 때문에 주신 법이다. 암컷 30 내지 50마리에 수컷 한 마리가 있으면 되는 동물의 사회이기에 수컷은 필요 이상으로 많고 남아돌아가는 형편이었다. 그런 상황에서 수컷들이 제물로 지목된 것이다.

그리고 가죽까지 바치라고 명령하시지 않은 것은 역시 소나 양의 가죽이 이스라엘 백성의 경제생활에 있어서 매우 유용한 것이기 때문에 배려하신 것으로 보인다. 수컷이든지 암컷이든지 그것들은 생명을 자기고 있으며 이스라엘 백성의 생필품으로서 매우 귀중한 것들이다. 수컷이건 암컷이건 그들이 가진 생명은 하나님이 내신 귀한 것이어서 인간 생명의 귀중성을 상징하기에 넉넉하다.

생명이 있는 귀한 가축을 나 대신 몽땅 불살라 하나님께 바치는 행동을 통해서 하나님은 그 제물을 바치는 자의 죄를 용서하고 거룩한 자로 여겨주시기로 한 것이니, 거기에 하나님의 자비와 은총이 나타난다.

3. 우리는 번제라는 의식 속에서 우리의 철저한 헌신을 다짐해야 할 것이다. 나의 몸과 영혼과 소유 전체가 하나님께로부터 왔기에 우리는 우리의 모든 것을 하나님께 바치는 정신을 가지고 살아야 할 것이다. 번제물의 내장과 사지를 물로 씻어서 태운다는 것은 우리의 삶이 정결한 제물이 되어야 함을 암시하고 있다. 깨끗한 제사, 거룩한 제사를 하나님은 원하신다.

4. 거룩하신 야훼 하나님은 당신의 백성에게 제일 먼저 번제를 명령하셨다. 예외가 없이 누구에게나 주신 명령이다. 하나님의 백성은, 아니 정상적인 인간은 번제를 드리는 정신으로 하나님 앞에서 살아야 한다. 하나님께서 기뻐하시는 아름다운 냄새를 그를 향하여 풍기는 삶을

살자는 말이다. 그냥 자기가 자기를 즐겁게 하고 자기 만족을 위하여 사는 생활이 아니라 어디까지나 조물주 하나님을 기쁘게 해드리면서 살도록 노력해야 할 것이다.

곡물(穀物)제21)(레 **2:1-16**)

해설

첫 장에서 동물 제사를 언급했고, 3장 이하에서도 동물 제사가 계속 다루는데, 2장에서 곡물 제사(〈코르반 민하〉, מִנְחָה קָרְבַּן)22)를 언급하는 것은 일종의 삽입(揷入)이 아닌가 하는 느낌을 준다. 그래서 동물이 없는 경우에 특히 가난한 사람들이 곡물로 대신 제사를 드릴 수 있다는 것을 암시하는 것으로 해석하는 사람도 있다. 어쨌든 농산물 가운데서 주식(主食)인 빵의 재료가 되는 밀가루를 바치는 제사에 대한 규례를 여기에 제시하셨다.

여러 가지 형태로 바친다. 우선(2:2-3) 요리하지 않은 고운 밀가루를 바치는데, 예배자가 밀가루에 올리브 기름을 붓고 향유를 섞어서 제사장들에게 가져온다. 제사장은 그 한 부분을 취하여 제단에다 놓고 불살라 야훼께 향내 나는 제사를 드린다. 그것 역시 하나의 번제이다. 남은 것은 제사장들의 몫이다. 밀가루 반죽을 해서 구워가지고 바치는 경우도 있다(2:4-10). 고운 밀가루에 올리브 기름을 넣고, 누룩을 섞지 않고 구운 빵이나 누룩을 섞지 않고 만든 웨이퍼(wafer)에 기름을 바른 과자를 바치는데, 제사장은 그 중에서 한 부분을 제단에 놓고 불살라 야훼께 향내 나는 제사를 드린다. 남은 것은 제사장들의 몫이다.

---

21) 개역성경에서는 ‘소제’로 옮겼다.

22) 개역성경에서는 ‘소제의 예물’로 옮겼다.

곡물 제사에 대한 두 가지 조건이 있다. 그 하나는 누룩을 쓰지 말아야 한다는 것이다. 누룩이나 꿀을 야훼의 불로 태워서 바치는 일을 하지 말라는 것이다. 누룩이나 꿀이 든 예물을 야훼께 가져올 수 있지만 번제로 바칠 수는 없다는 것이다. 둘째 조건은 모든 밀가루 제물에 소금을 치라는 것이다. 소금은 하나님과 언약을 맺은 물건이라는 것이다. 언약을 맺을 때 양쪽 당사자가 소금을 먹음으로써 그 언약을 확인하는 옛 습관에서 온 것이라고 본다. 음식에 소금을 친다는 것은 맛을 내는 동시에 부패를 방지하는 것이기에 소금은 필수적인 것이라는 말이다.

밀 타작을 하기 전에 신곡을 정성스럽게 하나님께 먼저 바친다는 정신으로 드리는 제물인데, 익은 밀 이삭들을 불로 볶아서 바치는 것이다. 거기에 기름과 향유를 곁들여야 한다. 제사장이 그 일 부분을 기름과 향유와 함께 제단에다 놓고 불살라 번제로 드린다.

교훈

1. 이스라엘 민족이 유목생활을 주로 했기에 주로 가축을 죽여서 대속의 제물로 삼도록 되어 있지만 사람은 빵을 먹어야 하는 것이기에 빵 역시 버금가는 귀한 것이어서 그것을 예물로 바치라는 명령을 내리신 것이다.

하나님이 곡식을 주시고 기르시고 열매를 맺게 하시지 않으면 인간은 살 수 없다. 빵이 곧 우리의 생명을 대표하는 것으로 볼 수 있다. 그러기에 생명을 주시는 하나님께 빵이나 그 재료를 향기로운 예물로 살라 바침으로써 삶 전체를 헌신하는 표로 삼는 것이 당연하다. 결국 먹고 사는 생활 전체를 하나님께 아름답게 바쳐야 한다는 말이다.

2. 형편에 따라서 제물의 종류나 양이나 형태가 다를 수 있다. 심지어 아무것도 바칠 것이 없으면 못 바칠 수도 있다. 중요한 것은 인간의 마음이다. 제물 배후에 있는 예배자의 마음이다. 곧 자신을 하나님이 기뻐하시는 거룩한 제물로 드리려는 마음이 있어야 한다.

3. 하나님께 예물을 바치라고 하셨지만 그것이 하나님 자신의 궁핍 때문에 요구하시는 것이 아니다. 가나안 땅에서 분깃을 가지고 있지 않는 레위 지파 곧 제사장 족속도 더불어 살 수 있어야 하기에 그들의 몫을 챙겨주시는 것이다. 하나님의 자녀들이 다같이 잘 살게 하시려는 하나님의 조치다. 이웃을 사랑하는 것이 바로 하나님을 사랑하는 것이다.

화목제(레 3:1-17)

해설

화목제(〈제바흐 쉘라밈〉, זֶבַח שְׁלָמִים, sacrifice of well-being)가 문자적으로는 "평화의 희생제사"인데 영어로는 peace offering, communion offering, covenant offering 등으로도 번역되었다. 즉 하나님 앞에서 안녕을 유지하기 위한 제사이다.

여기에는 소와 양과 염소를 드릴 수 있는데, 번제처럼 수컷만이라는 제한이 없다. 소를 예물로 바친다면, 예배자가 흠 없는 소를 가져다가 그의 손을 그 짐승 머리에 얹어 자기와의 일체성을 나타낸다. 제사장들이 회막 입구에서 그것을 죽인다. 제사장들이 그 피를 제단 사면 벽에 던져 뿌린다. 생명은 하나님께로부터 오는 것이고 생명이 피에 있다고 보는 입장에서 그 생명을 죽인 제사장들이 그 짐승의 피를 하나님의 제단에 뿌림으로써 하나님의 진노를 면해야 한다는 뜻일 것이다.

제사장들이 그 제물을 전부 사르는 것이 아니고 내장을 덮고 있던 지방과 콩팥과 간과 그것들 둘레에 붙은 지방을 떼어 제단에서 살라 좋은 냄새를 피워 하나님께 제사를 드리라는 것이다.

양과 염소를 바칠 때도 거의 같은 방식으로 바치는데, 양의 경우에는 특히 지방이 많은 꼬리까지 바쳐야 한다. 이것이 야훼께 '살라서 바치는 빵 제물'(〈레헴 잇세〉, לֶחֶם אִשֶּׁה)[23]이다. 모든 지방(脂肪)은 하나님의 것이기 때문에 그에게 바치고, 지방과 피는 절대로 먹지 말아야 한다는 것이다.

교훈

1. 인간에게 하나님이 원하시는 것은 화평의 관계, 충족의 관계, 행복한 관계 안에서 사는 것이다. 이스라엘 곧 하나님의 백성더러 소나 양이나 염소를 바쳐서 그들이 하나님과 정상적인 평화의 관계 속에 있기를 도모하라는 것은 매우 적절한 명령이다. 하나님을 기쁘시게 하고 하나님께 양식을 바쳐드림으로써 평온한 마음을 가지게 하는 것이 무엇보다도 중요하다. 하나님이 그 제물을 잡수시는 것은 아니지만, 하나님 앞에 식탁을 차려놓는 상징적인 행동 속에서 하나님께 만족감을 드려야 한다는 것을 말하는 것이다.

2. 소나 양이나 염소의 지방을 불살라 그 냄새를 하나님께 바치고, 남은 것은 다 제사장들의 몫이 된다. 땅에 기업이 없는 레위 지파의 생존에 이 제물들은 필수적이었다. 하나님과 인간의 평화로운 관계는 곧 하나님이 만드신 인간들이 다 같이 더불어 잘 사는 데 있다.

---

23) 개역한글판과 개역개정판에서는 각각 '화제로 드리는 식물'과 '화제로 드리는 음식'으로 옮겼다.

3. 사람의 입맛에는 좋지만 실은 해가 되는 지방을 제거하여 하나님께 바치게 하고 남은 것을 가지고는 제사장들과 그의 가족들을 먹여 살리신 것은 하나님의 지혜에서 나온 조치라고 본다. 먹을 것이 충만할 때 마음도 평안한 법이다. 하나님의 마음이 평안하고 사람들이 배가 부른 상태가 바로 평화가 아닌가 말이다.

속죄제의 여러 가지 경우(레 4:1-5:13)

해설

1-3장에서는 이스라엘 백성 전원이 자발적으로 자신을 바치고 하나님께 감사하는 뜻에서 드리는 제사를 명령하셨지만, 이 대목에서는 부지중에 짓는 죄를 처리하기 위한 제사를 다루고 있다. 부지중에 지은 죄이지만 그것은 결과적으로 하나님과의 관계를 비정상적인 것으로 만들고, 소위 오염을 가져오는 것이기에 근본적으로 그것을 치유하고 정화(淨化)해야 하는 것이다. 회막과 그 안팎에 있는 기물들은 하나님의 임재를 상징하는 것들인데, 부지중에 지은 죄로 말미암아 거기가 오염됐다고 보기에 그 오염과 부정을 제거해야 한다.

우선 4장 3-12절에서는 제사장 특히 대제사장이 부지중에 죄를 지었을 경우를 다룬다. 백성 전체를 대표하는 대제사장이 죄를 지으면 결국은 백성 전체에게 죄가 돌아가게 되므로 이는 가장 심각한 문제일 수밖에 없다. 그래서 무흠한 수소(황소) 한 마리를 속죄제물로 바쳐야 한다. 대제사장이 황소를 회막 앞 곧 야훼 앞에 끌어오고 그 머리에 손을 얹어 자기를 대신한다는 표를 한다. 그런 뒤에 그것을 죽여 그 피 한 부분을 가지고 성소 안으로 들어간다. 그 피를 손가락으로 찍어 지성소를 막고 있는 휘장을 향하여 일곱 번 뿌리고, 그 피 일부를 분향단 뿔에 바른다. 대제사장의 비행이 성소 안과 제단을 더럽혔다고 보아 그 오염을 씻어내려는 것이다. 그리고 성소를 나와서 남은 피를 성소 앞에 있는 번제단 밑에 쏟는다. 피를 처치하기 위한 것인 동시에 제단을 다시 봉헌한다는 뜻으로 그렇게 한 것일 수 있다. 그리고는 그 소에 붙은 지방, 즉 내장과 콩팥과 간과 그 부속물에 붙은 지방을 번제단에 놓고 불사른다. 다음은 가죽과 고기와 머리, 다리, 내장, 똥 일체를 진영 바깥으로 가지고 나가서 잿더미에 놓고 태워버린다. 그 시체 자체도 오염되고 부정한 것이라고 생각되기에 그것을 제단에 올려놓을 수 없고, 더러워진 것을 아무도 먹어서는 안 되기 때문이다.

4장 13-21절에서는 이스라엘 공동체 전체가 집단적으로 부지중에 지은 죄가 있을 때 드리는 속죄제를 다룬다. 회중이 황소 한 마리를 회막 앞으로 끌고 온다. 이번에는 회중의 장로들이 백성을 대신하여 그 소 머리에 손을 얹는다. 그리고 그것을 죽인다. 대제사장이 그 피 일부를 회막 안으로 가지고 들어가, 대제사장의 속죄제와 마찬가지 예식을 행한다. 그리고 나와서 하는 일도 꼭 같다. 이렇게 대제사장이 백성을 위한 대속의 제사를 드리고, 백성은 죄 사함을 받는다. 그 시체를 진영 바깥으로 가지고 나와 잿더미 위에서 태우는 일도 꼭 같이 한다.

4장 22-26절에서는 백성의 통치자나 지도자가 부지중에 죄를 지은 경우를 다룬다. 이 경우에는 무흠한 숫염소 한 마리를 바쳐야 한다. 그 절차가 위의 경우와 거의 동일하지만, 이번에는 제사장이 그 염소의 피를 성소 안으로 가지고 들어가는 것이 아니고, 성소 바깥에 있는 번제단 뿔에다가 그 피를 바르고, 남은 피를 그 제단 밑에 붓는다. 화목제의 경우들과 같이 지방을 제단 위에서 태운다. 이렇게 해서 대제사장이 지도자를 위하여 속죄 제사를 드리고, 지도자는 사죄받는다.

4장 27-31절에서는 보통 사람 개인이 부지중에 죄를 지었을 경우를 다룬다. 이 경우에는 흠 없는 암염소 한 마리를 바친다. 그 모든 절차는

지도자를 위한 속죄제와 동일하다. 대제사장이 그 염소의 지방을 제단에 올려놓고 불살라, 야훼께 향기로운 냄새로 제사를 드려야 한다. 이렇게 해서 제사장이 대속의 제사를 드리고, 예배자는 사죄받는다. 이스라엘의 평균적인 일반인에게는 아마도 염소가 적절한 것이었다고 본다. 그러나 암염소를 바치라고 하신 것은, 그들의 생활 중에 귀중하게 여겨지는 것을 바쳐야 한다는 말일 것이다.

4장 32-35절에서는 암염소를 바치는 경우와 거의 같은데, 암염소 대신 무흠한 암양을 바치는 것만이 다르다. 위에 있는 4장 27-31절에 같이 넣어서 취급해도 좋을 조항이다. 암염소가 없는 경우에는 암양으로 대치해도 된다는 여유를 말하고 있는 셈이다.

5장 1-6절에서는 부지중에 짓는 죄의 종류를 몇 가지 열거한다. (1) 어떤 사건을 보고 들은 사람이 그것에 대하여 증언 할 수 있는 사람이기에 공적으로 증언 요청을 받았는데도 입을 열지 않은 때, 그는 벌을 받아야 한다. 즉 죄를 지은 것이다. (2) 부정한 들짐승이나 부정한 집짐승이나 길짐승의 주검에 몸이 닿았을 때, 모르고 닿았을지라도 부정을 타고 죄인이 된다. (3) 사람 몸에 있는 부정한 것 곧 사람을 더럽게 할 수 있는 그 어떤 것이든지 그것에 몸이 닿았을 때, 모르는 사이에 그랬을지라도 그것을 알게 된 경우에는 죄인이다. (4) 선의에서든지 악의에서든지 경솔한 맹세를 했을 때, 부지중에 그랬더라도 그것을 깨닫게 되는 경우에 그는 죄인이다. 이런 여러 경우에서 그 죄를 깨달았을 때에는 그 죄를 고백해야 한다. 그 죄를 속하기 위해서 야훼 앞에 제물을 바쳐야 한다. 암양이나 암염소를 속죄 제물로 바쳐야 하고, 제사장을 통하여 속죄 받아야 한다.

5장 7-10절에서는 양을 바칠 만한 여유가 없는 사람의 경우를 다룬다. 산비둘기 두 마리나 집비둘기 두 마리를 바치는데, 한 마리는 속죄 제물로 다른 한 마리는 번제로 바친다. 제사장에게 그것들을 가져오면 제사장은 그 하나의 목덜미를 비틀어 죽이되 머리가 아주 떨어지지 않게 하고 그 피의 일부를 제단 벽에 뿌리고 남은 피는 제단 밑에 붓는다. 이것이 속죄제사다. 다른 하나는 규례를 따라 번제로 바친다.

5장 11-17절에서는 비둘기를 바칠 여유도 없는 사람들의 경우를 다룬다. 고운 밀가루 십분의 일 에바를 바치는데 거기에 기름이나 향유를 곁들이지 않아도 된다. 아주 가난한 사람들에게는 기름이나 향유는 큰 짐이 될 터이니까 하는 말일 것이다. 제사장이 그것을 받아가지고 그 중의 한 줌을 떠서 번제물들이 타는 위에 놓고 태운다. 남은 밀가루는 제사장의 몫이다.

교훈

1. 부지중에 짓는 죄도 죄다. 우리는 모르는 사이에도 많은 죄를 짓고 있다. 그런데 그것이 죄라는 것을 의식했을 때, 솔직하게 그 죄를 고백하고 양심에 가책을 받아야 하며, 그 죄를 용서받고 하나님과의 정상적인 관계로 돌아가야 한다. 자기도 모르고 남도 모르게 죄를 지었으니까 숨겨두면 그만이라는 생각을 하기 쉽다. 그러나 하나님은 아시고 계시기에 그 죄를 처리하지 않으면 안 된다. 숨은 죄까지 다 청산하고 하나님과의 깨끗한 관계를 가지고 사는 것이 정로(正路)요 하나님이 원하기는 것이기에 이런 법을 주신 것이다. 부지중의 지은 죄까지도 말끔히 씻고 한 점의 티도 없는 관계 속에 산다면 그것이 얼마나 좋을까?

2. 사람은 다 사람이지만 사회에서 가지는 직위와 임무에 따라서 그가 짓는 죄의 성격이 다를 수 있다.

⑴ 대제사장은 이스라엘 전체를 대표하는 사람이므로 그가 부지중에 짓는 죄는 개인의 죄가 아니라 백성을 함께 안고 들어가는 죄로서

그 죄가 무겁고 심각하다. 윗물이 맑아야 아랫물이 맑은 법이다. 하나님과 국민 전체의 중보자의 입장에 있는 사람이므로 그는 성소 안에 들어가 하나님을 상징하는 법궤 바로 앞에서 황소 피를 일곱 번이나 뿌리고 하나님께 향을 피우는 향단 뿔에 소 피를 바르는 특별한 예식을 통해서 그의 특수한 죄를 고백하고 용서받아야 한다.

(2) 국민이 다같이 부지중에 짓는 죄가 있을 수 있다. 그러나 그 죄를 깨달았을 때에는 그 죄를 고백하고 사죄받아야 한다. 이 경우에는 백성의 대표들에게 책임이 있다. 백성의 지도자들이 앞장서서 사죄 작업을 해야 한다. 지도자들이 후지부지하면 백성은 그 죄를 그대로 안고 지낼 것이다. 지도자가 정신을 차려야 한다.

(3) 백성의 통치자나 지도자가 부지중의 죄를 지었을 때 역시 그 책임성을 절감하고 속죄받아야 한다. 그들은 대제사장과는 성격이 다르기에 속죄제사를 드리는 방법도 약간 다르다. 그들은 성소 안에 들어갈 자격도 없지만, 들어가지 않아도 일반인의 제사와 같은 식으로 제물을 드려서 속죄받을 수 있다. 즉 예외는 없다. 이스라엘 사람은 그 직책이나 계급 여하를 막론하고 속죄받고 정상적인 관계 속에 살기를 하나님은 원하신다.

3. 부정한 것이 몸에 닿아도 그것이 죄가 된다는 조항에는 성도들의 생활이 위생적으로 또 심리적으로 거룩하기를 바라시는 하나님의 뜻이 담겨 있다. 우리의 몸도 마음도 하나님 앞에서 깨끗하고 전강하고 정상적(〈샬롬〉, שָׁלוֹם)이기를 원하시는 하나님이시기에 오염을 미연에 방지하시려고 이런 법을 주신 것이라고 본다.

4. 가난을 핑계로 죄를 얼버무려서는 안 된다. 생활수준이 어떠하든지 죄의식을 바로 가지고 살아야 한다. 하나님의 관심사는 제물의 양이

나 질에 있는 것이 아니고 예배자의 양심적인 죄의식과 참회하는 마음이다. 하나님의 백성 모두가 거룩하기를 원하시는 하나님이시다. 하나님은 죄를 용서해 주시려는 마음을 가지고 계신다. 사람은 사죄의 필요성을 깨달아야 하고 적법한 절차를 통하여 사죄받아야 한다. 자격자인 제사장을 통하여 제사를 드려야 한다. 죄인이 스스로 자기 죄를 해결할 수는 없다. 우리의 참된 제사장은 예수 그리스도시다. 그를 통한 사죄가 필요하다.

상환을 위한 제물(속건제)(레 5:14-6:7)

해설

부지중에 야훼의 거룩한 장소를 침범하거나(transgress) 물건에 손을 대거나 했을 때 야훼께 보상하는 예물(〈아샴〉, אָשָׁם, 속건제, guilt offering)을 바쳐야 한다. 무흠한 숫양이나 그 것에 맞먹는 은전으로 바칠 수 있다. 거룩한 물건을 축내었다면 그것을 갚아야 하고 거기에다 그 값에 오분의 일에 더 붙여서 제사장에게 내어야 한다. 제사장은 그 예물을 가지고 그 사람의 죄를 속하는 제사를 드리고, 그 범법자는 죄 사함을 받게 된다.

하나님께서 금하신 것을 모르는 사이에 범했을 경우라고 해도, 그것은 죄이고 벌 받을 대상이다. 그 범죄 사실을 알았을 때 그는 무흠한 숫양 한 마리 혹은 거기에 해당하는 것을 제사장에게 가져와야 하고 그 잘못을 위한 속건 제사를 드리고 그 허물을 용서받아야 한다.

6장 1-7절에서는 의도적으로 이웃을 속이는 죄 몇 가지를 지적하며 그것은 바로 야훼께 범죄 하는 것이라고 지적한다. 이웃이 맡긴 물건이나 담보물을 속이거나 도둑질을 하거나 이웃의 것을 횡령하거나 잃은 물건을 줍고도 안 주웠다고 거짓말을 하고는 하나님께 그런 일을 하지 않았다고 맹세까지 하는 죄를 지은 경우에는 그 사실을 자신이 깨닫고 자기의 허물을 느낄 때 이웃에게 끼친 손해를 그대로 갚고 거기에 오분의 일을 붙여서 갚아야 한다. 그리고는 속건죄의 경우와 마찬가지로 제사장에게 무흠한 숫양 한 마리나 그만한 가치의 돈을 가져다 주어 속죄의 제사를 드리게 해야 한다. 그리하여 잘못을 속죄받아야 한다.

교훈

1. 이스라엘 사람들에게는 금단의 장소와 물건이 있다. 제사장 같은 특정인들만이 접근할 수 있는 장소가 있고, 그들만이 만지고 먹을 수 있는 것들이 있다. 보통 사람이 부지중에 그런 금단의 장소를 범접하거나 금단의 것을 만지거나 먹었을 경우라도, 그것은 역시 죄가 된다.

그래서 속건 제물을 바쳐서 그 허물을 벗어야 한다. 그리고 성물(聖物)에 손을 대어 축내거나 손상을 입혔을 때에는 속건 제물만 바치는 것이 아니라 손상을 입힌 만큼 배상해야 하고 거기에다 5분의 1을 더하여 갚으라는 것이다.

그래야 공평하고, 동시에 이는 그 벌과금을 통하여 일종의 경고를 주기도 하는 것이다. 하나님은 공정(公正)을 원하신다.

2. 거룩한 장소나 물건에 관한 것만 아니라 기타 모든 범법도 아무리 모르고 했다 하더라도 죄는 죄이기 때문에 그것을 바로잡아야 하고, 따라서 속건 제물을 드려서 하나님께 용서받아야 한다.

사람들 곧 이웃에게 잘못한 것이 다 하나님께 잘못한 것이라는 사실을 깨달아야 한다.

　3. 의도적으로 이웃을 속여서 자기 이익을 삼고는 뻔뻔스럽게 맹세까지 하면서 자기는 잘못한 것이 없다고 하는 사람들이 예나 지금이나 많이 있다. 그것은 양심이 마비되었기 때문에 일어나는 현상이다.

　그러나 그것이 잘못이라는 것을 알고 깨달았을 때 어떻게 해야 하는가? 반드시 보상해야 하고 5분의 1을 붙여서 배상해야 한다.

　동시에 그것은 하나님께 대한 범죄이기도 하므로 속건제물을 바쳐서 하나님과의 관계를 정상화해야 한다. 그리하여 죄 용서를 받은 상태에서 살아야 한다. 하나님이 원하시는 것은 사람의 사회생활이 하나님의 법대로 공정한 것이 되고, 하나님과 인간의 관계도 법에 맞는 정상적인 것이 되는 것이다. 하나님은 이렇게 법치사회를 원하신다.

　4. 하나님이 원하시는 것은 보복이나 복수가 아니라 배상을 통하여 관계를 정상으로 회복하는 것이다. 하나님은 잘못한 사람이 회개하고 자진해서 그것을 고백하고 거기에 대한 책임을 느끼는 것을 중요하게 생각하신다.

제사에 관한 여러 가지 지시 (레 6:8-7:38)

　먼저 6장 8절-7장 21절에서는 제사 의식(儀式)에서 제사장들이 맡은 역할을 지시한다. 이는 야훼께서 모세를 통하여 아론과 그의 아들들 곧 제사장들에게 주신 특별 지시이다.

　그리고 7장 22-38절에는 제사에 관해서 백성에게 주신 특별한 지시가 들어 있다.

6장 8-13절

해설

6장 8-13절은 1장 3-17절과 관련된 것으로서 번제에 관한 보충 지시다. 번제단의 불이 밤에도 꺼지지 않아야 하고, 제물이 아침까지 밤새도록 타고 있어야 한다.

제사장은 번제를 드리기 위해서 제단을 오르내리는 사람으로서 겉옷만 아니라 속옷까지 잘 입어 남자의 국부가 드러나지 않도록 조심해야 한다.

제사장은 번제물이 탄 재를 걷어서 제단 가에 놓고, 옷을 갈아입고는 그 재를 진영 바깥 정결한 곳에 버려야 한다.

교훈

1. 번제는 하나님께 완전히 헌신하는 것을 의미하는 제사이기에 제물이 완전히 소각되어 재가 되고 적절히 처리되어야 한다. 그러기 위해서는 번제단의 불이 밤에도 꺼지지 않도록 주의해야 할 것이다.

2. 집례하는 제사장의 옷차림은 단정하고 예의 바른 것이 되어 남의 구설수에 오르지 않아야 할 것이다. 제사장들은 백성을 대표하는 자들이기에 속도 겉도 다 아름다워야 한다.

6장 14-18절

해설

6장 14-18절은 2장 1-16절과 관련된, 곡물 제사에 대한 부칙이다. 밀가루 예물 한부분을 기름과 향료와 함께 향기로운 제물로 하나님께 드리고 그 남은 부분은 제사장들이 먹는데 성막 구내에서 누룩을 넣지 않고 빵을 만들어 먹어야 한다. 그것은 하나님께 드린 예물의 한부분이어서 거룩하므로 제사장들만이 먹고, 그들이 대대로 얻는 부수입이다.

교훈

1. 식탁에는 고기만 아니라 빵도 있어야 한다. 번제를 통하여 인간의 생명을 통째로 하나님께 바치는 것을 상징하지만 인간의 실생활은 빵을 먹음으로 유지되므로 그 실생활을 상징하는 빵이나 그 재료를 하나님께 제물로 드려서 실생활을 거룩하게 바치려는 뜻을 나타내야 한다.

2. 제물을 바치는 자들은 그가 드린 곡물을 제사장이 성막 안의 거룩한 곳에서 거룩한 음식으로 여기며 먹는다는 사실을 기억하며 자기도 거룩한 삶을 살려는 결심을 해야 할 것이다. 예물을 바쳤으면 그만이라고 생각해서는 안 될 것이다.

6장 19-23절

해설

6장 19-23절에서는 제사장들이 기름부음을 받고 성직에 취임하는 날 야훼께 드리는 예물을 다룬다.

밀가루 10의 1을 바치는데 절반은 아침에 절반은 저녁에 바친다. 밀가루를 기름으로 반죽을 하여 구워 하나님께 완전히 불살라 드리고 그것을 먹어서는 안 된다.

교훈

1. 제사장의 임직은 하나님과 맺는 계약이며 하나님만을 위하여 헌신하려는 각오와 약속을 하는 일이기에 비록 그들의 분깃이 없어서 우양을 드리는 제사를 드리지 못하지만, 최소한 밀가루 빵을 가지고라도 그것을 완전히 불살라 바치는 제사를 드림으로써 제사장들은 충성된 헌신을 다짐해야 한다.

2. 제사장의 위임제를 아침과 저녁으로 두 번에 나누어서 하는 것은

그들의 직무에는 시간대가 따로 있지 않음을 의미할 것이다. 낮에나 밤에나 그들은 백성을 대신하는 임무를 지니고 있고 부단히 그 임무에 충성해야 한다는 것을 말하는 것이다.

6장 24-30절

해설

6장 24-30절은 4장 1절-5장 13절과 관련된 것으로서 속죄 제물에 관한 것이다. 속죄 제물은 규례에 따라 드리는데, 그것은 가장 거룩한 것으로서 그것을 드리는 제사장 즉 거룩한 자가 그것을 성막 경내에서 곧 거룩한 곳에서 먹어야 한다.

속죄 제물에 살이 닿는 사람은 다 거룩해 진다. 제사를 드리는 과정에서 제사장의 옷에 묻은 피는 성막 경내에서 씻어 내야 한다. 토기에다 고기를 끓인 경우에는 그 토기는 부수어 버려야 하고, 놋그릇에 끓인 경우에는 그 놋그릇을 문질러 닦고 물로 세척해야 한다. 그리고 그 고기는 제사장이 먹되 대속을 위하여 성소 안에 피를 뿌린 제물은 먹을 수 없고 불살라야 한다.

교훈

1. 인간의 가장 큰 문제는 죄를 해결하는 일이다. 하나님의 관심사도 바로 여기에 있다. 사람이 죄 때문에 에덴에서 쫓겨났고 죽음의 벌을 받았으니까 말이다. 하나님 편에서 그 해결책을 제시하셨다. 그것이 바로 속죄제물을 바치는 제도다. 소나 양이나 비둘기가 죄인을 대신하여 죽도록 하는 제도다. 그래서 그 제물은 가장 거룩한 것이다. 그 동물의 피는 죄인의 생명을 구원하는 피이고, 그 살은 죄인을 대신하여 죽은 살이기에 너무도 고귀한 것이다. 우리는 여기서 그리스도의 피와 살을 회상해야 한다.

2. 속죄제물의 성격을 바르고도 심각하게 인식해야 한다. 나의 죄 문제를 해결하고 나를 죽음에서 살려내는 제물이므로 엄숙한 마음으로 음미해야 할 것이다. 우리가 그리스도의 살과 피를 받으면서 가지는 느낌이 얼마나 심각한가를 반성해야 할 것이다.

3. 백성의 최고 대표인 대제사장이 죄를 지었을 때, 그 죄는 엄청난 것이다. 높은 지위에 있는 사람일수록 그의 책임과 영향이 크므로 그가 저지르는 죄도 그만큼 큰 것이다. 그 죄를 대속하기 위해서 드린 제물은 아예 완전히 태워버려야 한다. 이는 그 죄의 심각성을 말한다.

7장 1-10절

해설

7장 1-10절은 5장 14절-6장 7절과 연관된 것으로서 속건제에 관한 부칙이다. 제사장이 속건제물을 규례대로 드리는데 지방(脂肪)만을 태우고 남은 부분은 제사장의 몫이 된다. 그것은 가장 거룩한 것이므로 거룩한 제사장이 거룩한 곳에서 먹어야 한다. 번제를 맡아 드리는 제사장은 그 짐승의 가죽을 차지한다. 곡물 제사 가운데 구워서 만든 빵은 집전한 제사장의 몫이고, 굽지 않은 것은 제사장들 전체의 몫이다.

교훈

1. 알고서 짓든 모르고 짓든 사람이 지은 죄는 다 하나님 앞에서 죄이고, 어떤 죄이건 그것을 해결해야 한다. 모르고 짓는 죄는 죄가 아닌 것처럼 느끼기 쉽지만 그것도 확실히 죄이기 때문에 반드시 그 죄를 청산하고 정상적인 상태를 유지해야 한다.

2. 속건제물은 속죄제물과 마찬가지로 가장 거룩한 것이다. 죄를 해결하는 물건이기에 가장 귀하고 거룩할 수밖에 없다. 그래서 아무나 마구 먹지 못하고 오직 거룩한 제사장이 거룩한 장소에서 그 고기를 먹는

행동을 통해서 그 거룩함을 유지하게 한 것이다. 모르고 짓는 죄도 그만큼 심각하다는 사실을 유념해야 한다는 말이다.

3. 하나님은 매우 실용적인 제도를 주셨다. 동물의 지방(脂肪)은 사람에게 해로운 것이기에 그것을 제사장들에게 먹이지 않기 위해서 제단에서 불살라 바치게 하고, 고기는 제사장들에게 주어 생명의 윤택을 더하게 했고, 고기만 먹을 수 없기에 곡물 제물을 곁들여 같이 먹게 하셨으니 말이다.

7장 11-21절

해설

7장 11-21절은 3장1-17절과 관련된 것으로서 화목제에 관한 부칙이다. (1) 감사하기 위해서 화목제물을 바칠 때는 누룩은 섞지 않고 기름만 섞은 빵과 누룩 없는 웨이퍼에 기름을 바른 과자와 고운 밀가루에 기름을 많이 넣어 구운 빵을 같이 바친다. (2) 화목을 위하여 감사의 희생 제물을 바칠 때는 누룩 섞인 케이크들을 예물로 가져와야 한다. 그 중에서 하나는 야훼께 예물로 드리고, 남은 것은 화목제물의 피를 뿌리는 제사장의 몫이 된다. 감사의 뜻으로 드린 화목 제물의 고기를 제사장이 먹는데, 그것을 바친 그날에 먹어야 하고 다음날 아침까지 남겨두어서는 안 된다. (3) 서약을 위한 제물이거나 자원(自願)하여 드리는 제물인 경우에는 그것을 바친 날로 그 고기를 먹어야 하고, 남으면 그 다음 날까지 먹을 수 있다. 셋째 날까지 남은 것은 태워버려야 한다. 그것을 먹는 것은 제사의 효과가 전혀 없으며 오히려 혐오스러운 것이며 죄가 되는 일이다.

제물로 드린 것의 고기가 부정한 것에 닿았을 경우에는 그것을 먹으면 안 되고 태워버려야 한다. 다른 고기 즉 더러움을 타지 않은 고기는 정결한 자들이 먹을 수 있다. 야훼께 바친 화목제물의 고기가 부정한

상태에 있는데도 불구하고 먹는 경우에 그 사람은 가문에서 쫓겨나야
한다.

교훈

1. 죄 사함을 받은 인간은 이제 하나님과 그의 관계가 정상화된 셈
이다. 그러나 거기서 끝나서는 안 된다. 하나님 앞에서 계속 고마움을
느끼면서 살아야 한다. 인간 생활의 모든 경우에 하나님 앞에서 기뻐하
며 감사해야 한다. 그것을 하나님 앞에 예물을 바치는 일로써 나타내야
한다. 제사장들도 그들이 드리는 제물을 같이 먹음으로써 백성 전체가
기쁨을 가질 수 있다.

2. 화목제물로 바친 동물의 고기를 제사장들이 먹되 그날에 다 먹어
야 한다. 이스라엘은 날씨가 더운 지역이므로 고기가 상하기 쉽기 때문
에 하나님이 이스라엘 백성에게 실용적인 법을 주신 것이다. 어떤 경우
이틀 동안은 그 고기를 먹을 수 있지만 사흘째에는 반드시 태워버리라
고 하신 것은 그 고기가 반드시 상하게 되어 있기 때문이다. 그만큼 하
나님은 백성의 위생을 생각하신 것이다. 썩은 고기나 부정한 고기를 먹
는 것은 죄로 정하고 먹지 못하게 함으로써 백성의 정결과 건강을 유지
하게 하신 하나님의 세심한 배려를 여기서 발견하게 된다. 하나님은 언
제나 우리의 안녕을 원하신다는 것을 알아야 할 것이다.

7장 22-28절

해설

7장 22-38절에서는 제사에 관하여 일반인에게 주신 지시가 중심을
이룬다.

22-27절에서는 제사와 상관없는 일반 원칙을 지시하셨다. 곧 소나
양이나 염소의 지방(脂肪)을 먹지 말라는 것이다. 자연적으로 죽거나

들짐승에게 물려서 죽은 동물의 기름은 다른 용도에 사용하되 먹어서
는 안 된다는 것이다. 일반인으로서 야훼께 바친 짐승의 지방을 먹은
사람은 가문에서 축출해야 한다. 그리고 어떤 짐승의 피든지 피를 먹는
사람은 가문에서 제명해야 한다.

28-36절에는 제사와 관련하여 일반인에게 주신 지시가 나온다. 야
훼께 화목 제물을 바치고자 하는 사람은 그 자신이 그 제물을 야훼께
가지고 와야 한다. 야훼께 불살라 드릴 제물을 예배자가 직접 자기 손
으로 가지고 나와야 한다. 지방과 가슴 고기를 가지고 오는데, 가슴 고
기는 야훼 앞에 흔들어 바치는 예물로 삼는다. 제사장은 그 예물을 받
아 지방은 번제단에 놓고 불사른다. 가슴 고기는 제사장들의 몫이다.
화목제물로 드리는 우양(牛羊)의 오른쪽 넓적다리를 제사장에게 주어
예물로 삼고, 집전하는 제사장은 그 넓적다리를 자기 몫으로 가진다.
화목제물 가운데서 그 흔들어 바치는 예물 곧 가슴 고기와 오른쪽 넓적
다리를 이스라엘의 예배자에게서 하나님이 받으셨고, 하나님께서 그
것을 제사장들에게 주셨다는 것이다. 그래서 아론과 그에 후손은 이렇
게 제물 가운데서 받는 몫이 있다.

37-38절에서 지금까지 지시하신 제사의 종류를 열거하며 그 유래를
한마디로 정리한다. 이는 야훼께서 시내산에서 모세에게 명하신 것이
며, 이스라엘 백성으로 하여금 야훼께 바치도록 명령하신 것이다. 그
여섯 가지는 번제(〈올라〉, עֹלָה)와 곡물제(〈민하〉, מִנְחָה)와 속죄
제(〈핫타앗〉, חַטָּאת)와 속건제(〈아샴〉, אָשָׁם)와 위임제(〈밀루임〉,
מִלֻּאִים)와 화목제(〈제바흐 쉘라밈〉, זֶבַח שְׁלָמִים)다.

교훈

1. 이스라엘 백성 일반이 알아야 할 것 중의 하나는 소나 양이나 염
소의 지방질을 먹지 말라는 것이다. 참으로 훌륭하고 현명하신 지시다.

입에는 그 맛이 좋아서 먹고 싶지만, 그것이 인체에 손해가 된다는 것을 아시는 하나님은 그것을 금하셨던 것이다.

2. 피를 절대로 먹지 못하게 하심으로써 생명이 귀중함을 극도로 강조하셨다. 옛날 사람들은 피에 생명이 있다고 생각하였기 때문이다. 생명의 존엄성과 귀중성은 아무리 강조해도 모자라는 것이 아닌가?

3. 하나님의 백성은 언제나 감사한 마음으로 화목(和睦)의 제물을 하나님께 바치면서 살아야 한다. 우리 그리스도인들이 감사헌금을 하나님께 늘 바치면서 살아야 하는 것처럼 말이다. 그러나 거기서 유념해야 하는 것은 농경사회에서 토지를 분양받은 백성들은 살 길이 있지만 레위 족속 곧 제사장 백성은 토지 분배를 받지 않았으므로 백성들이 그들을 먹여 살릴 의무가 있다는 점이다. 그래서 하나님께 감사의 예물을 바칠 때 제사장의 몫까지 하나님께 바치는 것이 당연하다. 하나님 앞에서 만민이 다 같이 기쁘고 평화스럽고 만족하게 살기 위해서는 고르게 분배한다는 말이 된다. 그러나 공산주의자들처럼 강제로 남의 것을 빼앗아서 나누라는 것이 아니고 자진해서 하나님께 바치는 행동을 통해서 하라는 것이다.

4. 이스라엘 백성에게 지시하신 여섯 가지 제사는 우선 하나님과의 수직적인 관계를 정상화하려는 것이며 동시에 하나님과 인간, 또 인간과 인간의 평화로운 교통과 교제를 목적으로 하는 것이다. 그 제사가 올바로 시행된다면 그 사회는 참으로 하나님께 복 받을 것이며 살맛이 날 것이다. 그러나 그것은 유목시대를 배경으로 하는 제도였고 오늘의 우리의 형편에서는 그 양식이 달라져야 한다. 우리는 그 여러 제사에서 그 정신을 알아내야 한다.

임직의 의례(儀禮)(레 **8:1-36**)

해설

하나님은 성막(증거막)을 짓게 하고 제사에 관한 법을 주신 다음에 이제 8장 1절-10장 20절에서는 제사장들의 임직식과 성소 의식 개시 예식을 모세를 통하여 행하셨다.

먼저 8장 1-36절에서는 제사장들의 임직식 광경을 구체적으로 묘사한다. 야훼께서 모세에게 명령하셨다. 아론과 그의 아들들을 데리고 그들이 입을 복장(출 39:1-31)과 그들에게 부을 기름(출 30:22-31)과 속죄제로 드릴 황소 한 마리(출 29:1)와 숫양 두 마리와 무교병 광주리(출 29:1-3)를 가지고 회막 입구로 나오고 이스라엘 온 회중을 거기에 모이게 하라고 하셨다. 회중이 모이자 모세가 회중에게 "야훼께서 이렇게 하라고 명령하셨다."라고 선포했다. 그러면서 모세는 직접 제사장 임직식을 집례했다. 회막 입구는 앞으로 제사장들이 집례하게 될 장소이다.

모세가 아론과 그의 아들들을 데려다가 목욕시켰다. 그리고는 제정된 법대로 우선 아론에게 복장을 입혔다(레 8:6-9).

그리고는 모세가 성유를 가지고 법대로 장막과 부속 기물들에게 발라 성별하였다. 다음에는 아론의 머리에 기름을 부어 성별하였다. 그러고 나서 아론의 아들들에게 제정된 복장을 입혔다. 어디까지나 야훼의 명령대로 하는 것이었다(8:10-13).

제단을 위한 속죄제물을 바치는 순서가 뒤따랐다. 소를 끌어다가 그 머리에 아론과 그의 아들들의 손을 얹게 한 후에 그 소를 잡아 그 소의 피를 손으로 찍어 제단의 네 뿔에 발라 성결케 하였다. 남은 피는 제단 밑에 부었다. 이렇게 해서 제단을 성별하였고 그것을 위한 속죄(〈킵페르〉, כִּפֶּר)예식을 치렀다. 그리고는 그 소의 내장에 붙은 지방과 간의 부속물과 콩팥과 거기 붙은 지방을 제단에 놓고 불살랐고 남은 것은 다 진영 밖에서 태워버렸다(8:14-17).

다음에는 모세가 번제를 위한 숫양 한 마리를 끌어다가 아론과 그의 아들들로 하여금 그들의 손을 그 양 머리에 얹게 한 다음에 그 양을 죽였다. 그리고 그 피를 제단 사 면에 던져 뿌렸다. 그리고는 양의 각을 뜬 뒤에 내장과 다리 외의 다른 부분 곧 머리와 기타 부분과 지방을 불사르고, 내장과 다리는 물로 씻은 다음에 태웠다. 이렇게 해서 양 한 마리를 몽땅 불살라 향기로운 번제물로 드렸다(8:18-21).

그리고는 모세가 임직을 위한 둘째 양을 끌어다가 역시 아론과 그의 아들들의 손을 얹게 한 후에 그것을 잡아서 그 피를 아론의 오른쪽 귓불과 오른손 엄지와 오른발 엄지발가락에 발랐다. 아론의 아들들에게도 그렇게 하였다. 남은 피를 제단 사면에 던져 뿌린 뒤에 모든 지방(脂肪) 곧 꼬리와 내장에 붙은 기름과 간의 부속물과 콩팥과 거기 붙은 지방과 오른쪽 넓적다리에다가, 야훼 앞에 놓았던 무교병 한 개와 기름 떡 한 개와 웨이퍼 한 개를 얹어 놓았다. 그리고는 이것들을 전부 아론과 그의 아들들의 손바닥에 놓고 그것들을 치켜 올렸다. 이렇게 해서 야훼께 들어 올리는 제사를 드렸다. 그러고 나서 모세가 그 물건들을 번제물과 함께 제단에 놓고 불살랐다. 이것은 하나님께 드리는 향기로운 제물이며 임직을 위한 예물이다. 여기서 모세는 그 양의 가슴 부위를 야훼께 들어올리는 제물로 바치고 그의 몫으로 가졌다.

모세는 성유와 또 제단에 남은 피 얼마를 가져다가 아론과 그의 아들들의 복장에 뿌렸다. 그렇게 해서 그 예복들을 성별하였다.

다음으로 모세는 아론과 그의 아들들에게 명했다. 하나님께 들어올리는 제물로 바쳤던 고기를 성전 입구에서 끓여서 임직식 광주리에 있는 빵과 함께 먹고, 남은 고기와 빵을 불사르라고 했다. 7일 동안 회막 안에 머물고 밖으로 나가지 말라는 것이다. 임직에 필요한 시간이 7일이라는 것이다. 아론과 그의 아들들이 모세를 통하여 주신 야훼의 명령을 철저히 지켰다.

교훈

1. 하나님은 계획만 하거나 법을 주기만 하신 것이 아니라 실제로 그 법대로 실천하셨다. 계획이나 법이 계획안과 법으로만 남아 있다면 무슨 소용이 있겠는가? 하나님이 아론과 그의 아들들을 대제사장과 제사장으로 성별하고, 집무하기에 합당한 거룩한 자들을 만들어 세워주심으로써 이스라엘의 제사제도는 굴러가기 시작했다. 하나님이 발동을 거신 것이다. 사람들이 제멋대로, 만든 인간의 제도가 아니라는 말이다.

2. 죄 있는 인간들이 만지고 또 만드는 모든 물건은 속된 것들이다. 하나님을 예배하기 위해서는 모든 것이 거룩해야 한다. 성막도 제단도 거기 속한 모든 기물도 거룩해야 한다. 남김없이 모두가 거룩해야 한다. 하나님이 원하시는 것은 모든 것이 결백하고 거룩하여 거룩하신 자신에게 부합하는 것들이 되는 것이다.

3. 제사장들도 사람이기에, 또 백성을 대표하는 자들이기에 누구보다도 먼저 성별되어야 하고, 법대로 번제를 드려서 헌신을 다짐해야 하고, 법대로 속죄제물을 바쳐서 속죄를 받은 거룩한 자들이 먼저 되어야 하며, 아름다운 냄새를 바치는 향기로운 제사를 드리고 아름답고 깨끗한 생활을 다짐해야 하고, 성직 수임을 기념하는 들어올리는 제사를 드려서 단단히 각오를 다지며, 거룩한 식사를 하면서 결의를 다져야 한다. 교회의 지도자가 된 사람들이 누구보다도 먼저 이런 성별(聖別)과 헌신과 아름다운 생활을 다짐하고 모범이 되어야 할 것이다.

4. 성직을 맡는다는 것을 귀한 것이고 신중을 기해야 하는 것으로 7일이라는 긴 기간 동안 행하게 하셨다. 성직은 두고두고 반성하고 사색하고 다짐하면서 맡아야 하는 중대한 일이다. 오늘의 성직자들이 과연 얼마나 고민하고 참회하고 두려워하면서 그 직책을 맡는지 의문스럽다.

5. 8장 1-36절의 한 이야기 가운데, 매 단원마다 "야훼께서 모세에게 명하신 대로"라는 말이 붙어 있다. 즉 일곱 번이나 그 말이 붙어 있는 것은 성직 수임이 그만큼 엄위한 사건임을 말해 준다. 하나님께서 모세에게 명령하신 대로 해야 하며, 마구 하거나 사람의 뜻대로 하거나 해서는 안 된다는 것을 거듭 강조한 것이다.

아론의 제사직 발족 예식 (레 9:1-24)

해설

아론과 그의 아들들이 7일 간에 걸친 성직 수임 절차를 끝내고 제 8일부터 정식으로 제사장의 임무를 수행하기 시작했다. 마치 하나님이 7일 간 천지 창조 작업을 마치신 후에 제 8일부터 피조물이 정상적으로 작동하기 시작한 것처럼 말이다. 모세가 아론에게 "오늘 야훼가 당신에게 나타나실 터이니 이렇게 하시오!"(9:4b)라고 지시하면서, 속죄 제물로 흠 없는 수송아지 한 마리를, 번제물로 흠 없는 숫양 한 마리를 야훼께 드리라고 했다. 그리고 속죄의 제물로 수 염소 한 마리, 번제 제물로 흠 없는 한 살짜리 송아지 한 마리와 양 한 마리, 평화의 제물로 황소 한 마리와 숫양 한 마리, 기름을 섞은 곡식 제물을 가져오라고 백성에게 지시하게 했다. 백성이 아론의 지시대로 모세가 명한 모든 것을 성막 앞에 가져다 놓았다. 그리고는 온 이스라엘 백성이 야훼 어전에 (성막 앞에) 가까이 모였다.

그러자 모세가 군중을 향하여 "이것은 야훼가 당신들더러 하라고 명령한 것입니다. 그렇게 해서 하나님의 영광이 당신들에게 나타나도록 하시려는 것입니다."(9:6)라고 말했다. 그리고는 아론에게 "제단으로 나아가 당신을 위한 속죄제(〈핫타앗〉, חַטָּאת)와 번제(〈올라〉, עֹלָה)를 드리고, 당신과 백성을 위한 속죄(〈킵페르〉, כִּפֶּר, atone)를 이루시오. 그리고 백성을 위한 제사를 드려 그들을 위한 속죄를 이루시오. 야훼의 명령입니다."(9:7)라고 지시했다.

모세의 지시대로 아론은 제단에 나아가 대제사장인 자신을 위한 속죄의 송아지를 죽였다. 그의 아들들이 그 송아지의 피를 아론에게 전해 주었고, 아론은 손가락으로 그 피를 찍어 제단의 네 뿔에 발랐고, 남은 피는 제단 밑에 쏟았다. 송아지의 지방(脂肪)과 콩팥, 간과 그 부속물은 제단에서 태우고, 고기와 가죽은 진영 밖으로 가지고 나가서 불살랐다.

다음은 아론이 번제물을 죽였고, 아들들이 그 피를 가져오니, 그것을 제단 사면에 던져 뿌렸다. 아들들이 그 제물의 각을 떠서 가져왔다. 내장과 다리는 물로 씻어 가지고, 머리와 다른 부위와 함께 제단에서 불살랐다. 여기까지가 제사장들 자신을 위한 제사였다.

다음은 백성을 위한 아론의 제사이다. 아론은 먼저 염소 한 마리를 백성을 위한 속죄 제물로 바치고(9:15) 이어서 백성을 위한 번제(9:16)를 드렸다. 뒤이어 곡물 제사도 드렸다(9:17). 아침에 드린 번제에 곁들여 곡물 한 움큼을 제단에다 불살랐다. 다음으로는 백성을 위한 평화의 제물(〈제바흐 쉴라밈〉, זבח שלמים)[24]로 황소와 숫양을

---

24) 개역한글판에서는 '화목제 희생'으로, 개역개정판에서는 '화목제물'로 옮겼다.

잡았다(9:18). 아들들이 그 피를 가져오자, 아론이 그것을 제단 벽 사면에 뿌렸다. 그리고 그 소와 양의 지방(脂肪) 곧 꼬리와 내장에 붙었던 것과 콩팥과 거기 붙은 지방과 간과 그 부속물을 가져왔다(9:19). 지방은 제단에서 불살랐고(9:20), 가슴 부위와 오른쪽 넓적다리는 야훼 앞에 쳐들어바치는 예물(〈트누파〉, תנופה, elevation offering)25)로 드렸다(9:21).

이렇게 제사를 드린 후에 아론은 백성을 향하여 두 손을 들어 축복을 했다. 아론은 이렇게 속죄제물과 번제물과 평화제물을 바치고 나왔다. 그리고 다시 모세와 아론이 성막으로 들어갔다가 나와서 백성을 축복했다. 그러자 야훼의 영광이 온 백성에게 나타났다. 야훼에게서 불이 나와 번제물을 사르고 제단에 놓인 지방을 태우는 광경을 백성이 목격하였다. 그들은 고함을 지르며 얼굴을 땅에 대었다. 불이 야훼로부터 나와서 제물을 불살랐다는 것은 그 제사를 받으셨다는 것을 의미한다. 그것은 재가(裁可)의 불이면서 무서운 불로 그릇된 제사에는 심판의 불이 될 수도 있다는 암시이기도 하다. 참으로 엄숙하고 감동적인 예식이었다. 이렇게 해서 이스라엘의 제사제도에 발동이 걸렸다.

교훈

1. 하나님은 이스라엘 백성을 택하고 그들을 거룩한 백성이 되게 하려고 솔선적으로 계획하여 그들을 애굽에서 구출하고 모세를 불러 훈련시키고 법을 주고 성막의 청사진을 보여주고 실제로 성막을 짓게 하고 이제는 제사제도를 모세를 통하여 진두지휘하여 발동을 걸게까지 하셨다. 우리는 여기서 극도로 자상하신 하나님을 보게 된다. 빈틈이 조금도 없이 역사하시는 하나님을 보게 된다.

---

25) 개역성경에서는 '요제'로 옮겼다.

2. 하나님은 영광 중에 이스라엘과 같이 있기를 원하신다. 그의 뜻은 당신의 영광이 그의 택하신 백성 중에 임하는 것이다. 따라서 이스라엘은 영광의 하나님을 모시는 복과 특권을 깨닫고 그를 모시고 기뻐하며 긍지를 가지고 살아야 한다. 그러나 이스라엘과 또 새 이스라엘인 교회는 야훼의 영광스러운 임재를 사모하지 않고 있다. 아니 그 영광의 임재를 의식하지 못하며 살고 있다.

3. 속죄제를 통하여 죄 사함 받고, 번제를 통하여 헌신을 다짐하고, 화목제를 통하여 늘 하나님과 평화의 관계를 유지하며 정상적인 거룩한 삶을 살기를 바라시는 하나님의 뜻을 우리는 과연 깨닫고 있는가? 정상 상태에 있는 이스라엘에게 모세와 아론을 통하여 하나님이 복을 내리셨다. 우리가 과연 하나님께 복 받을 만큼 성결을 사모하고 도모하고 있는 것일까?

나답과 아비후(레 10:1-20)

해설

이스라엘의 제사제도가 처음으로 가동하기 시작한 날에 온 백성에게 하나님의 영광이 나타났고, 백성은 감격과 기쁨 속에 열광하며 하나님께 엎드려 절했다.

그런데 바로 그날 저녁에 아론의 맏아들 나답과 둘째 아들 아비후가 제사장으로서 향단에 향을 피우는 절차와 과정에서 합법적이지 못한 다른 불을 가지고 향을 피움으로써 천벌을 받아 죽는 일이 일어나고 말았다. 하나님께로부터 나오는 불이 그들을 덮쳐 태워서 죽여 버린 것이다. 모든 것이 거룩해야 하고 모든 것을 법대로 해야 하는데, 즉 거룩한 불씨를 따로 보관했을 것이고 그것에서 불을 얻어 향을 피워야 할 것인데, 그들이 어찌된 영문인지 절차를 어기거나 다른 불씨에서 불을 얻어 향을 피운 것 같다. 큰 경사에 찬물을 끼얹은 격이 되었다. 거룩한 불, 9장 24절에서 말한 "야훼께로부터 온 불"이 제사의 불씨가 되어 거기서 불을 얻었어야 하는 것이었는지 모른다. 어쨌든 야훼가 정해주신 법을 어긴 것이 그들의 죽음의 원인이었다.

여기서 모세는 야훼의 말씀을 인용하여 아론에게 경고했다. 두 조카의 죽음은 애석한 일이고 하나님을 가까이 모시는 자들인 제사장들의 소행이지만 하나님의 거룩함과 영광을 훼손하는 일은 용납할 수 없다는 것이다.

모세는 자기의 숙부인 (그러니까 아론의 숙부이기도 한) 웃지엘*의 두 아들 미사엘과 엘자판*을 불러서 시체들을 성소 앞에서 진영 밖으로 끌어내라고 지시했다. 그들은 명령대로 그 죽은 자들의 시체를 진영 바깥으로 운반하였다. 시체의 살에 손을 대지 않으려고 시체가 입고 있던 겉옷을 들것 삼아 운반하였다. 모세는 아론의 셋째와 넷째 아들, 엘아잘*과 이다말에게 일렀다. 형들의 죽음을 애통해 하며 정신 차릴 수 없는 지경에 있는 그들에게 모세의 지시가 떨어진 것이다. 기름부음을 받은 임직자로서 공(公)과 사(私)를 구분하고 맡은 일에 충실해야 한다고 말했다. 머리카락을 흩트리고 옷을 찢는 등 사사로운 애도 행위는 다른 친족들과 이스라엘 온 회중이 할 것이니 그들에게 맡겨두고 임직자는 공적으로 맡은 중책을 수행해야 한다는 것이었다. 그들은 모세의 지시를 따랐다.

8-11절에는 야훼가 아론에게 직접 말씀하신 것이 있다. 레위기에서 하나님이 직접 아론에게 말씀하신 것은 이것이 유일하다. 세 가지를 명령하셨다. (1) 아론과 그의 아들들은 회막에 들어갈 때 포도주나 독주를 절대로 마시지 말라! 술을 마시고 들어가는 날에는 죽기 때문이다.

이것은 영구히 대대로 지켜야 할 법이라 한다. (아론의 두 아들이 죽은 원인도 아마 그들이 술을 마시고 들어갔고, 따라서 정신이 몽롱한 가운데 법을 어긴 것이 아닐까 생각된다.) (2) 거룩한 것과 보통 것, 부정한 것과 정한 것을 구분하라! (3) 모세를 통하여 야훼가 주신 모든 율례를 이스라엘 백성에게 가르치라!

모세가 아론과 그의 남은 두 아들 엘아잘*과 이다말에게 야훼께 드린 곡물 제사 예물을 제단 옆에서 먹되 누룩은 근절하라고 말했다. 제사장이 거룩한 곳에서 그 곡물 제사 예물을 먹는 것은 그들의 몫이라고 하나님이 명하셨다는 것이다. 들어올리는 제사로 드린 가슴 고기와 넓적다리는 제사장 가족이 어디서나 정결한 장소에서 먹을 수 있다는 것이다. 즉 화평의 제물 중에 들어올리는 제물의 한 부분이 제사장과 그의 가족의 몫이었다.

6장 26절에 의하면 속죄제물은 제사장들이 성막 안에서, 곧 거룩한 곳에서 먹어야 한다. 그런데 아론의 두 아들이 죽은 그날, 아론의 남은 두 아들이 제사를 드리면서 속죄 제물로 드린 염소를 먹지 않고 태워버렸다. 그 일을 두고 모세는 아론에게 추궁했다. 하나님 앞에서 속죄를 이루기 위해서는 그 제물을 먹어버리는 예식이 필요한데, 이들은 그 절차를 무시한 셈이기 때문이다.

모세의 추궁에 대해 아론은 모세가 수긍할 만하게 "오늘 내 아들들이 속죄제와 번제를 야훼께 드렸는데, 이 끔찍한 일이 나에게 생겼으니, 그 주검들을 앞에 놓고 속죄 제물을 먹는다는 것이, 야훼께 가당한 일이겠는가?"라고 대답했다. 이는 심리적으로나 의리상으로나 그럴 처지가 아니었다는 변명인 것 같다. 모세는 아론의 말을 듣고 더는 따지지 않았다.

교훈

1. 이스라엘 역사에서 획기적이고 아주 중대하고 가장 기념할 만한 날에 큰 불상사사가 생겼다. 제사장들이 집무 현장에서 천벌을 받는 끔찍한 사건이었다. 그런 특별한 날이기에 하나님은 눈감아 주실 것도 같은데, 또 그것이 인간들이 보통 하는 생각인데, 하나님은 당신의 약속을 지키셨다. 그의 거룩하심을 깨뜨리는 자를 방치하시지 않겠다는 결의를 실제로 행동으로 보이신 것이다. 일벌백계의 효과를 거두시려는 목적이 있었을지도 모른다. 하나님은 당신의 법을 지키는 것이 인간들에게 얼마나 중요하다는 것을 깨닫게 하신 것이다.

2. 공과 사는 구분해야 한다. 형들이 죽었으므로 그 아우들이 곡을 하고 애통해 하며 사사로운 법과 절차를 따르는 것이 당연하다. 그렇다 하더라도 가령 일국의 대통령이 사사로운 가정의 문제가 있다고 해서 국사를 접어둘 수는 없지 않는가? 전쟁터에서 군인이 사사로운 일에 얽매일 수는 없지 않는가? 제사장은 하나님 앞에서 백성을 대신하는 자요 공적인 일을 하는 사람으로 기름부음을 받은 자이기에 이를 제쳐놓고 사사로운 일을 할 수는 없다.

3. 공무를 집행하는 제사장들이 말짱한 정신으로 정성껏 임무를 수행해야 하는 것이므로 거기에 방해되는 것은 어떤 것도 피해야 할 것이다. 정신을 몽롱하게 만드는 술이나 마약이나 기타 어떤 것도 삼가야 한다. 거룩한 것과 거룩하지 않은 것을 분간할 줄 알아야 한다. 하나님의 법을 바로 알고 불법을 삼가야 한다. 제사장이 이 점에서 솔선하고 모범이 되어야 한다는 것은 당연한 일이다.

4. 제사장도 감정이 있고 제한성을 가진 인간인지라 모든 것을 완전하게 할 수는 없다. 아론이 두 아들을 잃고, 또 그의 남은 두 아들들이 형을 둘이나 단번에 잃었을 때, 정상적으로 사고하지 못하고 인간적인 실수를 저질렀다.

모세는 그들의 잘못을 지적하고 추궁했지만, 정상을 참작하여 그들의 실수를 묵인했다. 이는 인지상정이 아니겠는가? 사람이 하나님이 아닌 이상 완전할 수 없는 것이므로 그들의 연약함과 실수를 묵과해주는 아량이 필요한 것이었다. 모세의 아량을 우리는 눈여겨볼 만하다.

먹을 수 있는 깨끗한 동물과 더러운 동물(레 11:1-23)

해설

이스라엘이 야훼의 거룩한 백성이 되기 위해서는 먹을거리도 구별해야 했다. 야훼께서는 모세와 아론을 통하여 백성에게 명령을 내려 사람이 먹을 수 있는 깨끗한 동물을 땅에 기어다니는 짐승과 물고기와 날짐승과 나는 곤충의 순서로 정해 주셨다.

우선 땅에 기어다니는 짐승 중에서는 굽이 갈라진 쪽발을 가진 짐승이면서 새김질을 하는 짐승은 먹을 수 있다고 하셨다. 그 두 조건이 다 맞아야 한다. 새김질은 하지만 굽이 갈라지지 않은 낙타와 오소리와 토끼는 먹을 수 없다. 굽이 있고 쪽발이지만 새김질을 하지 않는 돼지는 먹을 수 없다. 이런 짐승은 더러운 것이므로 그 고기를 먹어도 안 되고 그 주검을 만져도 안 된다.

바다나 강에서 사는 물고기 중에 지느러미가 있고 비늘이 있는 고기는 먹을 수 있다. 그렇지 않은 것들은 더러운 것이고 그 주검도 피해야 한다.

새 가운데서 먹지 않아야 할 것은 독수리, 수염수리, 물수리, 검은소리개, 붉은소리개, 까마귀, 타조, 펠리컨, 흰물오리, 고니, 푸른해오라기, 오디새, 박쥐다.

네 발로 걷는 날개 달린 곤충 가운데서 발과 다리가 있어서 땅 위에서 뛸 수 있는 것은 먹을 수 있다. 즉 메뚜기, 방아깨비, 누리, 귀뚜라미 등이다. 그러나 그 밖에 네 발로 걷는 날개 달린 벌레는 피해야 한다.

교훈

1. 인간이 살아가자면 먹는 것이 가장 시급하고 중요하므로 하나님이 이스라엘에게 거룩함을 요구하실 때 먼저 먹을거리의 관한 거룩함의 문제를 들고 나오신 것은 마땅하다.

2. 하나님께서 모든 것을 좋게 만드셨기 때문에 모든 것은 그 나름의 가치를 지니고 있다. 예수님은 모든 음식은 깨끗하다고 하셨다(막 7:19).

베드로는 환상에서 본, 하늘에서 내려오는 보자기에는 온갖 종류의 동물이 들어 있었고, 그것들을 다 잡아먹으라는 소리에 이어 "하나님께서 깨끗하게 하신 것을 속되다고 하지 말라!"라는 말을 들었다(행 10:15).

그러나 이스라엘 백성이 살아온 문화와 전통에서는 깨끗한 것과 부정한 것, 먹을 수 있는 것과 먹을 수 없는 것이 구분되어 있었다. 이스라엘을 거룩한 백성으로 삼으시려는 하나님께서는 음식물도 구분하여 깨끗하다고 생각하는 것을 먹도록 함으로써 그들이 거룩한 백성이라는 자각과 긍지를 가지게 하신 것이다.

요는 하나님 앞에서 거룩한 백성, 깨끗한 백성이 되는 것이 중요하다. 역사와 전통의 변천에 따라 사물을 보는 눈과 가치관이 달라지는 것이 사실이지만, 거룩한 백성이 되어야 한다는 원리는 변할 수 없다.

3. 더러운 짐승의 주검까지도 피하라고 하신 것은 철저히 성결을 유지해야 한다는 말일 것이다. 불결한 것은 가까이 하지 않고 피하는 것이 상책이다.

4. 막연하게 더러운 동물을 먹지 말라고 하신 것이 아니라 구체적으로 동물의 이름까지 밝혀 주며 명령하셨다. 몰라서 그랬다는 핑계를 댈 수 없다. 어린아이를 가르치듯이 구체적으로 세밀하게 지시함으로써 차질이 없게 하시려는 하나님의 섬세함을 여기서 엿볼 수 있다.

부정한 동물(레 11:24-47)

해설

이 부분에서는 11장 1-23절에서 말한 것을 부연설명한다.

위에서 부정한 동물을 먹지 말고 그 주검도 만지지 말라고 했는데, 그 주검을 만짐으로 더러워지면 저녁까지 더럽다는 것이며, 더러운 동물의 주검의 어떤 부분이라도 운반한 사람은 그의 옷을 빨아야 한다는 것이다.

땅 짐승 중 더러운 것들의 종류를 더 첨가했다. 그것들은 족제비, 쥐, 큰 도마뱀, 수종, 육지악어, 도마뱀, 모래 도마뱀, 카멜리온이다. 그것들의 주검을 만진 사람은 저녁까지 부정하고, 그 주검이 어떤 물건에 떨어지면 그 물건도 더러워진다.

그 주검이 닿았던 나무나 천이나 가죽이나 자루는 물에 담가야 하고 저녁때까지 더럽다. 그 주검이 토기 속에 떨어지면, 그 토기 안에 있는 것이 다 부정해진다. 그 토기를 부숴버려야 한다. 그런 그릇에 담겼던 물이 닿은 음식도 더럽다. 그런 그릇에 담겼던 물도 더럽기 때문에 마실 수 없다.

그 주검이 닿았던 가마나 화로는 부숴버려야 한다. 그러나 물이 있는 샘과 물웅덩이 안에 있는 어떤 것이 그 부정한 주검에 닿았으면 그 물건은 부정하지만, 샘과 물웅덩이 자체는 정결하다.

부정한 주검이 파종을 위하여 남겨둔 씨에 닿았다고 하자. 그 씨는 깨끗하다. 그러나 물에 젖은 씨에 그 주검이 닿으면, 그 씨는 부정하다.

사람이 먹을 수 있는 정결한 동물이지만 그것이 죽은 경우, 그 주검을 만지는 자는 저녁때까지 부정하다. 그 주검을 먹는 사람은 옷을 빨아야 하고, 그 사람은 저녁까지 부정하다. 그리고 그 주검을 운반하는 사람도 옷을 빨아야 하며, 저녁까지 부정하다.

땅에 기어다니는 것들, 배로 기어 다니거나 네발로 걷거나 발이 많이 달린 것들은 혐오할 것들이고 먹어서는 안 되는 것들이다. 혐오할 만한 것들을 먹으면 결국 부정한 자가 되고, 따라서 하나님께서 싫어하시는 자가 될 것이다. 야훼 하나님이 거룩하시니 이스라엘도 거룩해야 한다. 애굽에서 이스라엘을 구출하신 것은 이스라엘이 하나님의 백성 곧 거룩한 백성이 되게 하시려는 것이었다(11:45).

교훈

1. 하나님은 당신이 거룩하시기 때문에 인간도 거룩해지기를 원하신다. 이스라엘을 택하고 애굽에서 불러내신 것은 그들을 거룩하게 하신 하나님의 주권적인 행동이다. 하나님 편에서 솔선하여 그들을 거룩

하게 하신 사건이다. 곧 은총의 사건이다.

그러나 이스라엘 백성의 마음과 생활이 실제로 거룩해져야 하는데, 그것은 그들 자신이 해야 할 몫이다. 그래서 그들이 거룩한 백성이 되도록 하려고 여러 가지 법을 주신 것이다. 더러운 음식을 먹지 말라는 것이고, 더러운 짐승의 주검을 만지지 말라는 것이며, 정결한 것이지만 그 주검은 삼가라는 것이며, 더러운 것을 만진 사람은 옷을 빨라는 것이며, 적어도 그 더러움은 밤까지 계속된다는 등, 세밀한 법을 주심으로써 그들이 정결을 유지하게 하셨다. 위생의 각도에서 보아도 타당한 명령이었다.

하나님이 거룩하게 하셨으니, 사람 편에서도 철저히 거룩해지려고 힘쓰는 것이 마땅하다. 즉 부르심에 합당한 삶을 살아야 한다.

2. 부정을 탄 사람에게 "저녁때까지"라는 기한을 주신 것은 하나님의 지혜로우신 배려이다. 자신의 더러움을 깨닫고 더는 그런 일이 없게 하는 것이 중요하다. 심기일전하여 새 마음으로 결단하고 새날을 시작하라는 것이 하나님의 뜻이다. 지나간 더러움을 씻고 정결한 새 삶을 시작하라는 것이다.

해산 후의 정결례(淨潔禮)(레 12:1-8)

해설

사람은 여러 차원의 삶을 살고 있다. 인간에게 있어서 가장 시급하고 기본적인 것은 식생활일 것이다. 하나님은 사람이 거룩하기를 원하시는데, 우선 인간의 식생활의 차원에서 거룩해야 한다. 그래서 먼저 11장에서 먹는 문제에서 거룩함을 다루었다.

인간의 또 하나의 기본적인 삶의 차원은 생식(生殖)의 차원이다. 이는 자식을 낳고 번식하는 차원이다. 그 필수적인 차원에서도 거룩함을 도모해야 한다.

거기에는 주로 여자들이 해산을 하면서 피를 흘리게 되고, 피는 지극히 귀하고 엄숙한 것으로 여겨지던 시대이기에 그 문제에 있어서 거룩함을 유지하는 것이 문제일 수밖에 없었다. 이 문제에 대해서도 야훼께서 모세를 통하여 백성에게 명령하셨다. 여자가 임신을 하여 아들을 낳았을 때 그 여인은 피를 많이 흘리면서 해산을 했기에 7일 동안 부정하다. 월경을 할 때 부정한 것과 마찬가지라는 것이다(월경에 관한 법은 15장 19-24에서 따로 다룬다). 임신이나 해산의 행동 그 자체가 더럽다는 말이 아니라 해산할 때 피를 흘리고 계속 얼마동안 피를 흘리는 것이기 때문에 그 동안을 불결의 기간으로 정해주신 것이다.

산모가 완전히 정상을 되찾아 정결하게 되는 기간은, 아들을 낳아 부정한 7일 이후로 33일이다. 이리하여 산모는 해산 후 40일 동안에는 거룩한 것을 만져서도 안 되고, 따라서 성소에 나아갈 수도 없다. 여인이 여자 아이를 낳은 경우에는 그 기간이 배가한다. 즉 두 주간 동안 부정하고, 정결의 기간도 66일이 된다. 남자 아이의 경우에는 그가 난지 8일 째 되는 날 할례를 행해야 한다.

남아든지 여아든지 간에 정결 기간이 지나면 하나님께 예물을 바쳐야 하는데, 우선 한 살짜리 양 한 마리를 제사장에게 가져다주어 번제를 드리게 하고, 집비둘기나 혹은 산비둘기 한 마리를 속죄 제물로 바쳐야 한다. 이렇게 함으로써 해산에서 그녀가 흘린 피로 말미암은 부정이 깨끗해진다.

산모의 집안 형편이 가난해서 양을 바치지 못하는 경우에는 산비둘기나 집비둘기 두 마리로 대용할 수 있다, 그 한 마리는 번제물로 다른 하나는 속죄제물로 드릴 수 있다.

교훈

1. 인간이 생육하고 번성하는 것은 하나님이 주신 복이다. 따라서 해산하는 일이 악하거나 죄가 되거나 또는 더러운 일이라고 할 수는 없다.

그러나 해산에 필수적으로 따르는 피 흘림은 마구 다룰 수 없는 사실이다. 피 흘림을 통해서만 귀한 생명이 세상에 태어난다. 피를 생명이라고 생각하던 옛 사람들에게는 피를 흘리며 해산하는 여인이 역설적으로 더러움을 탔다는 생각을 할 수 있는 것이었다.

산모는 생리적으로 피를 흘렸고, 또 얼마동안 피를 흘려야 하므로 적어도 7일, 또 이어서 33일 내지 66일의 기간을 주어 몸을 추스릴 수 있는 기간을 법적으로 주신 것은 하나님의 지혜에 의한 큰 배려라고 할 수 있다. 그런 법이 없는 사회에서 홀대받은 산모가 지병을 얻는 수가 많은 것을 감안할 때, 이스라엘 백성에게 주신 이 법은 절묘한 것이라고 할 수 있다. 산모의 건강 유지를 법적으로 보장해주신 것이고, 어머니의 건강은 바로 민족과 국가의 건강일 것이니, 참으로 훌륭한 법을 주신 것이다.

2. 어째서 남아를 출산한 경우와 여아를 출산한 경우가 그렇게도 다를까 하는 문제에 대해서는 많은 해석들이 있는데, 남존여비의 사상과 전통이 깊이 뿌리박힌 문화권에서는 여아를 낳은 여성의 심리적 고충과, 따라서 육체적 고통도 훨씬 더 컸을 것으로 짐작된다.

하나님은 그런 사실을 감안해서 오히려 약자인 여성의 편을 들어주신 배려가 아니었을까? 동시에 여성과 남성의 신체적 구조에 있어서 매우 차이가 있고 여성이 가지는 더 섬세한 신체 구조와 다양한 작용을 감안할 때, 여아 출산을 다르게 취급하신 하나님의 배려는 있을법한 일이라고 보아야 할 것이다.

해산 후에 드리는 번제와 속죄제에 있어서는 조금도 차이가 없는 것으로 보아 남아와 여아가 동등하다는 사실을 알 수 있다.

3. 다른 경우와는 달리 산모가 드리는 제사는 번제가 앞서고 속죄제가 뒤따른다. 산모가 출산 후에 먼저 번제물을 바쳐서 헌신과 감사를 다짐하는 것을 하나님은 원하신 것이다. 다른 경우에는 우선 죄를 대속받는 것이 시급하기에 속죄제물을 바치는 것을 앞세워야 하는데, 해산의 경우에는 산모의 해산과 그 피 흘림이 범죄의 행위가 아니고 피를 흘려야 하는 필연적인 사건에 대한 부득불한 허물을 씻는 경우여서, 비둘기 한 마리의 제사로써 족한 것이었다. 피는 피고 그것을 흘린 것은 사실이기에 거기에 상응하는 보응은 있어야 하는 것이 하나님의 공의일 것이다.

4. 예배자의 경제 형편을 따라서 제물의 종류를 다르게 요구하신 하나님의 아량을 우리는 유념해야 한다. 제사의 진위는 그 양(量)에 있는 것이 아니고, 예배자의 성의와 정신과 마음가짐에 있는 것이다. 돈이 많아서 많은 양을 바쳐도 성의가 없이 드린다면, 비록 가난하고 돈이 없어서 비둘기 한 마리를 바칠망정 정성껏 뉘우치는 마음으로 바치는 것보다 못 할 것이다.

〈차라앗〉(속칭 문둥병). 그 양상과 증상 (레 13:1-59)

해설

흔히 문둥병〔나병=癩病〕이라고 부르는 병이 학명으로는 한센병 (Hansen's disease)인데, 여기 레위기에서 말하는 〈차라앗〉(צָרַעַת)

이 과연 그런 문둥병인가 하는 문제를 놓고 학계가 논란한 결과 다음 여러 가지 이유로 부정적인 대답을 얻었다. (1) 그런 증상이 직물과 돌에도 나타난다는 것, (2) 문둥병의 증상과는 다르다는 것, (3) 환부가 저절로 치유된다는 것, (4) 고고학적으로나 기타의 자료에 의하면 그 시대에 팔레스타인에는 문둥병이 있지 않았다는 것 등에 근거하여 이를 문둥병과는 다른 병이라고 판단하여 문둥병이나 나병이나 한센병 등으로 번역하는 것은 옳지 않다고 한다. 그래서 히브리어 원어에 나오는 발음대로 〈차라앗〉이라고 하는 것이 좋다라는 의견이 압도적이다.

옛날 사람들도 여러 가지 병에 시달렸겠지만 물이 흔하지 않아 목욕을 자주 하지 못하고 사는 형편이었기에 피부병이 많았으리라 짐작할 수 있다. 13-14장에서는 피부병에 관한 것을 세밀하게 다룬다. 이스라엘 백성이 거룩한 백성이 되기를 원하시는 하나님께서는 위생적으로도 병이 없는 자들이 되기를 원하셨다. 특히 그 때 사람들이 흔히 걸릴 수 있는 피부병을 부각시켜서 법을 주신 것이다.

피부 한 부분에 부스럼이나 뾰루지나 얼룩이 생겨서 〈차라앗〉에 걸린 경우에는 그 사람을 제사장에게 데려가야 한다. 이는 사회 문제이기에 주변 사람들이 알아서 그를 제사장에게로 데려가야 하는 것이다. 제사장은 그 사람을 검진한다. 환부의 털이 희어지고 다른 곳보다 우묵하게 들어갔을 경우에는 그것이 〈차라앗〉이므로 그 사람은 부정한 사람으로 선언한다.

그러나 그 환부의 색깔이 희기는 하지만 털은 희어지지 않았고 다른 곳보다 우묵하게 들어가지 않았을 경우에는 제사장이 그 사람을 7일간 격리시킨다. 제 7일에 다시 검사하여 그 환부가 그대로 있고, 더 퍼지지 않았을 경우에는 7일을 더 격리시킨다. 7일째에 다시 그를 검진한 결과, 환부가 가라앉고 다른 곳으로 번지지 않았을 경우에는 그를 정결하다고 선언해 준다. 그것은 단순한 뾰루지일 뿐이므로, 그가 입었던 옷만 빨면 된다. 그러나 그 뾰루지가 다른 데로 퍼지면, 다시 제사장에게 가서 검진을 받아야 한다. 그것은 〈차라앗〉이기 때문에 부정하다는 선언을 받아야 한다.

어떤 사람이 〈차라앗〉에 걸린 것으로 보이면 사람들이 그를 제사장에게 데려오는데, 제사장이 검진한 결과 피부의 한 부분이 희게 부어올랐고 그 부분의 털이 희어졌고 부은 부위에 생살이 보이면, 그것은 분명 〈차라앗〉이므로 제사장은 그를 격리시킬 필요도 없이 그 사람은 부정(不淨)하다고 선포해야 한다.

그러나 피부에 이상이 생겨서 전신이 희어진 경우에 제사장이 그를 검진해야 하고, 다른 이상은 없을 때, 그 사람은 정결하다고 선포해 주어야 한다. 그러나 그 사람의 피부에 생살이 나타나면 그것은 〈차라앗〉이기 때문에 제사장은 그를 부정하다고 선포해야 한다.

그러나 생살이 다시 희어지면, 다시 제사장의 검진을 받아야 하고, 제사장은 그것을 확인하고서 그 사람은 정결하다고 선포해야 한다.

피부에 종기가 생겼다가 나았는데, 그 자리에 흰 부스럼이나 붉은 얼룩이 나타나면, 제사장에게 보여야 한다. 제사장의 검진 결과, 다른 부위보다 우묵 들어갔다든가 그 부위의 털이 희어졌으면, 그것은 〈차라앗〉이기 때문에 그 사람을 부정하다고 선포해야 한다.

그러나 검진 결과, 털이 희어지지도 않았고 다른 곳보다 더 우묵하지도 않았고 부기가 가라앉은 경우에는, 제사장이 그를 7일간 격리시킨다. 그동안에 그것이 다른 부위로 퍼지면 그를 부정하다고 선포하고, 퍼지지 않는 경우에는 정결하다고 선포해 주어야 한다.

몸이 불에 데어, 덴 자리의 생살에 적백색이나 백색의 점이 생기면, 제사장에게 보여야 한다. 제사장의 검진 결과, 그 상처 부위의 털이 희어졌고 다른 부위보다 우묵 들어갔으면, 그것은 〈차라앗〉이기 때문에 제사장은 그 사람을 부정하다고 선포해야 한다.

　　그러나 검진 결과, 그 부위의 털이 희어지지 않았고 우묵 패이지도 않고 가라앉았다면, 그 사람을 7일간 격리시켜야 한다. 제 7일에 다시 검진하여, 그 병이 다른 부위로 번졌으면 그는 부정하고, 반대로 번지지 않고 가라앉았으면 그는 정결하다는 선포를 받아야 한다.

　　남자나 여자가 머리나 수염 외면에 가려움증이 생겼을 때 제사장에게 보여야 하는데, 검진 결과 그 부위가 다른 곳보다 깊다든가 거기에 있는 털이 황색이거나 연한 색으로 변했을 경우는, 그것이 〈차라앗〉이고, 따라서 그 사람은 부정한 사람으로 선포되어야 한다.

　　그러나 만일 제사장의 검진 결과 그 부위가 다른 곳보다 깊지 않고, 거기에 흑색 털이 돋지 않았을 경우, 제사장은 그를 7일 간 격리시킨다. 제 7일에 재검진한 결과, 그 가려움증이 다른 데로 번지지 않았고 거기에 황색 털도 없고 다른 부위보다 우묵 들어가지도 않았을 경우에는, 머리를 면도로 밀되 가려운 부분은 밀지 않아야 한다. 그리고서 다시 그를 7일 간 격리시킨다. 제 7일에 다시 검진한 결과, 가려운 부분이 다른 데로 번지지 않고 다른 부위보다 깊지도 않은 경우에는, 그는 정결한 자로 선포를 받아야 한다.

　　그러나 만일 그 가려움이 다른 곳으로 번졌으면, 털이 변했든지 말든지 그는 부정한 사람으로 선포되어야 한다. 그러나 가려움이 없어졌고 검은 머리카락이 돋았으면, 그 사람은 정결하다고 선포해야 한다.

　　남자나 여자의 피부에 흰 점들이 생기면, 제사장이 그를 검진해야 한다. 그 점들이 희미한 백색이면, 그것은 피부에 생긴 발진이고, 〈차라앗〉이 아니기 때문에 그 사람은 정결하다고 선포해야 한다.

　　남자의 머리카락이 빠져서 대머리가 된 경우에 그것은 〈차라앗〉이 아니기 때문에 정결하다는 판단을 받아야 한다. 관자놀이에 머리카락이 빠진 대머리인 경우에 그 사람은 정결하다. 그러나 대머리에 불그스레한 반점이 생기면 그것은 〈차라앗〉의 일종이다. 제사장이 그 사람을 검진하고, 신체의 다른 부위에서처럼 부기가 있고 불그스레한 반점이 있으면 그것은 〈차라앗〉이어서, 그 사람을 부정하다고 선포해야 한다.

13장에서는 이렇게 사람 몸에 나타난 〈차라앗〉의 여러 가지 증상을 말한 후에 그 병을 가진 사람이 할 일을 지시했다. 그 사람은 해진 옷을 입고, 머리카락을 흩트린 채 윗입술을 가리고 "부정합니다. 부정합니다!" 하고 외쳐야 한다. 그 병을 가지고 있는 동안 그는 부정하다. 그는 혼자서, 진영 바깥에서 따로 살아야 한다.

모직물이나 면직물로 된 옷의 날이나 씨에, 가죽으로 만든 옷에, 녹색이나 붉은 색의 얼룩이 나타나면, 제사장이 그것을 검사해야 한다. 제사장은 그 옷을 7일 간 따로 두었다가 제 7일에 다시 검사해야 한다. 만일 그 반점이 퍼졌으면 그것은 〈차라앗〉이어서 그 옷은 부정하다. 그 옷을 불살라야 한다.

그러나 그 반점이 그 옷의 다른 부분으로 퍼지지 않았을 경우에는 그 반점이 있는 옷을 빨도록 한다. 그리고 7일 간을 또 따로 둔다. 그 후에 그 옷을 검사한 결과, 다른 곳으로 퍼지지는 않았지만 색깔이 변하지 않고 그대로 있으면, 그 옷은 부정하다. 따라서 그 얼룩이 옷 안에 있든지 바깥에 있든지 그 옷은 부정하기 때문에 불살라야 한다.

그러나 그 옷을 빤 후에 그 얼룩이 사라졌으면, 그 얼룩이 있던 부분을 찢어내야 한다. 그 후에 그 옷에 다시 그런 얼룩이 생기고 다른 곳으로 번졌으면, 그 옷을 불살라야 한다. 그러나 그 옷을 빨았을 때, 그 얼룩이 사라졌다면, 그것을 또 다시 빨아야 한다. 그 옷은 정(淨)하다.

교훈

1. 몸이 건강해야 정신도 건강하다. 하나님은 인간이 전인적(全人的)으로 거룩하기를 원하신다. 몸도 건강하고 정결하기를 원하신다는

말이다. 고대 이스라엘인들이 물이 많지 않은 광야에서나 팔레스타인
에서 살면서 피부병에 걸릴 위험이 가장 많았을 것이다. 본문을 보면
사실 그들이 여러 가지 피부병으로 시달렸던 것을 알 수 있다. 그중에
도 〈차라앗〉이라는 전염성 피부병이 가장 큰 문제였던 것 같다. 여러
가지 증상으로 나타나는 이 전염성 피부병을 퇴치하여 개인과 민족이
정결한 생활을 하게 하시려는 것이 하나님의 의도였다. 하나님의 백성
은 마음만 깨끗하면 되는 것이 아니라 몸도 건강하고 깨끗해야 한다.
그러기 위해서는 고도의 위생관념을 가져야 한다.

　2. 피부병에 걸린 몸을 물로 씻고 옷을 빨고 병자를 격리시키거나
옷을 불사르는 등의 조치를 명령했듯이 우리도 우리의 건강을 유지하
고 성결을 보존하려면 취할 수 있는 온갖 조치와 수단을 취해야 한다.
그리고 무엇보다도 병에 걸리지 않도록 예방하는 것이 필요하다. 어쨌
든 하나님의 백성은 위생의 면에서 더더욱 관심을 가지고 거룩한 자가
되려는 노력을 해야 한다. 그릇된 이원론 사상 때문에 육체를 격하시켜
무가치한 것으로 보거나 고행을 하면서 신체를 홀대하는 것은 하나님
의 뜻이 아니다. 올바른 거룩함의 개념을 가져야 할 것이다.

〈차라앗〉병자와 집을 정화(淨化)하는 의식(레 14:1-57)

　해설

　〈차라앗〉으로 사람이나 옷이나 집이 더러워지고 종교적으로 부정
하게 되어 하나님과의 관계가 비정상화되므로 하나님은 그 비정상성
을 해결하는 예식을 알려주시는 아량을 베푸신다. 13장에서는 그런 증
상을 가진 사람이나 옷이나 집에 대한 조치를 말했는데, 14장에서는

그런 증상이 사라진 자들이나 집을 원상으로 복귀시키기 위한 의식을 다룬다.

〈차라앗〉 증세(症勢)가 없어졌다는 사람에 대한 보고를 받은 제사장은 진영 바깥에서 대기하고 있는 그 병자에게로 가서 검진해야 한다. 제사장이 그 사람에게서 〈차라앗〉 증세가 사라진 것을 확인하면, 그 사람더러 살아 있는 정결한 새 두 마리와 백향목 가지와 홍색 털실과 히솝 풀[26]을 마련하도록 한다. 그 사람더러 그 새 한 마리를 토기 안에 담긴 맑은 물 위에서 죽이도록 한다. 그러면 그 새의 피가 그 물에 떨어질 것이다. 제사장은 살아 있는 그 다른 새를 백향목 가지와 홍색 털실과 히솝 풀과 함께 들어서(히솝은 스폰지 같아서 백향목 가지에다 그것을 홍색 털실로 묶어 가지고), 피가 섞인 그 물에 찍어 그 사람에게 일곱 번 뿌린다. 그리고는 그 사람은 정하다고 선포를 한다. 그러고 난 후에 그 산 새를 풀어주어 제 갈 길을 가게 해야 한다. 그 사람은 옷을 빨고 머리를 깎고 목욕을 한다. 그렇게 해서 정결한 자가 된다. 그 다음에 진영으로 들어온다. 그러고도 자기 집 밖에서 7일을 살고 나서 다시 머리털과 수염과 눈썹까지 다 밀고 옷을 빨고 목욕을 해야 한다. 그렇게 해서 정한 자가 된다.

정하게 된 그 사람은 제 8일에 흠 없는 수컷 어린양 두 마리와 흠 없는 한 살짜리 암양 한 마리와 곡물 제물로 고운 밀가루 10분의 3 에바에 기름을 섞은 것과 기름 한 록을 가져와야 한다. 그러면 제사장이 그 사람을 그 제물들과 함께 회막 앞에 곧 야훼 앞에 세운다. 그리고는 제사장이 어린양 한 마리를 기름 한 록과 함께 속건제물(贖愆祭物, 〈아샴〉, אָשָׁם, guilt offering)로 바친다. 즉 그것들을 야훼 앞에 드리는 예물로 들어올린다. 제사장은 속죄제와 번제를 드릴 때와 같은 장소에서 그 양을 죽인다. 그리고 속건제물은 제사장의 몫이고 가장 거룩하다.

---

26) 개역성경에서는 '우슬초'로 번역했다.

제사장은 그 속건제물의 피를 가져다가 그 사람의 오른 쪽 귓불과 오른 손 엄지와 오른 발 엄지에 발라야 한다. 그리고 제사장이 기름을 자기의 왼 손 바닥에 부어 오른손 손가락으로 그 기름을 찍어 야훼 앞에 일곱 번 뿌린다. 그리고 손바닥에 남아 있는 기름을 그 사람의 오른쪽 귓불과 오른손 엄지와 오른발 엄지에 발린 피 위에다 바른다. 그리고는 아직 남은 기름을 그 사람 머리에 바른다. 그러고 나서 제사장은 야훼 앞에 남은 숫양 한 마리를 가지고 속죄제를 드리고, 이어서 암양을 가지고 번제와 곡물제를 드려야 한다. 그렇게 함으로써 그 사람은 정결한 자가 된다.

가난한 사람들에게는 그런 제사를 드릴 힘이 없으므로 하나님은 그들에게 알맞은 제도를 주셨다. 속건제물로 숫양 한 마리, 곡물제사로 밀가루 10분의 1에바에 기름을 섞은 것과 기름 한 록을, 속죄제와 번제를 위하여는 산비둘기나 집비둘기 한 마리씩을 명하셨다. 정결하다는 확인을 받은 사람이 제 8일에 그 제물들을 회막 입구 야훼 앞에 가지고 나오면, 제사장은 그 어린양과 기름을 하나님 앞에 속건제물로 들어올린다. 그리고는 그 양을 잡아서 위의 경우와 똑같은 식으로 예식을 행한다. 그리고 양 대신 비둘기 한 마리씩 속죄제물과 번제물로 바친다.

천막에서 사는 광야 생활에서는 없었던 현상이 가나안 정착 생활, 곧 집을 짓고 살 때에는 나타난다. 집에도 〈차라앗〉 증세가 나타난다는 것이다. 그러면 그 집 주인은 제사장에게 보고해야 한다. 제사장은 자기가 그 집을 검사하러 가기 전에 그 집을 비우도록 명령한다. 그 집 안에 그대로 남아 있는 것은 부정하다는 판단을 받을 것이기 때문이다. 제사장이 검사한 결과 그 집 벽에 이상이 있어서 녹색 혹은 불그레한 점들이 보이고, 벽 표면보다 거기가 더 깊어 보이면, 제사장이 나가서 문을 잠그고 7일 간 닫아 둔다. 제 7일에 제사장이 다시 와서 검사한다. 그 증세가 벽에 퍼졌으면, 이상이 생긴 것으로 보이는 돌들을 뽑아서 동네 밖 더러운 곳에 던지도록 명령한다. 그리고는 그 집안 벽을 말끔히 긁어내도록 한다. 그리고 그 긁어낸 회반죽을 동네 밖 더러운 곳에 버리도록 한다. 그리고는 뽑아낸 돌들 대신에 다른 돌들을 채우고 벽에 다시 회반죽을 바른다. 그렇게 한 다음에 다시 그 증세가 나타나면 제사장이 검사를 하고, 그 병이 그 집에 퍼졌으면 그것은 〈차라앗〉이고, 그 집은 부정한 것으로 판정한다. 그 집을 허물어야 하고, 돌과 재목과 회반죽을 동네 밖 더러운 곳으로 가져다 버려야 한다. 그 집이 닫혔을 때 그 집에 들어갔던 사람은 저녁까지 부정하며, 그 집에서 잠을 잔 사람은 그들의 옷을 빨아야 하고, 그 집에서 식사를 한 사람도 옷을 빨아야 한다.

그러나 그 집에 새로 회반죽을 바른 뒤에 그 증세가 퍼지지 않은 경우에는, 병이 치유된 것이기에 제사장은 그 집은 정하다고 선포해야 한다. 그 집의 정결이 공식으로 인정받기 위해서는 새 두 마리와 백향목 가지와 홍색 털실과 히솝 풀이 필요하다. 새 한 마리를 잡아서 〈차라앗〉 병이 나은 사람에게 하는 절차를 따라서 그 집에 대해서도 행한다. 그리고 살아 있는 그 다른 새를 놓아준다. 이렇게 집에 대한 대속의 예식을 행한다. 그렇게 해서 그 집은 정한 것이 된다.

교훈

1. 이스라엘 사람들은 육체적으로 몹쓸 병에 걸렸을 때, 그것을 하나님 앞에서 부정한 것으로 여기고 가족과 사회와 격리되는 부자유를 겪어야만 했다. 그리고 질병이 자신의 몸의 다른 부위로 퍼지는 일과 또는 다른 사람에게 전염되는 것을 철저히 막으려고 노력했다. 그리고 그 병이 나은 다음에도 복잡한 단계를 거쳐서야만 가정으로 돌아가는 것이었다.

그것을 우리들의 영혼의 병에다 적용해 본다면, 우리가 얼마나 우리의 죄를 마음 아파하고, 그것을 제거하려고 얼마나 노력을 하고 있고, 하나님께서 주신 사죄의 방도(독생자를 주시고 성령을 주신 모든 조치)를 얼마나 고마워하고 있는 것일까? 일곱 번(완전한)의 피 뿌림을 통해서 정결이 선포되는 것처럼 우리는 그리스도의 피 뿌림을 받아서 치유를 얻었건만, 그 일에 대한 감격이 우리에게 있는가 돌이켜 볼 만하다.

2. 치유된 병을 생각하면서 속건제사와 속죄제사와 번제를 드려서 그 치유와 해방을 감사하고 헌신을 다짐하며 다시는 그런 병이 걸리지 않으려는 노력을 뼈저리게 하도록 하는 예식을 볼 때, 우리가 지금 그것을 되풀이하지는 않을지라도 그 정신을 깊이 마음에 새겨야 할 것이라고 생각한다. 우리가 속죄 제사와 번제를 드리는 정신을 가지고 있는가 말이다.

3. 빈부귀천을 막론하고 우리가 하나님 앞에서 철저히 정결하려고 노력해야 하고, 더러워졌을 때에는 그것을 속히 고쳐서 하나님과 우리의 관계가 정상화되어 우리가 하나님을 닮은 거룩한 자로 하나님 앞에 떳떳이 서려는 노력을 해야 할 것이다.

4. 그러나 우리의 정결은 우리의 힘으로 되는 것이 아니고 대속의 죽음을 통해서만 된다는 진리를 여기서 배워야 할 것이다. 양이나 새가 우리의 질병 때문에 대신 죽음으로써 비로소 우리는 정결함을 얻게 되는 것이고, 자유를 얻어 광야로 걸어가는 양처럼, 자유를 얻어 날아가는 새처럼 우리가 자유를 얻는 것이기에 여기서 우리는 하나님의 은혜와 사랑을 깨달아야 하는 것이다.

5. 공동체로 복귀하는 것이 행복이다. 하나님을 떠나고 그의 권속으로부터 격리되는 것이 불행이요 죽음이다. 하나님은 우리를 불러 그의 공동체(교회)에 합류시키려고 하신다. 탕자가 돌아와 아버지와 함께 있는 행복을 바라시는 하나님이시다. 그러기 위해서는 우리에게〈차라앗〉과 같은 악질병 곧 죄가 사라져야 한다. 하나님이 그 길을 열어주셨다. 해결책을 하나님이 마련해 주셨다. 곧 대속의 도리이다.

신체의 분비물(레 15:1-33)

해설

이스라엘 백성이 거룩함을 유지하기 위한 또 한 가지 문제는 남자와 여자의 성기(性器)에서 나오는 분비물이다. 하나님께서 인간을 만드시고 가정을 이루게 하시고 성생활을 축복으로 주셨는데, 거기서도 거룩함을 유지해야 하고 유의해야 할 것들이 있기에 법을 주신 것이다.

우선 남자 성병의 경우를 15장 2b-15절에서 다룬다. 곧 남자의 성기에서 고름이 나오는 경우다. 요도에 병이 생겼거나 임질과 같은 성병에 걸려서 고름이 계속 나거나 흐르다가 멈추었을지라도, 그 사람은 부정하다. 그 사람이 누웠던 침대나 앉았던 자리는 부정하다.

그의 침대를 만진 사람은 옷을 빨고 목욕을 해야 하며 저녁까지 부정하다. 그 사람이 앉았던 자리에 앉은 사람도 옷을 빨고 목욕을 해야 하며 저녁까지 부정하다. 그 사람을 만진 사람도 옷을 빨고 목욕을 해야 하고 저녁까지 부정하다. 그 사람의 침이 발린 사람도 옷을 빨고 목욕을 해야 하고 저녁까지 부정하다. 그 사람이 탔던 안장도 부정하다. 그 사람이 앉았던 곳의 어떤 물건이라도 만진 사람은 저녁까지 부정하다. 그런 물건을 운반하는 사람도 옷을 빨고 목욕해야 하고 저녁까지 부정하다. 그 사람이 물로 손을 씻지 않고 만지는 사람도 옷을 빨고 목욕을 해야 하고 저녁까지 부정하다. 그 사람이 만지는 토기는 부숴버려야 하고, 목기(木器)는 물로 씻어야 한다.

　그 병이 나아서 더 이상 고름이 나지 않을 때는 7일을 기다렸다가 옷을 빨고 목욕을 해야 한다. 그렇게 해서 깨끗해진다. 제 8일에 산비둘기나 집비둘기 두 마리를 제사장에게 가져온다. 즉 야훼 앞에 가져온다. 제사장은 그 한 마리를 속죄제물로, 다른 하나를 번제물로 바쳐서 그런 분비물 때문에 나타났던 부정을 대속(代贖)해야 한다.

　남자가 정액(精液)을 분비했을 경우에 그는 온 몸을 물로 씻어야 하고 저녁까지 부정하다. 그 정액이 묻은 직물이나 가죽은 물로 빨아야 하고, 그 물건은 저녁까지 부정하다. 여자와 동침을 하고 정액이 분비했을 때, 그 남자와 여자는 둘 다 목욕을 해야 하고 저녁까지 부정하다.

　이어서 여자의 경우를 다룬다(15:19-24). 여자가 월경을 하는 동안은 7일간 부정하며(생리학적으로 볼 때 월경은 4일간 계속된다), 그녀를 만지는 사람은 저녁까지 부정하다. 월경 중에 있는 여자가 눕거나 앉았던 곳이나 물건은 부정하다. 그녀의 침상을 만지거나 그녀가 앉았던 자리를 만지는 사람은 옷을 빨고 목욕을 해야 하며 저녁까지 부정하다. 월경 중의 여자와 동침하는 남자는 7일간 부정하며, 그 남자가 눕는 침대 역시 부정하다.

　여자가 월경불순으로 7일 이상 피를 흘리는 경우에 그동안만큼 그녀는 부정하다. 따라서 그 부정한 시간 동안 그녀가 누운 침대와 앉은 자리는 부정하며, 누구든지 그 침대나 자리를 만지는 사람은 옷을 빨고 목욕을 해야 하며 저녁까지 부정하다.

　그녀의 하혈이 멎었을 때에는 7일을 더 지낸 다음에야 정결한 자가 된다. 제 8일에 그녀는 산비둘기나 집비둘기 두 마리를 가지고 야훼 앞에 나타나야 한다. 그것들을 제사장에게 주면, 제사장이 그 한 마리는 속죄제물로, 다른 하나를 번제물로 바쳐서 그녀의 부정한 분비물에 대한 대속을 이루어 주어야 한다.

하나님이 모세와 아론에게 이런 명령을 내리신 것은 거룩한 성막을 더럽히지 않기 위한 것이다. 부정을 안고 거룩한 성소에 들어오다가 하나님의 진노로 죽음을 당할 위험이 있었으므로 철저히 그 백성을 거룩하게 만드시려는 것이 목적이었다.

교훈

1. 하나님은 창조의 질서 속에서 인간을 남자와 여자로 만드시고 생육하고 번성하도록 하셨다. 성생활은 하나님의 축복이며 정당한 것이며, 하나님의 뜻을 이루기 위해서 절대적으로 필요한 것이기도 하다. 그러기에 인간의 성생활이 하나님의 법도 안에서 정상적이어야 한다. 그 정상성을 잃을 때 거룩함이 깨지는 것이다.

남자의 성기에 병이 걸려서 제대로 생식을 하지 못한다든가 자손에게까지 병을 전염시킨다면 하나님의 계획을 망가뜨리는 일이 아니겠는가? 그러기에 그런 일이 없도록 극력 조심하고 정상을 유지하도록 세심한 법을 주신 것은 당연한 것이며, 이는 하나님의 슬기롭고 거룩한 조치라고 보아야 할 것이다.

2. 남자의 정충은 결국 인간 생명을 창출하기 위한 존귀한 것으로서 결코 소홀히 다루어서는 안 되는 것이다. 피를 귀하게 여기는 만큼 그것을 소중하게 다루어야 하는 것이 하나님의 뜻이다.

3. 여자들이 생리적으로 월경을 치르면서 피를 흘리는데, 하나님은 피의 존엄성을 계속 강조하시는 것이다. 또한 여자들의 주기적인 생리

현상을 존중하고, 그들의 건강과 생식과정을 정상화하기 위하여 거룩
함의 범주에 넣어주신 것이다. 여자의 생리 현상을 거룩하게 다루도록
함으로써 여성을 통한 하나님의 뜻 수행에 차질이 없게 하시려는 것이
다.

4. 당사자들만 아는 은밀한 성생활에서도 거룩함이 필요하다. 무소
부지의 하나님께서는 인간의 모든 면이 거룩하기를 바라신다. 특히 성
생활의 거룩함을 더더욱 원하신다. 그리하여 하나님 앞에 인간이 전인
적으로 거룩하여, 감히 하나님 앞에 나서기에 부끄러움이 없어야 한다.

속죄일(레 16:1-34)

해설

아론의 두 아들이 하나님의 법을 어김으로 인해서 징계를 받아 죽은
사건을 필두로 하여 대제사장과 집안이 저지른 크고 작은 많은 허물들
이 있었을 것이다. 그리고 이스라엘 백성이 개인적으로나 민족적으로
하나님께 많은 죄를 지었고 허물을 가지고 있었으므로 우선은 아론과
그의 집안이 가진 허물을 씻기 위해서, 다음으로는 백성이 저지른 모든
죄를 속죄받기 위해서 하나님은 연례적으로 행할 속죄일(〈욤 키푸
르〉, יוֹם כִּפֻּר)을 정하고 그날 행할 규례를 정해 주셨다. 하나님께서
모세를 통하여 아론이 할 일을 제시하셨다.

우선 지성소에는 아무 때나 들어가면 안 된다. 그랬다가는 죽는다고
경고하셨다. 그곳에는 법궤가 있고 그 덮개(〈캅포렛〉, כַּפֹּרֶת) 위에서
구름 가운데 하나님이 나타나시기로 되어 있다. 아론이 그날까지의 허
물을 속죄받기 위해서 지성소로 들어가는데 속죄제물로 수송아지 한

마리와 번제물로 숫양 한 마리를 바쳐야 한다. 그러기 위해서 아론은 먼저 목욕한 뒤에 모시 속옷을 입고 그 위에 또 모시로 만든 거룩한 속옷을 입는다. 모시 띠를 두르고 모시로 만든 관을 쓴다. 이스라엘 회중으로부터 속죄제물로 숫염소 두 마리를, 번제를 위하여 숫양 한 마리를 받는다.

아론은 먼저 자신과 자신의 가문을 위하여 숫송아지를 속죄제물 (〈핫타앗〉, חַטָּאת)로 드림으로써 대속받아야(〈킵페르〉, כִּפֶּר) 한다. 그 절차는 아래와 같다. 송아지를 죽이고 제단에서 피어있는 숯을 향로에 가득히 담고 좋은 향가루 두 움큼을 떠가지고 지성소 안으로 들어간다. 그 향가루를 향로 불에 얹어 향이 타는 연기가 법궤 덮개 위를 덮도록 해야 한다. 그것은 필수다. 그렇게 하지 않으면 그는 죽는다. 다음은 아론이 송아지 피를 자져다가 그의 손가락으로 찍어서 법궤 덮개 위에 뿌리고 그 앞에서 법궤를 향하여 일곱 번 뿌린다.

다음은 백성을 위한 속죄제사다. 두 마리 염소 중의 하나를 죽이고 그 피를 가지고 지성소로 들어가서 송아지 피를 뿌리던 식으로 뿌린다. 그렇게 해서 백성이 회막을 드나들면서 저지른 허물과 죄 때문에 생긴 부정(不淨)을 속상(贖償)해야 한다. 백성의 진영 한가운데 있는 회막이 백성의 부정으로 인해서 같이 부정을 탔기 때문이다.

아론이 자기와 자기 가족과 백성을 위하여 속죄제사를 드려 속상(贖償)하고, 회막에서 나오기까지는 아무도 회막 안에 있으면 안 된다. 아론이 회막에서 나와서는 그 제단을 위해서도 속상(贖償)해야 한다. 즉 아론이 죽인 송아지와 염소의 피를 가지고 제단의 네 뿔에 발라야 한다. 그리고는 손가락으로 그 피를 찍어 제단에다 일곱 번 뿌려야 한다. 그렇게 해서 이스라엘 백성의 부정 때문에 생긴 제단의 부정을 가셔야 한다. 그리고 나서 아론은 살아 있는 남은 염소를 바쳐야 한다. 아론은 그의 양손을 그 산 염소의 머리에 얹고 이스라엘 백성이 저지른 악들(〈아오놋〉, **עֲוֹנֹת**)27)과 잘못들28)(〈프샤임〉, **פְּשָׁעִים**)과 죄들 (〈핫타옷〉, **חַטָּאֹת**)를 고백하며 그 염소 머리에 넘겨씌운다. 그리고 는 사람을 시켜서 그 염소를 광야로 데리고 가게 한다. 그 염소는 이스 라엘 백성의 모든 죄를 걸머지고 광야로 나가고 거기서 제 갈 길을 간 다. 이는 결국 죄가 백성에게서 떠나가 버림을 상징한다.

그러고 나면 아론은 회막으로 들어가, 입었던 모시옷을 거기에 벗어 놓고 거룩한 곳에서 목욕을 하고는 대제사장의 원래의 제복을 갈아입 고 밖으로 나온다. 그리고 자신을 위한 번제와 백성을 위한 번제를 드 려서 속상(贖償)을 이룬다. 속죄 제물의 기름기는 제단에 올려놓고 불 사른다. 속죄 제물로 드린 송아지와 염소의 가죽과 살코기와 똥은 진영 바깥으로 가지고 나와서 불살라야 한다. 동물의 주검을 운반하고 그것 을 불사른 사람도 부정을 탄 것이기 때문에 그의 옷을 빨고 목욕을 한 다음에야 진영으로 돌아올 수 있다.

"아사셀"(〈아자젤〉, **עֲזָאזֵל**)을 위하여 그 염소를 놓아 주러 나갔던 사람도 옷을 빨고 목욕을 하고 난 다음에야 진영으로 들어올 수 있다. 그 사람 역시 죄를 걸머진 짐승을 만진 사람이니까 부정을 탔다고 간주 되는 것이다. 아사셀이 무엇인가? 아사셀을 장소로 보는 견해가 있다. 즉 매우 험준한 곳이어서 염소가 그곳을 빠져 나올 수 없는 그런 곳이 라는 해석이다. 또 다른 해석은 광야 귀신이나 악마를 가리킨다는 것이 다. 또 다른 해석은 어원학적인 해석으로 〈아즈〉(**עֵז**, '염소')와 〈아잘〉 (**אָזַל**, '가버리다')의 합성어로 보아 "도망하는 염소"(escape goat)라 는 뜻으로 이해한다.

속죄일을 유대인의 달력으로 7월 10일로 정해 주셨다. 양력으로는 9월과 10월에 걸쳐 있다. 그날에는 유대인과 거류하는 외국인까지 다

---

27) 개역성경 레위기 16장 21절에서는 '불의'로 옮겼다.

28) 개역성경 레위기 16장 21절에서는 '죄'로 옮겼다.

금욕을 하고 아무 일도 하지 말아야 한다. 그날에 제사장이 성소와 회막과 제단과 제사장과 모든 백성을 위하여 속상(贖償)해야 한다.

교훈

1. 이스라엘 백성이 평상시에도 잘못한 일이 있을 때마다 속건제와 속죄제를 드리며 속죄받고 거룩함을 유지하려고 노력해 왔다. 그러나 사람이기에 그들이 부지중에 짓는 죄가 얼마든지 있었고, 뒤늦게 새롭게 기억나는 잘못과 죄가 있고, 반성해 보면 여러 모로 부족을 느낄 수 있었을 것이다. 따라서 완전한 결백과 거룩을 원하시는 하나님께서 속죄일(〈욤 키푸르〉, כִּפֻּר יוֹם)을 특별히 정해주셔서 일 년에 한 번 모든 죄를 청산하고 나가도록 하신 것은 참으로 잘하신 일이다. 제사장도 사람이니까 잘못을 저지르고 평민은 더더욱 그러하므로 전 민족이 속죄일을 통해서 속죄를 받고 청산을 하고 깨끗한 백성으로 나서는 것이 얼마나 훌륭한 일인가! 거기에 참 행복이 있고, 하나님과 인간 사이에 평화(〈샬롬〉)가 있는 것이다.

2. 세례자 요한이 예수님을 보면서 "세상 죄를 지고 가는 하나님의 어린양"(요 1:29)이라고 하신 것은 이런 아사셀 염소를 염두에 두고 한 말이었다. 예수께서 그 몸에 인간의 모든 죄를 걸머지고 죽음의 골짜기로 가셨고, 또는 자유로운 세계로 들어가신 것이니, 그 값으로 우리가 해방된 것이다.

3. 속죄일은 우리의 대제사장이신 예수 그리스도를 통한 우리의 완전한 구원을 의미하는 사건이다. 우리는 성찬식을 행하거나 그리스도를 생각할 때마다 그의 참된 대속의 제사를 회상해야 할 것이다.

4. 교회의 직제와는 무관하게 만인이 다 하나님 앞에서 거룩해야 한다. 이 점에서는 목사나 신부와 평신도의 차이가 없다. 하나님 앞에서는 모두가 죄인이고 다 죄에 노출되어 있으며, 범죄의 가능성은 누구에게나 있다. 그러므로 그리스도 안에서 모두가 사죄받아 거룩함을 얻어야 한다. 교회는 새 이스라엘로서 항상 거룩함을 유지하려고 노력하는 공동체가 되어, 세상 사람들의 길잡이가 되어야 한다.

짐승을 도살하는 일(레 17:1-9)

해설

학계에서는 1-16장을 제사장 법전(Priestly Code)이라고 말하고, 17장 1절-26장 46절을 거룩의 법전(Holiness Code)라고 한다. 제사장 법전은 주로 성소와 제사장에 관계된 법전이며, 거룩의 법전은 공동체 전체의 거룩을 이상으로 하고 있으며 다양한 사회생활 속에서의 인간 행동과 관련된 법전이다. 19장 2절에서 말씀하신, "나 야훼 너희 하나님이 거룩하니, 너희는 거룩해야 한다!"는 것이 거룩 법전의 주제다.

제사장 법전에서는 야훼가 모세를 통하여 아론과 그의 아들들에게 명령하신 말씀을 다루었는데, 여기서부터는 "이스라엘의 모든 백성에게"라는 말이 첨가되는 것이 특색이다.

이스라엘 백성이 법을 따라서 제물을 회막 입구로 가져다가 제사장에게 전하고, 제사장이 야훼께 그것을 바쳐서 하나님과 이스라엘 백성의 관계를 정상적으로 만들게 해야 한다. 구체적으로 제사장은 그 동물의 피를 회막 입구에 있는 제단에 뿌리고(속죄제), 기름기는 태워서 야훼께 향기로운 제물로 드려야 하는 것이다(번제). 그런데 백성이 자기들의 진영이나 진영 바깥에서 사사롭게 제사 행위를 하고 야훼께 곧 성소로 그 제물을 가져오지 않는 일이 생길 것을 염려하며 경고하는 법을 주신 것이다. 그런 행위는 결국 야훼만을 예배해야 하는 철칙을 벗어나는 행동이고, 뒤집어 말하면 애굽에서 홍행하던 염소 귀신에게 제물을 바치는 식으로 다른 신을 섬기는 일이 되어 이스라엘로 하여금 종교적으로 음란한 백성이 되게 하는 결과가 나타날 것이다. 그러므로 그런 행동은 살인죄에 해당하는 것으로 그런 짓을 하는 사람은 이스라엘 백성에게서 제거되어야 한다는 것이다. 이 법은 이스라엘 백성에게만 해당되는 것이 아니고 같이 사는 이방인에게도 적용한다.

교훈

1. 우리가 때로는 직제(職制)를 등한시하거나 무시하는 경향이 있다. 때로는 제도를 등한시하고 무시하는 경향도 있다. 하필 제사장을 통해서 제사해야 하는가? 하필 일정한 법대로 예배해야 하는가? 이런 생각을 하면서 자유롭게 신앙생활을 하려고 하는 사람들이 있다. 그러나 우리는 공동체의 구성원들로 살아가기 때문에 직제와 제도를 존중해야 한다. 이스라엘의 경우 야훼의 엄격한 법을 가지고 있으면서도 야훼 외에 다른 신을 예배하는 경우가 많이 있었다. 야훼를 바로 섬기지 못하면 결국 우상을 섬기게 된다. 철저히 야훼만을 예배하고 섬기는 신앙을 위하여 협력하고 합심해야 한다.

2. 민족적으로 혼합된 공동체일지라도 원칙은 통일해야 한다. 하나님께서 모세를 통하여 계시해 주신 정통적인 진리의 법을 토대로 해야 한다. 야훼 하나님 한 분 만을 예배하고 섬겨야 한다는 것은 만고의 진리이며 원칙이다. 야훼만을 바르게 예배하기 위해서는 우선 정해 주신 외형적인 법을 따라야 할 것이다. 때가 되면 예배의 정신을 터득하게

될 것이고, 그리심 산이나 예루살렘에서만 아니라 영과 진리로 예배할 때가 오는 것이다(요 4:23).

피를 먹지 말라(레 **17:10-16**)

해설

7장 26-27절에서 이미 명령했는데 여기서 다시 피를 절대로 먹지 말라고 명령한다.

피를 먹지 말아야 할 이유는 두 가지다. 하나는 피가 곧 생명이기 때문이라는 것이다. 생리학을 모르는 고대인들의 생각에는 그렇게만 생각되었기 때문이다. 하나님은 그 시대 인간의 지식과 문화의 수준에서 말씀하신 것이다.

피를 먹지 말아야 할 둘째 이유는 죄인이 동물의 피를 제단에 바칠 때 그 동물이 그 죄인의 생명을 대신하여 죽는 것으로 간주하기로 하나님이 정하셨기 때문이라는 것이다. 즉 피는 대속물(〈킵페르〉, כָּפַר, ransom, atonement)이기 때문이라는 말이다. 이 법은 이스라엘 사람뿐만 아니라 그들과 함께 사는 이방인들도 지켜야 한다. 이 법을 지키지 않는 사람은 이스라엘 국적에서 제명해야 한다고 엄명하셨다.

사냥을 해서 잡은 짐승이나 새를 잡아먹는 경우에도 그것들의 피를 말끔히 쏟아 낸 후에 먹으라고 하셨다. 그리고 그 쏟은 피를 흙으로 덮어서 보이지 않게 해야 한다. 수명이 다 되어 죽은 짐승이나 야수에게 물려서 죽은 짐승의 고기를 먹었을 경우에는, 결국 그들이 짐승의 혈관에 남아 있는 피를 먹은 것이므로 부정을 탄 것으로 보아야 한다. 따라서 옷을 빨고 목욕을 해야 한다. 그 부정이 저녁까지 간다. 만일 옷을 빨거나 목욕을 하지 않는 경우에는 피 먹은 죄를 그대로 지니게 된다.

교훈

1. 의학이 발달하기 전에는 동물의 생명이 피에 있는 것으로 보았기 때문에 피를 생명으로 여기는 것이 당연하였다. 생명은 하나님이 주신 것이고 절대적으로 귀중한 것이므로 생명을 귀하게 여기게 하기 위해서 피를 먹지 말라고 명령하신 것이다.

의학이 발달하면서 생명이 피에 있다는 판단을 하지 않게 되었다. 그러나 생명이 귀하다는 사실은 만고불변의 진리다. 하나님이 말씀하시는 것은 생명을 존중하라는 것이다. 생명을 귀하게 여긴다는 것은 곧 우리 자신의 존엄성을 지키는 일이며 하나님의 뜻을 존중하는 일이 된다. 생명을 경시하는 것은 곧 하나님의 뜻을 무시하는 행동이며, 나아가서는 자기 자신의 가치를 부정하는 일이 된다.

2. 피를 먹지 말라고 명령하신 하나님의 둘째 뜻은 대속의 원리를 통해서 이스라엘의 거룩함을 이루시려는 계획이 있기 때문이다. 하나님은 당신의 백성 이스라엘이 거룩한 백성이 되기를 원하시는데, 그렇게 하는 방법을 하나님 편에서 제시하셨다. 즉 소나 양이나 비둘기 같은 깨끗한 짐승을 인간이 지은 죄의 값으로 죽임으로써, 즉 그것들의 피를 흘림으로써 죄값을 치르고 자기의 죄값으로 죽어야 하는 사람을 대신하게 한다는 것이다.

하나님께서 이렇게 피를 대속적인 가치를 가진 거룩한 것으로 삼으셨기 때문에 그것을 함부로 다루어서는 안 된다는 말이다.

여기서 우리가 얻는 진리는, 하나님이 이스라엘과 인간을 거룩하게 곧 죄 없는 상태에 두기 위하여 솔선하여 그의 자비와 사랑의 조치를 취하셨다는 사실이다. 마침내는 독생자 예수의 피를 통하여 인간을 무죄한 자로 만드시는 방법을 쓰셨는데, 레위기의 이 법들은 예수 사건의 예표임을 우리는 깨달아야 한다. 또한 우리는 성찬상에서 예수의 피를 상징하는 잔을 마실 때 그 속죄적 가치와 하나님의 사랑의 배려에 감격하며 감사해야 할 것이다.

성적 관계(레 18:1-30)

해설

거룩하신 하나님의 백성이 거룩한 백성이 되기 위해서 또 필요한 것은, 인간 생활의 상당한 부분을 차지하는, 혹은 원초적인 부분인 성관계가 거룩해야 하는 것이었다. 그래서 야훼 하나님은 모세를 통하여 거기에 대한 법을 주셨다. "나는 야훼 너희 하나님이다."라는 서두를 가지고 명령했고(18:2), 그 말씀을 4절, 5절, 6절, 21절, 30절 등에서 반복하면서 명령하셨다. 그것은 그 명령이 그만큼 지엄함을 뜻한다.

우선 포괄적으로, 이스라엘이 떠나온 애굽 나라 백성과 앞으로 들어가서 살게 될 가나안 땅 백성이 하는 짓거리를 따라서 하지 말라는 것이고, 그들의 규례(〈훅콧〉, חֻקֹּת, statutes)를 따르지 말고 야훼의 법도(〈미쉬팟〉, מִשְׁפָּט, ordinance)와 규례를 따라야 하며, 그래야 산다고 하셨다.

그리고는 구체적인 금령을 내리셨다. 한마디로 말한다면, 근친상간을 하지 말라는 것이다. 자기를 낳은 어머니, 아버지의 다른 부인(일부다처 시대이기 때문에), 동복 자매, 이복 자매, 아들이 낳은 손녀, 딸이 낳은 손녀, 고모, 이모, 숙모, 자부, 형수나 제수, 자기 아내가 데리고 온 딸, 그 딸의 아들의 딸과 딸의 딸을 범하지 말아야 한다.

그리고 부수적으로 몇 가지 법을 첨가하셨다. 아내가 살아 있는 동안에는 아내의 형제를 첩으로 데려다가 그 몸을 범하는 일이 있어서는 안 된다. 여자가 월경하는 동안에는 부정하기 때문에 성관계를 가지면 안 된다. 이웃의 아내와 간통하여 몸을 더럽히는 일이 없어야 한다. 몰록 신에게 자신의 자식을 제물로 바쳐서는 안 된다. 그것은 하나님의 이름을 모독하는 일이 된다. 남색은 혐오할 일이어서 금해야 한다. 남자나 여자나 할 것 없이 동물과 성관계를 가짐으로써 몸을 더럽히는 일이 있어서는 안 된다.

이런 역겨운 짓을 하여 자기들의 땅을 더럽힌 사람들을 그 땅이 토해 낸다. 그런 전례대로 이스라엘 백성도 그 땅이 토해 낼 것이니, 그 어느 규례도 범하지 말라는 것이다.

교훈

1. 하나님이 원하시는 것은 인간이 하나님의 창조의 질서를 지키며 정의로운 사회를 이루어 평화를 누리도록 하는 것이다. 인간이 하나님의 창조의 질서인 일부일처 제도를 지킨다면 거기에 평화가 있고 혼란이 없을 것이다. 그런데 인간은 그 질서를 어기고 욕심을 부리고, 특히 남성이 질서를 어김으로써 평화가 깨어졌다. 하나님은 다시 그 평화를 찾아주려고 이 법을 주시며, 우리를 그의 거룩한 백성으로 만들려 하신다.

2. 난마(亂麻)와 같이 혼미해진 인간 사고와 생활을 인간 자신이 해결할 도리가 없다. 그래서 하나님은 우선 구체적인 안을 제시하신 것이다. 근본적인 하나님의 뜻, 곧 사랑의 계명을 깨닫는 것은 매우 어려운 일이기에 우선은 구체적인 규례를 주신 것이다. 하나님이 주신 이 규례들을 잘 지키는 일을 통해서 보다 더 기본적인 원칙에 도달해야 할 것이다. 이 임시적인 과도기적 규례도 하나님이 주신 것이라는 확신을 가지고 열심히 지켜야 한다. 성적인 순결을 지키는 것이 주어진 땅에서

평화롭게 잘 살 수 있는 길이며, 그 반대는 사회적 혼란과 불통일을 가져오는 것이며 마침내 내란과 외침을 초래하는 결과도 초래하는 것이다. 음란한 사회는 망하게 되어 있는 것이 역사가 증언하는 바이다.

의식(儀式)적, 도덕적 거룩(레 19:1-37)

해설

위에서 이미 이스라엘의 거룩함을 위하여 기본적인 몇 가지 법을 주셨지만, 이제 다시 하나님은 "나 야훼 너희 하나님이 거룩하니, 너희는 거룩해야 한다!"(19:2)고 하시면서 이스라엘 백성의 의식과 도덕 전반에 걸쳐서 보다 상세한 법을 주신다.

십계명의 순서를 그대로 따르지는 않지만 그것을 되풀이하는 것 같은 느낌을 주는 내용이다. 그 법들이 지엄하다는 뜻에서 "나는 야훼 너희 하나님이다."라는 말씀을 거의 매 명령에 첨부하셨다. 그 내용을 정리해 보면 다음과 같다.

1. 각각 자기 부모를 공경하라.
2. 나의 안식일들을 지키라. (안식일과 유월절과 오순절과 초막절 등을 가리킨 것이다.)
3. 너희 자신을 위하여 우상을 만드는 일이 있어서는 안 된다.
4. 야훼께 화목제물을 바칠 때, 그가 기뻐 받으실 만하게 바쳐라. 법대로 바쳐라. 그것을 바친 날이나 그 다음날까지 그 제물을 먹을 수 있고, 사흘째 되는 날까지 남은 것은 불살라야 한다. 사흘째 되는 날에도 그것을 먹는 것은 역겨운 일이며 용납될 수 없는 일이다. 그런 행위는 야훼께 바친 거룩한 것을 더럽히는 일이 된다. 그러므로 그런 사람은 벌을 받아야 하고, 그에게서 이스라엘 백성의 자격을 박탈해야 한다.

5. 밀이나 보리를 거두어들일 때 구석구석 말끔히 거두지 말고, 포도를 거둘 때도 남김없이 다 따거나, 떨어진 것까지 거두지 말아야 한다. 가난한 사람이나 외국인 기류(寄留)자들이 먹고 살 길을 주어야 한다. 박애정신을 가지는 것이 거룩한 삶의 한 부분이라는 말이다.

6. 도둑질을 하거나 사기 행위를 하지 말고, 서로 거짓말 하지 말라.

7. 야훼의 이름으로 거짓 맹세를 하지 말아야 한다. 그것은 하나님의 이름을 더럽히는 일이 되기 때문이다.

8. 네 이웃을 억누르지 말라.

9. 이웃의 것을 갈취하지 말라.

10. 노동자의 임금을 다음날 아침까지 주지 않고 가지고 있지 말라.

11. 귀먹은 사람을 뒷전에서 욕하거나 소경 앞에 걸림돌을 놓아서는 안 된다.

12. 네 하나님을 두려워해야 한다.

13. 누구에게나 공정한 재판을 하라.

14. 남을 헐뜯지 말라.

15. 자기의 이득을 위하여 이웃을 해롭게 해서는 안 된다.

16. 동족을 어느 누구도 미워하지 말라.

17. 이웃이 잘못하면 그를 타일러라. 그렇지 않은 것이 잘못이다.

18. 동족에게 원수를 갚거나 앙심을 품지 말고, 자기 자신을 사랑하듯 이웃을 사랑하라.

뒤이어 "너희는 내가 세운 규례를 지켜라."고 주의를 환기시키면서 다음 명령을 내리신다.

19. 동물의 순종을 유지하고 잡종을 만들지 말라. 한 밭에 두 종류의 씨를 뿌리지 말라. 두 가지 재료를 섞어서 만든 옷을 입지 말라. 잡됨을 막고 순수성을 유지함으로써 혼잡한 세상과는 구별된 자들이 되라는 것이다.

20-22절에서는 하나의 판례법을 소개한다. 어떤 집 여종이 다른 남자의 아내로 내정되었으나 아직 그 여종의 몸값을 치르지 않아 자유인이 되기 이전에 한 남자가 그 여종과 동침을 한 경우에는 그 두 사람 다 벌을 받아야 하지만, 사형에 해당하지는 않는다는 것이다. 그 이유는 그 여자의 신분이 아직 종이기 때문이다. 그 경우에 그 남자는 속건제물을 바침으로써 죄과를 용서받을 수 있다. 이것은 남존여비의 시대, 또 노예제도를 묵인하던 시대의 한 장면인데, 어쨌든 죄를 그대로 가지고 있으면 안 되고, 사죄를 통하여 거룩함을 유지해야 한다는 것을 여기서 말하려 한다.

20. 약속의 땅 가나안에 들어가서 과일나무를 심는 경우에 첫 3년 동안은 과일이 맺혀도 크기 전에 따버리고 먹지 말아야 하고, 4년째에 달리는 열매는 귀한 것이므로 그것을 성별하여 우선 야훼의 몫으로 바치고, 5년째부터 그 과일을 먹으라. 그래야 열매가 많이 맺는다.

21. 피를 뽑아버리지 않은 고기(목매달아 죽인 짐승 따위)는 먹지 말라.

22. 점을 치거나 마법을 쓰면 안 된다.

23. 관자놀이의 머리를 둥글게 깎거나 구레나룻을 밀어서 자연스러운 모습을 바꾸면 안 된다.

24. 죽은 사람을 애도한다고 하면서 몸에 상처를 내거나 몸에 문신을 새기는 일을 하지 말라. 그것은 하나님이 주신 귀하고 아름다운 몸을 더럽히는 일이다.

25. 아무리 어려워도 딸을 창녀로 내놓는 일을 해서는 안 된다. 사회의 순결과 평화를 위해서는 정상적인 가정생활이 필요하다.

26. 하나님이 정해 주신 안식일들을 지키고(이미 3절에서 명한 바 있다), 성소를 귀하게 여겨라. 아무리 강조해도 부족한 조항들이다.

27. 혼백을 불러내는 여자들[29]이나 점쟁이들을 찾아다니지 말라.

그것은 결국 심신(心身)을 더럽히는 행동이다.

28. 늙은이들에게 예의를 갖추고 그들을 존경하며, 나아가서는 하나님을 경외하라. 이는 생존의 기본 질서이기 때문이다.

29. 나그네로 같이 사는 외국인들을 압제하지 말고, 같은 시민으로 대우하며, 동족처럼 사랑하라. 과거에 너희도 애굽에서 나그네로 살던 일을 생각해서 그 전철을 밟지 않아야 한다.

30. 도량형(度量衡)을 정직하게 하고 속이지 말라.

이상의 모든 규례(〈훅콧〉, חֻקֹּת)와 법도(〈미쉬팟〉, מִשְׁפָּט)는 야훼 하나님이 주신 것이니 잘 지켜야 한다고 다시 단단히 말씀하셨다.

교훈

1. 이상의 모든 규례들과 법도는 이스라엘 백성의 생활 구석구석에서 하나님의 뜻에 합당하고 원칙에 맞는 것이 됨으로써 불법과 불의에서 떨어지고 구별된 것, 곧 거룩한 것이 되기를 바라서 주신 구체적인 안들이다. 시대를 따라서 인간의 문화와 전통이 바뀌지만, 오늘 우리도 십계명과 사랑의 계명과 생명 존중의 법칙과 공정의 법에 비추어 어긋남이 없어야 할 것이고, 그것을 이탈함으로써 일어나는 모든 더러움과 부정을 멀리함으로 거룩함을 유지해야 하는 것이다.

2. 이 법들이 야훼 하나님이 주신 엄명이라는 사실을 잊지 말아야 한다. 사람이 만든 법이라면 몰라도 야훼께서 주신 법이기에 그것의 절대적인 가치와 중요성을 인정해야 한다. 반복되는 말 "나는 야훼니라."는 말씀을 들으면서, 이 거룩 법의 절대성을 명심해야 할 것이다.

---

29) 개역성경에서는 '신접한 자'로 옮겼다.

3. 특히 19장 18절에서 "네 이웃을 너 자신처럼 사랑하라!"고 하신 말씀과 19장 33절에서 "외국인들을 압제하지 말고, 그들을 너 자신처럼 사랑하라!"고 하신 말씀을 명심해야 한다. 구약성경이 말하는 가장 큰 계명 둘 중의 하나가 바로 이웃 사랑의 계명이라고 예수께서 단언하시지 않았는가?(막 12:31; 요 15:12-13) 사랑을 실천함으로써 사랑이 없는 어두운 세상과는 구별되는 거룩함을 도모해야 한다.

거룩을 깨뜨리는 자들에 대한 벌칙(레 20:1-27)

해설

18장에서 언급한 규례들을 어긴 자들, 특히 몰렉 숭배자(20:2b, 5)와 혼백을 불러내는 자(20:6-8, 27)와 성적 범죄자들(20:10-21)에 대한 벌칙을 이 장에서 규정하고 있다.

1. 몰렉 숭배자에 대한 처벌 규례는 이스라엘 백성뿐 아니라 기류하는 외국인에게도 적용한다. 외국인이라고 해서 그 범죄를 묵인한다면, 자국인에게 혼미(昏迷)함을 불러일으킬 것이다. 몰렉(מֹלֶךְ)이라는 이방 신에게 자식을 희생 제물로 바치는(열왕기하 23장 10절과 예레미야 32장 35절에 의하면 예루살렘에 있는 힌놈의 골짜기에서 성행하던 일) 자는 돌로 쳐서 죽여야 한다. 몰렉 신에게 자식을 제물로 드리는 행동은 하나님의 성소를 더럽히고 하나님의 거룩한 이름을 모독하는 행위이므로 하나님 자신이 그런 자에게서 눈을 돌리시고, 이스라엘 백성에게서 그를 끊어내시겠다는 단호한 태도를 보이신다. 그런 행동을 보고도 묵인한다면, 하나님은 그 묵인하고 동조하는 사람들에게서 등을 돌리시고 그들을 온통 끊어버리겠다고 하셨다(20:2b-5).

2. 혼백을 불러내는 여자들과 마법을 쓰는 자들을 찾아다니며 거기에 정신을 파는 자들에게 하나님은 진노하시며 그의 백성에게서 끊어버리겠다고 하셨다. 즉 야훼만이 참 하나님이시니 그에게만 헌신하고 그의 법도를 지켜서 성결을 유지하라는 것이다(20:6-8). 혼백을 불러내는 사람이나 마법을 쓰는 사람은 남녀를 막론하고 사형에 처해야 한다(20:27).

3. 부모를 저주하는 자들은 그 죄값으로 죽어야 한다(20:9).

4. 이웃의 아내와 간통한 자, 자기 아버지의 아내와 동침한 자, 자부와 동침한 자, 남색한 자, 장모와 동침한 자, 동물을 성의 상대로 삼은 남자와 여자, 그 당사자들은 양쪽이 다 사형에 해당한다. 특히 장모를 범한 경우에는 그 둘을 다 화형에 처하라고 하셨다.

5. 자기 아버지의 딸이나 어머니의 딸 곧 누이와 동침한 경우, 월경 중에 있는 여자와 동침한 경우, 이모나 고모와 동침한 경우, 숙모와 동침한 경우, 제수나 형수와 동침한 경우, 그 당사자들이 다 사형의 벌을 받아야 한다. 특히 숙모나 제수/형수(그들은 과부이거나 이혼당한 여자일 수 있다)와 동침한 경우에는, 당사자들이 죽어야 하는 동시에 자식을 남기지 못하는 벌까지 받을 것이다(자식을 고자로 만들어 생식을 하지 못하게 한 경우가 있다. 렘 22:30; 사 39:7 참고).

(사형에 해당하는 죄가 그렇게 많지만 사실 실제로 다 집행되는 것이 아니었다. 살인죄에 대해서만은 대속의 혜택을 허락하지 않았기 때문에 형 집행을 하였고, 다른 경우에는 제사법에 의하여 대속절차를 통해서 해결할 수 있는 것이었다.)

젖과 꿀이 흐르는 복된 땅을 주시려는 하나님께서 그 땅을 차지하고 살 수 있는 자격을 규정해 주셨다. 이스라엘은 가나안 땅에 사는 원주민들의 더럽고 불법적인 행동을 다 제거하고, 하나님의 법도에 맞은 거룩한 백성이 되어, 이방인과는 완전히 구별된 사람들이 되어 그 행복을

누리게 하시려는 것이다. 야훼 하나님의 백성다운 삶을 살게 하시려는
것이다.

교훈

1. 몰렉은 멜렉(מֶלֶךְ)이라는 말에서 온 것으로 임금이라는 뜻을 가
지고 있다. 야훼 아닌 다른 것을 "임금"으로 섬기는 이방 종교의 신이
다. 우리 주변에는 많은 몰렉이 있어서 우리의 예배를 요구하거나 강요
하고 있다. 특히 자기 자식까지 불살라 바칠 정도로 강렬하게 충성을
요구하는 우상들이 우리 주변에 많이 있다. 그것들을 우리는 철저히 몰
아내야 한다. 거룩한 하나님의 백성이 되기 위해서 몰렉 숭배자를 몰아
내고, 나 자신이 그런 자가 아니기를 힘써야 한다.

2. 눈에 보이는 몰렉만이 문제가 아니다. 보이지 않는 귀신들을 신
봉하고, 마술적으로 인간을 홀리는 많은 주술사들에게 유혹을 당하기
쉽다. 점쟁이, 무당, 망령숭배자 등 잡다한 미신들이 우리를 홀리고 있
는 세상이다. 예나 오늘이나 인간의 연약함을 이용하여 자기들의 이득
을 챙기는 사람들이 많이 있다. 그런 미신 행위를 근절하여 깨끗하게
하나님만 섬기는 생활을 해야 할 것이다.

3. 부모를 저주한다(〈킬렐〉, קִלֵּל)는 것은 그들을 가볍게 여기는
행동을 말한다. 부모는 이 세상에서 하나님의 대행자 격이어서 그들을
경시하는 것은 바로 하나님을 경시하는 것이므로 엄벌에 처해야 한다.
사회생활의 기본이 되는 부모 공경이 바로 이루어질 때, 인간 생활 전
체가 순조로울 것이다.

4. 하나님이 정해 주신 원칙을 떠나서 무분별하게 동물적인 본능을 따라서 성적인 만족을 탐하는 이방인들이 판을 치는 세상 속에 사는 이스라엘은 그들과는 다르고 구별된 성생활을 해야 한다. 그래서 하나님은 금을 그어서 참된 가정, 정상적인 가정을 이루어 행복을 누리도록 하려고 세밀한 규칙을 주신 것이다. 우리는 하나님의 백성이기에 세상의 다른 사람들과는 달리 이 성생활에서도 성결을 지켜야 한다. 하나님이 주신 법도를 따르면 된다. 자기의 본능을 따르지 않아야 하며, 세속적인 풍속에 끌려가서도 안 되며, 하나님의 법도를 배우고 익혀서 그 규례를 각근히 따라야 할 것이다.

5. 하나님께서 이스라엘의 성적 범법자들에게 극형을 요구하기까지 하신 것은 그만큼 성적 문란이 큰 죄이고 영향력이 있는 것이기 때문이었다. 하나님이 택하신 민족과 국가의 거룩함을 유지하기 위해서 그만한 결단이 필요하고, 하나님의 백성의 진정한 행복을 위해서는 그만한 각오와 희생이 요구된다. 이스라엘이 거룩해지는 것은 그들 자신의 행복을 위한 것인 동시, 하나님이 가장 기뻐하고 의도하시는 바이다.

제사장의 성결(레 21:1-24)

해설

18-20장에서는 이스라엘 백성 일반의 거룩함을 취급했고, 이제 21-22장에서는 제사장의 성결에 관해 몇 가지 특수한 문제를 다룬다.

21장 1-6절
제사장은 자기의 근친, 곧 어머니, 아버지, 아들, 딸, 남동생, 처녀 누

이동생의 주검 외에는 동족의 주검도 만지면 안 된다. 주검을 만지는
것은 몸을 더럽히는 일이기 때문이다.

제사장은 백성의 어른이기 때문에 몸을 더럽히면 안 된다. 따라서
제사장은 또한 애도하는 뜻으로 머리를 밀어 대머리같이 하거나 구레
나룻을 밀거나 몸에 칼자국을 내는 행동을 해서는 안 된다. 제사장은
거룩하신 하나님을 섬기는 책임을 가진 자이기 때문에 어디까지나 순
수하고 더러움이 없고 거룩해야만 한다.

21장 7-9절

제사장은 창녀나 강간당한 여자와 결혼하면 안 된다. 이혼한 여자와
결혼해도 안 된다. (제사장 가문의 순수성을 유지하기 위해서 다른 가
문의 남자의 자식을 밸 가능성이 있는 여자와는 결혼하지 말라는 것이
다.) 만일 제사장의 딸이 창녀노릇을 하여 몸을 더럽혔을 경우에는 그
녀를 화형에 처해야 한다.

21장 10-16절

대제사장에 대해서는 특별한 요구사항이 있다. 대제사장은 누구의
죽음에 대해서도 자기 몸에다가 애도의 표지를 만들어서는 안 되고, 부
모가 죽었을지라도 그 주검에 가까이 감으로써 몸을 더럽혀서는 안 되
고, 성소를 떠나 장례에 참여해서도 안 된다. 대제사장은 자기 문중의
동정녀와 결혼해야 하며, 과부나 이혼녀나 강간당한 여자나 창녀와 결
혼해서는 안 된다.

21장 17-23절

아론의 자손 가운데서도 몸이 성하고 정상적인 사람만이 제사장이
될 수 있다. 신체불구자는 제사장이 될 수 없다. 눈먼 사람, 다리 저는

사람, 얼굴이 일그러진 사람, 몸의 어느 부위가 제대로 생기지 않은 사람, 팔다리가 상한 사람, 손발을 쓰지 못하는 사람, 곱사등이, 난쟁이, 시력이 약한 사람, 가려움증이 있는 사람, 만성으로 종기를 앓는 사람, 고자 등은 제사장이 될 수 없다.

이런 사람들이 제사장 집안에 있으면, 그들이 제물을 먹을 수는 있으나 제사장 직임을 맡을 수는 없다. 완전하시고, 따라서 순전하신 하나님 앞에 제사를 드리는 제사장들이기에 그들도 순전하고 무흠해야 한다는 것이다.

교훈

1. 예수를 믿는 우리가 다 제사장이 되었기 때문에 우리는 이 대목에서 우리 스스로를 점검해 보아야 할 것이다.

구약 시대의 제사장들이 주검을 최고의 더러움으로 알아 접근하지 않았는데, 우리에게는 무엇이 더러움인가? 한 마디로 말해서, 불의와 불법 곧 죄가 가장 무섭고 더러운 것이라고 보아야 할 것이다.

예수의 정신대로 말한다면, 이웃을 사랑하지 않는 마음, 사랑을 베풀어야 할 처지에 사랑을 베풀지 않는 냉담이 가장 더러운 것이다. 죽은 자를 애도하기 위해서 외형적으로나 형식적으로 통곡하고 화환을 보내기도 하지만, 우리는 오히려 적극적으로 그 더러움을 퇴치하고 몰아내는 운동, 혹은 사람들의 상처를 싸매주는 운동을 해야 할 것이다.

2. 기독교 성직자는 세습 제도를 따르는 것이 아니기 때문에 구약의 제사장 결혼 규례를 따라야 할 것은 아니지만, 우리 모두가 제사장의 자격을 가진 자들로서 신앙의 순수성을 유지하는 노력을 해야 한다. 세상의 불신자들 앞에서 우리는 하나님께 부끄러울 것이 없는 순수한 신

앙과 생활을 함으로써 즉 세상의 잡된 사상이나 습관이나 전통을 섞은 생활을 함으로써 사람들에게 혼란을 주거나 오도하는 일이 있어서는 안 될 것이다.

3. 불구자는 제사장이 될 수 없다고 한 옛 법에 그 나름대로 가치가 있지만, 오늘 우리 그리스도인들은 제사장의 신분을 가진 자로서 이웃과 세상 앞에서 불구자적인 행동을 하고 있지 않는가 하는 반성해보아야 할 것이다.

소경이 소경을 인도할 수 없는데, 나는 소경과 같은 사람이 아닌가? 나는 신앙적으로 생각과 행동에 있어서 잔뜩 병이 걸려 있으면서 남을 인도하고 있는 위선자가 아닌지를 반성해야 할 것이다.

제사장 자격을 가진 나 자신(신자 하나하나)이 순전하고 원만하고 깨끗한 인간상을 가지고 세상 사람들에게 나타나야 할 것이다. 예수께서 세상에 이상적인 인간상을 보여주신 것처럼 말이다. 제사장이 된 우리들 그리스도인이 진정으로 무흠한 인격과 모습을 가지고 산다면 세상은 곧 변하게 될 것이다.

4. 구약 시대의 대제사장들은 일반 제사장들보다 더 큰 책임이 있었고, 보다 더 성결해야만 했다. 오늘의 성직자들이 구약 시대의 대제사장에 해당한다고 볼 수 있을 것이다. 성직자들은 많은 신도를 지도하는 사람들로서 용모와 몸가짐과 행동이 출중하고 무흠하고 타의 모범이 되어야 할 것이다.

제사장들이 거룩한 제물을 먹는 문제(레 22:1-16)

해설

이스라엘 백성의 거룩함을 유지하기 위해서 필요한 또 한 가지 일은 백성이 바친 제물이 거룩하게 취급하는 것이다. 제물은 하나님께 바친 것인데, 그것을 실제로 처분하는 사람들은 제사장과 그의 가족들이므로 그들이 그것을 취급하는 방도도 거룩해야 한다. 하나님께 드린 거룩한 제물이기에 성별된 제사장과 그의 가족만이 먹는데, 그들이 그것을 먹을 때, 부정한 상태에서 먹어서는 결코 안 된다. 그리하여 야훼께서는 다음과 같이 말씀하셨다.

(1) 악성 피부병에 걸리거나 성병에 걸린 제사장은 그 병이 깨끗이 나을 때까지는 제물을 먹지 못한다.

(2) 시체에 닿아서 부정을 탄 것을 만지거나, 정액을 흘린 남자의 몸에 닿음으로써 부정을 탄 사람과 (쥐같은) 더러운 짐승이나, 어떤 이유로든지 부정을 탄 사람에 몸에 닿은 사람은 저녁때 까지는 부정하므로 목욕을 하고 난 뒤에야 제물을 먹을 수 있다.

(3) 저절로 죽거나 맹수에게 찢겨 죽은 시체를 먹으면 부정을 탄다. 제사장들은 야훼 하나님이 특별히 성별한 자들이기 때문에 이런 명령을 지키지 않을 경우 죽음을 각오해야 한다. 단호한 명령이다.

22장 10-16절에서는 제사장과 그의 가족이 아닌 사람이 거룩한 제물을 먹어서는 안 됨을 말한다. 제사장의 집에서 일하는 종이나 품꾼도, 그가 값을 지불하여 소유가 된 사람이 아닌 이상, 제물을 먹으면 안 된다. 제사장의 딸이 일반인과 결혼한 경우에는 그 딸도 제물을 먹을 수 없다. 그러나 시집갔던 딸이 자식 없이 과부가 되거나 이혼을 당하여 친정에서 사는 경우에는 제물을 먹을 수 있다.

22장 14-16절에서는 부지중에 제물을 먹은 경우를 말한다. 그 경우에는 그 음식의 원가에 5분의 1을 더하여 갚아야 한다.

교훈

1. 성도의 거룩함을 유지하기 위해서는 세심하고 주의 깊은 노력과 실천이 요구된다. 그냥 내버려두면, 거룩함을 유지할 수 없다. 이 세상에는 악이 존재하고 특히 악마가 존재하여 사람을 악한 방향으로 타락시키고 끌어내리려고 하기 때문에 정신을 차리고 결의를 가지고 악의 세력에 항거하고 그것을 배제하려는 노력이 필요하다.

우리가 성도들이기 때문에, 즉 우리는 제사장들이기 때문에 마구 먹고 마구 행동해서는 안 된다. 우리의 성결을 지키기 위해서 더러움과 악을 삼가고 피하고 배격하고 퇴치하는 노력을 해야 한다.

2. 하나님께서 우리에게 주신 육체도 아름답고 귀한 것이기에, 위생적으로 손해가 되거나 도움이 되지 않는 것은 피해야 한다. 하나님은 인간을 전인적으로 다루고, 육체적인 더러움을 곧 영적인 더러움으로 간주하고 계신다.

우리의 몸과 생활 주변을 정결하게 하고 위생적으로 건강한 환경을 유지하는 것이 하나님의 뜻이다. 우리는 하나님이 세우신 제사장들이기에 우리의 의식주 생활이 세상 사람들의 선망의 대상이 될 정도로 정결하고 깔끔하고 아름다운 것이 되도록 노력해야 한다.

하나님께서 받으실 만한 제물(레 22:17-33)

해설

앞에서는 이스라엘의 거룩함을 위하여 제사장들에 대한 특별 지시를 내렸지만, 여기서는 백성 전체에게 해당하는 지시를 내리신다. 이스라엘 백성과 그들과 같이 사는 이방인이 하나님께 번제물을 바칠 때는, 그것이 서원(誓願)제(《느다림》, נְדָרִים)이든 자원(自願)제(《느다봇》, נְדָבוֹת)이든 화목제물로 바칠 때는 흠 없는 수소나 숫양이나 숫염소를 바쳐야 하는데, 흠 있는 것은 하나님이 받으시지 않기 때문이라고 한다. 곧 눈이 멀었거나 몸이 상했거나 다리가 절거나 고름을 흘리거나 옴이 났거나 종기가 난 것을 제물로 바쳐서는 안 된다. 소나 양의 다리 하나가 길거나 짧은 것은 자원제물로 바칠 수 있지만 서원제물로 바칠 수는 없다. 짐승 가운데서 고환이 터졌거나 으스러졌거나 빠지거나 잘린 것은 제물로 바칠 수 없다. 외국인들에게서 거세한 짐승을 받았을지라도 그런 것을 제물로 바쳐서는 안 된다.

소나 양이나 염소가 태어났을 때, 그 어린 것을 당장에 제물로 드려서는 안 된다. 적어도 7일간은 그 어미와 같이 있게 한 다음에야 제물로 바칠 수 있다. 엄지와 그것의 새끼를 같은 날 죽여서 제물로 바치는 일도 하면 안 된다. 이것은 인도주의적인 배려일 것이다. 가혹하고 무정한 행동이 사람의 마음을 무정하게 만들 수도 있을 것이다.

교훈

1. 우리가 하나님께 예물을 바칠 때 형식적으로나 마지못해서 하는 경우가 있다. 하나님이 받으실 만한 제사를 드림이 효과적이 아니겠는가? 정성이 담기고 가치가 있는 제물을 하나님께 드려야 할 것이다. 하나님 자신이 모자라는 것이 있어서 이스라엘더러 바치라고 하신 것이 아니다. 바치는 자의 정성을 보시려는 것이며 그 정성을 받으시려는 것이다. 백성의 마음가짐이 거룩하기를 원하시는 것이다.

2. 하나님께서 동물의 고기를 먹도록 허락하셨으므로 그것들을 잡아서 제물로 바치기도 하고 먹기도 하지만, 그런 행동으로 인해서 사람의 마음이 살벌해지거나 무정하거나 무감각해져서는 안 된다. 중요한 것은 정상적인 마음을 잃지 않아야 한다는 것이다. 우리에게 정과 사랑과 남을 배려할 줄 아는 마음이 있어야 한다. 우리가 하나님이 받으실 만한 제사를 드리고 그런 생활을 해야 하는데, 하나님은 우리더러 순수하게 사랑하는 마음을 버리면서까지 그렇게 하라고 하시지는 않는다. 하나님을 사랑하고 이웃을 사랑하는 마음을 가짐으로써 우리의 거룩함을 유지해야 하는 것이다.

3. 야훼 하나님께서 이스라엘을 애굽에서 구출하신 것은 이스라엘을 거룩한 백성이 되게 하시려는 것이었다.
그와 같이 하나님은 우리를 죄와 사망에서 구출하셔서, 죄와 허물과 무지와 어리석음과 불행으로부터 동떨어진 삶을 살게 하시려는 것이다. 그러므로 우리는 하나님이 가르쳐주시는 법도와 명령을 지켜서 하나님이 목적하시는 바가 이루어지게 해야 할 것이다.

이스라엘이 지켜야 할 명절들(레 23:1-44)

해설

야훼 하나님이 이스라엘 백성을 당신의 거룩한 백성으로 만드는 방도 중의 하나는 그들로 하여금 거국적으로 일정한 명절을 지키게 하는 것이었다.

하나님은 모세를 통하여 명절들을 정해 주어 지키도록 하셨다. 이것은 이미 출애굽기 23장 10-17절과 34장 18-24절에서 다루었고, 나주에 민수기 28-29장과 신명기 16장 1-15에서 다시 다룬다.

23장 3절

먼저 안식일 준수를 명한다. 안식일에는 완전히 휴식을 취하고, 일을 하지 말아야 하며, 성회로 모여야 한다. 야훼의 안식을 닮아서 이스라엘도 어디서나 안식일을 지켜야 한다는 것이다.

23장 5-8절

1월 14일 새벽에 야훼께 유월절 제물을 바쳐야 한다. 다음날인 15일에는 야훼께 누룩 없는 빵을 먹는 명절을 시작하여, 칠일 간 계속한다. 무교병 명절 첫날에 성회로 모이고, 그날은 일을 하면 안 된다. 7일간 야훼께 번제를 드리고, 제 7일에 다시 성회로 모인다. 그날에도 일을 하면 안 된다.

23장 9-14절

가나안 땅에 들어가서 할 일을 미리 명하셨다. 추수한 첫 열매(보리가 먼저 수확되는 것이기 때문에 보리 단을 바치는 것이다)를 그 안식일(어떤 안식일을 가리키는지 분명하지 않다. 아마도 유월절 다음날이거나, 유월절이 지난 다음 안식일) 다음날 먼저 제사장에게 가져와야 하고, 제사장은 그 첫 곡식단을 야훼께 들어올림으로써 그 사람을 하나님께 용납된 자(하나님께서 좋게 보시는 자)가 되게 해야 한다.

곡식 단을 들어 올리는 그날에 흠 없는 한 살짜리 어린양을 함께 바쳐서 야훼께 번제로 드려야 한다. 동시에 곡식제물도 곁들여 바쳐야 한다(10분의 2 에바의 고운 밀가루에 기름을 섞은 것, 4분의 1힌의 포도주).

이스라엘 백성은 하나님께 먼저 이런 제사를 드린 후에 비로소 신곡(新穀)을 먹을 수 있다.

23장 15-22절

보릿단을 제물로 바치는 날부터 50일 째 되는 날에 밀 수확한 것을 야훼께 제물로 드려야 한다. 즉 밀가루 10분의 2 에바로 만든 빵 두 개를 야훼께 들어올리는 제물로 드려야 한다. 새로 추수한 밀을 곱게 갈고 누룩을 넣어서 만든 빵이어야 한다. 그 빵과 함께 흠 없는 한 살짜리 어린양 일곱 마리와 송아지 한 마리와 염소 두 마리를 같이 드려야 한다. 그것들을 번제와 곡물제로 바치고 포도주도 곁들여 향기로운 냄새를 야훼께 바쳐야 한다. 동시에 속죄 제물로 숫염소 한 마리, 화목제로 한 살짜리 어린 숫양 두 마리를 바쳐야 한다. 그날은 이스라엘 백성이 일을 하지 않고 성회로 모여야 한다.

23장 23-25절

7월(양력 9-10월) 초하루는 후대에 〈로쉬 핫샤나〉(ראש השנה)로 불리는, 이스라엘의 신년 원단으로서 완전히 일손을 놓고 나팔을 불면서 성회로 모이고 야훼께 번제를 드리는 날이다.

23장 26-32절

7월 10일은 속죄일이다. 그날에는 종일 일을 멈추고 성회로 모여서 번제를 드리며 자기부정(금식)을 하고 하나님께로부터 속죄받아야 한다. 그렇게 하지 않는 사람은 이스라엘 백성 자격을 잃게 된다. 7월 9일 저녁에서 시작하여 다음날 저녁까지 식음을 전폐하고 참회하는 날로 지내야 한다.

23장 33-36절

농사지어 추수를 다 마친 다음에 초막절을 지켜야 한다. 초막절은 7월 15일에서 시작하여 7일 간 야훼 앞에서 지켜야 할 명절이다.

첫날에는 성회로 모이고 일을 하면 안 된다. 7일 간 야훼께 번제를 드리고, 제 8일에 다시 성회로 모이며 번제를 드려야 한다. 그날도 일을 하면 안 된다.

첫날에 좋은 나무에서 딴 열매를 가져오고 종려나무가지와 무성한 나뭇가지와 갯버들가지를 꺾어 들고, 하나님 앞에서 7일 간 초막에서 살면서 축제를 벌여야 한다. 그리하여 이스라엘 백성이 과거에 애굽에서 나올 때 초막에서 살던 생활을 회상한다.

교훈

1. 명절이나 축제일은 인간 생활에 매우 필요하다. 기념비를 세워서 옛날을 기억하고 회상하고 후손들에게 교육의 자료를 남기는 것처럼 어떤 날들을 정하여 민족 전체가 함께 예배하고 같이 생각하고 같이 과거를 뒤돌아보며 반성한다는 것은 민족의 신앙과 긍지와 사명을 면면히 이어가는 데 필수적이다. 하나님은 큰 뜻이 있어서 이렇게 이스라엘에게 모세를 통하여 명절과 축제들을 정해 주셨다.

2. 7일마다 안식일을 철저히 지키게 한 것은 이스라엘 민족에게 큰 복이었다. 억지로라도 규칙적으로 휴식을 취하는 것은 사람의 생존에 있어서 가장 유익한 장치다. 인간의 육체는 연약하고 한도가 있으므로 전능자 하나님도 쉬신 그 안식일을 지켜서 영육간의 건강을 유지하는 것이 하나님의 뜻이며 행복한 삶을 가질 수 있는 정로이다.

3. 언제나 어디서 사람이 일을 해서 열매를 거둘 때, 그것이 자기가 이룬 것으로 보이지만, 실은 하나님이 그에게 힘과 꾀, 터전과 환경을 주시고, 식물이 자라게 해 주셔서 된 것이므로 거둘 때마다 하나님을 생각하고 그에게 감사해야 한다. 맨 먼저 보리를, 그 다음에는 밀을, 또 가을에 포도(과일)를 거둘 때, 반드시 그것을 하나님께 먼저 제물로 바쳐서 하나님의 은혜에 감사해야 한다. 하나님의 은혜를 깨닫지 못하는 개인이나 민족은 하나님의 사랑과 복을 받을 수 없을 것 아닌가?

4. 이스라엘 농경 사회의 7월(양력 9-10월)은 이미 모든 농사가 끝난 때이다. 그 초하루부터 시작하여 몇 가지 축제를 벌인다. 우선 신년(新年)제가 있다. 그리고 10일은 속죄일로 지키며 일 년 동안의 모든 죄를 말끔히 씻는다. 15일부터 7일 간은 초막절을 가지면서 과거의 역사를 회고하며 미래에 대한 계획을 세운다. 그 얼마나 필요한 일인가 말이다. 생각하는 민족이 되어야 한다. 때를 정하여 같이 모여서 하나님 앞에서 반성하며 회개하며 같이 즐기며 단결을 도모하는 것이 거룩한 민족의 정체성을 유지하고 발전시키는 데 필수적인 것이다. 그리스도 교회가 여러 명절을 우리는 얼마나 효과적으로 지키고 있는 것인가 반성해보아야 할 것이다.

5. 아무리 삶이 고달프고 괴로워도 성회로 모여서 하나님을 예배하고 교제를 나누는 것이 필요하다. 안식일과 기타 명절에 백성들이 함께 하나님 앞에 모인다는 것이 꼭 필요하기에 하나님께서 누누이 당부하셨다. 모이기를 힘써야 한다. 인간이 고독하게 사는 것을 하나님은 원하시지 않는다. 하나님 안에서 더불어 행복을 누리는 것을 원하신다. 하나님은 우리의 삶이 축제 같기를 바라신다.

성소 안의 등불(레 24:1-4)

해설

출애굽기 27장 20-21절에 제시된 규정이 여기에 다시 나온다. 밤에 성소 안을 밝히는 등잔들을 순금 등잔대 위에 두어 꺼지지 않게 해야 한다. 그 책임이 대제사장(아론)에게 있다. 그 등잔불이 꺼지지 않게 하기 위해서는 올리브 기름을 계속 그 등잔들에다 부어 주어야 한다. 그 기름은 하나님의 집을 밝히는 기름이므로 최상품이어야 하고, 백성들이 그 기름을 공급해야 한다.

교훈

1. 성소 안의 등불은 하나님 자신을 상징한다. 어둠을 밝히시는 하나님이 언제나 우리와 함께 계셔야만 우리가 그 빛 가운데서 바른 길을 갈 수 있다. 빛이 꺼지는 순간 우리에게는 혼란이 오고 우리는 절망으로 곤두박질하게 된다.

2. 예수님 자신이 빛이셨고 또 우리를 세상의 빛이라고 말씀하셨다. 우리가 세상에서 꺼지지 않는 빛이 되어야 한다.

3. 대제사장이 성소 안에의 등불을 관리한 것처럼 우리의 대제사장이신 그리스도는 지금도 우리를 관리하며 보혜사 성령으로 우리와 함게 계셔서 우리로 하여금 빛이 되게 하신다.

4. 우리는 믿음과 사랑과 기도를 가지고 우리의 본분을 행하면서 성령의 도우심과 임재에 응답해야 한다. 그렇게 함으로써 우리의 빛은 세상에서 꺼지지 않고 어둠을 밝히는 사명을 감당할 수 있을 것이다.

성소에 진설(陳設)되는 빵(레 24:5-9)

해설

성소 안에는 등잔을 놓은 등잔대와 아울러 빵을 놓은 순금 상이 있다. 거기에 안식일마다 빵 열두 덩이를(한 덩어리 빵을 10분의 2 에바의 고운 밀가루를 가지고 만든다. 열두 덩이는 이스라엘 열두 지파를 상징하는 것으로 볼 수 있다), 두 줄로, 한 줄에 여섯 덩이씩 진설해야 한다.

각 줄에 하나씩 순전한 향을 피워 놓아야 한다. 그 빵들이 향내 나는 제물로 야훼께 바쳐진다는 것을 상징한다. 그 빵은 대제사장과 제사장들이 성소 안에서 먹을 수 있다.

교훈

1. 하나님 앞에 큼직큼직한 빵을 열두 덩이나 차려놓는다고 해서 하나님이 그 빵을 잡수시는 것은 아니다. 하나님은 배가 고파 빵을 필요로 하시는 분도 아니다.

이는 결국 하나님과 그의 백성 이스라엘의 교제(fellowship)를 상징한다. "나와 같이 먹고 마시며 기쁨을 누리자!"는 하나님의 뜻을 표시하는 것이다. 제사장들이 백성을 대신하여 그 빵을 먹지만, 이는 이스라엘 백성 전체가 하나님과 교제함을 의미한다.

2. 하나님과 인간의 교제가 끊어지는 것이 가장 위험하다. 그것은 죽음을 의미하기 때문이다. 하나님은 솔선하셔서 인간을 부르고 교제를 청하신다. 빵을 만들어가지고 나오라는 것이다. 그렇게 이루어진 교제를 영구히 지속하자는 것이다.

영원히 하나님과 함께 먹고 마시는 상태가 와야 한다. 일시적인 것이 되어서는 안 된다. 이스라엘의 거룩함을 유지하기 위해서는 하나님과 이스라엘의 교제가 끊임없이 꾸준히 이루어져야 한다.

신성모독죄와 거기에 대한 벌(레 24:10-23)

해설

하나님께서 모세에게 거룩함에 관한 법을 주시는 가운데, 여기에 또 하나의 판례가 삽입된다. 이스라엘 여인 곧 단 지파 사람 디브리의 딸 셜로미트*와 애굽 남자 사이에 태어난 사람 하나가 진영 안에서 싸움을 하다가 하나님의 이름을 저주하는 죄를 범했다. 그래서 그 사람이 모세에게 끌려왔다. 그러나 모세는 야훼의 지시를 기다리기 위해서 그 사람을 일단 감금하였다. 하나님께서 모세에게 말씀하셨다. 그 사람을 진영 바깥으로 끌고 나가서 그 재판 현장에 있던 사람들의 손을 그 사람에게 얹어 그 모독죄를 그 사람에게 돌리고 나서 온 회중이 그를 돌로 쳐서 죽이라는 것이다. 그리고 모세더러 이스라엘에게 경고하게 하셨다. 하나님을 저주하는 자는 그 죄값을 치러야 하고(출 22:28 참고), 자국인이나 외국인이나 할 것 없이 야훼의 이름을 모독하는 자는 반드시 돌에 맞아 죽어야 한다고 말씀하셨다.

하나님은 이어서 복수에 관한 법(lex talionis)을 주셨다. 복수는 공정해야 함을 다음과 같이 가르쳐 주셨다.

⑴ 사람을 죽인 사람은 죽어야 한다.

⑵ 남의 가축을 죽인 경우에는 대등한 것으로 갚아 주어야 한다(생명을 생명으로 갚는다).

⑶ 남에게 상처를 준 사람은 그만큼 상처를 받아야 한다. 부러뜨리면 부러뜨림을 받고, 눈은 눈으로, 이는 이로, 남에게 입힌 손해만큼 그 자신이 손해를 돌려받아야 한다.

이러한 하나님의 지시가 있은 다음에 그들은 그 신성모독자를 끌고 나가 돌로 쳐 죽였다.

교훈

1. 십계명의 제 3계명대로, 하나님의 이름을 모독하는 죄는 사형에 해당할 정도로 무겁다. 이름을 모독한다는 것은 결국 이름을 가진 분을 모독하는 것이다. 하나님을 저주한다든가 모독한다는 것은 결국 하나님을 무시하고 배반하는 행동이고 불신앙의 태도다. 결국 시조 아담의 죄이며 에덴에서 쫓겨나는 벌에 해당하는 죄다. 그만큼 하나님께 대한 철저한 신뢰와 존경을 가지고 그에 대한 예절을 언제나 갖추어야 한다.

2. 모세는 법을 집행할 때 경솔하지 않았다. 사건이 일어났을 때 당장에 법을 집행하지 않고 시간을 두고 심사숙고하며 하나님의 지시를 기다렸다. 생명 하나를 처단한다는 것은 생명의 창조자이신 하나님의 재가가 필요한 일이다. 모세는 하나님의 지시를 받고서야 사람들에게 사형 집행을 허락했다. 우리는 그런 신중함과 생명 존중의 정신을 배워야 할 것이다.

3. 법 집행에서는 "눈은 눈으로, 이는 이로"라는 말이 뜻하는 대로 철저히 공정성을 도모해야 한다. 우선 최선을 다하여 공정을 기한다면 인간의 사회생활은 안정될 것이다. 그러나 사람들은 욕심이 있고, 마음에 악이 있기 때문에 공정을 기하기 어렵고, 언제나 자기에게 유리하게 하려고 한다. 그러므로 예수의 정신으로 남을 섬기는 마음, 남을 위하여 주고자 하는 마음, 곧 사랑의 마음을 가짐으로써만 참으로 평화와 기쁨이 있는 세상을 이룰 수 있을 것이다. 우선 첫 단계로 법은 공평하게 집행해야 한다. 우선은 하나님의 법을 따를 수 있어야 한다. 그러나 거기서 멈추지 말고 그리스도의 정신에까지 이르러야 한다.

땅의 안식년에 관하여(레 25:1-7)

해설

야훼 하나님께서는 시내산에서 모세에게 안식년 제도를 세워주시며 이를 이스라엘에게 공포하게 하셨다. 그것은 약속의 땅 가나안에 들어가서 지킬 제도다.

사람이 안식일을 가져야 하는 것처럼 그 땅도 안식의 해를 보내야 한다. 여섯 해 동안 씨뿌려 곡식을 거두고 포도나무를 가꾸어 포도를 따먹고, 일곱째 해에는 그 땅이 완전히 안식하게 해야 한다. 밭에 씨를 뿌리지 말아야 하고, 포도나무를 방치해야 한다. 추수한 후에 저절로 자란 곡식도 거두지 말고, 가꾸지 않은 포도나무의 열매도 따지 말아야 한다. 이렇게 땅이 완전한 안식을 누리게 해 주어야 한다. 안식년에는 사람이나 가축이나 야수들이 땅이 자생적으로 내는 산물을 먹고 살아야 한다.

교훈

1. 하나님의 선민 이스라엘이 거룩한 민족이 되기 위해서는 그들의 생활이 경제적으로도 안정되어야 하고 하나님이 원하시는 아름다운 자연 질서를 따라 조화를 이루어야 할 것이다. 즉 하나님과 하나님의 질서를 알지 못하는 이방인들과는 구별되게 살아야 할 것이다.

그러기 위해서는 이스라엘이 위탁받은 땅을 하나님이 원하시는 법대로 사용해야 한다. 하나님이 내신 땅이 사람과 동물의 먹을거리를 생산하지만 사람에게 안식이 있어야 하는 것처럼 땅에게도 휴식이 필요하므로, 제 7년에는 땅이 휴식을 취해 새로운 힘을 얻게 해야 한다. 그렇게 해야 결국은 이스라엘이 계속해서 땅의 소산을 먹고 살 수 있다. 땅을 계속 착취하여 완전히 무력 무능한 것이 되게 한다면 결국 인간의 살 길이 막히는 것이다. 하나님은 극히 현명한 길을 이스라엘에게 제시하신 것이다.

2. 땅은 인간의 보금자리이고 인간 생존에 필요한 먹을거리를 생산해 주는 어머니 같은 존재이므로 귀하게 여기고 하나님이 정해 주신 질서를 따라서 땅을 바로 사용해야 하는데, 사람들은 무질서하게 땅을 혹사하고 파괴하고 오염시키며 그 생명력을 죽이고 있다. 결국 인간은

멸망을 자초하고 있는 셈이다. 우리는 생태학적인 위기를 직면하고 있기에 많은 반성과 회개가 필요하다. 과연 우리가 하나님이 주신 땅을 바르게 대하고 있는 것인가?

3. 하나님께서 땅의 안식년 제도를 주신 것은 이스라엘 백성의 계속적인 안녕을 위해서다. 당장의 이익을 위해서 하나님의 질서를 어기지 않고 먼 앞날을 내다보며 하나님의 현명하고도 자애로운 명령에 복종하며 살아갈 때, 지속적인 평안이 올 것이다. 아버지이신 하나님은 자식들의 안녕을 원하신다.

희년에 관한 법(레 25:8-55)

해설

희년(禧年)은 '기쁜 해'를 뜻하는 말로 히브리 낱말 〈요벨〉(יוֹבֵל)의 의역이다. 영어로는 The Year of Jubilee라고 한다. 9절에서 말하는 대로 7월 10일 곧 속죄일에 나팔(〈쇼파르〉, שׁוֹפָר)을 불어서 그 해를 알리는데, 그 나팔은 곧 양의 뿔(〈요벨〉)로 만든 것이기 때문에, 그 해를 나팔의 해 곧 〈요벨〉(Jubilee)의 해라고 부르는 것이다.

토지의 안식년 일곱 번(7x7=49)을 지나, 곧 49년이 지나고 50년 째 되는 해의 속죄일 곧 7월 10일에 나팔을 울려서 이스라엘 백성이 사는 온 가나안 땅에 희년을 선포하라고 하셨다. 그 해를 거룩한 해로 정하고, 이스라엘 백성의 자유를 선포하라는 것이다. 모두가 자기의 본래의 분배받은 땅으로 돌아가고, 자기의 가족에게로 돌아가는 해이다.

땅에게도 완전한 자유를 준다. 즉 사람들이 씨를 뿌리지도 않고, 땅에서 저절로 난 것을 거두지도 않고 방치한다. 포도나무도 가꾸지 않고 내버려둔다. 그냥 자연적으로 땅에 나는 것을 먹고 살아야 한다.

희년에는 이렇게 각각 자기의 유산으로 돌아가야 하기 때문에 거기에 따르는 세칙이 있어야만 했다. 상거래를 할 때 희년을 감안해야 한다는 것이다. 포괄적인 전제는 동포끼리 상거래를 할 때 부당한 이익을 얻으려고 하지 말라는 것이다. 땅을 사고 팔 때에는 희년을 표준해서 얼마동안 소출을 거둘 수 있는가를 따져서 값을 매기라는 것이다. 거기서도 속임이 있어서는 안 될 것이다. 하나님이 보고 계시고 그가 심판하실 것이니까, 그의 법도대로 그의 명령대로 살아야 한다. 그리하면 하나님이 땅을 축복하시고 넉넉하게 그리고 안전하게 살 수 있을 것이라고 약속하셨다.

희년을 두고 이야기하다가 다시 안식년 이야기로 잠간 되돌아간다. 안식년에 땅을 묵히고 농사를 짓지 말라고 하시니, 어떻게 먹고 살 것인가 하는 걱정을 자연히 하게 된다. 거기에 대한 답변을 주신다. 즉 하나님께서 여섯째 해에 복을 베풀어 다음 3년 동안 먹을 수 있는 수확을 내게 하신다는 것이다. 제 8년에 농사를 지어 제 9년에 추수할 때까지 먹을 양식을 단번에 다 주시겠다는 약속이다. 그 약속을 믿을 수 있는 사람들이 되어야 그 축복을 받을 것이다.

이어서 하나님은 다음 세 가지 중대한 원칙을 말씀하셨다.

(1) 땅은 사람의 것이 아니고 하나님의 것이어서 아주 팔 수 없다.

(2) 이스라엘 백성은 하나님에게 나그네요 임시 거주자에 불과하다.

(3) 어떤 땅을 점유하고 있든지 그것은 본래의 소유자에게 물러 주어야 한다.

그리 하고는 땅을 무르는 세칙을 제시하셨다. 어떤 지파에 속한 사람이 생활이 어려워서 땅 일 부분을 팔았다고 가정하자. 그 경우 그 사람의 가장 가까운 친척이 나타나 그 땅값을 치르고 물러 그 지파(그 가문)의 땅으로 남게 해야 한다. 그럴 만한 친척이 없는 경우에는 본인이

번영하여 그것을 무를 수 있을 때까지 기다렸다가 그 땅을 산 사람이 그 땅을 이용한 만큼의 이득을 원금에서 빼고 그 차액을 내어 무른다. 그러나 그렇게 할 능력이 없거나 불가능할 때에는 희년까지 기다려야 하고, 희년에는 그 땅이 본 주인에게로 돌아온다.

이제는 가옥의 경우인데, 성 안에 있는 가옥은 팔았다가 일 년 안에 는 무를 수 있다. 일 년이 지나면 그 집은 무를 수 없고 영영 매입자의 소유가 된다. 즉 희년이 되어도 원상복구 되는 것이 아니다. 그러나 성 밖에 있는 가옥은 언제나 값을 치르면 무를 수 있고, 희년에는 본 주인 에게고 되돌려 주어야 한다.

레위 성의 경우에는 성 안에 있는 레위인의 가옥을 언제나 무를 수 있고, 희년에는 본 주인에게로 돌려주어야 한다. 레위 성에 딸린 땅은 영원히 레위인의 것이므로 팔아서는 안 된다.

동족 중에 어떤 사람이 생활이 어려워 자립할 수 없어서 더부살이를 하는 경우에는 그 사람을 돌보아 주어야 하고, 종으로 부리지 말고 임 시 거주하는 나그네처럼 대우해야 한다. 그 사람에게서는 이자를 받아 도 안 되고, 그서 어떤 이익을 남기려고 해도 안 된다. 하나님을 두려워 하는 마음으로 그와 함께 살아야 한다. 그에게서 이자를 받으려고 돈을 꾸어주거나 이익을 볼 생각으로 먹을거리를 꾸어 주어서도 안 된다.

동족 중의 어떤 사람이 더부살이를 하는 중 너무도 구차하여 자신을 주인에게 팔아도 주인은 그 사람을 종으로 삼아서는 안 된다. 그를 단 지 품꾼이나 임시 거주자처럼 대우해야 한다. 그리고 희년이 될 때까지 만 그를 부릴 수 있다. 희년이 되면 그 사람과 그의 자녀가 다 자유를 얻어 자기 문중으로 돌아가고 자기 조상이 받은 땅으로 돌아가게 한다. 이스라엘 백성은 하나님의 종이기 때문에 사람의 종으로 팔고 사서는 안 된다. 하나님을 두려워하는 마음으로 동족을 탄압하거나 모질게 대 우하는 일을 하지 않아야 한다.

　이스라엘 사람이 이웃 나라에서 산 남종이나 여종을 거느릴 수 있고, 기류하는 이방인에서도 남종 여종을 구하여 소유로 삼을 수 있다. 그리고 그 종들을 자손에게 물려줄 수 있다.

　이스라엘 사람들 중에 기류하는 이방인이 부자가 되고 이스라엘 사람이 가난해져서 그 이방인에게 자신을 팔았을 경우에는 자신이 돈을 구하여 자기 몸값을 치르고 풀려날 권리가 있다. 그 사람의 형제나 숙부 또는 백부나 그들의 아들이나 피붙이가 값을 치르고 그를 풀어낼 수도 있다. 그를 무르기 위한 몸값은 희년까지 몇 해나 남았는가를 따져서 그 비례대로 계산하여 물면 된다. 주인은 그를 일 년 단위로 고용한 일꾼으로 삼아 부리지만 그를 혹사해서는 안 된다.

　그가 어떤 방도로도 풀려날 길이 없었다 해도, 희년에는 그와 그의 자녀를 다 풀어 주어야 한다.

교훈

　1. 하나님께서 천지만물을 만드셨고, 특히 지구를 아름답게 꾸미셔서 인간이 살 수 있는 보금자리로 주셨기 때문에 땅의 주인은 어디까지나 하나님이시다. 하나님은 당신의 땅을 우리들에게 맡겨 주셨으므로 우리는 그의 청지기요 소작인에 불과하다. 따라서 우리가 하나님께로부터 위탁받은 땅을 바로 건사하고 잘 가꾸고 거기서 나는 소산을 가지고 하나님의 자녀로서 행복을 누려야 한다. 그것이 주인 되시는 하나님의 소원이시다. 그런데 많은 경우 우리는 땅을 자기 것이라고 생각하거나, 청지기나 소작인의 책무를 소홀히 하거나 무시하여 땅을 파괴하거나 못쓰게 만들고 있다. 우리는 땅에 대한 올바른 태도를 가지고 살아야 할 것이다.

2. 사람이 게으르거나 악하여져서 자기가 받는 땅이나 탈란트를 잃어버리고 남의 수하에서 종살이하는 경우가 많다. 그러나 하나님은 인간이 남의 종이 되어 인간 이하의 대우를 받거나 짐승처럼 대우받는 것을 원하시지 않는다. 그것은 하나님의 뜻이 아니며 그가 원래 목적하신 것도 아니다. 그러기에 할 수만 있으면 남의 종이 되지 않도록 노력하는 것은 물론이고 어쩌다가 남의 종이 된 사람이 있더라도 그를 동료 인간으로 존중하여 떳떳하게 인간의 존엄성을 가지고 살 수 있게 하도록 노력해야 한다. 희년 제도가 바로 그 한 실례이다. 우리도 인간 사회에서 노예제도를 물리치고 다같이 동등하게 행복을 누리며 살 수 있는 길을 모색해야 한다.

3. 희년 제도를 통하여 모두가 자기의 분깃으로 돌아가게 하는 것도 좋은 일이지만, 동포가 남의 종이 되어 있을 때 가족이나 이웃이 그가 풀려나도록 적극적으로 운동하는 미덕을 가져야 한다. 상부상조의 사랑을 가지고 이웃과 친족과 동포를 도움으로써 사람을 노예 상태로 들어가지 않도록 사전에 노력해야 하고, 어쩔 수 없이 경제적으로나 사회적으로나 문화적으로 노예처럼 생활하게 된 사람들이 생긴다면, 그들을 구출하는 노력과 사랑을 베풀어야 할 것이다.

4. 우리는 자신의 이득을 위하여 이웃을 부리지도 억압하지도 착취하지도 말고, 필요하다면 정당한 임금을 지불하여 고용하고 서로를 인간으로 대우하면서 살아야 한다. 그것은 우리가 다 하나님의 종들이고, 따라서 우리의 이웃은 바로 동료 종이며 하나님의 종이기 때문이다. 하나님의 종을 혹사할 권리가 우리에게는 없다.

5. 선민에게 희년의 기쁨과 행복을 주시려는 것이 하나님의 목적이고, 이방인에게는 없는 희년 제도를 통해 행복을 누리는 것이 선민이 구별된 곧 거룩한 징표다. 그러나 희년의 상태를 누릴 수 있는 것은 하나님이 주신 법을 시행하는 데 있다. 주신 법을 가지고만 있고 그것을 실천하지 않는다면, 그림의 떡에 불과할 것이다. 우리가 하나님이 주신 법을 실천하기 위해서는 하나님이 어떤 분이신가를 깨달아야 하고, 그가 우리에게 행하신 일을 기억해야 한다. 그리고 하나님과 우리의 관계를 바로 알아야 한다. 야훼 하나님은 전능자라는 것, 동시에 그는 인자하셔서 우리를 택하셨다는 것, 우리를 이미 구원하셨고 앞으로도 그리하실 분이라는 사실을 알고 또 믿어야 할 것이다.

복종하는 자에 대한 상급(레 26:1-13)

해설

하나님은 지금까지 모세를 통하여 이스라엘 백성에게 많은 법과 규례를 정해 주셨다. 이제 끝으로 그 법과 규례를 이스라엘이 지키면 어떻게 해 주겠다고 약속하신다.

우선 1-2절에서 그 모든 법의 핵심을 간추려 주셨다. 우상을 만들어 거기에 절하지 말고 안식일과 안식년을 잘 지키며 성소를 존중하라 곧 하나님의 백성은 늘 하나님과 같이 있고 언제나 하나님을 모시고 살아야 한다고 하신 것이다.

그리하신 다음에 3-13절에서는 하나님의 법도와 규례를 충직하게 지키는 경우에 하나님이 그들에게 주실 복을 나열하신다. 그 내용은 다음과 같다.

(1) 제때에 비를 내려 땅이 풍성한 소산을 내고 과일 나무들이 많은 과일을 내어 일 년 내내 땅의 소출을 거두기에 바쁘게 하실 것이다. 따라서 먹을거리가 넉넉하여 남아돌고(10절) 사람마다 자기 땅에서 배부르고 안전한 삶을 살게 될 것이다.

(2) 하나님이 주신 땅에서 아무 두려움도 없이 태평을 누리게 될 것이다. 맹수들을 몰아내주시고, 전쟁을 겪는 일도 없게 하실 것이다.

(3) 외적이 침입하더라도 백전백승할 것이다. 다섯 명으로 백 명을 무찌르고, 백 명으로 일만 명을 몰아낼 것이다.

(4) 생육하고 번성할 것이다.

(5) 하나님께서 언약을 지키실 것이다. 즉 하나님 편에서 하실 일을 꼭 지키실 것이다.

(6) 하나님이 이스라엘을 싫어하지 않고 그들 가운데 계실 것이고, 그들의 하나님이 되시며, 그들은 하나님의 백성이 될 것이다.

교훈

1. 이스라엘 백성이 가나안에 들어가면 곧 보고 들을 것은 본토인들의 종교요 그들의 문화다. 즉 우상숭배다.

그러기에 하나님은 먼저 우상숭배를 철저히 배제하라고 명하셨다. 그 다음으로는 그들이 오매불망 그리던 가나안에서 잘 살아보려는 과도한 집념으로 쉬지 않고 일을 하려 할 것이고, 그것은 결국 자기들의 장기적인 안녕을 파괴하는 원인이 될 것이므로 안식일과 안식년을 잘 지켜서 자신의 영적 육체적 건강을 보호하라고 하셨다. 셋째로는 어디까지나 성소를 중심하는 생활 곧 하나님을 모시고 그에게 예배하는 생활을 하라고 하셨다. 이는 오늘 우리에게도 훌륭한 교훈이 된다.

2. 우리가 이 세상에서 평강을 누릴 수 있는 길은 하나님의 법도를 충직하게 지키고 실천하는 데 있다. 하나님은 인간이 행복하게 사는 길을 잘 아시기에 그 길을 제시하신 것이다. 그러므로 의심하지 않고 그가 주시는 법과 질서를 순종하고 따르면, 그가 약속하신 복이 틀림없이 우리에게 이루어질 것이다. 복의 근원이 하나님이시므로 하나님을 믿고 그의 명령과 지시를 따르는 길만이 우리가 행복을 누릴 첩경이다. 땅은 비옥하게, 삶은 안전하게, 원수는 이길 수 있게 하시고, 대대손손 생육하고 번성하는 복을 우리에게 주실 것이다.

3. 하나님의 법도를 잘 지키는 자에게 하나님이 베푸실 가장 큰 복은 전능자 하나님이 그와 동행하시고 늘 그의 하나님이 되어 주신다는 사실이다. 하나님을 순종하는 자들에게는, 과거에 구원의 은총을 베푸신 것처럼 현재와 미래에도 구원을 베푸시고 행복을 주실 것이다.

불순종하는 자들에 대한 벌(레 26:14-46)

해설

하나님께 순종하지 않고 하나님의 계명들(〈미츠옷〉, מִצְוֹת)을 행하지 않고 하나님의 규례들(〈훅콧〉, חֻקֹּת)을 어기고 하나님의 법도들(〈미쉬파팀〉, מִשְׁפָּטִים)을 무시하고 하나님의 언약(〈브릿〉, בְּרִית)을 깨뜨리면 하나님께서 거기에 해당하는 벌을 다음과 같이 내리겠다고 하셨다. (1) 폐병이나 열병 따위 무서운 재앙을 내려, 눈이 안 보이고 맥을 쓰지 못하게 하겠다. (2) 농사를 지어도 자기들이 먹지 못하고 원수에게 다 빼앗기게 하겠다. (3) 하나님이 손을 떼시기 때문에 원수들에게 공격받고, 그들에게 지배당하고, 질겁하며 도망치게 될 것이다.

그런데도 하나님을 복종하지 않으면, 그 죄를 일곱 배로 벌을 하실 것이다. 곧 (1) 이스라엘의 영화와 자랑을 도말할 것이고, (2) 하늘의 우로지택은 거두고 땅을 불모지로 만들어, 아무리 힘을 써도 소용이 없으며, 땅이 곡식을 내지 않고 나무에 열매가 달리지 않도록 할 것이다.

그런데도 계속 하나님과 원수가 되어 복종하지 않으면, 재앙을 일곱 배로 늘여 계속 그들을 벌하실 것이다. 맹수들을 보내어 어른과 아이, 또 가축들을 먹어버리게 하여, 사람의 수를 줄이시고, 따라서 길에서 사람을 만나기가 어려울 정도가 될 것이다.

그런 벌을 받으면서도 회개하지 않고 계속 하나님을 대적한다면, 하나님도 계속 그들에게 맞서 일곱 배로 그들을 치실 것이다. (1) 계약을 어긴 대가로 그들에게 전란(戰亂)을 일으키실 것이다. (2) 성 안으로 퇴각하면, 그들 속에 악성 전염병을 일으키실 것이다. (3) 마침내 그들을 원수의 손에 넘기실 것이다. (4) 식량 줄을 끊으실 터이니, 그렇게 되면 열 아낙네가 한 화덕에서 빵을 굽게 되고, 빵을 저울에 달아서 배급할 것이고, 아무리 먹어도 배가 부르지 않을 것이다.

그런데도 이스라엘이 하나님께 불복하고 계속 맞서면, 하나님도 계속 화를 내시고, 그들의 죄를 일곱 배로 벌하실 것이다. (1) 배가 너무 고파 사람들이 자기 아들과 딸을 잡아 그 고기를 먹게 될 것이다. (2) 사람들이 높은 곳에 세운 이방신을 섬기고 향을 피워 올리지만, 하나님께서 그 모든 신당을 부수고 거기서 예배하는 사람들을 죽여 그 시체들을 폐허에 쌓아 두시겠다. (3) 이스라엘을 싫어하시겠다. (4) 이스라엘의 도시들을 폐허가 되게 하고 성소들을 무너뜨리고 거기서 피는 향내를 맡으시지 않겠다. (5) 이스라엘 백성의 땅을 황폐케 하실 것이며, 그 땅을 점령하고 살려고 온 원수들이 그 참상을 보고 입을 벌릴 것이다. (6) 하나님께서 이스라엘 백성을 사방으로 흩어버리고 친히 칼을 뽑아 이스라엘을 겨누실 것이다.

이스라엘이 하나님의 명령을 거슬러 안식년을 지키지 않음으로 땅
이 안식하지 못하고 있었지만, 하나님께서 이스라엘을 멸망시키고 다
른 나라로 쫓아내시면 자연히 땅을 경작할 사람이 없어지고, 따라서 땅
은 안식년을 누리게 되는 결과가 될 것이다.

전화(戰禍)를 겨우 면하고 살아남은 이스라엘 백성은 원수의 땅에
서 편히 살 수 있을까? 하나님은 거기에서도 그들에게 재앙을 내리겠
다고 하신다. (1) 하나님께서 그들에게 공포심을 주실 것이다. 그리하
여 그들은 가랑잎 소리에 놀라 질겁하고, 아무도 쫓아오지 않는데도 칼
을 들고 쫓아오는 사람을 피하듯이 달아나다가 자빠지고 서로 부딪치
게 될 것이다. (2) 원수와 싸울 힘이 그들에게 없을 것이다. (3) 그들이
여러 나라에서 멸망할 것이며, 원수의 땅이 그들을 삼킬 것이다.

그러나 그들이 자기들의 죄와 조상들의 죄, 곧 하나님을 배신한 죄
와 반항한 죄를 고백한다면, 할례 받지 못한 마음의 교만을 버리고 그
들의 악의 대가를 달게 받는다면, 하나님은 당신이 야곱과 이삭과 아브
라함과 맺은 언약을 기억하겠다고 하셨다. 그들이 회개만 한다면, 그들
이 원수의 땅에 가 있는 동안 그들을 버리지도 않고 미워하지도 않고
멸망시키지도 않으며 언약을 깨뜨리지도 않겠다고 하셨다.

교훈

1. 시조 아담 이래 인간은 하나님의 법을 어기고 그를 반역하는 죄
를 지으며 살고 있으며 따라서 죽음의 벌을 받고 있다. 그러나 하나님
은 이스라엘을 택하여 그들에게 법도와 율례를 주시고, 그들을 준법 백
성을 만들어 그 준법 생활 속에서 행복을 누리는 모범을 세상에 보이려
고 하신 것이다.

그런데 이스라엘이 하나님의 법을 어기고 반역을 한다면, 하나님의 그 큰 계획이 수포로 돌아갈 것이다. 그래서 하나님은 이스라엘에게 큰 벌칙을 정해주신 것이다. 하나님과 언약을 맺은 백성이 범법할 때, 언약 백성이라고 해서 봐주거나 묵인하지 않고 엄격히 벌로 다스림을 보여주시려는 것이다.

택함 받은 사람이므로 더 큰 책임이 있고, 남에게 모범이 되어야 하는데, 그렇지 못할 때 하나님은 더 큰 벌로 다스려야 하시지 않겠는가? 우리 그리스도인들도 선민이기에 법을 더 잘 지켜야 하고, 범법했을 때 의당 더 중한 벌을 받을 줄 알아야 할 것이다.

2. 하나님은 신실하시고 언약을 지키시는 분이다. 회개하고 돌아오는 자들을 뿌리치시지 않는, 은혜와 자비와 사랑의 아버지시기 때문에 우리가 회개하기를 애타게 기다리고 계신다. 회개하고 하나님께 돌아오는 것만이 죄인들이 살 수 있는 길이다. 하나님께서 용서하시지 못할 죄는 없다(성령을 모독하는 죄를 제외하고). 우리는 하나님의 법으로 돌아가 법을 지키는 자들이 되어야 한다. 그리고 하나님의 용서를 빌어야 할 것이다.

3. 이스라엘 백성은 선민으로서 하나님과 언약을 맺었고, 모세를 통하여 받은 세밀한 법도 받았다. 그리하여 벌칙도 잘 알고 있었다. 그런데도 그 법과 언약을 깨뜨리고 죄를 많이 지었다. 그리하여 마침내는 하나님께 징계 받아 죽고 포로가 되고, 나라가 망하는 쓰라린 벌을 받았다. 하나님의 벌칙이 그대로 적용되었다는 말이다. 하나님의 말씀은 빈말이 아니고 그대로 이루어지는 말씀이다. 우리는 이스라엘 역사를 전감 삼아 하나님을 두려워하고 그의 법과 말씀이 엄위함을 깨달아 준법자들 곧 하나님께 복종하는 자들이 되려고 힘써야 할 것이다.

4. 거룩한 백성이 된다는 것은 하나님께 복종하고 그의 법을 잘 지키는 일에서 세상 사람들과 달라지는 것을 의미한다. 법을 지키는 자와 법을 어기는 자는 완전히 다르다. 하나님이 원하시는 것은 하나님의 말씀에 복종하고 그의 법을 지킴으로써 무법하고 반역적인 인간들과는 완전히 구별된 자 곧 거룩한 자가 되는 일이다.

맹세를 위한 봉헌 제물(레 27:1-34)

해설

26장까지는 이스라엘 백성이 의무로 실행해야 할 법질서를 말했지만, 27장에서는 그런 법과는 무관하게, 할 수도 있고 안 해도 되는 일 곧 자진해서 하나님께 헌물을 바치는 일에 관한 규례를 말하고 있다.

사람들은 하나님께 맹세하고자 하는 충동을 느낀다. (1) 하나님께 맹세함으로 그 대신 하나님께로부터 무언가를 얻고자 하는 생각을 한다. (2) 하나님께로 받은 특별한 총애를 두고 감사를 표시하려고 한다. (3) 하나님께 자발적으로 감사하려는 충동이 생기기도 한다.

이렇게 여러 동기로 맹세의 헌물을 바칠 때, (1) 무엇을 바칠 것인가? (2) 충동에 따라 헌물을 바쳤는데 후회가 되는데, 무를 수 있을까? (3) 무르는 조건과 벌칙은 무엇인가? 하는 문제가 생긴다.

27장은 크게 세 부분으로 나눌 수 있다. 첫째 부분(27:2-13)에서는 사람이나 동물을 바치는 경우를, 둘째 부분(27:14-25)에서는 집이나 토지를 바치는 경우를, 셋째 부분(27:26-33)에서는 기타 맹세와 관계된 잡다한 경우를 다룬다.

27장 2-13절

⑴ 우선 자신이나 자기 자식을 하나님께 바친다고 서원하는 경우를 다룬다. 성전 일을 맡은 레위인들이 남아돌아 더는 인력이 필요하지 않으므로 그 대신 금전으로 헌납할 수 있다고 하신다. 사람의 몸값은 남자와 여자의 차이가 있고, 연령에 따라서도 차이가 있다. 20-60세의 남자와 여자의 경우에는 각각 50세겔과 30세겔이고, 5-20세의 남자와 여자의 경우에는 각각 20세겔과 10세겔이고, 1-5세의 남자와 여자의 경우에는 각각 5세겔과 3세겔이며, 60세 이상의 남자와 여자의 경우에는 각각 15세겔과 10세겔을 바친다.

⑵ 서약의 헌물로 짐승을 바치는 경우에 그 짐승은 거룩한 것이 된다. 다른 짐승으로 바꾼다든가 대용할 수 없다. 서원자의 마음이 변하여 다른 짐승으로 이미 바친 짐승과 바꾼다면 그 두 짐승이 다 거룩한 것이 되고, 그 다른 짐승도 몰수를 당하게 될 것이다. 신중히 생각하여 헌물을 바치라는 말이다.

⑶ 야훼께 드릴 수 없는 더러운 짐승을 바쳤을 경우에는 제사장이 그 값을 매겨서 팔아 성전 수입으로 잡는다. 서원자가 그 봉헌한 짐승을 무르는 경우에는 그 짐승 값의 5분의 1을 더 얹어서 지불해야 한다.

27장 14-25절

⑴ 자기 집을 하나님께 헌납하는 경우에는 제사장이 그 집을 감정하여 값을 매긴다. 그 집을 무르려면 그 값의 5분의 1을 더 내야 한다.

⑵ 자기 토지를 헌납하는 경우에는 그 토지에 보리 종자 얼마를 뿌릴 수 있는가를 따져서 값을 정한다. 한 호멜의 보리를 뿌리는 땅값이 은 50세겔이다. 희년을 표준해서 경작할 해 수가 얼마나 되는가에 따라서 가격이 가감 조정되어야 한다.

봉헌한 토지를 무르고자 할 때에는 그 값의 5분의 1을 붙여 지불해야 한다. 만일 그 땅이 이미 팔려서 다른 사람의 소유가 되었을 때에는 본 주인이 그것을 무를 수 없다. 희년이 되어 그 토지가 원상으로 돌아온 다음에는 제사장들이 관장하는 땅이 된다.

하나님께 봉헌된 땅을 매입한 사람이 그 땅을 하나님께 헌납하는 경우에는 제사장이 희년까지 남은 햇수를 계산하여 그 값을 매기고, 그 값을 하나님께 바쳐야 한다. 희년이 되면 그 땅은 본 주인에게로 되돌아간다.

27장 26-33절

이 부분에서는 하나님께 서약의 헌물로 바칠 수 없는 것들을 지적해 주셨다.

⑴ 가축의 맏배는 애당초 야훼의 것으로 마땅히 하나님께 바쳐져야 하는 것이므로, 두 번 바칠 수는 없다. 서약한 것이 나귀와 같은 더러운 짐승의 맏배인 경우에는, 그 값에 해당하는 다른 짐승으로 대체하고, 그 값의 5분의 1을 붙여서 바쳐야 한다. 다른 짐승으로 대체하지 않는 경우에는, 팔아서 그 값을 바쳐야 한다.

⑵ 야훼를 위하여 아주 파멸하여 없애버리도록 떼놓은 사람이나 짐승이나 유산은 이미 하나님께 바친 것이므로 팔거나 다른 것으로 대체할 수 없다. 이는 극악한 사람이나 짐승을 죽여 버림으로써 거룩함을 유지하려는 〈헤렘〉(חֵרֶם) 제도에 근거한 것이다. 그것을 거룩한 살인이라고 본 것이다. 그렇게 죽어야 할 사람이나 짐승이나 토지를 하나님께 헌납하는 것은 이중으로 헌납하는 일이 되기 때문에 불가하다.

⑶ 십일조로 떼어 놓은 곡식이나 과일은 이미 하나님의 것이고 하나님께 바쳐야 하는 거룩한 것이다. 십일조로 바친 것을 무르려면 그 물건 값에다가 그 5분의 1의 값을 덧붙여서 바쳐야 한다. 가축은 열 마

리 중 하나가 다 야훼에게 바쳐야 하는 거룩한 것이다. 열 번째 짐승 곧 십일조에 해당하는 짐승은 좋든 나쁘든 다른 것으로 바꿀 수 없다. 바꿀 경우에는 그 둘이 다 거룩하여 무를 수가 없다. 십일조에 해당하는 것을 서약의 예물로 바쳐서는 안 된다. 하나를 두 번 드리는 격이 되기 때문이다.

교훈

1. 우리는 하나님의 자녀들이므로 그와 깊은 관계를 맺고 살기 원한다. 어른들에게 총애 받기를 원하는 것처럼 하나님께 총애 받기를 원하는 것이 사실이다. 특히 어떤 소원을 가지고 있을 때 하나님의 재가를 얻고 그의 도움을 청해야 하기도 한다. 이런 경우에 우리는 하나님께 서원을 드리며 예물을 드린다. 그러나 하나님은 서원자의 정성을 보신다. 따라서 서원자는 정성을 하나님께 드려야 한다. 형식적으로나 속임수로 헌물을 바쳐서는 안 된다. 하나님은 지성으로 드리는 것을 원하시며, 인간의 진심을 바라신다. 하나님을 속이려고 해서는 안 된다. 하나님은 인간에게 속으시는 분이 아니다.

2. 과거에나 현재에나 사람들은 제사장이나 성직자의 눈을 속이고 사람들 앞에서 의롭다는 칭찬을 받으려고 가식적으로 헌물을 바치는 경우가 많이 있었고 있다. 우리는 법대로 하려는 생각을 해야 하며, 동시에 정성스럽게 진심으로 하나님을 두려워하는 마음으로 서원하고 그에 뒤따르는 헌물을 바쳐서 하나님의 마음을 흡족하게 해야 한다.

3. 서원의 제사를 올바로 드리는 일을 통해서도 이스라엘의 거룩함을 유지해야 한다. 인간 생활의 모든 분야와 단면에서 빠짐없이 거룩함

을 도모해야 한다. 삶의 어떤 부분만 거룩해서는 안 된다. 전인적으로
모든 면에서 거룩하기를 도모해야 한다.

구약에서 듣는 하나님의 말씀 **2**
출애굽기 · 레위기

2008. 8. 30. 초판 1쇄 발행

저　자 박창환
발행인 이두경
발행처 비블리카 아카데미아
　　　 등록　1997년 8월 8일, 제10-1477호
　　　 주소　서울시 광진구 광장동 114번지
　　　 전화　(02) 456-3123
　　　 팩스　(02) 456-3174
　　　 홈페이지 www.biblica.net
　　　 전자우편 biblica@biblica.net

값은 표지에 기재되어 있음
ISBN : 978-89-88015-12-4 94230 세트
ISBN : 978-89-88015-15-5 94230